21세기 사이버, 생명문화와 개혁신앙

모든 인간은 하나님의 형상을 닮은 존엄한 존재입니다. 전 세계의 모든 사람들은 인종, 민족, 피부색, 문화, 언어에 관계없이 존귀합니다. 예영커뮤니케이션은 이러한 정신에 근거해 모든 인간이 존귀한 삶을 사는 데 필요한 지식과 문화를 예수 그리스도의 사랑으로 보급함으로써 우리가 속한 사회에 기여하고자 합니다.

21세기 사이버, 생명문화와 개혁신앙

초판 1쇄 찍은 날 · 2007년 9월 14일 | 초판 1쇄 펴낸 날 · 2007년 9월 20일

지은이 · 김영한 | **펴낸이** · 김승태

편집 · 이덕희, 방현주 | **디자인** · 이훈혜, 이은희, 정혜정
영업 · 변미영, 장완철 | **물류** · 조용환, 엄인휘

등록번호 · 제2-1349호(1992. 3. 31.) | **펴낸 곳** · 예영커뮤니케이션
주소 · (110-616) 서울 광화문우체국 사서함 1661호 | **홈페이지** www.jeyoung.com
출판사업부 · T. (02)766-8931 F. (02)766-8934 e-mail: jeyoungedit@chol.com
출판유통사업부 · T. (02)766-7912 F. (02)766-8934 e-mail: jeyoung@chol.com
제작 예영 B&P · T. (02)2249-2506~7

ISBN 978-89-8350-445-6 (03230)

값 15,000원

21세기 사이버, 생명문화와 개혁신앙

김영한 지음

예영커뮤니케이션

이 저서를 복음주의적 기독교 세계관과
글로벌 지도력의 정립, 창출, 보급에 기여하시는
전 숭실대 이사장 이원설 박사님에게
그분의 신앙과 학문과 덕을 기리면서 헌증합니다.

머리말

문화적 도전과 개혁신학적 착상의 전개

신학의 갈 길은 아직도 멀고 먼데 이룬 것 없이 회갑을 맞이하고 그리고 한 해를 넘겼다. 하나님의 사람 모세의 기도가 마음속에 다가온다. "우리의 모든 날이 주의 분노 중에 지나가며, 우리의 평생이 순식간에 다하였나이다"(시 90:9). 1996년 죽음의 문턱을 경험하게 하시고 죽음에 이르는 병에서 소생하여 오늘날까지 오게 한 것은 하나님의 크신 은혜이다. 덤으로 사는 목숨이다. "우리에게 우리 날 계수함을 가르치사 지혜로운 마음을 얻게 하소서"(시 90:12). 그 분이 허락하시면 이제 서서히 21세기에 직면한 한국교회를 위한 『개혁교의학』을 집필하고 싶다. 여태까지의 신학적 작업 그리고 이 책도 그것을 위한 기초작업에 불과하다. 그러나 아직도 그것을 위해서는 끝내야 할 해석학적 그리고 개혁신학적 기초작업들이 적지 않게 남아 있다.

저자는 28년간 숭실대학교에 봉직해 왔다. '21세기 문화신학'은 김양선 목사님이 창설하신 숭실대학교 한국기독교문화연구소를 물려받아 연구소장으로서 1986년부터 2003년까지 근(近) 17년 동안 운영한 학문적 결산이다. 이 시리즈는 저자가 각종 세미나와 문화 및 신학 국제학술심포지엄을 개최하면서 주제강연 내지 기조강연을 하고 그리고 한국 개혁신학회 회장(1996-2004년), 한국복음주의신학회 회장(2000-2002년), 한국해석학회장(2004-2006년), 한국기독교철학회장(2006년-)으로 학회들을 이끌고 봉사하면서 기독교 문화와 문화신학과 관련된 발표를 모은 논문들을 주제별로 모은 저서이다. 따라서 이 책은 초보자를 위한 문화신학의 교과서라기 보다는 오늘날 21세기에 급변하는 문명의 전환과 문화의 변천 속에서 개혁신앙인이 가져야 할 기독교문화의 해석학이라고 말할 수 있다.

저자는 21세기라는 문화적 도전과 더불어 기회로서 다가오는 시대적 전환기 속에서 특히 개혁신앙을 가진 신자들이 가져야 할 문화변혁에 대한 개혁신학적 착상을 4권에 걸쳐서 전개하고자 하였다.

1권은 21세기 세계관과 개혁신앙, 2권은 21세기 문화변혁과 개혁신앙, 3권은 21세기 사이버, 생명문화와 개혁신앙, 4권은 21세기 한국기독교문화와 개혁신앙 등의 큰 주제로 구성하였다.

1권에서는 21세기에서의 세계관(1장), 21세기 문명전환(2장), 21세기 시대정신(3장), 21세기 세속문화(4장), 포스트모던 문화(5장), 21세기 신학의 새 패러다임(6장), 포스트모던 시대의 목회패러다임(7장), 교회와 사회의 패러다임 변화(8장), 여가와 놀이의 신학(9장), 21세기 사회의 네 가지 폭력과 평화(10장) 등의 주제들을 개혁신앙의 관점에서 다루었다.

2권에서는 21세기 첨단문명의 이기성, 병리현상 및 그 치유(1장), 문명의 충돌과 문명의 공존(2장). 이슬람과 기독교, 교리적 차이(3장), 기독교와 이슬람, 문명의 공존(4장), 기독교 관점에서 본 이라크 전쟁(5장), 기독교 문화와 영성(6장), 보편 윤리와 기독교 문화(7장), 예수 문화와 개혁신앙(8장), 교회의 사회봉사의 신학적 근거(9장), 몸, 죽음, 생명과 개혁신앙(10장), 기 사상에 대한 신학적 해석(11장), 인문학의 위기와 기독교(12장), 현대사회와 교회의 정체성(13장) 등의 주제들을 개혁신앙의 관점에서 다루었다.

3권에서는 21세기와 대중문화(1장), 현대 대중문화의 기독교적 조명(2장), 문화상품과 기독교적 문화읽기(3장), 영화 "밀양"에 나타난 기독교 상(像)(4장), 사이버 문화와 기독교 문화전략(5장), 가상공간에 대한 신학적 진단(6장), 환생신드롬과 개혁신앙(7장), 생명에 대한 신학적 성찰(8장), 생태와 생명에 관한 개혁신학적 이해(9장), 생명공학에 대한 신학적 이해(10장), 배아줄기세포 연구와 생명윤리(11장), 복음과 청년문화(12장), 한국사회 청년문화의 조명(13장) 등의 주제들을 개혁신앙의 관점에서 다루었다.

4권에서는 21세기 한국사회의 문화변혁(1장), 21세기 한국교회와 복음주의신학(2장), 새 한국창조(3장), 한국전통문화(4장), 한국교회의 비판문화(5장), 한국에서의 기독교 성공(6장), 한국사회의 반기독교 정서(7장), 한국기독교인의 사회적 영향력(8장), 한국 기독교문화 형성(9장), 한국 기독교문화 운동(10장), 교회재산의 공익성(11장), 한국 정치문화와 기독교(12장) 등의 주제들을 개혁신앙의 관점에서 다루었다.

따라서 본 저서는 저자가 1991년에 출판했던 『한국기독교문화신학』(성광문화사, 2005년 불과 구름)의 변혁적 문화신학의 착상을 보다 21세기의 포스트모던 문화현장과 관련해 적용한 것이며, 21세기에 도래한 한국교회의 구체적인 문화현장과의 대결이요 문화신학적 반성의 구체화라고 말할 수 있다.

이 책의 내용을 숭실 개교 100주년 기념으로 1998년에 세워진 숭실대학교 기독교학대학원(석사과정)에서 경건과 학문을 닦는 원우들과 숭실대학교 학부 및 일반대학원 기독교학과(1999년 학사과정, 2005년 석사과정, 2006년 박사과정 개설) 학생들, 2007년 학부 및 일반대학원 기독교학과 신입생과 기독교학대학원 신입생들 그리고 그리스도를 사랑하고 복음주의적 문화선교에 뜻있는 모든 교파의 신학생들과 목회자들, 그리스도인들과 같이 나누고 싶다.

이 방대한 분량의 저서를 기꺼이 출판해 준 예영커뮤니케이션 김승태 사장님과 좋은 책을 만들어주신 편집실무 이덕희님에게 깊은 감사를 드리면서 한국의 복음주의 출판문화 및 문화선교의 새로운 장을 열어주기를 기대한다.

2007년 8월

김영한

contents

chapter 1
21세기와 대중문화

다가오는 21세기에 직면하면서 우리사회에는 정보화와 더불어 문화의 개념이 대중화되고 있다. 과거에는 문화가 정신적이며 예술적인 고급문화에 국한하였으나 이제는 대중들의 생활 각 영역에 들어오고 있다. 모더니즘의 문화는 사상이나 문학이나 예술분야에서 주로 엘리트를 중심으로 주도되었다. 그러나 대중매체의 발달로 이제는 문화의 내용이 대중들 사이에 보편적으로 보급되고 있다. 그 대표적인 것이 포스트모던 문화이다. 포스트모던 문화는 그림, 건축, 음악, 문학, 의상, 사상 등에서 오늘날 대중문화의 형성의 새로운 풍조가 되고 있다.

문화의 내용에 있어서도 대중화가 이루어지고 있다. 더 이상 난해하고 추상적인 표현주의가 아니라 일반대중이 익히 알고 있는 소재들을 사용한다. 그 구체적인 예가 미국의 체코 이민 2세인 앤디 워홀(Andy Warhol, 1928-1987)이다. 그는 '팝 아트' 의 거장으로서 콜라병, 수프 깡통, 가루 비누통, 마릴린 먼로, 엘비스 프레슬리 같은 대중스타 그리고 모택동 같은 유명인사 등 일반 대중들에게 "낯익은 것들" 을 소재로 하여 작품 활동을 하였다.[1] 그리하여 대중들도 이제는 미술을 감상할 수 있는 문화주체라는 느낌을 이끌어 내었다. 워홀은 대중매체가 대량 복제해 내는 스타를 그림의 중요소재로 삼음으로써 현대사회에서 대중매체가 차지하는 위력을 있는 그대로 보여 주었다. 포스트모던 문화의 확산은 인간의 이성과 도덕과 윤리보다는 인간의 본능, 관능, 탐욕 등 비이성적인 것의 분출이 더 주요시되는 시대적 분위기를 형성하고 있다.

21세기의 문화적 특성은 3F로 규정되기도 한다. 여성(feminine), 감성(feeling), 허구(fiction)가 그것이다. 이것은 오랫동안 세계를 지배해 오던 가부장적 사고체계의 문명으로부터 전자언어의 감성 또는 시각화와 컬러화와 관련된 여성적 특성이 두드러지는 것을 나타낸다. 그리고 컴퓨터가 조성하는 가상현실에 의한 허구의 세계가 지배적이라는 뜻이다.

*

1. 정보화 시대의 도래

(1) 멀티미디어의 확산

대중문화는 다가오는 21세기 정보화 장치에 의하여 급속히 확산되고 있다. 정보화 시대가 밀려오고 있으며 종교도 초고속 통신망의 영향을 받게 될 것이다. 2000년에서 2005년 사이 단순한 전화기, 팩스, 텔레비전, 오디오 장비들은 서서히 사라지고 멀티미디어 컴퓨터 체계가 그 자리에 들어서고 있다. 멀티미디어는 음성, 영상, 그림, 문자 등의 다양한 미디어를 컴퓨터라는 하나의 매체로 통합시켜주는 정보체계이다. 멀티미디어의 특징은 네 가지로 살펴볼 수 있다.[2)]

첫째, 디지털화(digitalization)이다. 디지털화는 1과 0으로 표현되는 정보

방식이다. 이 방식은 다양한 수치로 표현되는 기존 미디어의 아날로그 방식과는 달리 문자, 그림, 영상, 음성 등의 다양한 정보를 컴퓨터로 처리하여 이들을 동시에 자유롭게 이용할 수 있게 한다. 아날로그 정보는 가공이 쉽지 않으나 디지털 정보는 정보의 전달 뿐만 아니라 가공, 처리, 축적 등 다양한 커뮤니케이션을 지원하게 된다.

둘째, 통합성(intergration)이다. 종래에는 문자, 음성, 그림, 영상이 각기 분리된 전용장치로만 사용되었다. 그러나 멀티미디어는 문자, 음성, 그림, 영상을 하나로 통합하게 한다. 그리하여 신문, 라디오, 텔레비전과 전화의 구분이 허물어지고 하나의 기능으로 통합된다.

셋째, 상호활동성(interactivity)이다. 멀티미디어는 화면과 대화를 가능하게 한다. 아날로그 체계에서는 시청자들이 일방적으로 보고 듣기만 했으나 디지털 체계에서는 시청자와 방영자가 상호의사를 교환하는 것이 가능하게 되었다. 인터넷을 통한 채팅과 화상회의가 가능하게 되었으며, 이러한 채팅이나 화상회의는 시간과 공간의 제약을 넘어선다.

넷째, 네트워크(network)화이다. 멀티미디어는 가정의 컴퓨터가 도서관이나 사무실, 방송국, 병원 등과 연결되게 한다. 디지털 신호를 전송하는 데는 모뎀(modem)이 사용된다. 일반 전화선에서 모뎀을 통하여 디지털을 전송하는 통신기술을 종합정보통신망(ISDN, Intergrated Services Digital Network)이라고 부른다. 멀티미디어를 전송하기 위해서는 현재의 전화선으로 전송할 수 있는 정보량의 수천 배 내지 수만 배의 정보를 전송할 수 있어야 한다. 이것을 위하여 광섬유가 사용되고 있다. 광섬유가 사용되는 통신망을 정보고속도로(information highway)라고 부른다.

이러한 멀티미디어의 대중적 보급은 대중문화에 혁명을 가져오게 될 것이다. 10여 년 전부터 우리생활 가운데 자리잡은 비디오 대여점과 전자오락실은 점차 문을 닫게 될 것이다. 주문형 비디오(VOD)가 나오면 집에 앉아서 비디오를 보거나 게임을 할 수 있기 때문이다. 멀티미디어는 텔레비전을 볼 때에도 시간에 맞추어 보거나 녹화를 해서 보는 것이 아니라 언제라도 지나간 뉴스를 볼 수 있게 된다. 원하는 프로그램을 주문해서 보기 때문이다.

이미 대부분의 은행에서도 홈뱅킹(home banking) 서비스를 제공하고 있다. 은행에 갈 필요없이 집에서 컴퓨터를 켜고 자신이 거래하는 은행에 들어간다. 입출금 내역을 조회하고 원하는 곳에 송금한다. 은행에는 통장을 개설하고 해약할 때, 대출을 받을 때만 찾아가면 된다. 멀티미디어 컴퓨터는 OA분야는 물론 일반 가정의 거실에서 독보적인 제1의 가재도구로 군림하게 된다. 우리 사회는 소위 초고속통신망으로 연결되며 정치, 경제, 문화, 교육, 종교 등 각 분야가 초고속 통신망의 지배를 받게 된다.

멀티미디어는 한국교회에 적지 않은 영향을 주게 된다. 교인들 현황, 헌금 집계, 목회자의 설교자료 및 기존의 설교 내용에 대한 정보 등 개교회의 업무는 물론 교단별 공지사항, 교단 산하 교회 소식, 각종 행사, 교회 · 교인들 간의 통신 등 넓은 범위에까지 쉽게 정보를 공유할 수 있게 된다.

(2) 인터넷의 물결

근래 이러한 정보화 장치의 첨병인 인터넷의 물결이 일간신문의 기획운동을 통하여 시민들, 심지어 어린이들에게까지 확산되고 있다. 인터넷은 생활, 정치, 경제, 사회, 과학, 각종 전문분야의 정보, 종교 및 문화 등 모든 종류의 정보를 무한정 담고 있어서 "정보의 바다"라고 불리운다. 동시에 인터넷은 포르노와 범죄, 선동적인 정치, 종교, 선전문이 난무하는 가상공간이다.

영국의 일간지 《가디언》에 따르면 영국 시장조사업체 '포인트토픽'에 발표한 공식보고서 집계 결과 2007년 3월 말 기준으로 전 세계 인구 66억

명 중 인터넷 활용 인구는 약 11억 명으로 집계된 가운데 이 중 대략 3분의 1인 3억 명이 초고속 인터넷을 사용하고 있는 것으로 추산되고 있다.[3] 이들 사용자들은 대부분 한국을 비롯한 신흥 기술국(대만, 싱가포르, 중국, 인도 등)과 서유럽과 북미 등 선진국에 거주하고 있다. 각국은 자국의 사회의 기본 질서를 위협하는 정보를 규제하려고 하지만 규제를 하려면 정보화 시대에 뒤지는 위험을 각오해야 한다. 인터넷이 제공하는 사이버스 페이스는 가상 공간이며 미지의 땅으로 주인이 없으므로 서로 차지하려는 경쟁이 날로 치열해질 전망이다.

다가오는 2010년에는 꿈의 통신망 '광대역 통합망' (BcN, Broad Band convergence Network) 시대가 열릴 것이다.[4] 광대역 통신망이란 유선과 무선, 통신과 방송, 음성과 데이터의 구분이 완전히 사라짐으로써 언제 어디서나 끊김없이 정보통신서비스를 이용할 수 있는 시스템이다. 이것은 통신과 방송과 인터넷을 완전히 결합을 의미하는 차세대 정보통신망이다.

시대별 정보통신 환경을 특징화 한다면 1990년대는 협대역통신망 시대로서 음성, 문자통신 서비스 전자적 정보처리, 유통에 초점이 맞추어져 기기(機器)간 연계성과 통합성이 낮은 협대역기술이 주도하였다. 2000년대는 초고속통신망 시대로서 초고속인터넷 서비스, PC 기반 서비스, 일부 IT제품의 네트워크화, 웹기반 서비스기술이 주도하고 있다. 다가오는 2010년대는 광대역통합망(BcN) 시대로서 다양한 통합 IT 서비스, 모든 영역에 IT 융합, 모든 제품의 네트워크화, 광대역 네트워크기술, 디지털 컨버전스 기술이 주도한다.[5]

그러므로 정보화 시대의 함께 "가상현실"(virtual reality)이 펼쳐진다. 이것은 컴퓨터가 가상적으로 설정하는 세계이다. 이 가상의 세계에 들어간 사람들은 시각, 청각, 촉각, 미각, 후각 등 감각기관에 의하여 오감을 느끼고 이 느낌에 의하여 물체와 상황을 인식하며 현실을 느끼고 생활한다. 가상현실은 처음에는 비디오 게임 등 오락분야이었으나 지금은 과학과 의학 분야에서 연구가 활발히 추진되고 있다. 미국의 NASA의 우주비행사 훈련, 미 공군의 비행훈련, 의학에서는 전자시체로 해부학실습을 하는데, 건축설계, 운동기구 실험, 전자도서관에서 이미 실현되고 있다.

(3) 케이블 텔레비전 시대

케이블 시대의 개막과 더불어 한국교회도 종합유선방송을 통한 TV 시대를 열었다. 기독교 케이블 텔레비전의 유용성과 해악성은 다음과 같다.

첫째, 활동이 부자유스러운 환자나 노인들, 그리고 산간변촌에 사는 신자들이 정기적으로 텔레비전을 통하여 예배를 드릴 수 있도록 한다. 그리하여 주일 예배시간에 신자들이 반드시 교회에 출석하지 않아도 되는 여지를 제공한다.

둘째, 텔레비전 전도자들(tele-evangelist)이 출현은 대중을 상대로 복음을 전하여 많은 사람들에게 복음을 전하는 이점이 있다, 그러나 목사도 일반 배우 스타처럼 탤런트 목사가 되어 버린다. 그리하여 일반 연예인처럼 사람들의 입에 오르락내리락하면서 복음 전파에 나쁜 영향을 미치게 된다.

셋째, 기독교 케이블은 21세기의 새로운 선교매체가 된다. TV라는 매체를 통하여 언제 어느 곳에서든지 장벽없이 안방까지 접근할 수 있다. 지역적 지리적인 특성으로 인한 교회교육의 불이익을 시골의 어느 교회에서도 받지 않을 수 있게 된다. 시골 교회도 도시의 교육 프로그램을 동시에 시청할 수 있게 된다. 더욱이 양질의 교사 교육 프로그램이 정체되어 가는 듯한 한국교회 교육에 일대 혁신의 기회를 가져올 수 있게 한다. 그러나 '바보상자' 를 통하여 인간성과 영성이 상실될 수 있다.

기독교의 선교매체로서 케이블 텔레비전의 운영은 공영방송으로서 다음과 같이 수행되어야 한다.

첫째로, 상업성이 배제되어야 한다. 초교파적 기독교 법인으로 운영되어야 한다. 그리하여 재정적으로 한국교회가 초교파적으로 참여하고 운영해야 한다. 그리하여 사업적인 영세성을 면해야 한다. 그렇지 않으면 돈 있는 단체나 업체들이 방송시간을 사서 투자한 비용을 회수하기 위하여 선정적이고 자극적이고 상업성이 짙은 프로그램을 방영하게 된다. 앞으로 10년간 투자를 계속해야 하는 기독교 CA TV사업은 이제 한국교회 전체의 몫이 되었다.

둘째로, 양질의 프로그램이 제작되어야 한다. 설교백화점이 되어서는 안된다. 우리 사회에 기독교문화를 심는 데 주력해야 한다. 기독교 메시지뿐만 아니라 문화적 프로그램을 방영해야 한다. 그리하여 예수 그리스도를 전달해야 한다.

셋째로, 한국교회가 CA TV의 감시자가 되어야 한다. 한국교인들은 그들이 돈과 결탁하여 상업화 되는지 인기위주로 프로그램을 방영하는지 감시자가 되어야 한다. 문화소비자로서 건전한 프로그램이 방영되도록 하는 데 모니터의 역할을 해야 한다. 이것이 21세기 디지털 사회에서의 교회의 빛과 소금의 사명이다.

(4) 디지털 시대 도래

2000년대 들어와 한국은 본격적으로 디지털 시대의 개막을 앞두고 있다. 디지털 시대를 알기 위해서는 먼저 '디지털'의 속성을 알아야 한다. 디지털(DIGITAL)은 '0'와 '1'의 조합으로 전달되는 명령과 이를 인식하는 장치라고 할 수 있다. 사용자가 키보드나 기계의 단추를 누를 때, '0'와 '1'의 조합으로 이뤄진 명령서들이 순식간에 해당 기기에 전달된다. 이것이 기계적인 반응으로 이어지는 것이 디지털의 원리다. 디지털의 원리는 곧 복잡한 연산을 쉽게 해 내는 컴퓨터의 원리이기도 하다. 다시 말해 모든 것이 컴퓨터로 제어되는 시대가 디지털 시대이다. 일상적인 삶의 자동화가 이루어지는 시대이다. 완전 자동화를 지향하는 최첨단 컴퓨터 시대가 되는 것이다.

최근 TV에 등장한 CF를 보면 디지털 시대를 선취(anticipation)하는 장면이 나온다. 한 예로 한 아파트 CF는 파티에서 입을 옷을 고민하는 주부의 모습을 그리고 있다. 이 주부는 디지털 거울 앞에서 옷장 속에 있는 옷을 누른다. 디지털 거울은 옷장 속의 옷을 입은 사람의 모습을 보여준다. 이것은 가상현실이다. 마음에 드는 옷을 고른 주부는 옷을 입은 자신의 영상을 손으로 선택하여 남편에게 전송하고 평가를 부착한다. 남편은 전송한 화면을 보고 칭찬을 한다. 또한 예로 한 휴대전화 CF에서는 온갖 디지털 기기로 가득찬 방이 종이 접기하듯 접히더니 결국 작은 휴대전화로 압축되는 장면이 나온다. 휴대전화로 변신하기 전 이 방에는 오디오, TV, 캠코더, 전화, 컴퓨터, 게임기 등이 빼곡하게 있었다. 그러나 이 모든 첨단 기계들이 결국 작은 휴대전화 속으로 빨려들어간다. 휴대전화 하나로 전화통화는 물론 동영상 및 사진 촬영, 음악 감상, TV 시청 등 각종 디지털 기기의 성능을 즐길 수 있다는 사실을 말해준다.[6]

본격적인 디지털 시대란 곧 개막될 무선 인터넷 시대와 깊은 관계를 맺고 있다. 지금도 무선 인터넷을 이용할 수 있지만, 공간적인 제약이 많다. 자동차나 지하철에서는 제대로 이용할 수 없다. 앞으로 무선 인터넷이 일상화 되면 집이나 자동차나 각종 기기를 적은 비용으로 원격 제어할 수 있는 시대가 개막된다. 아파트, 자동차, 운동기구가 디지털화 되면 우리 생활은 한층 자동화 시대에 돌입하게 된다. 디지털 아파트에서는 기상시간이 되면 방에는 자동으로 불이 켜지고, 커튼이 걷힌다. 기온이 20도 이상일 경우 창문이 저절로 열린다. 동시에 은은한 음악이 흐르면서 잠을 깨운다. 런닝머신은 주치의사가 처방해 준 운동을 할 것을 재촉한다. 운동을 마치면 런닝머신이 "수고하셨습니다."라는 말과 함께 자동적으로 중지된다. 운동이 끝나자 욕조에는 자동으로 목욕물이 채워진다. 보육 로봇이 아이들이 좋아하는 음악과 영상을 보여주면서 아이들을 돌보아준다. 출근하기 위해 자가용을 탄다. 자동으로 운전되는 자동차는 운전할 필요가 없다. 차 안에서 노트북을 통해 무선 인터넷에 들어온 이메일을 확인하며 그날 업무를 준비한다. 그리고 신문기사를 읽는다. 회사원은 더 이상 가방이 필요 없다. 업무를 위한 모든 자료는 회사가 제공한 사이버 폴더(cyber-folder)에 모두 담겨 있다. 집에서 작업한 내용은 목걸이에 걸려 있는 이동식 저장장치에 담겨 있다. 이처럼 포스트 모던인의 일상이 거의 모두 디지털기기에 의하여 제어되는 시대가 곧 도래할 것이다.[7] 사용하는 모든 기기가 네트워크로 연결되고 디지털 명령으로 제어되는 디지털 시대가 본격화 될 때 우리의 삶은 한층 편리해지며 여가는 많아지게 된다. 삶은 여유있게 되고 물질적으로는 풍요로워지는데 그 내용을 어떻게 채울 것인가는 기독교신앙과 교회의 몫이다.

(5) 감성 시대의 도래

21세기에 들어와 감성의 시대가 도래했다. 감성의 중요성은 광고, 마케팅, 드라마, 리더십 등에서 두드러진다. 문화소비자들은 제품을 고를 때 상품과 관련된 정보를 꼼꼼하게 알려고 하지 않는다. 그보다는 제품을 봤을 때의 느낌이나 제품을 생산하는 업체의 이미지를 보고 제품을 구입한다. 상품을 구입할 때 이성보다는 감성에 의지하는 경우가 늘고 있다.[8] 2005년 출시된 현대자동차의 대형승용차 그랜저의 TV CF에도 자동차의 성능에 대한 안내는 한마디도 없다. 아름다운 여인의 데이트 장면이 나오고 자동차의 멋진 주행 장면이 이어진다. '아름다움', '품격' 등 감성을 자극하는 것이다.

드라마도 감성을 자극하는 방향으로 전개되고 있다. 2005년 인기리에 종영된 KBS 드라마 "해신"(海神)의 경우 탄탄한 대본과 연기자들의 연기력이 흥행의 주요 요소였지만, 악역으로 등장한 채시라의 다양하고 화려한 머리모양도 눈길을 끌었다. 드라마 전체 내용에 큰 영향이 없는 등장인물의 멋진 포즈, 연인을 둘러싸고 있는 아름다운 배경 등이 연속적으로 스쳐 지나간다. 이 때문에 드라마가 끝난 후 스토리나 주인공 보다 등장인물이 사랑을 속삭인 벤치가 더 유명세를 타는 경우가 생기고 있다.

리더십에도 감성이 중요시 되고 있다. 이성적인 업무분석과 강한 카리스마의 상사보다는 부하직원의 감성을 부드럽게 자극하여 조직을 이끌고 나가는 상사(上司)가 인기를 끌고 있다. 그래서 여성 상사가 주목을 받고 있다. 현대그룹의 정몽헌 회장의 부인 현(玄)정은이 남편을 이어 2003년 11월 그룹총수인 회장이 되고 2005년 8월 대북사업을 직접 챙기게 되었고,[9] 현대차 그룹의 장녀 정(鄭)성이가 주부에서 사업가로 변신하여, 현대차그룹이 설립한 종합광고회사 (주)이노션의 고문으로 취임한 것[10]이 그 예다. 감성을 자극하는 리더십이 아랫사람의 호응을 받으면서 21세기의 새로운 리더십으로 주목받고 있다.

감성 리더십의 일종인 섬김의 리더십도 새로운 키워드이다. 섬김의 리더십이란 부하를 호통하는 것이 아니라 인간적으로 대하고 존중한다. 숭실대는 2005년 3월 이효계 총장의 부임 이래 총장의 봉급을 학교발전기금으로 적립하는 섬김의 리더십을 실천하고 있다. 인간관계에서도 섬김이 중요 키워드로 부상하고 있다. 서로 주고받는 것이 명확한 주고 받는(Give and Take) 관계보다는 서로를 이해하고 친근하게 다가가는 관계를 중요시하는 경향이 늘고 있다. "요즈음 주위에 정보를 주고 받기 위해 만나는 친구는 거의 없고 만나서 반갑고 편안한 인간관계를 추구하는 친구들이 대부분이다."[11]라고 한 회사원은 말한다.

(6) W(웰빙, 웹, 여성, 세계) 세대의 출현

2000년대 들어와 인터넷 문화와 함께 W세대가 뜨고 있다.[12] W는 웰빙(Well-Being), 웹(Web), 여성(Woman), 세계(World) 등의 영문 첫 글자인 W에서 유래한다.

웰빙(Well-Being) 세대란 잘 살기 위해서 환경을 보호하고 유전자 공학이나 농약을 사용한 식품 대신에 유기농 등 자연 그대로 길러진 식품을 선호하는 삶의 양식을 추구하는 세대를 말한다. 웰빙은 네오웰빙(N대 Well-Being)과 로하스(LoHaS)-웰루킹(Well-Looking)으로 진화하고 있다.[13] 네오웰빙족은 잘 먹고 잘 입는데 그치지 않고 정신적인 안정과 평온을 추구하고, 슬로비(Slobbie)족(族)은 물질보다 마음을, 출세보다 가정생활을 중시한다. 이러한 추세는 2005년 7월부터 주 5일 근무제의 확대 이후 가정과 삶의 행복을 추구하는 방향으로 나아가고 있다. 네오웰빙을 추구하는 사람들은 "웰빙은 정신적 가치가 우선시되는 행복감이지만 이런 의미가 훼손되고 기업들에 의해 상업적으로 흐리고 있다."며, "웰빙족은 자칫 명품족과 다름없이 위화감을 조성할 수 있다."고 말한다.[14]

슬로비족은 빠르게 돌아가는 생활 속에서 천천히 보다 느긋하게 살자고 주장한다. '로하스'는 '건강'과 '지속가능한 성장을 추구하는 삶의 방식'(Lifestyle of Health and Sustainability)의 약자이다. 로하스, 웰루킹족(族)은 기본적으로 '잘 먹고 잘 사는 것'을 중시한다는 점에서 웰빙과 공통분모를 가지만 각기 차이점이 있다. 로하스족은 친환경, 친인간적 요소를 포함해 자신뿐만 아니라 후손과 다른 사람의 건강까지 생각한다는 점이 다르다. 친환경제품들이 잇따라 선보이고 있다. 3년 이상 화학비료나 농약을 치지 않은 토양에서 재배한 목화에서 뽑아낸 유기농 코튼, 대나무에서 추출한 천연성분을 사용한 죽(竹) 섬유, 콩에서 추출한 천연원사를 이용한 콩 섬유 등으로 만든 제품이 대표적인 예이다. 재생 가능한 포장지를 사용하는 경우도 늘고 있다. 웰루킹족은 자기 혼자 만족하는 데 그치지 않고 남에게 좋은 모습을 보이려고 애쓴다는 점에서 웰빙족(族)과 다르다. 웰루킹족은 '보기 좋게 잘 사는 것'이 삶의 방식이다. 웨루킹족은 천연소재 제품, 무자극, 무향의 기초화장품, 피부자극이 덜한 숯비누 등을 사용한다. 헬스클럽이나 요가센터에서 운동할 때에도 패션에 신경을 쓴다. 남성고객을 대상으로 하는 네일케어와 풋캐어서비스도 생겨나고 있다.[15)]

웹(Web) 세대란 인터넷 세대를 말한다. 인터넷으로 쇼핑하고, 은행업무를 시작하고, 기차표나 항공권까지도 인터넷으로 결재하고 승차권을 집에서 프린트하고, 각종 정보를 찾는 구글(Google)이나 검색창고에서 찾는 등 인터넷으로 실생활을 하는 세대이다. 신세대들이 주도하는 문화이기는 하지만 40대, 50대, 심지어는 60대에 이르기까지 인터넷을 할 줄 아는 사람이라면 시대의 경향에 적응하게 된다. 사회의 트랜드가 그렇게 변화하기 때문에 생활의 모든 것을 인터넷을 중심으로 하는 것이다.

여성(Woman) 세대란 여성이 사회를 주도한다고 믿고 사는 세대이다. 정보사회에서는 여성의 섬세함과 차분함이 남성보다 더 효과적으로 주어진 일에 적응할 수 있도록 하기 때문이다. 여성의 사회진출이 급격하게 늘면서, '남성 우월주의'라는 말은 서서히 사라지고 있다. 여성이 사회생활을 하고, 남성이 집안일을 돌보는 가정도 늘고 있고, 사회 곳곳에 '금녀의 구역'(군, 항공사, 경찰 등)에 진출하는 여성들도 급격히 늘고 있다.

미국의 예를 든다면 단연코 최고 인기 쇼 호스트인 오프라 윈프리를 들

수 있다. 그녀는 토크쇼 진행자이면서 배우, 영화와 텔레비전 프로그램 제작자, 자선가, 사업가로서 활동하고 있다. 그녀는 2003년 《포브스》가 선정한 갑부대열에 오른 첫 흑인여성이자 미국 방송 VH1 선정 '가장 위대한 대중문화 아이콘 200선' 에서 당당히 1위를 차지한 성공 여성의 케이스이다. 그녀는 1997년 설립한 엔젤 네트워크(Angel Network)를 통해 왕성한 자선활동을 하고 있다. 그녀는 해비타트운동으로 무주택자들을 위하여 집을 짓고, '세계에서 가장 큰 돼지저금통' 을 운영함으로써 청소년들에게 장학금을 지급하고 있다. 《내셔널 리뷰》는 오프라 윈프리를 다음같이 평가하고 있다. "오프라히즘이라는 것은 단지 일개 당파의 신념이나 특정한 양식을 갖춘 목소리와 같이 의미없이 떠들어 대는 말이 아니라 '치료의 일환으로써 대중들 앞에서 하는 고백' 을 의미하는 것이다. 그러나 이러한 정의조차도 그 의미를 모두 전달하는 것은 아니다. 더 나아가 '오프라히즘' 은 나라 전체 그리고 전 세계를 전면적으로 변화, 개조시키는 것을 의미하는 말로 일상적인 용어가 된 것이다."[16)]

세계(World) 세대도 국제사회를 향하여 나아가는 세대이다. 앞으로는 부자와 가난한 자가 아니라 영어를 할 수 있는 사람과 없는 사람으로 계층이 나누어질 것이라는 전망이 나올 정도로 세계화는 거스릴 수 없는 대세이다. 시골의 촌노(寸老)도 동남아 1-2개국 정도는 다녀왔을 정도로 국경의 개념이 희미해지고 장기적으로는 각국의 경제적 장벽이 완전히 무너지는 시대가 도래할 것으로 본다. 이처럼 환경을 생각하면서 자연식품을 먹고, 인터넷을 자유롭게 다루며, 여성의 가치를 새롭게 인정하고, 세계를 이해하는 세대가 급부상하고 있다. 이러한 세대를 촉진하는 것은 컴퓨터의 보급에 의한 정보혁명으로 인한 정보교류이며, 경제적 발전으로 인한 국민소득수준의 향상이다.

한국에서 W세대는 2002년에 이미 등장했다고 본다. 2002년에 등장한

W세대는 한일월드컵 때 등장한 새로운 계층이다. W세대의 W는 월드컵(Worldcup)에서 따왔다. "부끄러움 없이 광장으로 뛰쳐나와 마음껏 자아를 표현하고, 공산당을 상징하는 붉은색에 대한 거부감이 없으며, 태극기를 성스러운 대상이 아니라 패션소품으로 사용하는 과감함이 W세대의 특징적인 모습이다."[17]

W세대는 계층이나 지역세대를 뛰어넘어 함께 어울리고 즐긴다. W세대는 2002 한일월드컵 당시 한국 축구대표팀의 선전을 기원하다 자연스럽게 형성된 세대인 만큼 애국심도 남다르다. 여기에 "우리가 함께 간절히 기원하며 끊임없이 노력하면 목표를 이룰 수 있다."는 성취욕을 가진 세대이기도 하다. W세대는 2002년 한일월드컵 이후에 한국을 대표하는 키워드로 자리잡았다. 오신(外信)들은 "한국에 신인류가 나타났다."고 보도했다.[18] 그러나 대회가 폐막하고 시간이 지나면서 W세대는 점차 기억에서 사라져 갔다. 그런데 2005년 6월 3일 서울 광화문에서는 2만 명이 넘는 거리 응원단이 등장했다. 그것은 이날 우즈베키스탄 현지에서 벌어지는 2006 독일월드컵 아시아지역 최종예선, 우즈베키스탄과의 경기를 응원하기 위한 것이었다.

W세대의 등장을 가장 먼저 알아챈 사람들은 마케터들(marketers)이다. 새로운 소비성향과 사회의 새로운 트랜드를 찾아내고 분석하는 마케터들은 W세대의 등장을 주목하여 이들의 성향을 다음같이 분석한다.

첫째, 이들은 싸고 품질 좋은 상품을 구매한다. 지속되는 불경기 속에서 등장한 세대들이기 때문에 합리적인 소비가 특징이다. 이들은 인터넷(웹)을 활용해 필요한 상품에 대한 충분한 정보를 얻고 가격까지 꼼꼼하게 비교해 본 다음 구매를 결정한다. 기업자의 입장에서 "아주 깐깐한 소비자" 이다. 둘째, 최첨단 제품 구매에 투자를 아끼지 않는다. "앞뒤 사정 따지지 않고 구매한다는 의미를 담은 속어(俗語)인 '지른다'는 신종용어에서 온 '지름신'이란 용어를 사용한다. 충동적으로 물품을 구입했을 때 "지름신이 강림했다"고 말한다. 최신제품 구입을 주저하지 않는 W세대의 소비성향 때문에 일부는 낭비라고 규정하지만 이들 덕분에 기술개발이 가속화되는 측면이 있다.

셋째, 몸에 좋은 식품을 구입할 때도 돈을 아끼지 않는다. 몸에 좋은 식품은 곧 웰빙으로 통하기 때문이다. W세대는 건강식품의 소비고객들이다. 현미, 보리밥, 메밀, 콩류식품, 생선, 야채 그리고 비타민 C, 아스피린, 혈압약, 글로코사민 등은 이들의 주요 소비품목이다.

넷째, 세계와 교통하기 위해 외국어 공부에도 열심이다. 국제화 시대에 외국어에 능통한 자를 뽑는 사원 선발에도 적지 않은 지원자가 몰릴 정도로 W세대의 기반은 넓다. 이들은 오늘날 국제화 시대와 정보화시대에 적응하는 젊은 세대의 특징을 그대로 드러낸다.

이와 더불어 이들의 취약점은 기초 인문 지식이 없어서 지식의 깊이가 얕다는 것이다.[19] 이들은 역사, 문학, 철학, 신학 등 인류의 전통적 가치에 대해서는 큰 관심이 없고 몸에 좋은 것과 새로운 것에 매달리는 경향을 보인다. 뉴스를 볼 때에도 심층 보도보다는 인터넷을 통해 재미있고 가벼운 뉴스에 집중한다. 그래서 국제적인 현안이나 굵직한 정치 · 경제 · 사회적 이슈를 지나치는 경우가 많다. 그리고 지나치게 감성에 치우쳐 각종 사회 현상의 핵심을 인식하지 못하는 경우가 많다.

2. 대중문화의 도전

(1) 막강한 영향력

정보화 시대에 TV는 청소년과 시민들의 사고방식과 삶의 방식과 가치관 형성에 절대적인 영향을 미치는 존재가 되었다. 시민들은 TV를 통하여 각종 유행을 배우며 특히 청소년들은 범죄까지도 배우고 있다. 대중매체와 정보산업은 이미 미디어를 통한 권력구조이다. 민중들은 미디어 권력의 희생자이며 갈수록 객체로 밀려난다. 라디오가 복음송가의 보급에 지대한 영향을 끼친 것처럼 CA TV는 뉴미디어 시대의 시민들의 가치관 형성에 절대적인 영향을 끼치게 될 것이다. CA TV 시대를 맞이하면서 복음성가와 같은 찬송가를 편곡하고 연주하는 기독교대중문화를 형성하는 것도 중요하다. 그리고 가정과 사회윤리 측면에서 인간의 심성을 파괴하고 왜곡시키는 폭력, 쾌락 일변도의 프로, 선정적 내용, 비윤리적이고 모호한 인간성 추구 프로그램 등이 시민들의 가치관을 혼돈시킬 것이다.

대중문화의 막강한 영향력을 단적으로 보여주는 것은 한국의 대중문화가 일본을 비롯한 동남아시아 지역에 급속도로 확산되는 현상이다. 미국의 《뉴욕타임스》는 일본에서의 '욘사마' 열풍을 상세히 보도하였다. 그리고 2005년 6월 28일 또다시 아시아 지역으로 확대된 '한류' 현상의 요인과 효과 등을 분석한 기사를 실었다.[20] 한국의 드라마와 영화들은 1980년대는 강경한 학생시위와 비무장지대, 분단으로 대표되던 한국의 이미지를 개선했다. 아시아인들의 한국여행이 급증하였으며, 문화산물 외에 한국제품의 구매도 늘어났다. 한류는 중국을 경유해 북한에까지 퍼지면서 예기치 못한 또 다른 결과를 낳고 있다. 중국에서 한국 드라마와 음악의 불법복제본이 북한으로 밀수출되는 경우가 점차 늘어나면서 북한주민들과 사회를 동요시키고 있다. 북한에서 "올인" 이라는 드라마가 인기를 누리면서 북한당국이 여주인공 송혜교의 머리모양을 따라하는 북한여성들을 단속하기 시작했다고 한다. 2005년 6월 중순 비무장지대를 통해 철원으로 월남한 20세 된 북한 군인은 한국드라마를 보고 한국을 통경하게 된 것이 탈영의 한 원인이었다고 밝혔다.[21)]

(2) 영성의 쇠퇴

21세기는 선진국의 풍요 속에서도 도처에 빈곤이 도사리고 있다. 새들백 교회 담임목사 릭 워렌은 지구촌의 5가지 빈곤을 말하고 있다. "첫째, 세계적 빈곤, 둘째, 수십억 인구를 괴롭히는 질병, 셋째, 세계인구 절반이 겪고 있는 문맹, 넷째, 수십만의 사람들이 자기 삶의 목적을 모르는 영적 빈곤, 다섯째, 자기중심적 리더십" 이다.[22)] 그는 이런 빈곤들은 거대하기 때문에 "교회, 정부, 기업 3자가 힘을 합쳐 해결해야 한다." 고 피력한다.

2000년대 들어와 인터넷의 채팅이 정신세계를 점령하고 있다. 네티즌들에게 채팅은 필수불가결한 것이 되어 가고 있다. 그런데 이 채팅이 인간의 심성을 갉아먹고 황폐화시키는 무기로 변모하고 있다. 인스턴트 시대에 걸맞는 즉석 사랑게임이 인터넷을 통해 번창하고 있다. 아내하고는 대화가 안 되는데 채팅으로 낯모르는 여자와 실컷 대화를 나누고 나니 아내의 존재 사제가 필요없다는 남편, 그와 같은 경우의 아내가 늘고 있다. 주부들의 인터넷 중독도 심각하다고 한다. 인터넷은 청소년의 심성 자체를 파괴하고 있다. 청소년 네티즌들의 두 명 중 한 명이 중독자라고 한다.[23)] 하루 1,000여 개씩 생겨나는 음란 사이트들은 청소년들 또한 그 대상으로 하고 있다. 그리하여 인터넷은 음란의 바다가 되어 가고 있다. 한편으로 인류에게 지식과 정보의 혁명을 가져다 준 인터넷이지만, 그것이 파괴적인 상인들에 의하여 사용될 때 21세기 인류의 정신을 황폐화 시키는 페스트처럼 작용할 수 있다.

다가오는 정보화 시대가 출현시키는 사이버교회(Cyberchurch)도 영성의 쇠퇴를 가져올 것이다. 멀티미디어 시대에서는 교인들이 가정에서 컴퓨터를 조작해 원하는 목회자의 설교를 들을 수 있다. 목회자 한 사람이 여러 교인을 대상으로 설교하는 것이 아니라 교인 한사람이 여러 목회자들을 메뉴에 올려놓고 특정 인물을 선택하게 된다. 성도의 교제와 함께 설교를 듣고 은혜를 받는 감동은 사라지고 결국 코이노니아는 사라지게 된다. 그리하여 주일 아침 온 가족이 컴퓨터 앞에 앉아 원하는 목회자를 선택하고 화면 속의 목회자의 인도대로 예배를 드리고 설교를 듣는 진풍경이 펼쳐지는 것이다. 목회자들도 기도와 본문의 깊은 묵상을 통해 설교문을 작성하기 보다는 컴퓨터가 편집해서 만들어 내는 설교문을 낭독함으로, 영성이 쇠퇴하게 될 것이다.

(3) 포스트모던 문화: 허구적 문화

정보화 시대의 문화는 프랑스의 포스트모던 사상가 보드리야르(Jean Baudrillard)가 지적하는 바 같이 시뮬라크르(simulacre) 문화이다.[24] 시뮬라크르란 단어는 라틴어 "시뮬라크룸"(simulacrum)에서 나왔다. 라틴어 시뮬라크룸은 '그림', '원사물에 대한 복사판 그림', '환상'(幻想), '그림자', '환영'(幻影) 등을 의미한다. 시뮬라크르의 예로서는 한 영토를 그려놓은 지도, 자연과 신과 사물 등을 모방하는 창작물(르네상스 시대), 로봇(산업사회), 정보, 모델, 정보통신학적인 게임(시뮬레이션 사회)이다. 시뮬라크르는 실질적인 가치를 지닌 대상으로서 실재성을 가지는 것이 아니라 허구이다. 이것은 실재를 대체하는 기능을 하며 실재에의 환각만을 제공한다.

시뮬라크르와 같은 맥락에서 사용되는 후기사업사회의 용어로는 시뮬레이션(simulation)이 있다. 이 단어는 라틴어의 시뮬라티오(simulatio)에 해당하며 '가짜가 진짜인 척함', '위선' 등을 뜻한다. 이 단어는 정보화 시대에서 '실재를 지시하지 않는 허상을 만들어 내기', '원본이 없는 복사판을 만들어 내기' 등으로 이해된다.

이러한 문화는 상업주의에 의하여 오염된 문화가 될 수 있다. 시뮬레이션 기술에 의하여 확산되는 문화는 소비적이고 향락적인 욕구를 조작하며, 저급한 수준의 문화로 하락할 수 있다. 그리하여 문화가 전달하기를 원하는 메세지를 상실하고 시뮬라크르로서의 기능만을 우리에게 제공한다. 이처럼 시뮬라크르가 허상이나 복사판으로 지시하는 원본이나 실재가 없다는 것은 "실재의 소멸"을 의미한다. 여기서 더 이상 자연적으로 친숙한 실재성이 아니라 단지 인위적인 영상이나 코드로서 나타나는 "초실재성"(hyperreality)이 시뮬라크르로서 기능한다.[25] 예는 "전쟁과 평화"의 여주인공, 오드리 헵번(영상의 인물)이다. 영상의 인물인 주인공은 실재 인물과는 상관없이 영상의 세계 속에서 감동을 주는 인물이다.

여기서는 더 이상 기표(記表, Signifikant)과 기의(記義, Signifikat) 사이의 차이가 없다. 실재와 이미지 사이의 차이가 없어진다. 여기서 시뮬라크르는 어떤 고정된 의미를 위하여 서 있지 않고 무한히 다의적(多義的)으로 흩어진다. 여기서 시뮬레이션 사회는 보편적인 허구를 겨냥하고 있다. 의미라는 것은 고정되어 있는 것이 아니라 인위적으로 조작되어 있는 것이다. 여기서 우리는 의미있는 해석을 할 수가 없게 된다.

그리하여 초실재(hyperreality)의 세계를 만든다. 디즈니랜드의 세계, 광고와 영상 화면이 지배하는 사회, TV 화면이 24시간 돌아가는 사회, 밤새토록 형광등이 꺼지지 않는 사회 등이다. 더욱이 디즈니랜드는 허구적인 상상력으로 유아적인 시나리오를 연출한 상상의 세계이다. 여기에는 이 세계와는 다른 세계가 있다는 것을 사람들에게, 특히 어린이들에게 믿도록 만든다. 어른들의 유치함을 감추기 위하여 어린애 티를 내는 유치함 속으로 숨어 들어가 있다. 디즈니랜드는 시뮬레이션 사회의 몰(沒)문화적인 거칠은 황무지성이 자리잡고 있다. 왜냐하면 초실재적인 문명의 사막한 모습이 나타나고 있기 때문이다.

대중문화는 문화적 시뮬라크르에 의하여 전달된다. 이 시뮬라크르는 문화적 코드와 소비이데올로기로 기능한다. 예컨대, 노래방의 기계에는 "선구자"나 "고향의 봄"이라는 노래가 문화적 상품이자 코드로서 기계 속에 입력되어 있다. 노래를 부르는 사람이 코드(번호)를 누름으로써 코드화 된 반주가 진행된다. 여기서 인간과 문화적 대상과의 관계는 조작적인 기능주의에 의한 매개적 관계이다. 문화를 소비하는 것은 기호를 조작하는 것이다. 그리하여 시뮬라크르의 리듬이 일차적인 사건이다. 그리고 "선구자"나 "고향의 봄" 등 문화의 원본들이 추구한 의미의 상징세계는 설 자리가 없이 밀려난다.

대중문화 사회에서 대중들은 비판적 시각을 가지고 문화의 의미와 상징체계를 향유하는 주체들이 아니라 전혀 얼굴이 없는 익명의 개인 집합체이다. 이들은 대중이다. 이들은 문화의 장례식에 참여하며 문화를 죽이는 역할의 담당한다. 문화적 시뮬라크르 체계는 대중을 코드의 질서에 맞도록 길들인다. 보드리야르는 후기산업사회 속에서 시뮬라크르가 실재를 대체하고, 더 실재인 척 행세하면서 정치, 경제, 문화, 생활 세계의 전 영역에 확산되어 있다고 본다.[26] 평화, 경제성장, 에너지 위기, 핵의 위협, 환경오염과 보호 등은 하나의 이데올로기로서 권력을 행사한다. 그가 말하는 "시뮬라크르" 개념은 오늘날 정보과학이나 인공지능학(cybernetics)에서 사용하는 범위보다 훨씬 광범위하다.

우리나라에서 유행하는 대중문화는 놀이방, 비디오방, 영화관, 미술전람회, 각종 문화행사 등이 있다. 이 속에서 대중은 현실세계와 문화적인 대상과는 거리가 멀게 되었다. 문화적 시뮬라크르는 의미를 전달하는 문화적 대상이 아니라 이미 현실세계와 문화적 대상을 코드화 시키고 재해석한 것이다. 자신이 다의(多義)적으로 흩어지면서 자신이 마치 의미하는 것인양 행세한다. 문화적 시뮬라크르의 정글 속에 대중은 몰입되고 그 안에서 문화의 의미는 파괴되고 죽어버린다. 이 가운데 개인들은 익명의 누구일 뿐이며 인격을 상실해 버린다.

(4) 디지털 풍속도: 언어보다는 문자로 소통

디지털 시대의 도래와 함께 사람들이 조용해졌다. 디지털 기술의 발달로 무인 자동화기기가 확산되고 채팅, 문자 메시지 등 말을 대체할 수 있는 의사소통수단이 보편화 되었기 때문이다. 이런 시대에는 "하루에 말 한마디 하지 않아도 생활에 불편함이 전혀 없다." 변화의 중심에 휴대폰이 있다. 사람과 사람을 말로 이어주기 위한 수단으로 탄생한 휴대폰이 역설적으로 다양한 기능을 답재하면서 사람들의 말수를 줄어들게 하고 있다. 대표적인 것이 문자 메시지이다. 이동통신업체 KTF의 경우 2005년 6월 사상 처음으로 문자 메시지 발신량(20억 8,616건)이 음성통화 발신량(20억 4,669건)을 추월했다. 신세대놀이로 치부했던 '문자 문화' 가 40-50대까지 확산된 결과다.[27]

말이 없어져 가는 디지털 사회가 인간 소외와 사회의 폐쇄성을 가속화 시키지는 않을까 하는 우려의 목소리도 많다. 그러나 전문가들은 "커뮤니케이션의 방식이 면대면(面對面) 방식에서 다른 방식으로 변화되었을 뿐 의사소통의 물꼬가 막혀 있는 것은 아니기 때문에 비판적으로만 볼 필요는 없다."고 피력한다. "소통양식의 변화로 세대나 계급간 소통의 격차가 있을 수는 있지만, 어른들이 문자메시지를 배우는 것처럼 아랫세대의 문화를 윗세대가 따라가는 '세대 덮기' (generation lap) 현상이 자연스레 이뤄지고 있기 때문에 큰 문제가 되지 않는다."(김문조 고려대 사회학과 교수). 신세대의 쿨한 문화가 말보다 글을 선호하는 소통방식과 맞닿아 있다. "말에는 감정이 담긴다. 요즘 세대는 자신의 감정을 자제하면서 간단 명료하게 의사를 밝히는 방식을 선호하기 때문에 문자로 대화하는 것을 좋아한다."(김호기 연세대 사회학과 교수).[28] 여하튼 음성보다 문자로 소통하는 디지털시대는 프랑스의 포스트모던 철학자 데리다가 말하는 '말에 특권을 부여하는 음성중심주의에서 문자에 특권을 부여하는 문자중심주의로 나아가는' 패러다임 전환과 일치한다.[29]

(5) 성해방의 물결

뉴미디어를 통해 대중문화는 우리 사회에 성해방의 물결을 가져오고 있다. 성적 쾌락을 행복의 조건이라고 보는 시대적 분위기에 편승하는 것이다. 고소득 시대에 현대인들은 소비를 삶의 의미로 생각하고 남아도는 시간을 레저와 향락에 탐닉한다. 쾌락을 채워주는 레저 산업과 섹스 산업이 번창하고 있다.

뉴질랜드 패스트푸드 체인 버거킹이 방영한 두 개의 TV 광고가 2007년 5월 30일 방송금지 처분을 받았다. 문제가 된 광고는 비키니를 입은 젊은 여성 - 일명, BK걸들이 출연한 것으로, 광고 심의위원회라 할 수 있는 The Advertising Standards Complaints Board(이하, ASCB)는 결정문을 통해 두 개의 광고가 성 비하적이며 섹스 어필의 사용을 금지하는 산업 조항에 위배된다고 밝혔다. 방송금지 처분을 받은 광고는 2006년 방영된 전편에 이은 후속편으로서, 전문직 종사자로 묘사된 비키니를 입은 여성이 버거킹으로 말을 타고 달려가기 위해, 하고 있던 일을 모두 팽개친다는 내용이다. 또 다른 한편엔, 비키니를 입은 여성들이 나레이션과 함께 등장한다. 나레이션은 "BK걸들은 모든 것을 나눕니다. - 그들의 침대, 옷, 운동기구, 그리고 얼음 조각과 말들에 대한 그들의 사랑까지…" 이 광고에 대해 불만 신고를 한 여덟 명의 시청자 중 한 명인 37세의 N. Stratmore씨는 "내가 요조숙녀 스타일은 아니지만, 세 살 먹은 딸과 이 광고를 보면서 충격을 받았다."고 말했다.[30] "섹시광고가 널리 유포됨으로써 섹시에 대한 일반인들의 생각이 변하고 있다." '립스틱 광고'에 대한 연구 결과 "어느새 여성들 사이에서는 아름다움에 대한 최고의 찬사가 '섹시하다'는 말이 되었다." 이러한 양상은 바로 "섹시를 아름다움의 기준으로 삼고 있는 광고 때문"이다. 여러 광고 가운데 립스틱 광고는 "상품자체가 광고에 성 표현을 직접적으로 사용하기에 단연 으뜸"이고 그 대표적인 광고문구가 "섹시 넘버 원"(Sexy No. 1)이라는 것이다. 벗기기 광고의 전형이라고 할 수 있는 속옷 광고도 상품을 성과 함께 포장하여 소비를 조장하고 있다. 이러한 섹시광고 문화는 "에로티시즘에서 삶의 가치를 발견할 수 있다."는 메시지로 소비자를 현혹하는 것이다.

포르노물은 각종 음란 출판물과 음반, 텔레비전을 통하여 보급되고 있으며 컴퓨터 포르노물은 성해방의 첨단을 걸어가고 있다. 이제 성은 80년대 문학에서처럼 광 속에 숨어서 눈치를 살피며 은밀하게 이루어지지 않는다. 유교적이고 가부장적인 틀에서 기어 나와서 해방을 선언하고 있다. 여기에 공영방송이 앞장서고 있다. SBS는 이메크라(이미지 클럽)라고 불리우는 섹스산업의 현장취재로 충격을 던졌다. 그뿐 아니라 각종 공영 TV 드라마는 전통적이고 건강한 부부관계를 깨뜨리는 불륜을 소재로 하는 경우가 매우 많아졌다.

컴퓨터로 재생 가능한 CD는 어느새 포르노 미디어의 총아로 떠오르고 있으며 사이버섹스(Cyber sex) 시대를 예고하고 있다. CD 롬은 각종 포르노 사진을 노출시키고 있다. 그리하여 다가오는 21세기의 대중문화는 현대판 소돔과 고모라를 연출하게 될 것이다. 그러므로 우리 기독인들은 대중매체를 어떻게 선하게 이용할 수 있을 것인가 그리고 대중매체가 소비자들에게 주는 무의식적 세뇌작업을 어떻게 막을 수 있을 것인가 논의해야 한다.

3. 교회의 과제

(1) 포스트모던 문화의 극복

오늘날 대중문화는 포스트모더니즘으로 특징지을 수 있다. 그것은 오늘날 대중문화가 다원성과 혼돈성과 방황성 부재로서 특징화 되기 때문이다. 포스트모더니즘에서 문화란 삶의 다양한 국면들의 연관 없는 부분들의 임의적 집합에 불과하다. 그리고 여기에 어떤 통일된 방향이나 영성은 존재하지 않는다고 본다. 그리하여 오늘날 문화란 내면적인 통일성을 가진 것이 아니라 단지 피상적으로 연결되고 파편화된 부분들의 연결에 불과한 것으로 여겨진다.

이러한 포스트모던 문화는 절대성을 표방하는 그 무엇도 비판하고 배격하는 극단한 상대주의를 표방한다. 그리고 하나님이나 기독교의 교리와 성경과 교회에 대하여 무조건 배척한다. 포스트모던 사회 속에서 만인제사장은 대중문화가 된다.[31] 대중들이 대중문화를 주도하기 때문이다. 대중문화에서의 권위는 대중의 의견이기 때문이다. 그러나 대중의 의견이 바로 진리인 것은 아니다. 그것은 어디까지나 바람이요, 기원이요, 의견에 그친다.[32] 극단한 탈현대주의자 존 카푸토(John Caputo)는 포스트모던 세계가 모더니즘의 형이상학적 추구를 포기하고, 급진적인 해석학을 포용했다고 믿고 있다.[33] 현대성(modernity)은 이성이 형이상학을 추구하면서 보편적인 진리에 도달하고 그것을 공식화 할 수 있다고 믿었다. 그에 반해서 극단한 해석학은 삶을 "원래의 곤경"(original difficulty)으로 되돌리고 있다. 급진적인 해석학은 "우리가 생각하고 행동하고 기대하는 모든 것에 존재하는 단절과 격차 - 다시 말하면 텍스트성(textuality)과 차이를 우리 앞에 노골적으로 보여주고 있다."[34] 이에 대하여 교회는 성경이라는 텍스트성을 강조해야 한다. 텍스트성은 우리에게 멀리 있지 않다. 우리는 텍스트성을 신뢰한다. 텍스트는 우리의 존재의 모습을 그대로 드러내준다. 하나님의 말씀의 권위를 강조하고, 복음은 오늘날에도 우리의 삶과 행위를 규범인 것을 가르쳐주어야 한다.

(2) 적극적인 문화 감시 기능

교회는 대중문화 시대에서도 여전히 이 사회의 빛과 소금으로 그 정체성을 확고히 하고 시대를 향하여 하나님의 말씀을 선포하는 제사장과 예언자의 사명을 다해야 한다. 교회는 정보화 시대를 부정하고 이 시대로부터 문화적으로 낙오되어서는 안 된다. 이 시대의 문화를 총체적으로 비판만 한다면 신자와 교회는 이 세상 밖으로 나가야 한다. 그러나 우리는 이 세상에서 나가서 살 수는 없다.

교회는 이러한 뉴미디어가 사회에 건전한 문화와 풍습을 형성하도록 감시해야 할 것이다. 더욱이 뉴미디어는 상업주의와 쉽게 결합할 수 있다. 만일 그렇게 되면 대중윤리나 도덕에 관심을 두지 않고 저속하고 향락적인 프로그램을 방영함으로써 시청자 확보와 이윤 올리기에만 관심을 가질 것이다. 이에 대하여 한국교회는 감시활동을 해야 한다. 그리하여 뉴미디어와 대중매체가 건전한 윤리관과 가치관을 갖도록 지도해 나가야 한다. 기윤실 활동, 교계 단체 연대, 교회 감시기구 등이 강화되어 지속적으로 이러한 뉴미디어의 내용을 점검해야 한다. 이러한 일에는 시민단체와 협력하여 "방송 바로 세우기 시청자 연대회의"를 구성하고 시청자 주권실현, 공영방송의 올바른 위상정립, 민족의 통일과 발전에 기여하는 방송프로그램 형성을 위한 여론을 조성해 나가야 한다.

1996년 5월 한국을 방문한 독일의 사회철학자 하버마스는 "매스 미디어는 오늘날 하나의 권력이며 정보의 선택과 창출과정을 통해 늘 새로워지고 거대화 되고 있다.", "이를 규제하기 위해서는 미디어의 투명성과 균형감각을 보장할 수 있게끔 미디어 내부를 조정할 편집권 독립에 관한 법적 구조가 있어야 한다."[35)]라고 말했다.

미국의 복음주의 교회는 창조 시(時) 인간을 축복하시면서 "자연을 다스리라"고 하시는 하나님이 정보화 시대와 더불어 도래한 사이버 사회에서 사이버 스페이스(Cyberspace)도 다스리라고 하시는 명령을 실천하고 있다. 1996년 7월 미국의 가장 큰 교단 남침례교(Southern Baptist Church)는 디즈니사(社)가 가족의 가치관보다 동성연애를 더 우위에 두고 있다고 말하면서 만화, 완구에서부터 주제공원에 이르기까지 월트 디즈니사 불매운동을 벌이겠다고 위협했다. 남침례교는 1,600만 회원을 거느린 보수교단으로서 "그 회사가 행동을 바로 할 때까지 우리는 귀와 관계를 단절한다."고 선언하면서 1만 3,000명의 대표자들은 디즈니사가 전통적인 가치관을 무시하고 동성연애를 장려하는 태도를 시정할 것을 요구하였다.

침례교 대표들은 디즈니사가 의료혜택을 동성애 직원들에까지 확대한 것, 게이와 동성연애자들에 한 행사를 주제공원에서 하도록 한 것, 그리고 디즈니사 자회사들이 성인 주제와 언어로 된 영화를 상영한 것을 언급하였다.[36)] 이러한 태도는 교회가 대중문화를 감시하는 하나의 좋은 예라고 볼 수 있다.

(3) 건전한 청소년 대중문화의 확산운동

한국교회는 건전한 대중문화를 형성하기 위한 노력을 경주해야 한다. 몇 년 전 '서태지와 아이들'이 팀 해체를 발표함으로써 오빠부대들의 심각한 정서적 충격현상이 나타났다. 이러한 사건에 영향을 받아 서울 YWCA가 "청소년 문화와 스타 좇기"라는 세미나를 개최했다. 이 세미나에서 발표한 '대중스타가 청소년 문화에 미치는 영향의식 조사'에서 558명의 중고등학생 중 93.9%인 524명의 학생이 "좋아하는 스타가 있다."고 응답했다. 그러나 이 중에서도 팬클럽에 가입하는 등 광적인 행동을 보이는 경우는 극히 드문 것으로 나타났다. 이들 중 82.6%가 대중스타가 청소년 문화를 주도한다고 응답했다. 그 이유로는 대중스타가 "청소년의 심리를 표현해 주고 스트레스를 푸는 데 도움을 주기 때문"이었다.[37]

이와 같은 현상은 "청소년들이 받고 있는 심리적 압박을 그들 스스로 표현하거나 해소하지 못하고 외부스타에 의존하고 있음"을 나타내 주는 것이다. 다시 말하면, 자신이 이룰 수 없는 소망을 다른 사람을 통해 이루려는 대리충족 현상의 하나이다. 이처럼 청소년들의 열광적인 스타 선호는 그들이 향유할 수 있는 놀이공간의 부족에서 기인하는 것이다.

교회는 청소년들을 위한, 새로운 청소년 문화를 창출할 수 있는 문화공간을 마련해 주어야 한다. 매주 목요일 신촌 창천감리교회에서 '문화 쉼터'를 마련한 것은 기독교 문화를 꽃피우기 위한 좋은 본보기이다. 서울 신촌 대학가에 자리잡은 창천교회의 박춘하 목사는 1995년 4월 교회설립 100주년을 맞아 전교인 제자화, 문화 쉼터를 통한 차세대 선교, 세계 선교 등 3대 목회 방향을 정하고 전담 기획팀을 구성해 문화 쉼터 첫 공연을 열었다. 문화 쉼터는 기독교 문화의 갈증 속에서 좋은 작품을 만들기 위하여 '조코재미' 프로덕션을 설립했다. "신앙은 보수적으로, 목회는 개방적으로"라는 철학을 가지고 톡 콘서트와 영화 상영을 도입한 박 목사는 문화 쉼터를 20년째 운영하고 있다. 그는 교회 맞은편 골목을 "뒷풀이 마당"이라고 하는데 문화공연을 통해서 "앞풀이 마당"을 제공하고자 한다. 그가 시무하는 창천교회는 젊은이들 껴안기에 나섰고 상당한 성과를 거두고 있다. 2005년 4월 현재 창천교회 출석교인 1,200여 명 중 3분의 1 정도가 청년들이고 새 신자의 70%가 청년들이다.[38]

미국에서는 2000년대 들어와 지난 5년간 종교 라디오 방송국이 1,769개에서 2,014개로 성장하고 있다.[39] 최근 기독교 사역과 관련된 리서치를 진행해 온 캘리포니아에 소재한 바나그룹이 행한 여론 조사 결과에 따르면 교회에 출석하는 이들보다 더 많은 이들이 기독교 미디어를 접하고 있다. 2005년 바나그룹이 1,003명의 성인을 전화 인터뷰한 후, 기독교 미디어와 관련된 미국 전역의 트랜드는 다음과 같다. 한 달 동안 성인의 46%가 기독교 라디오 방송을 청취하고, 16%는 매일 청취한다. 한 달을 기준으로 봤을 때 교회를 출석하지 않는 미국인의 23%는 기독교 방송을 듣는다. 여성, 흑인, 남부인, 큰 개신교회 소속교인 등은 라디오 방송을 더 많이 청취한다. 한 달간 성인의 45%가 기독교 TV를 시청하며, 4%는 매일 시청한다. 60세 이상의 인구, 여성, 흑인, 남부인들, 교육수준이 낮고 수입이 적은 이들은 더 높은 시청률을 보인다. 한 달을 기준으로 봤을 때, 35%의 성인들은 기독교 잡지를 읽는다. 교회를 출석하지 않는 성인 1,300만 명이 매달 기독교 잡지를 읽는다. 한 달 동안 성인 165명은 신앙과 관련된 웹사이트(website)를 방문한다. 젊은이들, 서부인들, 흑인들이 더 많이 방문한다.[40]

(4) 가치관의 표준 제시

우리는 대중문화를 모두 부정할 수는 없다. 우리가 그 속에서 살고 있기 때문이다. 아름다운 장면으로 포장은 했지만 기독교의 기본진리를 부정하는 것을 분별해 내야 한다. "사랑과 영혼"이란 영화는 대중들의 상당한 호응을 받았다. 이 영화는 죽은 애인의 영혼이 등장하는 뉴에이지 영화이지만 남자와 여자 사이의 사랑을 아름답게 묘사했기 때문에 외설적인 음란영화와 비교해서 깨끗하다는 이미지를 준 것이다.

그러나 이 영화는 죽은 자가 산 자와 대화를 하고, 영매를 통한 귀신들과의 영적 접촉을 말하고 있다. 때문에 성경적 진리를 왜곡시킬 수 있으며 신앙적으로 불건전한 영화이다. 교회는 대중적으로 호응을 얻는 이러한 문화가 죽음 이후 인간의 상태에 대한 기독교적 가르침을 왜곡하고 있다는 것을 가르쳐 주어야 한다.

대중문화는 새로운 인본주의적 윤리를 제시하면서 성경적 윤리를 무너뜨리고 있다. 최근에 한국과 미국에 선풍적인 인기를 끌었던 『메디슨 카운티의 다리』 같은 소설이 그러한 류(類)이다. 중년여인이 길가던 나그네와 불륜의 관계를 맺는 것을 미화시키면서 '순애보' 라고 낭만화시키고 있다. 그러나 이것은 하나님이 지키라고 주신 7계명을 범한 것이다. 교회는 이처럼 대중문화 속에 들어 있는 왜곡된 윤리나 가치관을 지적해 주어야 한다.

멀티미디어를 통하여 들어오고 있는 성해방의 물결에 대하여 교회는 그러한 물결에 휩쓸릴 것이 아니라 이러한 성해방의 물결이야말로 하나님이 창조하신 가정을 파괴하는 무서운 죄악임을 선포해야 한다. 마찬가지로 인위적인 낙태도 하나님 앞에서 창조의 질서를 훼손하는 것이라는 사실을 가르쳐 주어야 한다. 그러나 강간에 의한 임신, 기형아의 임신, 임산부의 허약에 의한 임신중절의 경우에는 낙태라는 것이 제한적으로 적용될 수 있다. 이러한 경우 우리는 무엇이 하나님의 뜻인가 분별하는 지혜가 필요하다.

(5) 기독교적 뉴미디어 이념 정립

뉴미디어에 의한 대중문화가 확산되고 있는 요즘, 기독교적인 관점에서 뉴미디어 사용에 관한 원칙을 연구 개발해야 한다. 미디어는 하나님이 인간에게 주신 도구적 이성으로 발명한 것이다. 그것은 하나님이 과학기술시대에 복음전파와 의사소통의 편의성을 위하여 우리 인간에게 주신 선물이다. 그러므로 이 선물은 인간의 존엄성이 실현되고 하나님의 복음이 효과적으로 전파되도록 사용되어야 한다.

1986년 5월 '세계 기독교커뮤니케이션 협의회' (WACC, World Association

for Christian Communication)는 커뮤니케이션에 대한 다섯 가지 기독교적 원칙을 천명하였다.[41] 첫째, 커뮤니케이션은 공동체를 창조한다. 인종, 성, 계급, 국가, 권력, 부, 종교적 편견 같은 분열과 소외의 장애물을 제거하고 진정한 공동체와 공동체 정신을 복돋아야 한다. 둘째, 커뮤니케이션은 참여적이다. 커뮤니케이션은 기본적인 인권으로, 민중이 그 주체가 되어야 하며, 상호작용하는 쌍방향의 과정으로 삶의 영역들을 민주화 시키는 것이다. 셋째, 커뮤니케이션은 인간을 해방시킨다. 해방적 커뮤니케이션은 보다 정의롭고 평등하며 인권의 실험에 기여하는 사회구조를 구현한다. 넷째, 커뮤니케이션은 문화를 지원하고 발전시킨다. 민족의 바탕이 되는 문화적 정체성은 인간의 존엄성의 일부이므로, 문화와 언어, 종교, 성, 연령, 인종 또는 종족의 특성들이 언제나 존중되어야 한다. 다섯째, 커뮤니케이션은 예언적인 것이다. 예언적 커뮤니케이션은 말과 행동으로 스스로를 표현하고, 진리에 봉사하며 허위에 도전한다.

WACC는 2008년 10월에 "커뮤니케이션은 평화다: 다양한 공동체를 형성하는 것"(Communication is Peace: Building viable communities)이라는 주제를 가지고 남아프리카 케이프타운(Cape Town)에서 국제 대회를 개최한다. WACC는 이 대회에서 "커뮤니케이션 권리(Communication rights), 미디어와 성별 정의(Media and gender justice), 권력, 갈등과 평화: 역사이야기(Power, conflict and peace: Telling the story), 새 커뮤니케이션과 정보기술과 평화(New communication and information technologies and peace)"를 다룰 것이다.[42]

(6) 가상현실과 실재 삶과 현실의 구별

TV나 멀티미디어와 같은 대중적인 전자매체나 영상화면의 형태로 확산되는 대중문화는 정보화 사회의 의사소통의 구조는 일방통행적이다. 교회는 인터넷이라는 정보의 바다 속에 던져 넣을 정보의 질에 대하여 그 제공자와 사용자들이 윤리적인 책임을 가지도록 촉구해야 할 것이다. 교회는 정보통신윤리위원회가 해커, 바이러스, 음란물, 오락정보, 선전 및 광고물 범람에 대하여 양식에 입각한 올바른 규제를 하도록 촉구하고 감시해야 할 것이다.

진정한 삶과 현실은 영상을 통하여 드러나는 가상세계가 아니라 하나님이 창조하시고 그의 주권적 섭리가 지배하는 영역이다. 진정한 행복이나 기쁨은 구경하거나 가상현실에 탐닉하는 것이 아니다. 진정한 삶은 정보에 담는 것도 아니고 정보의 바다에서 찾아내는 것도 아니다. 현대인들은 컴퓨터가 제시해 주는 가상현실이 실재와 존재의 세계인양 착각하고 살아간다. 이것은 어떤 의미에서 환영(幻影)의 세계이다. 정보사회 속에서 현대인들은 멀티미디어를 하나님으로 대체하고 있다. 오늘날 과학기술자들은 현대라고 하는 새로운 인본종교적 세계의 사제가 되어 이 세계를 과학기술적으로 지배하고자 한다. 그리고 과학기술을 신격화시키고 있다. 무릇 지킬 만한 것 가운데 우리 마음을 지켜야 한다.

(7) 인터넷을 선교의 도구로 사용

1993년 보급되기 시작한 월드와이드웹(WWW; World Wide Web) 기술은 인터넷이 일반인들에게로 확산되도록 만든 새로운 기술이다. 월드와이드웹은 인터넷에 연결된 전세계의 컴퓨터를 마치 자기의 인터넷에 저장된 정보를 대하듯 손쉽게 다룰 수 있을 뿐만 아니라, 화상과 음성을 포함하여 다양한 형태의 미디어를 통합한 멀티미디어 통신을 가능케 하는 혁신적인 기술이다.[43]

월드와이드웹의 발전으로 컴퓨터를 통하여 신문과 잡지를 빠르게 받아 볼 수 있게 되었다. 인터넷을 통해 라디오 방송을 듣거나, 영화를 보는 일, 홈 쇼핑, 도서관의 자료를 찾는 일, 가상 관광, 박물관 관람 등 시간과 공간의 장벽을 넘어서 많은 일을 할 수 있게 되었다. 인터넷은 국경을 넘어서서 세계 어디에나 침투해 들어간다. 인터넷의 월드와이드웹은 종래의 인쇄물로 만들어 배포하던 주보, 신문, 소식지, 홍보 및 광고물, 책자 등을 온라인에서 제공하도록 한다. 온라인 출판이라고 불리우는 첨단 기술은 문서를 사진과 함께 제공하고 음성과 간단한 동화상도 제공하여 한층 생동감 있는 정보를 제공한다. 기존의 인쇄물은 제작과 배포에 많은 노력이 필요한 반면 인터넷은 한 번 제작한 문서를 컴퓨터의 저장능력을 통하여 지속적으로 보관 · 이용할 수 있다.

이러한 인터넷은 정보의 바다로서 악한 문화를 담는 그릇으로 활용되고 있다. 그러나 우리는 바울이 로마로 가는 길을 세계선교에 이용하였듯이 하나님이 인터넷을 통하여 열어 놓으신 세계로 향하는 전자의 네트워크를 세계선교의 길로 이용하여야 한다. 인터넷 기능이 가지고 있는 전자우편도 멀리 떨어져 있는 선교사와 선교지 교인들에게 사도바울이 전도여행을 하고 돌아온 후 써내려간 편지처럼 멀리 떨어져 있는 교인들에게 위로와 소식을 전하는 첨단 장치이다. 교회나 선교단체, 출판사역과 문서사역을 하고 있는 단체들은 끊임없이 생산되는 말씀과 소식과 기도제목, 각종 선교정보를 인터넷을 통하여 세계곳곳의 잠재된 영혼들에게 순식간에 배달할 수 있다.

2005년에 들어와 미국에서는 기독교 미디어의 영향력이 갈수록 강력해지고 있다. 특히 교회에 출석하지 않는 이들조차 종교적 미디어에는 개방적 자세를 보이고 있어 선교수단으로서의 기독교 미디어의 중요성에 대한 인식이 높아지고 있다.[44] 겟릴리전 웹사이트(www.GetReligion.org)에 글을 기고하는 종교 칼럼니스트인 테리 매팅리는 종교에 대해 글을 쓰고 기독교적 관점에서 보도를 하는 것은 독특한 도전이라고 말한다. 그는 이 작업을 오페라를 해석하는 것에 비유한다. 오페라를 해석할 때, 많은 이들이 '자신이 무슨 말을 하고 있는 지'를 모른다. "언론은 극도의 긴장감이 넘치는 종교적 상황의 한복판에 앉아서, 자신들이 무엇을 지켜보고 있는지 자체를 이해하지 못할 수도 있다."

이에 반해서 기독교 미디어는 매일 매일의 사건에 대한 성경적 시각을 독자들에게 전해 준다. 그리고 더 이상 세속적 가십보도에 신경을 쓰지 않아도 된다. 예컨대 포트워스에 위치한 기독교 TV 네트워크인 패밀리넷은 최근 미스 유니버스 대회를 보도하면서 수영복 심사장면을 삭제했다.[45] 많은 기독교인들이 이것이야말로 자신들이 원하던 것이라고 말하고 있으며, 뉴스를 찾기 위해 종교적 미디어로 향하고 있으며 이들의 숫자가 증가하고 있다. 기독교인들은 종교적 미디어가 세속적인 미디어들보다 더 신뢰할 만하다고 말한다. 이들은 기독교는 하나의 세계관인데 종교적 미디어들은 세속적인 주류 미디어를 거부하는 이들에게 대안을 제공한다고 말한다.

(8) 기독교 데이타베이스(data base) 설치

첨단 기술의 도전은 첨단 기술로써 응전해야 한다. 사이버스페이스 자체가 우상인 것도 또는 반기독교적인 것도 아니다. 사이버스페이스는 사용하는 자의 가치관에 따라서 그 프로그램의 내용이 결정되고 그것으로 인해 하나님을 거역할 수 있게 된다. 하나님은 사이버스페이스(cyberspace)에서도 역시 주인이시다.

1,800쪽에 달하는 성경이 컴퓨터에 전자언어로 저장되면 9600bps(컴퓨터 시스템에서 정보의 전달속도를 나타내는 단위)의 모뎀을 갖고 있는 개인은 10분 만에 그 성경을 복사할 수 있게 되었다. 과거 수도승들이 양피지, 잉크, 그리고 깃대 펜을 갖고서 1년 동안에 겨우 성경 한 권을 제작할 수 있었던 것과 비교하면 기존의 시공간 사고를 깨뜨리는 가히 혁명적인 변화의 시대에 우리는 살고 있는 것이다. 이것은 기독교복음 전파에 있어 기회임에 틀림없다.

우리는 기독교적인 네트워크(christian network)를 목회와 복음전도와 선교에 효과적으로 활용해야 한다. 이 컴퓨터 속의 사이버 교회를 하나님의 말씀이 선포되는 곳으로 만들어야 한다. 여기에 바른 예배가 무엇이며 바른 신앙이 무엇인가 알려 주어야 한다. 사이버 교회의 이용자들이 이러한 사이버 교회의 이용이 실재 교회에 나가서 예배를 드리고 교제를 나누며 신앙생활하는 것에 대한 보조기능에 불과하다는 것을 알게 해야 한다. 그러므로 이러한 사이버 사회에 대한 복음주의적 해석을 바르게 전파하는 것이 요청된다.

미국에서 기독교 지도자들이 점차 블로그의 위력에 눈을 뜨고 있다고 미국의 기독교신문 《비브리칼 레코더》(www.biblicalrecorder.org)가 보도해 주목을 받고 있다. 비브리칼 레코드의 보도에 따르면 마크 D. 로버츠(Mark D. Roberts) 목사가 자신의 블로그(blog)를 시작했을 때 그는 미국 캘리포니아 주 어빈에 있는 어빈 장로교회 커뮤니티와 소그룹에 참여한 사람들만 이용할 것이라고 생각했다. 1년이 채 되지 않아 그 블로그는 그의 상상을 넘어 하루에 1,500명이 방문했고, 주말에는 방문자가 2,000명을 넘어섰다. 성도수가 750명인 교회의 목사인 로버츠는 "나는 전 세계에서 문자로 만나는 독자들을 가지고 있다. 멜 깁슨의 영화 "그리스도의 수난"(The Passion of Christ)에 대한 감상평은 영화 개봉 이래로 2만 5,000명 이상의 독자들이 보았으며, 독자들이 꾸준히 늘고 있다."[46] 고 말하고 있다.

로버츠 목사는 'marketrobert.com' 에서 블로그를 시작했다. 그는 블로그에 대해 "어떤 아이디어를 얻고 전달하는 데 매우 유용하다." 고 평가한다. 현재 그의 블로그를 통해 그가 교회와 주일학교에서 설교하는 것이 그대로 전파되고 있다. 그는 신학적인 이유들과 새 성경번역에 있어서의 논쟁적인 주제들을 다루고 있는 22개의 시리즈를 블로그에 싣고 있다. 로버츠 목사는 "다빈치코드" 에 관한 그의 비판적인 견해를 블로그에 담아, 대표적인 포털사이트인 '구글'(google)에서 '예수가 결혼했나요?' 라는 질문에 대한 답변으로 상위 10위에 들기도 했다. 한국 목회자들과 신학자들도 블로그를 이용하는 인터넷 선교에 관심을 가지고, 움직여야 할 것이다.[47)]

미국 새들백교회의 담임목사 릭 워렌은 2005년 5월 23일 미국《비즈니스 위크》 온라인 판(www.businessweek.com)에서 "복음주의란 하나님과 사회적 이슈 모두에 대한 헌신을 말한다. 인터넷은 복음전파를 위해 사용하는 주요한 수단의 하나"라고 말했다.[48)] 새들백 교회는 3가지 중요한 사업을 한다. 첫째, 그의 교회는 정기적으로 교회에 출석하지 않는 이들을 껴안기 위해 1980년 시작되었다. 현재 본 교회의 예배에는 매주 2만 명 이상의 사람들이 출석한다. 둘째, 웹사이트 'pastors.com' 을 만들었다. 본 사이트는 매주 14만 명 이상의 목회자들에게 설교, 자료 및 그 밖의 도구를 제공한다. 셋째, 그의 베스트셀러인 『목적이 이끄는 삶』을 기초로 운동을 시작했다. 본 운동을 통해 지금까지 2만 개 이상의 교회와 그 외 수많은 단체들은 영적 목적들을 발견하도록 사람들을 돕는 프로그램을 진행했다. 본 운동은 'purposedriven.com' 이라는 웹사이트를 가지고 있다. 이처럼 릭 워렌은 "21세기 종교개혁은 인터넷을 통해서 이루어진다." 고 말하고 있다.[49)]

(9) 문화 변혁자요 구속자인 그리스도 증거

오늘날 사단은 대중문화를 통해서 우는 사자처럼 삼킬 자를 찾고 있다(벧전 5:8). 사단은 사실상 예수께서 십자가에 죽으시고 부활하신 후 무장해제되고 패배한 존재들이다(골 2:15). 사단은 불신자들에게는 우는 사자가 되어 이들을 삼키겠지만 우리 성도들에게는 이빨 없는 사자처럼 무력한 존재가 되어 버리고 말았다. 그리스도는 '문화의 변혁자'(a transformer of the culture)이시다. 그리스도는 우리 삶의 모든 영역 속에서 주권자로 계신다.

이제 교회는 대중문화로부터 도피하지 말고 건전한 기독교 대중문화를 창출해 나가야 한다. 복음성가, 찬양과 경배, 젊은이의 문화 쉼터, 젊은이 광장, 기독교환경운동, 기독교윤리실천운동, 각종 평화운동 등을 육성하여 세속적인 문화보다 그 내용과 질에 있어서 앞서가야 한다.

*

교회는 이 시대의 문화를 지배하는 영을 잘 알고 분별해야 한다. 이 시대의 문화를 하나님의 말씀으로 분별하고 이 시대의 문화를 변혁시키는 역사를 수행해야 한다. 이것이 바로 교회가 문화변혁의 사명을 다 하는 것이다. 교회는 이 시대의 대중문화에 영합하고 그 속에서 자기의 영성을 상실해서는 안 된다. 오히려 이 시대의 대중문화의 기독교적인 적합성은 살려서 장려하고 기독교적인 정신을 불어넣어야 한다. 대중문화 가운데 비윤리적이고 비기독교적인 것을 말씀에 입각해서 비판하면서 새롭고 건전한 대중문화의 물결을 선도해야 할 것이다. 이것이 대중문화를 위한 기독교의 변혁주의적 입장이다.[50)]

교회는 환경운동, 반낙태운동, 장기기증운동, 헌혈운동, 공명선거운동, 묘소 간소화운동, 각종 마약추방운동, 청소년 선도운동, 건전한 청소년 정서운동, 건전한 노사관계, 교통체증해결운동 등에 적극적으로 참여해야 한다. 이것을 성공리에 실현하기 위해서는 대중문화에 대한 깊은 연구와 성찰과 실천이 있어야 한다. 또한 오늘날 미국 기독교가 제시하는 것처럼 기독교 언론을 더욱 더 활성화 하여 주류 세속적 미디어의 보도를 해석하고 대안을 제시할 수 있어야 한다.

chapter 2
현대 대중문화의 기독교적 조명

우리는 정보화 시대에서 더 나아가 멀티미디어 시대로 옮겨가고 있다. 그리하여 첨단 대중매체를 중심으로 움직이는 정보화 시대에 살고 있다. 우리는 각종 미디어를 통하여 눈과 귀로 들어오는 대중문화 속에 빨려 들어가고 있다. 대중매체는 정보화 시대를 사는 현대인의 기본적인 삶의 방식이다. 텔레비전, 영화, 비디오, 케이블 텔레비전 등과 같은 영상매체 그리고 신문이나 라디오, 컴퓨터 통신을 중심으로 한 정보매체가 오늘날 현대 대중문화의 중추를 이루고 있다. 대중문화의 범람 속에서 기독교 문화는 왜소해지거나 그 속으로 빨려들어 가는 위험 앞에 놓여 있다. 여기서 우리는 대중문화의 성격을 조명하고 대중문화의 도전에 대한 기독교 문화의 과제를 성찰해 보기로 한다.

*

1. 현대 대중문화의 현주소

(1) 선정주의

첫째, 선정주의이다. 우리 젊은이 문화의 중심지인 대학로의 연극이 저질의 연극무대가 되고 있다. 대학로에는 별로 넓지 않은 지역에 40개가 넘는 공연장(2007년 1월 기준)이 집결되어 있다. 겉으로 보기에 대학로는 번듯한 문화공간을 갖추고 있다. 공연장, 영화관, 화랑, 카페, 식당 등 문화적 공간을 구성하는 다양한 시설들이 풍성히 자리잡고 있다. 그러나 그 가운데 저질(低質)의 연극무대가 펼쳐지고 있다. 연극이 순수성을 잃고 변질되어 가고 있다. 정성들여 제대로 만든 작품에는 관객이 없고, 야한 제목에 배우의 노출을 강조하거나 섹슈얼리티를 가미한 작품에만 관객이 몰리는 이상 기류가 만연돼 있는 것이다. 이는 선정주의가 양질의 연극을 쫓아내는 실정에 이르렀다.

CBS 노컷뉴스는 한국 공연의 메카 대학로의 연극 공연의 선정주의에 대하여 '대학로 점령한 로맨틱 코미디', '주범은 치솟는 대관료', '공연 늘었지만 관객은 오히려 외면한다' 라고 비판적으로 보도하였다.[1] 한국 공연의 산실(産室) 대학로의 관객이 가장 선호하는 장르는 로맨틱 코미디이다. 바쁘고 힘든 세상을 잊을 수 있는 웃기고 재미있는 작품을 원하는 것이다. 대학로는 관객 입맛에 맞춰 앞다퉈 올려진 반짝기획성 공연으로 홍수를 이루고 있다. 이런 대학로의 현실은 날로 치솟는 극장 대관료에서 기인한다. 객석 수에 따라 다르지만 평균 월 1,000만 원, 많게는 2,000만 원을 훌쩍 뛰어넘는다. 이처럼 비싼 대관료 때문에 공연 한 편을 두 달간 올리는 데는 1억 원 이상의 제작비가 든다. 제작비를 건지려면 작품성보다는 관객의 취향을 먼저 생각할 수밖에 없는 것이다. 공연은 늘었지만 관객은 오히려 외면하고 있다. 관객은 오히려 대학로를 떠나고 있다. 함량 미달의 코미디물이 범람하면서 관객은 염증을 내고 대학로 공연을 외면하고 있다. 대학로의 극장은 모두 98개로 2007년 상반기에만 무려 254편의 연극이 공연됐다. 지난 해보다 작품 수는 두 배나 늘었고, 창작극도 그만큼 증가했다. 그러나 정작 볼만한 공연이 없다는 관객의 볼멘소리는 점점 커지는 기현상이 나타나고 있다.[2] 대중문화와 상업주의 바람이 대학로 전체로 확산되고 있다. 인간의 감성을 흔들고 시대와 사회에 대한 고민과 성찰이 담긴 작품은 이제 찾아보기 어렵다. 한국 연극에서 메시지가 사라지고 있는 것이다. 이러한 대학로 연극의 현주소는 선정주의의 전형적 모습을 보여준다고 할 수 있다.

(2) 한탕주의

둘째, 한탕주의이다. 승자가 모든 것을 도식한다. 이러한 한탕주의 풍토는 시청률 지상주의에 감염된 방송 프로그램의 무한 경쟁과 동행하며 우리 대중문화의 최소한의 기반을 파괴시키고 있다.[3] 대중음악인들이 표절 시비로 인한 잇단 자살 사태는 우리 대중음악계를 가히 복마전으로 만들고 있는 것이다. 이 성공게임에서 살아 남기란 삶을 포기할 정도로 가혹하다는 사실이다. 노래를 부르는 것에 있어서 부르는 자나 듣는 자나 모두 즐거워야 하는데 성공 아니면 실패, 살기 아니면 죽기라는 극단적 사고가 지배하고 있는 것이다. 연극계의 중진 연출가는 "연극이란 장르가 박물관에 들어가야 하는 사태가 생길지도 모른다."고 말하고 있다. "관객들의 기호에 맞춘 참신한 소재 발굴에 적극 나서야 한다." 그리고 "그에 못지 않게 연극 본령의 예술성으로 관객들과 승부하려는 진지한 자세가 요청된다."[4]는 의견도 있다. 이렇게 성적이고 선정적인 상업주의 문화는 미국의 플레이보이 문화를 그대로 이어 받고 있다. 우리 사회에서는 지금 고소득층과 고학력자는 많아도 그에 상응하는 수준의 상류문화는 찾아보기 어렵다. 서구적 합리주의와 실용주의에만 매달린 나머지 고학력층의 특권의식과 교만함은 졸부들의 천박성과 크게 다를 바 없다.

(3) 첨단주의

셋째, 첨단주의이다. 대중문화는 첨단을 쫓아간다. 대중문화는 새로운 것을 추구하기 때문에 첨단을 선호한다. 2000년대 들어와 더욱 첨단화 된 정보사회에서는 휴대폰이 유행이 되고 있다. 전 국민, 특히 젊은 세대에게 휴대폰은 생활의 필수품이 되었다. 2000년대 후반에 접어들어 시민들의 생활이 점차 아날로그에서 디지털로 급격하게 변화하고 있다. 대중문화 또한 재래의 아날로그에서 디지털로 변화하고 있다. 대학 강의, 음반, TV, 상거래, 서적, 통신, 전화 등이 모두 디지털 방식으로 바뀌고 있다. 대학에서는 재래식 수강방식 대신 점점 인터넷 수강방식이 자리잡고 있다. 교수들은 강의계획서와 강의안을 인터넷에 올리고 학생들은 이것을 통해 수강신청하고 강의를 받고 대화방에서 수시로 질문을 한다. 상거래에도 아날로그 방식의 재래시장이 무너지고 디지털 방식의 새로운 시장이 등장하고 있다. 2005년에 들어와 인터넷 서점이 활성화 되면서 동네 서점들은 문을 닫고 있다. 급속히 확산되고 있는 온라인 거래로 인해 재래시장의 공동화(空洞化) 현상이 확산되고 있다.[5] 그리하여 도매상들도 상거래를 온라인으로 바꾸고 있다. 서울 용산 터미널 상가 지하에 입주해 있는 전자상가는 인터넷 사업부를 운영하고 있다. 이 업체 매출의 70%가 인터넷에서 이루어진다.[6] 중고차 사고(事故)기록의 인터넷 열람이 가능하며, 매장에서 한우(韓牛) 이력서가 확인되고, 포털 사이트의 댓글도 추적이 가능해져 함부로 글을 쓰지 못하는 시대가 오고 있다. 제조업에도 '누가 어떻게 만들었는지' 과거를 기록해 두는 시스템이 속속 도입되고 있다. 손톱보다 작은 칩 안에 휴대폰의 검사일자와 제작 라인, 설계변경 내역은 물론 작업조(組) 등 모든 제조공정 내역이 상세히 기록되어 있다.[7]

기독교 대중문화운동은 복음에 입각한 건전한 대중문화를 우리 사회에 펼쳐야 할 중요한 사명을 짊어지고 있다. 급속도로 확신되고 있는 디지털 문화에 기독교인들은 빠르게 적응해야 한다. 디지털이 가져다 주는 문화의 편의성을 한편으로는 수용하면서 이러한 문화가 담고 있는 내용이 건전한 방향으로 나아가도록 노력해야 할 것이다. 근래에 '한국기독교총연맹' 을 중심으로 각 교회에서 전개되고 있는 청소년 순결서약운동, 기독교윤리실천운동, 인터넷 선교 등은 이러한 대중문화의 추세에 대한 기독교적인 하나의 대안이 될 수 있다.

2. 대중문화의 특성

대중문화는 우리들이 시민으로서 누리고 소비하고 있는 생활의 형식이다. 대중문화는 한 사회 구성원이 생산해 내고 소비하는 생활의 형식이다.

(1) 오락성

대중문화는 오락적이다. 대중문화는 삶을 즐기기 위해서 만들어진다. 대중가요, 연극, 노래방, 영화, 텔레비전, 신문, 잡지 등이 그런 것들이다. 이것은 보고 듣기에 즐거워야 하고 스트레스를 해소할 수 있어야 한다. 대중문화는 감초 같은 역할을 한다. 이것들은 보고 듣고 느끼는 것으로 끝난다. 찰라적이다. 그리고 나서는 허무하다.

(2) 선정성

대중문화는 선정적이다. 대중들의 욕구를 자극한다. 그리하여 움추려 있는 욕망을 길어올려서 그 욕망을 채우도록 한다. 그 구체적인 예가 성적인 노출이나 그림 같은 화면을 통한 패션, 영상효과를 살린 각종 광고효과이다. 몇 해 전에는 일명 '배꼽티' 를 입으면 형사 입건되었다. 그러나 지금은 연예인들이 대중매체에 배꼽티를 입고 출연하는 것이 수용되고 있다.

2000년대 들어와 대중문화의 선정성은 도를 넘어 사회적 물의가 될 정도다. "만지면 커져요"(2005년 1월 KBS 2TV, VJ 특공대, 성기모양의 버섯을 소개하며), "(어머니 가슴은) 아빠와 함께 써야 한다는 불편함이 있죠."(2005년 7월 20일 KBS 2FM, 황정민의 FM 대행진), 그리고 2005년 7월 MBC 음악캠프 생방송 중 '성기노출 사건' 등이 그 구체적인 예이다.[8] 선정성의 대표적인 예는 포르노그래피이다. 포르노그래피는 "더 이상 시내에 있지 않고 아랫층에 있다."[9]고 말할 정도로 인터넷을 통해서 우리 사회에 편재해 있다.[10]

(3) 인기성

대중문화는 인기를 중심으로 수요공급이 조절된다. 질보다는 흥미와 재미가 있어야 한다. 그리하여 인기를 누리는 자는 살아 남고 스타가 되고 그렇지 않는 자는 도태된다.

2005년 2월 2년 만에 돌아온 가수 유니(본명 허윤, 24)가 표절시비 논란에 휩싸였다. 2집 '패션&퓨어'(Passion&Pure)의 타이틀곡 "콜콜콜"(Call Call Call)의 뮤직비디오를 미리 공개해 선정성 논란에 휩싸인데 이어 이번엔 성형설과 함께 타이틀곡인 "콜콜콜"의 표절시비에 휘말렸다. 몇몇 네티즌들은 타이틀곡 "콜콜콜"의 전체적인 노래분위기는 물론 도입부 및 후렴구가 비욘세의 "베이비 보이"(baby boy)와 비슷하다는 의견을 내세우고 있다. 뿐만 아니라 한 네티즌은 국내 유명 포털사이트 게시판에 유니의 "콜콜콜"이 아무로 나미에의 "풋음업"(Put' em Up)을 표절했다는 주장을 펼치며 두 음악을 동시에 비교해놓은 동영상을 올려 많은 이들의 시선을 모으고 있는 상황이다. 2006년 4월 국내 연예산업 부문 울트라 수퍼스타 이효리씨의 노래가 표절 시비에 휘말렸다. 그녀가 2집 활동을 시작하며 들고 나온 "Get Ya"

가 브리트니 스피어스의 노래를 표절했다는 것. 현재 스피어스의 국내 판권관리 업체가 이의를 제기함으로써 이 문제는 법정으로 갈 확률도 높아진 상태다.[11] PC 통신뿐 아니라 신문과 방송이 이 시비를 확산시켰다. 이것은 우리 대중문화에 있어서 인기의 허구성이나 조작성을 보여주는 예이다. 우리 대중문화계의 연예인들은 자본력과 홍보기술, 오빠부대를 동원한 인기 조작으로 어느날 갑자기 빛을 발하다가 어떤 계기로 인해 갑자기 사라지게 된다.

(4) 상품성

대중문화는 상업적이다. 그것은 시장성이 좋아야 한다. 잘 팔려야 한다. 향락적인 것과 시장성은 연관이 있다. 그러므로 대중에게 어필한다. 인기가 있다. 질이나 내용보다는 인기가 있어야 한다. 고급스러움 보다는 오락성을 지향한다. 이러한 상품성은 대중문화를 대중에게 어필하는 방향으로 정하게 함으로써 그 내용과 질을 떨어뜨리게 하는 잠재적 유혹성을 지니고 있다. 여기에 제작자의 자기 규제와 소비자의 검소한 정신이 요청된다. 최근에는 드라마나 스포츠 중계 중 TV에서 '90초 광고', '간접 광고', '가상 광고' 가 등장하여 영상 합성기술을 이용, 가상 이미지를 만들어 화면에 비추는 광고도 나오고 있다.[12]

(5) 피상성

대중문화는 피상적이다. 깊이가 없다. 저속스럽기도 하다. 인기에 부동한다. 질보다는 대중의 선호도에 따라서 좌우된다. 이것은 상업성과 연결되어 있어 대중에게 미치는 공공성이나 도덕성에 대한 관심보다는 대중 인기성에 영합하는 데서 나오는 것이다. 이러한 피상성은 미술이나 음악의 예술성을 피상적인 청각과 시각에 영합시키거나 성이 지닌 창조의 신비를 호기심에 어필하면서 피상적인 것으로 환원시키는 것에 기인한다.

(6) 세뇌성

대중은 매일 신문이나 텔레비전이나 라디오나 잡지를 대하기 때문에 이것들에 나오는 인물이나 광고 내용이나 정보를 반복적으로 대하면서 대중의식에 세뇌되고 그것에 지배를 받게 된다. 현대인이 살고 있는 도시환경은 이러한 대형 광고판에 의하여 인위적으로 치장되고 있으며 이것들이 소비의 요구를 자극하고 있으며 반복되는 정보를 제공함으로써 가공의 사실을 실재로 받아들이게 한다. 그리하여 오늘날 현대인들은 대중매체에 의하여 세뇌된 미디어에 의하여 조정된 가상의 세계에 살고 있다고 말하기도 한다. 광고의 효과가 베스트셀러를 만들어 내고 명품을 만들어 내고 인터넷에 의하여 유명인이 탄생하기도 한다.

(7) 몰가치성

대중문화는 몰가치적이다. 그것은 대수의 선호도를 따르기 때문에 윤리와 가치의 고려가 일차적이지는 않다. 문화상품의 제작에 있어서 상품의 예술성이나 윤리적 기여도 보다는 상품성이 우선적으로 고려된다. 심지어는 높은 예술성을 지닌 고전적 작품까지도 대중적 인기와 상품성을 위하여 다소 윤리성과 예술성을 희생하기까지 한다. 윤리적 의식이 분명하지 않다. 그 사회의 집단의식이 표출된다. 그러므로 향락적인 대중의 기호에 따라서 소모된다. 여기에는 가치나 윤리가 반드시 따르는 것은 아니다. 그리하여 고전성을 지닌 작품이 대중문화로 번역될 때에는 그 예술성을 상실하기까지 한다.

포스트모던 미디어는 도덕적으로 가치론적으로 아무런 제약을 받지 않는다. 동성애, 포르노그래피, 집단학살, 폭력, 자살 등을 미학적으로 그려내기 때문에 실재의 사실을 왜곡시킨다.[13]

(8) 다원성

대중문화는 가치규범의 다양성을 주장한다. 외국의 풍물기행 프로그램은 원주민의 벌거벗은 모습과 전라(全裸)에 가까운 무희(舞姬)들의 삼바춤을 아무런 여과 없이 방영한다. 외국의 생활풍습은 우리의 것과 다르다는 것이 전제되어 있다. 여기서 다양성과 다원성의 사고가 나타난다. 이것은 대중문화가 가진 강점이라고 할 수 있다. 19세기의 제국주의 시대의 사고가 몰락하고 그 뒤 20세기의 엘리트 문화가 지나가고 21세기의 문화상대주의를 열고 있다. 19세기에는 백인 문화는 우월하고 아시아나 아프리카의 문화는 열등한 것으로 여겼다. 이제 식민시대가 종언을 고하고 문화상대주의가 도래했다. 미국 인류학협회 의장인 클리포드 기어츠(Clifford Geertz)는 문화상대주의가 인류학의 발전에 있어서 유용한 수정의 한 단계였다는 것을 상기시켰다.[14]

(9) 모방성

대중문화는 향락성의 원리에 따라서 쉽사리 모방되고 수입된다. 그것은 인간 삶의 방식이 모방이기 때문이다. 서구적인 것이 수입 모방된다. 여기에는 사대성이 한 몫을 한다. 한국에서는 일본의 가라오케가 수입되어 노래방이 된다. 서구의 음악회가 들어와 열린 음악회가 되었다. 음악에도 퓨전(fusion)이 등장한다. 가야금과 바이올린이 협연하고, 사물놀이가 관현악에 등장한다. 음식문화에도 퓨전이 등장하고 있다. 퓨전(fusion)은 서양 음식과 동양 음식을 종합하여 만든 모방적 창작성을 지닌다. 이 대표적 예는 김치버거이다. 한국의 김치와 서양의 버거를 모방하여 만든 음식이다.

3. 대중문화의 두 가지 측면

여기에는 부정적 요소와 긍정적 요소가 혼재해 있다.

(1) 부정성

1) 퇴폐성

대중문화의 어두운 측면은 퇴폐성이다. 이것은 향락성이 부정적으로 나아갈 때 나타나는 현상이다. 윤리와 책임의식이 결여되면서 향락을 추구할 때 퇴폐하게 될 수밖에 없다. 지나친 노출이나 성행위의 묘사하여 젊은이들에게 나쁜 영향을 미친다. 그 예가 섹스 잡지, 섹스 상점, 각종 포르노그래피 서점 등이다. 일간 신문 연재소설에서 40대 후반의 중년 여인이 외도를 통해 자아를 실현하는 이야기를 쓰고 있는데 이 신문 편집인은 이 소설이 강남지역의 중년 여인들에게 가장 인기 있는 소설이라고 자랑하고 있다.

2) 폭력성

대중문화는 폭력을 미화한다. 폭력의 모습은 극한(極限)을 향해 달린다. 단지 사람을 살해하는 정도가 아니라 어떻게 죽이는가를 즐기고 있다. 인간의 생명을 파리 목숨으로밖에 보지 않는다. 올리버 스톤 감독의 "킬러"(The Killer)라는 영화는 닥치는 대로 사람을 죽이고 그것을 즐기기까지 하는 내용을 영상화하였다. 그리하여 이 영화는 억압 받는 자의 유일한 수단인 폭력을 극적으로 승화시킨 영화라는 찬사를 받았다. 이러한 폭력성은 젊은 청소년들에게 모방을 부추기고 있다. 그리하여 청소년들에게는 실제로는 잔인한 폭력이 영상적으로 미화되면서 폭력이 지니는 잔인성과 야수성을 숨기고 있다. 루이스의 작품 『스크루테이프의 편지』(*The Screwtype Letters*)에 의하면 지옥에는 모든 시간과 공간이 소음으로 가득 차 있다. "소음, 거대한 박력, 청취 가능한 모든 환호작약과 무자비함과 강인함의 표현들 - 우리들을 어리석은 불안과 절망적인 가책과 불가능한 요구들로부터 보호해 주는 유일한 방책인 소음, 우리는 종국에는 우주를 소음으로 가득 채울 것이다."[15)]

3) 가치관 파괴

이러한 퇴폐성과 폭력성으로 대중매체는 우리 사회의 전통적 성윤리, 도덕, 가치관을 붕괴시킨다. 미디어는 단지 유행을 반영하기 보다는 항상 전위적(前衛的)으로 앞서 간다. 대중을 현혹하여 인기와 여론을 얻고 첨단적인 가치관을 도입한다. 여기에는 성해방, 여성해방, 자유방임, 자살의 미화, 폭력의 미학 등이 있다. 미디어가 들어가는 곳마다 전통적인 사회가 붕괴되고 기능적인 새로운 사회가 형성된다.

이러한 대중매체의 영향이 가장 크게 미치는 곳이 농촌사회이다. 오늘날 농촌사회의 젊은이들은 도회지로 떠나고 있다. 도회지를 중심한 새로운 공단으로 일자리를 찾아 떠나기도 하지만 여기에는 미디어를 통한 전통적인 가치관의 붕괴도 중요한 이유가 되고 있다. 도시에서도 젊은 층의 가치관은 미디어가 제시하는 새로운 모랄(기업의식)의 영향이 크다. 가부장적인 가치관이 무너지고 개인주의적 가치관이 형성되며 전통적인 품성적인 윤리관이 무너지고 기능주의적 윤리관이 들어서게 된다.

4) 무신성, 범종교성 내지 혼합주의 영성

대중문화는 무신성, 범종교성 내지 혼합주의 영성을 지니고 있다. 각종 미신과 요행술이 판친다. "사랑과 영혼" 이라는 영화가 큰 호응을 받은 적이 있다. 그러나 이것은 죽은 애인의 영혼이 등장하는 뉴에이지 영화이다. 남녀 사이의 사랑을 아름답게 묘사했기 때문에 순정적인 영화이기는 하지만 뉴에이지 영성이 주도하고 있다. 이것은 성경의 구원진리를 왜곡하는 것이다. 2000년 이후 들어 크게 흥행에 성공하고 있는 영화로 "반지의 제왕" 시리즈가 있다. 이 영화는 한편으로 현대의 기능주의적 사회로부터 인간을 신화의 세계로 옮겨 감으로써 인간의 마음 속에서 상실한 요정과 천사와 이상적인 자연의 세계를 되돌려 준다. 그러나 다른 한편, 인간을 구체적인 삶의 현실에서 떠난 상상의 세계에 머물게 하고, 각종 악령에 의하여 지배되는 범종교적 내지 범신론적 세계관에 노출시키고 있다.

미국의 복음주의 영문학자 루이스는 미디어가 무신성으로 흐르는 경향을 다음같이 지적한다. "침묵을 피하고 독거를 피하고, 이미 다져진 길로 인도하는 사고훈련을 피하라. 돈과 성과 지위와 건강 그리고 자신의 불만에 치중하라. 항상 라디오를 (그리고 텔레비전을) 켜 두어라. 군중에 섞여 살아라. 진정제를 많이 사용하라. 책을 꼭 읽어야 한다면 아주 신중하게 고르라. 하지만 그저 신문(그리고 잡지)만 읽는 게 더 안전하다. 그러면 광고가 유익하게 다가올 것이다. 특히 선정성이나 속물성에 호소하는 광고가 더욱 그러할 것이다."[16] 대중문화는 오락성과 반복을 통해서 대중들의 사고를 순화시키고 이들의 사고를 지배하면서 선정성과 속물성을 추구하도록 한다.

(2) 긍정성

1) 가치 정립

대중문화는 대중들에게 가치를 정립시키는 역할을 한다. 따라서 공영방송은 기획 보도를 한다. 그리하여 시청자들이 각종 사회적 문제에 대한 가치관을 갖도록 보도를 한다. 특히 공영방송에서 방영된 "코리아 게이트"나

“제4공화국” 등 드라마는 지나간 정치적 사건에 대해 시민들이 가치판단을 하는 데 큰 역할을 하였다. 이러한 방영은 정부가 ‘5 · 18 특별법 제정’을 결단하고 ‘역사 바로 세우기’ 작업을 하는 데 여론 형성에 기여한 것이 사실이다. KBS가 방영한 사극 대하 시리즈 “용의 눈물”은 조선의 창건에서 시작된 권력 투쟁을 그려냈으며, “태조 왕건”은 후삼국을 통일한 왕건의 인물을 조명하였고, “제국의 아침”은 조선왕조의 기반을 놓은 광종의 치적을 그렸다. 그렇게 함으로써 오늘날 후대가 지나간 역사에 대한 새로운 견해를 가지도록 하는 데 기여하였다. “무인시대”도 마찬가지로 이의방을 중심으로 주도된 무신정권의 전개과정을 밝히면서 이들이 받았던 당시의 수모와 이들의 반란과 권력 쟁취와 이들의 욕망, 그리고 이들의 몰락을 그리면서 고려시대의 사회상을 그려냄으로써 오늘날 인간성을 다시 한 번 조명하는 데 공헌하고 있다. KBS가 2003 신년 기획프로그램으로 방영한 “해신(海神) 장보고”도 여태까지 단지 신라 왕실에 대한 모반자로 평가절하 되었던 장보고에 대하여 새로운 조명을 하였다. 일본과 중국과 사우디에 이르기까지 답사하면서 현재 남아 있는 유적과 사료들을 통하여 당시 동남아의 거대한 해상왕국을 건설한 무역의 거인이며 세계적 인물이었던 장보고를 드러내는 데 성공하였다.

2) 지식 전달

지식을 전달한다. 사회적 문제 내지 역사적 사건에 대하여 심층보도를 한다. 극단 에이콤이 3년여 준비 끝에 예술의 전당 오페라 극장에 올리는 초대형 뮤지컬 “명성황후”는 일제에 시해 당한 명성황후를 나라를 구하기 위해 숨진 국모(國母)로 그리며 한말 격변기의 시대상을 화려하게 되살리고 있다. 이 뮤지컬은 우리나라 뮤지컬의 수준을 한 단계 끌어 올릴 작품으로 평가받은 바 있다.[17] 2003년 국립전시관에 전시 - 독일의 의사 제작 - 한 “인체의 신비”(神秘)전은 기증받은 시체들을 해부학적으로 처리하여 인간 내부의 각 장기와 심줄과 뼈들의 연결 각 단면을 보여줌으로써 인간 두뇌, 심장과 각 장기와 뼈들의 연결의 실물과 태아의 형성에 이르기까지의 구체적인 과정을 보여줌으로써 현대인이 인간 신체에 대한 지식을 보다 구체적으로 알도록 해 주고 있다.

3) 정서 함양

대중의 정서를 함양한다. "열린 음악회"는 문민정부 들어와 생긴 프로그램으로 대중들의 정서를 순화시키는 역할을 하고 있다. '흘러간 노래' 는 노년층으로 하여금 인생을 되돌아 보게 하는 정서를 부여하였고, '자식이 부모께 드리는 노래' 는 부모와 자식 사이의 관계를 돈독히 맺어 주었다. 동화 이야기와 동물의 세계는 시청자들의 정서를 고양시키는 역할을 하고 있다. 2000년대 들어와 TV에서 매주 방영되는 환경 프로그램은 자연에 대한 지식과 더불어 도시생활에서 갖는 심적인 메마름을 달래주며 생명의 신비를 일깨우고 정서를 고양시켜준다.

4) 교양 함양

교양 프로그램은 대중들에게 교양을 쌓아 준다. 각종 언어 프로그램, "세계기행" 에서 세계 각 지역에 대한 영상 해설, KBS 방송이 보여주는 "동물의 세계", "신비의 세계" 등에 대한 프로그램은 시민들의 교양을 함양하기에 충분하다. "세계는 넓다" 도 세계의 각국의 풍습과 문화환경을 보여줌으로써 시청자로 하여금 세계의 광활하고 넓고 다양한 문화와 인종과 관습을 알도록 해 준다. KBS 방송의 "역사 스페셜" 이나 채널 TV의 역사(History) 전문 채널이나 발견(Discovery)전문 채널은 지나간 역사의 중요한 사건에 대한 지식을 제공해 주는 좋은 교양의 길잡이가 되고 있다. 2000년대 들어와 KBS TV에서 매주 방영되는 '생로병사' 에 관한 프로그램도 노년층이 늘어나 장수에 관심이 많아진 오늘날 시청자들에게 생명현상을 과학적으로 이해하고 건강에 대한 폭넓은 지식을 가져다 주고 있다.

5) 변화주도성

지난 2002년 대선에서 나타난 바 같이 인터넷을 중심으로 하는 뉴미디어는 사회의 변화에 주도적 역할을 하였다. 뉴미디어는 젊은 20-30대가 대선의 결과를 판갈음 하는 데 결정적 역할을 한 것이다. 한국은 세계에서 가장 많은 가입자를 보유한 인터넷과 휴대전화 등의 인프라를 토대로, 네티즌들에 의해 정치권력의 중심이 이동중이다. 개인주의적이고 정치적으로 무영향의 세대라고 규정했던 20-30대들이 뉴미디어를 통해서 새로운 정치 지형(地形)을 만들고 있다. 더욱이 한국은 세계에서 인터넷이 가장 활성화 된 국가이다. 그리하여 온라인과 오프라인이 결합하는 지구촌에 새로운 인터넷 시험장이 되고 있다. 작게는 인터넷 동아리들의 오프라인 모임, 크게는 월드컵, 대통령선거, 사망 여중생 애도 촛불시위 등의 사회의 중요한 이슈들이 온라인과 오프라인 결합된 방식으로 진행되면서 엄청난 효과를 가져왔다.

6) 생활양식 교류

대중문화는 더욱이 그 속에서 사는 대중들로 하여금 대중문화를 통해서 유입된 새로운 생활방식에 젖어들게 한다. 2000년대 들어와 한국의 각종 드라마와 IT와 가전제품에 해외로 수출되면서 한류의 열풍이 지속되고 있다. 이웃나라 일본과 대만을 비롯해 중동을 비롯한 중앙아시아, 러시아, 동남아시아 등 세계 각지에서 한국식 생활양식이 유행하고 있다. '욘사마' 열풍을 타고 일본인 관광객들은 2005년 일본과의 독도영유권 문제로 인한 국민 간의 갈등에도 아랑곳하지 않고 단체로 한국여행을 하고 있다. 또한 휴대전화와 MP3 플레이어, 온라인게임 등 한국 디지털 제품을 따라 한국식 생활양식이 현지에 스며드는 "디지털 한류"가 확산되고 있다. 디지털 한류는 한국산 휴대전화 문화의 수출 루트인 'CDMA(코드분할 다중접속) 벨트', 인터넷게임 수출지역으로 형성된 '온라인게임 벨트', MP3 플레이어 수출지역인 'MP3 벨트', '한국산 가전 벨트' 등 네 축을 중심으로 빠르게 퍼지고 있다.[18] 베트남 수도 하노이 호찌민에서는 신생이동통신사인 S-폰(컬러링)의 인기가 오르고 있다. 컬러링은 전화를 걸 때 단조로운 신호 대신 음악과 인사말 등을 들려주는 서비스로서 5년 전 한국에서 베트남으로 넘어왔다. 휴대전화의 컬러링은 연예인 중심의 한류와 뒤섞이면서 시너지 효과를 내고 있다. 하노이, 방콕의 백화점, 길거리, 식당에서는 휴대전화 벨소리로 채택된 가수 '세븐' 의 노래를 어디서나 들을 수 있다.

중동에서 예비신부들은 한국 가전제품을 두루 갖추는 것이 꿈이라고 한다. 두바이, 테헤란 등 중요 도시에서 한국산 양문형 냉장고(일명 Side by Side)는 부의 상징이다. 지난해 이란 전체 냉장고 시장에서 판매량의 80%(28만대)가 삼성, LG, 대우전자 등 국내 3사 제품일 정도로 한국산이 인기를 끌고 있다.[19] 태국의 젊은이들에게는 한국산 MP3 플레이어가 구매목록 1위를 마크하고 있다. 동남아시아 및 중동에서 한국산 MP3 플레이어 벨트는 일본 소니(Sony) 신화를 무너뜨렸다. 소니가 1980년대 '워크맨' 신화를 이루면서 '가전왕국' 의 위상을 쌓았다면 2000년대는 MP3 플레이어가 그 뒤를 계승하고 있다. 아랍에미리트 두바이의 최고급 백화점인 '부르주만' 에 자리잡은 LG 전자의 MP3폰(일명 뮤직폰) 앞에는 늘 고객들의 발길로 붐빈다. 한국산 MP3 플레이어는 냉장고, TV 등 일반 가전제품의 수출 증대에 큰 영향을 미치고 있다. 동남아를 비롯해 37개국에 진출한 온라인 게임 '라그나로크' 는 태국에서 '국민게임' 으로 불린다.[20] 동남아시아에서 인터넷 카페는 한국 문화의 샘물이다. 베트남과 태국 젊은이들은 PC방에서 한국 드라마를 보고 한국의 상품정보를 얻는다. 호찌민에서는 한글과 영어로 '한국 PC방' 이라고 적어 놓은 곳이 쉽게 눈에 띈다. 대중문화 시대에는 제품을 파는 것에 이어 드라마나 영화 등 대중문화를 통해서 생활양식(라이프 스타일)을 수출해야만 지속적으로 우리의 기업이 해외에서 성장할 수 있다.

4. 기독교 문화의 현황

우리 나라 대학문화의 중심지라고 할 수 있는 신촌은 온통 락 카페, 소주방, 당구장 등 술 문화와 향락 문화로 가득 차 있다. 첨단 멀티미디어를 통하여 안방으로 밀려오는 세속 문화 속에서 기독교 문화는 점점 밀리고 있어서 '기독교적 문화변혁' 이란 의식은 점점 상실되고 있다.

(1) 이분법적 사고

한국 기독교 문화는 이분법적 사고에 의하여 세속 문화와의 단절을 가져왔다. 세속 문화와 기독교 문화를 이분법적으로 분리시키는 것은 바람직하지 않다. 우리는 매일 신문과 라디오와 텔레비전과 잡지를 대하면서 살기 때문에 대중문화와는 떼려야 뗄 수 없는 관계 속에서 살고 있다. 교회는 세속 대중문화를 일단 인정해야 한다. 그러나 그동안 교회는 신자의 사회성을 무시하거나 약화시키고 개인적 영성 문화만을 강조하여 세속 문화와의 단절을 초래하였다. 이론과 현장이 분리된 현실에 대한 무관심이 기독교 문화의 현금의 상황이다. 이분법적 분리주의 문화관은 신약성경의 영지주의자들의 문화관이다. 이분법적 문화관은 이 세속 문화를 '사단적'(satanic)으로 간주하고 있다. 이것은 성경적이라고 하기 어렵다. 세속 문화 가운데 그 형식과 표현이 기독교적 동의어(同義語, equivalence)가 되는 것은 과감하게 수용할 필요가 있다. 기독교 중심의 문화를 적극적으로 생산 · 소비하는 것이 필요하다.

(2) 문화변혁정책 빈곤

각종 세속 문화에 대한 깊은 연구의 부재 속에서 기독교적 문화변혁의 정책 또한 찾아보기 어렵다. 1995년 개봉되어 미국과 한국에서 선풍적인 인기를 끌었던 『메디슨 카운티의 다리』 같은 소설은 정상적인 윤리를 허문다. 중년 여인이 길가던 나그네와 불륜의 관계를 맺는 것을 미화시킨다. 세상에서 가장 아름답고 슬픈 사랑 이야기로 많이 읽히는 작품이라며 "순애보"를 운운한다. 이것은 성경적으로 보면 간음죄이다. 1993년 소설 『즐거운 사라』는 프리섹스를 주제화함으로써 우리 사회에서조차 큰 비판을 받았다. 기독교윤리는 대중문화 속에 들어 있는 왜곡된 성윤리를 지적해야 한다.

미국에서 1960년대 일어난, 성해방을 정당화하기 위하여 나온 '상황윤리' 에 대하여 교회는 그 이론의 실체를 바르게 연구하고 젊은이들에게 바르게 가르쳐야 한다. 그러나 이에 대한 연구와 관심이 목회자들 가운데서도 결여되고 있다.

프리섹스의 물결은 인명경시 풍조와 함께 낙태를 성행시켰고 그 무서운 에이즈의 공포도 소용이 없게 되었다. 영국과 미국의 청교도들도 성을 죄악시 한 것이 아니라 하나님의 선물로 받았기 때문에 가정의 가치와 행복과 순결을 유지하는 데 큰 공헌을 하였다. 한국교회는 미국에서 들어온 성해방의 물결에 대하여 성을 금기시하지 않고 성의 천부적인 선물이라는 신성성과 순결성을 강조하고 결혼이라는 제도 안에서 사용할 것을 계몽해야 한다.

미국의 청소년들 사이에서 '혼전 순결' 을 중시하는 성(性)혁명이 일고 있다고 시사주간지 《뉴스위크》가 2002년 12월호에서 보도했다. 보도에 따르면 미 질병통제센터(CDC)의 2001년 조사에서 혼전 순결을 결심한 고교생의 수가 1991년 같은 조사 때보다 10%가량 증가했다는 것이다. 이는 자극적인 대중문화가 범람하는 현실과는 분명 거리가 있는 현상이다. 잡지는 부모 세대의 성해방 풍조를 거부하는 청소년의 물결은 '새로운 대항문화' 를 대변하고 있다고 지적했다. 청소년들의 이런 결심에 영향을 미친 것은 종교뿐 아니라 부모에 대한 배려, 준비가 덜 됐다는 스스로의 판단, 운명을 자신이 결정하고 싶다는 욕구 등이 복합적으로 작용했을 것이라고 잡지는 지적했다.[21)]

미국 《LA타임스》는 또한 발렌타인데이를 맞아 수백 명의 청소년들이 '순결서약' 에 나섰다고 2006년 2월 13일 보도했다. 2003년 플로리다주의 한 법률회사에서 시작된 밸런타인스데이 순결서약은 2006년 들어 200개 학교에서 800여 명의 청소년들이 참여할 정도로 확산되고 있다. 특히 순결교육에 대해 수백만 달러의 연방자금이 지원되면서 순결서약을 담은 반지 열쇠고리 시계 등을 파는 웹사이트들도 늘고 있다. 순결서약으로 가장 유명한 내시빌의 한 비영리단체는 약 250만 명의 청소년들이 '나는 하나님과 나 자신 가족 친구 그리고 장래의 배우자와 아이들에게 오늘부터 결혼할 때까지 금욕할 것을 약속한다' 는 순결 서약문에 서명했다고 밝혔다.[22)]

한국교회에서도 한기총에 속한 교회들을 중심으로 신년예배에 청소년 순결서약식을 하고 있다. 한국교회는 성에 대한 바른 생리적 지식과 더불어 성경적 가치관을 연구해서 오늘날 성해방(free sex) 물결이나 상황윤리, 성 상업주의, 성과 페미니즘 등에 대하여 바른 가치관을 제시해야 한다.

(3) 좌파정권에 의한 문화적 혼돈

2000년대 들어와 국민의 정부와 참여의 정부가 들어선 이후 우리 사회의 대중적 문화는 보수보다는 진보로 방향을 잡고 있다. 북한 공산군에 대한 주적(主敵)의 개념이 혼미해지고, 6 · 25 전쟁을 민족 해방전이요, 북침설을 주장하는가 하면, 2005년에 들어와 맥아더 장군을 한반도 분단의 앞잡이요 전쟁 범죄자로 규정하고 인천 자유공원에 세워진 그의 동상을 철거하려는 운동, 미군 철수를 주장하는 좌파 대중들의 운동이 일어나고 있다. "북한의 핵이 우리의 것이니 걱정할 것 없다"는 주장도 일어나고 있다. 이러한 분위기는 1997년 이래 우리 사회에 두 차례 좌파정권이 들어선 후 KBS 사장 등 중요 공익 방송사 사장에 좌파인사가 임명되는 등 좌파들이 사회의 중요 미디어와 요직을 장악함에 따라서 일어나고 있는 현상이다. 이러한 한국사회의 좌파 미디어 득세 현상은 오늘날 부시정권이 이끄는 미국사회를 주도하는 보수 세력과 보수 미디어의 승리와 전혀 다른 방향으로 나아가고 있다.

(4) 보수 세력의 재결집

미국에서 2004년 대선에서 부시 대통령이 재선되어 보수세력이 승리한 것에는 미국기업연구소(AEI)나 헤리티지(Heritage)재단 같은 보수적 싱크탱크(Thinktank)와 보수 미디어의 역할이 컸다. AM 라디오의 토크쇼와 케이블 채널인 폭스(Fox) 뉴스 등이 진보주의에 식상한 대중에게 보수적 가치를 바로 전달하여 이것을 표로 연결시킨 것이다.[23)]

미국의 여론은 '엘리트 미디어'라는 뉴욕 타임스와 워싱턴 포스트, 그리고 CBS, ABC, NBC 등 3개 방송 네트워크가 이끌어 왔다. 이들 미디어는 베트남전쟁과 워터게이트 사건 이래 진보적 성향을 고수해 왔다. 이들은 공화당과 보수파의 작은 잘못을 대대적으로 보도하면서 민주당과 진보파의 큰 문제는 너그럽게 넘어가는 이중적 자세를 견지해 왔다. 그런데 2000년과 2004년 미국 대통령 선거의 결과는 이들 진보 미디어의 영향력이 쇠퇴했음을 보여주었다. 뉴욕타임스와 CBS 방송만 시청한 사람은 부시가 재집권한 것을 도무지 이해할 수 없었는데 이들 진보 미디어가 진보적 여론만 반영하였기 때문이었다.

오늘날 미국에서 AM 라디오의 토크쇼는 동성애 운동, 낙태 자유를 외치는 페미니스트 운동, 극단한 환경주의 운동 등을 정면 비판하여 가정과 교회, 애국심 같은 전통적 가치를 존중하는 사람들이 자부심을 갖게 해 주었다. 오늘날 미국 중 서부와 남부 사람들이 자기는 보수주의자라고 당당하게 말하게 된 것은 선풍적 인기를 누리고 있는 러시 림보, 존 해니티 등이 진행하는 라디오 토크쇼 덕분이다.[24] 케이블 채널인 폭스(Fox) 뉴스는 1996년에 처음 방송을 시작할 때부터 보수적 가치를 선전하는 것을 우선하였다. 뉴스 진행방식이 완전히 다르다. 이슈를 부각시킨 후 상반되는 입장을 대변하는 출연자를 초청하여 토론을 한다. 폭스의 앵커들은 사회를 보는 데 그치지 않고 진보파 출연자들을 혹독하게 비판한다. 시청자들은 그것을 보고 후련하게 생각한다. 그리하여 폭스 뉴스의 시청률은 CNN을 능가해서 사실상 1위를 점유하고 있다. 폭스의 시청자도 젊은 층에서 중년층까지 폭넓게 고루 분포되고 있다. 인터넷 매체에서도 보수 미디어는 진보 미디어를 압도하고 있다. '드러지 리포트' 같은 폭로성 사이트에서 '내셔널 리뷰' 같은 오피니언 사이트에 이르기까지 보수는 압도적 우위를 누리고 있다.

오늘날 한국에서도 《국민일보》, 《미래의 한국》, 《크리스천 투데이》 등이 보수적 가치를 대변하는 일반지로서 큰 역할을 하고 있다. 한국교회는 한국사회가 가지는 민주적 전통, 자유와 인권의 가치, 신앙과 가정의 중요성을 지키는 획일적 평등을 주장하는 공산주의적 평등, 자유와 인권보다는 추상적인 민족과 동포를 중요시하는 좌파 이데올로기, 민주주의 이념보다 민족적 자주 통일만을 강조하는 주체 사상을 과감히 비판하는 등대의 역할을 하여야 한다. 아직도 우리 사회에서는 기독교 정신이 세속문화 속으로 파급해 들어가는 침투력이 결여되어 있다. 기독교 정신이 우리의 세속문화 속에 깊이 침투해 들어가지 못하고 있다. 기독교 문화의 역사가 짧았고 기독교 문화의식이 발달하지 않았기 때문이다. 현금 한국 기독교는 이신득의의 차원에만 머물고 성화의 차원으로 나아가지 못하고 있다. 그리하여 신자의 성화의 삶, 문화 변혁에 대한 메시지가 결여되어 있고 이를 위한 실천적 배려도 결여되어 있다. 에스더처럼 하나님이나 그리스도나 구속이란 말 없이도 성경적 주제를 전달할 수 있어야 한다.

5. 세속문화에 대한 기독교 문화의 역할

오염된 물은 정수기로 정화하여 마셔야 하듯이, 오염된 문화는 기독교 복음으로써 정화시켜야 한다. 우리는 대중문화 속에서 살고 있다. 그것을 떠나서 살 수 없다. 그러므로 우리는 복음의 정신으로 무장하여 오염된 대중문화를 정화하여 건전한 문화로 만들어야 한다.

(1) 세속 문화에 대한 성경적 해석

기독교 문화는 세속문화의 기반 위에서 가능하다. 세속문화에 대한 기독교적 조명은 비판과 수용의 두 가지 측면에서 이루어 진다. 비판이란 세속문화가 하나님의 창조질서에서 어긋났을 때 일어나는 반응이다. 예컨대, 남존여비사상, 성차별, 신분 차별, 지역이기주의, 문벌이나 혈통 우월주의 등이다. 수용이란 세속 문화가 하나님 창조질서와 상응할 때 일어나는 반응이다. 부모공경, 노인공경, 애국애족사상, 공동체사상 등이 그것이다. 기독교 문화는 세속 문화가 지니는 건전성, 미풍양속 - 이웃돕기, 더불어 살기, 동포애, 건전한 시민정신, 건전한 놀이 등을 적극적으로 수용한다.

포스트모더니즘이 전통적 형식과 가치를 송두리채 벗어던지면서 허무주의나 자기 정체성의 위기에 빠지고 있는 상황을 직시하며 기독교 문화는,

그것의 극복 방향을 제시해야 한다. 포스트모더니즘은 건전한 문화를 인정하지 않는다. 그것은 문화를 삶의 다양한 국면들의 연관 없는 부분들의 임의적인 결합으로 본다. 포스트모더니즘은 여기에 통일된 의미나 가치가 있다고 보지 않는다. 따라서 포스트모더니즘에 의하면 문화란 의미를 가지고 통일성 있는 구심점을 가진 것이 아니라 다양한 부분들이 피상적으로 연결된 것이다. 따라서 문화란 파편화된 티슈일 뿐이다. 그리하여 욕망, 관능, 탐욕, 욕심 등의 폭발적 해방을 추구한다. 그리하여 대중문화는 그 방향을 잃고 공허한 축제 속에서 방황하게 된다. 기독교 문화는 이러한 포스트모더니즘의 문화를 극복하고 대중문화에 의미와 가치를 부여해 줄 수 있어야 한다.

(2) 비(非)성경성, 미신성에 대한 비판

기독교 문화는 세속 문화의 불건전성과 미신성을 비판할 수 있어야 한다. 우리 사회의 공영방송에 무속인 내용이 방영되고 있다. MBC 일일연속극 "왕꽃선녀님"은 드라마에서 다루기 힘든 무속이라는 주제를 가지고 2004년 6월 초부터 2005년까지 방송되었다. "왕꽃선녀님"은 국내 연속극 최초로 무속을 본격적으로 다룬 드라마이다. 주인공 초원(이다해)이 무병(신병)을 앓기 시작하면서 극의 전개가 흥미를 더해 시청률이 올라가는 추세를 보였다. 두 주연인 김혜선과 이다해가 신내림을 받고 그 운명 때문에 인생에 심한 굴곡을 겪는 등 무속인 이야기가 중심 소재로 작용한다. 굿판이 벌어진 직후 성공 기원 고사도 이어졌다. 사미자, 이영하 등 연기자들이 두둑한 돈봉투를 돼지 머리 앞에 바친다.

무속이라는 현실과 동떨어지고 논란의 여지가 있는 소재를 다루고 있는 점, 그 과정에서 특수효과와 상황설정 등을 이용해 가족시간대에 공포감을 조성하는 점 등이 "왕꽃선녀님"의 문제점으로 지적되고 있다. "왕꽃선녀님" 은 상업주의에 치중한 우리나라 드라마 제작 현실을 고스란히 반영해주는 드라마라고 할 수 있다. 이에 대한 비판 중 핵심적인 부분은 가족들이 나란히 모여 TV를 시청하는 평일 저녁시간대에 무속을 다룬 드라마가 방송된다는 것이 사회통념상 납득하기 힘들다는 것이다.[25] 기독교 문화는 이러한 잘못된 세속문화의 미신성과 주술성에 대한 비판을 하고 공영방송이 이러한 무속성에서 탈피하도록 해야 한다. 미국에서 상영된 "그리스도의 마지막 유혹"(The Last Temptation of Christ)이라는 영화[26]나 2004년 미국에서 출판되어 물의를 일으킨 "다빈치 코드" 등은 역사적 예수를 성적으로 왜곡시킨 전형적인 예이다. 기독교는 이러한 출판사나 영화사에 항의하여 이러한 영화나 출판물이 통용되지 못하도록 노력해야 한다.

(3) 기독교적 동의어(同義語) 발견, 고취

근래 우리 사회에는 정경유착의 고리를 끊고 부정부패를 일소하는 깨끗한 사회를 위한 개혁운동이 경실연, 그리고 기윤실 등 시민운동(NGO movement)에 의하여 주도되고 있다. 깨끗한 사회란 아모스가 외친 "공법이 물같이 정의가 하수처럼 흐르는 사회" 이다. 부정 부패가 없는 깨끗한 사회란 구약성경이 메시지로 전하고 있는 정의로운 사회의 동의어(同義語, equivalence)이다. 재해(수재나 폭발, 붕괴)를 당한 동포들에 대한 사랑의 성금을 보내는 운동은 이웃을 사랑하라는 성경의 말씀에 일치하고 있다. 북한과의 관계에 있어서도 냉전의 통일이 아니라 평화와 공존 공영에 의한 통일 정책은 성경이 가르치는 샬롬의 사상에 그대로 부합한다.

(4) 세속적 문화 형식 요청

우리 사회에서 특출한 예술집단으로 평가받았던 랩 댄스 그룹 '서태지와 아이들' 은 많은 팬들에게 우상이 되고 있다. 1996년 새해 초《주간조선》이 여론조사기관인 '리서치 앤 리서치' 와 함께 서울 시내 청소년 500명을 대상으로 여론 조사한 결과 무려 43.4%라는 압도적 지지를 받았다. 특히 서태지와 아이들은 초등학생 응답자의 55.1%, 중학생은 46%의 지지를 받았다. 십대들이 서태지와 아이들을 좋아하는 이유는 "개성이 뚜렷해서"가 56.6%, "뛰어난 재능 때문에"가 42.6%, "자신의 분야에 최선을 다하는 프로이므로"가 35%, "옷차림이나 잘생긴 외모 때문에"가 28.8%이었다.[27] 《주간조선》 기자와 인터뷰한 서태지와 아이들에 의하면 십대들에게 독보적인 인기를 누리는 배경이란 "우리가 매 앨범마다 변화를 주고 새로운 형식을 선보이기 때문"이라고 했다.[28] 우리 기성세대들은 스타를 열광하는 십대들에게 우려의 눈길을 보내는 것이 보통이다.

그러나 십대 스스로는 스타를 좋아하는 것이 "기분전환, 스트레스 해소"가 47.2%, "삶의 활력을 얻는다"가 22.8%이다. 이들이 사회비판적 가사를 통해 젊은 세대의 소외감과 분노를 대변한 것은 사실이다. 이들은 1992년 랩 댄스곡 "난 알아요"로 등장했다. 이들은 이 곡을 통하여 한국가요와 팝송 사이에 게재했던 엄청난 거리와 시차를 일순간 무너뜨리고 대중음악에 새 바람을 가져왔다. 이들은 1990년대 세계적인 유행인 얼터너티브 록, 갱스터 랩 그리고 유로테크노 댄스 등 시대적 흐름을 재빨리 수용해 우리 대중음악으로 표현하고자 시도했다.[29]

그러나 서태지와 아이들의 문제점은 감수성이 예민한 청소년들에게 맹목적인 추종을 받아내는 우상화 작업이다. 특히 초등학생들과 "오빠부대"로 불리는 10대 팬들이 열광적으로 따르는 데 이들의 한계가 있다. 1996년 1월 이들의 갑작스런 은퇴선언과 미국행은 십대 팬, 특히 오빠부대에게 심각한 충격을 주었다. 2007년 8월 KBS 라디오 "홍진경의 가요광장"이 현재

활동 중인 가수 105명을 대상으로 '우리 시대 최고의 가수와 노래' 를 조사한 결과 '서태지와 아이들' 은 은퇴한 지 11년이 넘은 오늘에도 가수들이 뽑은 최고가수에 조용필, 인순이와 함께 꼽히고 있다. 서태지와 아이들의 "난 알아요"는 가수들에게 가장 많은 영향을 끼친 노래로 조사됐다.[30)] 기성세대들은 이들에게 눈살을 찌푸릴 수 밖에 없다는 데 그 한계가 있다. 그러나 가출한 십대들이 서태지의 "Come Back Home"을 듣고 눈물을 흘리고 돌아오면서 서태지가 이들에게는 선지자가 된다. 그러나 교회는 이러한 십대들이 영적 상처투성이로 구호의 눈을 내밀 때 이들에게 어필하는 아무런 이야기를 들려주지 못했다. 여기에 기독교 복음성가의 과제가 있다. 기독교 복음성가는 오늘날 청소년의 정서에 가까이 갈 수 있어야 한다. 세속적 팝송의 형식을 빌려서 복음의 정신을 제대로 표현할 수 있어야 한다.

(5) 기독교 정신은 실체, 세속문화는 형태

기독교 문화가 세속 문화가 만날 때 기독교 문화는 세속 문화에 그 정신을 부여하고 세속 문화는 기독교 정신이 표현되는 형식이 된다. 서양문화나 동양문화에서 종교가 각 문화와 만날 때 종교는 항상 그 문화의 실체가 되었고, 문화는 그 종교의 표현형식이 되었다. 기독교 문화란 기독교가 그 복음의 정신을 예민하게 가지고 있을 때 비로소 가능하다. 시나 소설이나 음악에는 감동이 있어야 한다. 그런데 전도라는 목적성을 직접적으로 강하게 드러낸 시나 소설이나 음악은 하나의 압축된 설교같이 감동이 없는 것이 될 수도 있다. 자기 자신의 신앙체험에서 자연스럽게 우러난 시나 소설이나 음악은 독자들의 심정을 울릴 수 있다.

투철한 기독교 정신과 신앙 정신은 문화의 실체로서 작가가 그것을 주체적인 신앙 안에서 소화해서 예술적으로 표현하고자 할 때 문화적인 형식으로 나타난다. 윤동주의 시에는 직접 하나님을 언급하지는 않았다. 그러나

"하늘을 우러러 한 점 부끄럼 없기를 표현에서 하나님 앞에서의 우리 인간의 존재를 가슴 떨리게 느끼게 한다. 기독교와 문화란 일치관계나 배타(排他) 내지 대립관계에 있지 않고 변혁적 관계에 있다.[31]

(6) 세속문화의 형식 속에 들어가 꽃피어야

요즈음 미국에서는 복음주의 그룹 내에서 록 음악을 수용하는 운동이 일어나고 있다. 이러한 운동은 여태까지 록 음악을 세속 음악의 장으로 내어줌으로써 교회가 많은 젊은이를 잃었던 데에 대한 대안으로 나온 것으로 주목된다. 이러한 록 음악을 복음적으로 수용함으로써 복음성가는 젊은이들 가운데 어필하고 있다. 세속적 형식을 수용하나 그 정신이 복음적일 때 형식은 그 정신을 표현할 수 있다. 루터가 성경을 독일어로 번역했을 때 그는 동시에 독일의 대중 민요의 곡을 개신교 찬송의 곡으로 많이 차용하였다. "내 주는 강한 성이요" 곡도 대중의 민요였다.

매주 목요일 신촌 창천감리교회에서 아름다운 이들의 만남을 위한 '문화쉼터' 를 마련한 것은 기독교 문화를 꽃피우기 위한 좋은 본보기이다. 2005년에 설립 20주년을 맞이하는 문화쉼터는 상업주의 문화에 지친 젊은이들을 위한 진정한 쉼과 영혼의 즐거움을 제공하고 있다. 그리고 '두란노 경배와 찬양' 도 젊은이들에게 복음 송가를 부르면서 신앙적 열정을 발산하도록 하고 젊은 신앙인들 사이에 유대를 돈독히 하는 계기를 마련하고 있다. 이 모임은 신자들 사이의 영적 성장에 많은 기여를 하고 있다. 그리고 문화 쉼터는 기독교 문화의 갈증 속에서 좋은 작품을 만들기 위하여 '조코재미' 프로덕션을 설립했다. 이 프로덕션은 "교회에 설탕을 주기보다 세상에 소금을 뿌린다"라는 정신으로 영화 기획자, 무대연출가, 카메라맨, 시나리오 작가, 분장사 등 각 분야의 전문가들이 모여 좋은 작품을 기획하고 있다.[32]

6. 기독교 대중문화 매체

기독교대중문화는 멀티미디어(multi-media)를 통하여 더욱 효과적으로 전달된다. 그것에는 여태까지 기독교 방송에서 멀티미디어를 통해서 기독교 케이블 텔레비전으로 발전한 것이다. 멀티미디어를 사용하면서 기독교 뮤지컬, 연극, CCM, 복음성가, 영상자료, 안무 등이 입체적 효과를 나타내고 있다.

(1) 기독교 케이블 텔레비전

1995년 12월 1일 기독교 텔레비전이 방영되기 시작한 것은 기독교 매체로서는 획기적인 계기가 되었다. 기독교 텔레비전은 복음전파의 영상매체, 인류공영 이상실현, 한국교회의 화해일치를 경영방침으로 탄생되었다. 첫째, 선교 프로그램으로는 영상매체를 통하여 하나님의 말씀을 선포한다. 둘째, 교육 프로그램으로는 성경연구, 신학교육 프로그램, 기독교적 세계관 정립, 다큐멘터리들을 엄선 방영한다. 셋째, 정보 프로그램으로는 유익하고 방대한 정보를 한국교회와 사회에 알린다. 넷째, 문화생활 프로그램으로는 "사랑의 콘서트", "찬양교실", "오늘의 찬송" 등 중요한 연중 캠페인 프로그램이 방영된다. 기독교 텔레비전은 멀티미디어 시대에 걸맞는 영상 선교시대를 열게 된 것이다.[33] 문자나 음성으로 전달되는 선교에서 영상으로 전달되는 멀티미디어는 문자와 음성을 영상으로 종합하는 한 단계 차원 높은 입체적인 선교 커뮤니케이션을 하게 된다. 정보화 시대에 걸맞는 방송과 영상 프로그램이 필요시 된다. 2000년대 들어와 한국 기독교케이블 TV는 CBS와 CTS로 발전하고 있다. 2007년 7월 8일 상암경기장에 있었던 '한국교회대부흥 백주년기념대회' 도 CBS와 CTS가 공동으로 전국에 생중계 방송하였다.

(2) 기독교적 뮤지컬이나 연극

기독교 복음성가 가수들이 찬양축제 등을 통하여 신앙을 예술적으로 표출시키는 것은 바람직하다. 그 구체적인 예는 1995년 10월에 성민교회에 있었던 1995년 예수사랑 큰잔치였다. 이 찬양축제에 설교에 이어 윤복희, 서수남, 김민식, 찬양의 샘 등이 찬양과 간증을 통해 복음을 전한 것이다.[34] 그리고 예술의 전당에서 상연된 연극 "다윗" - 개신교 장로인 임동진 등 출연 - 은 구약성경의 메시지를 보다 명료하게 우리의 언어로 전달하며 시청자들에게 감동을 주었다. 이 작품은 시청자들에게 기독교적 메시지와 더불어 예술성을 함께 전달해 주는 데 성공하였다.

2007년 평양대부흥 100주년을 맞이하여 전국적으로 다양한 찬양축제가 열렸다. 개교회축제로는 2007 하늘로 찬양축제, 서울교회 찬양축제 등이 동영상을 인터넷에 올려서 전국적으로 감상할 수 있게 하였다. 그리고 2007년 6월 올림픽 역도경기장에서 청소년 찬양축제 "The Way" 가 개최되었다. 그리고 제주도에서는 2007년 8월 제주시에서 2007년 제주찬양축제 "Praise Storm" 이 초교파적으로 개최되었다. 그리고 캐나다 벤쿠버에서도 2007년 8월 벤쿠버 찬양축제가 청년들과 한인교포들의 영적 각성을 위하여 성황리에 개최되어 캐나다에 사는 교포들에게 신앙부흥을 일으키는 데 큰 역할을 하였다.

(3) CCM, 복음성가 및 영상 자료, 기독교 안무

2000년대 들어와 대학채플에서도 기독교 현대음악(CCM), 복음성가, 안무 등이 대학 채플에 도입되면서 큰 호응을 얻고 있다. 전통적인 예배 형식 대신에 먼저 영상이나 복음성가들이 도입되면 아직도 기독교 신앙에 익숙치 못한 구도자들에게 강한 인상을 주게 된다. 이러한 음악 춤, 영상자료들은 다가온 감성의 시대에 현대인들에게 어필하는 성격을 가지고 있다. 2007년 상암경기장에서 개최된 한국교회대부흥 백주년기념대회에서도 기독교 안무, CCM 프로그램, 송정미가 부른 복음성가(어둔 밤 마음에 밝아) 등은 참가자들에게 큰 감동을 주었다.

7. 기독교 대중문화의 방향

"세속문화의 거대한 흐름 속에 무방비로 노출된 기독교인들은 어떻게 대처할 것인가?" 로마서에서 사도 바울이 준 말씀이 세속 문화 속에서 살고 있는 기독교인들에게 행동의 표준이 된다. "너희 몸을 하나님이 기뻐하시는 거룩한 산 제물로 드리라. 이는 너희가 드릴 영적 예배니라. 너희는 이 세대를 본받지 말고 오직 마음을 새롭게 함으로 변화를 받아 하나님의 선하시고 기뻐하시고 온전하신 뜻이 무엇인지 분별하도록 하라"(롬 12:1-2). 이 말씀은 기독교인이 이 세상에서 이 세대에 영합하거나 동화되지 않고 이 세상에서 하나님의 복음으로 먼저 자신이 변화함을 받고 이 세대를 변화시켜야 할 것을 말하고 있다.

이 바울의 말씀은 신명기에 기록된 모세의 말씀과 원리적으로 일치하고 있다. "곧 내가 오늘 네게 명령하여 네 하나님 여호와를 사랑하고 그 모든 길로 행하며 그의 명령과 규례와 법도를 지키라 하는 것이라. 그리하면 네가 생존하며 번성할 것이요 또 네 하나님 여호와께서 네가 가서 차지할 땅에서 네게 복을 주실 것임이니라"(신 30:16). 이스라엘에게는 하나님의 율례와 법도가 있다. 가나안이라는 이방 문화권에 들어가 살게 될 때에도 하나님의 율례와 법도에 따라서 살아야 한다. 그러면 하나님의 축복이 이스라엘에게 임할 것이다. 모세는 이스라엘에게 임할 저주에 대하여 경고한다. "그러나 네가 만일 마음을 돌이켜 듣지 아니하고 유혹을 받아 다른 신들에게 절하고 그를 섬기면 내가 오늘날 너희에게 선언하노니 너희가 반드시 망할 것이라. 너희가 요단을 건너가서 얻을 땅에서 너희의 날이 길지 못할 것이니라"(신 30:17-18).

기독교 문화는 대중문화에 영합하거나 그것과 일치할 수 없다. 기독교 문화는 대중문화를 변혁시켜야 한다. 이것이 복음의 생명력이다. 이를 위하여는 멀티미디어 시대의 조건을 최대한 활용하여 기독교 예술가, 전문 평론가, 매체 · 문화전문가 교육, 문화소비 대중이 네트워크를 형성해서 기독교 문화를 창조해 나가야 한다.

(1) 일반 문화 형식을 섭취 소화

기독인들은 일반 문화를 온전히 흡수 · 소화해야 한다. 일반 문화의 형식을 잘 알므로써 그 문화의 단점을 비판하여 고치고 그 문화의 장점을 살리며, 복음의 정신으로 세례를 주어 기독교적 형식으로 변혁시킬 수 있다. 대중문화가 모두 나쁜 것은 아니다. 우리 신자들은 좋고 나쁜 것을 분별하는 지혜를 가져야 한다. 록, 메탈, 랩 등의 문화형식을 무조건 세속적이라고 거부해서는 안 된다. 주님이 베드로에게 주님이 보이신 보자기에 돼지고기를 비롯한 각종 부정한 것들이 들어 있었다. 베드로는 이것이 부정하니 먹지 않겠다고 했을 때 하나님이 정하다고 했으니 먹으라 하셨다. 문화형식 자체가 악한 것은 아니다. 찬송가는 교회 안에서만 불리지만, CCM은 세상에서 불신자들에게 다가갈 수 있는 형식(대중정서)을 지니고 있다. 그러나 감정을 부추기는 록 음악의 비트로 인해 그 순간에만 뜨거워지는 냄비신앙을 양산하는 것은 조심해야 한다.

'경배와 찬양'은 1987년 두란노에서 시작된 후 2000년대 후반에도 지속적으로 발전하고 있다. 이 경배와 찬양을 통하여 적지 않은 젊은이들이 주님에게로 되돌아 오고 헌신한다. '기독노래운동'은 상황과 역사 속에서의 기독교 복음을 선포하고 노래한다. '기독교 노래운동'은 세속 속에서 그리스도의 주권을 선언하고 노래로서의 가치를 보존하며 생명력을 갖추고 있다. '뜨인돌', '평화의 아침을 여는 이' 등이 있다. CCM은 예배 음악적 관점에서는 세속적인 냄새가 풍기고 이질적인 것 같아도, 예배음악적 관점이 아닌, 기독교음악적 관점에서는 훌륭한 십자가 음악으로 볼 수 있다. 그러나 이 사역이 영적인 전투의 최전선에서 항상 사탄에게 노출되어 있다. 따라서 우리는 CCM 사역자들이 세상의 박수소리와 상업주의에 넘어가거나 사역에 바빠서 영적인 무장을 게을리 하지 않도록 해야 한다. 그리스도인들은 세상 속에 살고 있다. 그러나 세상 밖에 있어야 한다. 그렇다고 세상 밖에 그대로 머물러 있어서는 안 되며 성령님의 능력 안에서 최고의 음악(문화형식)으로 세상 속으로 침투해 들어가야 한다.

젊은 세대들의 신앙노래를 한 차원 높은 단계로 이끌고 가기 위해서는 예술적 감각과 통찰과 아울러 깊은 신앙적 체험이 잘 조화되어야 할 것이다. 여기에는 통전적 영성훈련이 요청된다.

(2) 역량있는 기독교 예술가 그룹 육성

한국교회에서 부흥회 등의 집회에서 복음성가를 부르면서 교회 대중들에게 부상하게 된 복음성가 가수들은 1970년대 통기타 문화와 교회학생회의 문화행사의 산물로서 1980년대 초반 이후 등장했다. 이들에게 '주 찬양 사역자', '찬양선교단', '문화선교단'이라는 명칭이 부여되었다. 이들은 음악적인 기교를 가지고 있었으나 이들의 음악성을 신앙적으로 소화할 기초신앙과 성숙성이 결여된 경우가 많았다.

예컨대 한국 현대 기독음악의 최초 주자로 불리는 최덕신은 자신과 찬양

운동을 함께하는 이들에게 '주찬양선교지'에서 자신의 음악성을 지탱해 줄 만한 사상적 기반과 신앙적 기초와 영적 각성과 헌신이 부족한 것을 거듭 피력한 바 있다. 교회는 이들 대중 가수들이 교회에서 복음성가를 부르도록 하기 전에 충분한 신앙훈련을 시켜서 이들의 음악적 예술적 재능을 신앙적으로 소화하고 자신있게 표현하도록 길러주어야 한다. 이들에게 영성훈련을 시키고 기독교 문화변혁 사상을 가르쳐주어야 한다. 기독교 문학회, 기독교 극단, 기독교 성가단 등이 이를 위하여 노력해야 할 것이다.

1998년에 진홍기독교문화관 3층에 진홍아트홀이 개관(갤러리, 세미나실, 코이노니아실)되어 목사인 박 영 화백이 초대관장으로서 진홍아트홀 개관기념전 "기독작가 3인 초대전"이 열렸다.

1999년 제2회 진홍아트홀 기획초대전 "소리치는 빛전", 2000년 제3회 진홍아트홀 기획초대전 "일어서는 빛전", 2001년 제4회 진홍아트홀 기획초대전 "생명의 빛전", 진홍아트홀 초대전, 2002년 진홍 New Artist 2002 선정 작가 지원 및 전시- 김수연, 황규철, 서영원, 최선, 박지은, 정강임, 김종숙 의상전, 2003년 진홍기독교 문화관 1층으로 갤러리 이전, 진홍 New Artist 2003 선정 작가 지원 및 전시- 김소연, 함영훈, 진홍아트홀 재개관 기념전 "새 생명, 빛展", 부활절을 기념하는 작은 소품전, 야곱의 外出-채창완 초대, 2004년 정기전 꿈꾸는자의고백전, 2005년, 예수의 미술가들 아름다운 농행展, 한국기독교 순교유적지 믿음의 선진, 그 숨결展, 진홍아트홀 기획초대 이른봄, 숲 김수연展, 2006년 김용성 성화展, 2424(기독미술연구회)展, 꽃의 노래- 꽃과 사물에 깃든 생명의 욕망과 일상 이돈순展, 아름다운 잉태- 생명키우기展, 겟세마네의 밤- 황학만 초대展[35] 등 기독교적 성화들이 매해 전시되고 있으며, 해마다 그림의 양과 질이 풍성해지고 있다. 진홍아트홀은 이렇게 상업주의 문화를 극복하고 기독교 예술을 진작시키고 있다.

(3) 문화예술 비평능력 함양

1995년 서울의 주요 대학가 총학생회의 선거 공약으로 "성의 해방" 이 제기되었다. 동성애도 인권운동의 일종으로 대두되고 있다. 젊은 세대들의 잘못된 문화운동을 비판하는 젊은 기독교인들의 문화운동이 요청된다. 기독교 문화 비평가들은 젊은 세대들에게 이러한 문화적 사명을 대하여 도전을 주어야 할 것이다. 기독교 문학자, 예술가, 신학자는 동시에 문화예술의 비평가이어야 한다. 《기독교 사상》, 《빛과 소금》, 《복음과 상황》, 《기독교 학문연구》, 「문화연구 논총 시리즈」 등은 기독교 문화 운동의 방향을 제시하기 위하여 많이 노력하고 있다. 이를 감당하기 위하여 문화예술을 비판하는 능력을 함양해야 한다.

(4) 다양한 문화 매체의 네트워크 형성

극동방송, 기독교 방송, 기독교 텔레비전 등 방송 매체와 국민일보, 기독교서회, 두란노서원, 각 교단신문, 《크리스천 투데이》 등의 언론매체 그리고 《신앙세계》, 《신앙계》, 《기독교 사상》, 《목회와 신학》, 《빛과 소금》, 《두레사상》, 《복음과 상황》 등 기독교 잡지는 기독교적 가치와 사상과 예술 전달에 유기적인 협력을 다해야 한다. 이들 사이에 경쟁할 필요가 없다. 서로 하나님의 복음 사역자로서 각자의 특성을 인정해 주고 서로의 정보를 교환하고 공존공영하는 것이 바람직하다. 인터넷 방송으로는 극동방송(FEBC), 기독교방송(CBS), 기독교TV방송(CCTN), 기독교인터넷방송(C3TV), 기독교뉴스 CDN, 뉴스엔조이, 미주크리스챤TV 등이 있으며, 인터넷 사이트로는 갓이즈러브, 갓조이닷컴, 갓피플닷컴, 크리스챤포털, 호산나넷, 홀리넷 등이 있다. 이러한 매체들은 기독교문화형성을 위한 네트워트 형성에 기여하고 있다.

(5) 문화 체질개선을 위한 전문연구

현 우리 사회는 미국의 퇴폐적 성 자유주의 문화의 홍수를 맞고 있다. 포르노 문화는 1950년 냉전체제의 확립과 승리를 위하여 보수주의자들이 내걸었던 반공주의와 청교도적 윤리에 반발하여 자유주의라는 아메리칸 드림을 내세우며 나타난 《플레이 보이》의 영향에서 나온 것이다. 여기에는 마릴린 먼로, 제임스 딘, 엘비스 플레슬리 등이 주역을 이루었다. 그리하여 성적 무의식의 충동을 표출하면서 미국사회는 청교도적 정신에서 떠나 각종 위기를 경험하고 있다. 미국이 저지른 이러한 실수를 반복해야 할 필요는 없다. '숭실대 한국기독교 문화연구소' 를 비롯한 각 기독교대학 기독교문화연구소가 문화 분야에서 많은 업적을 내면서 노력하고 있다. 이와 함께 목회자와 신학자도 문화체질 개선을 위한 전문연구를 수행해야 한다.

(6) 의식있는 소비대중의 그룹화 필요

문화소비자 운동이 요청된다. 이것은 일상화된 문화상품의 생산과 소비에 대한 가치와 규범을 제시하고 질서 있는 문화유통구조가 이루어지도록 하는 것이다. 잘 소모된 문화 상품에 대하여 윤리적 평가를 내리고 제동을 거는 문화 브레이크가 요청, 가치 있는 문화상품의 생명력을 위해서 반드시 필요한 장치이다. 기독교윤리실천운동이 문화상품에 대한 문화 브레이크운동을 전개하고 있다. 기독교윤리실천운동은 《스포츠 신문》이 음란하고 폭력적인 내용으로 경쟁하고 있을 때 광고주들에게 편지를 보내 《스포츠 신문》에 광고를 주지 않도록 호소하였다. '동서식품' 등 몇몇 회사들이 이에 응하자 스포츠신문들은 만화지면을 대폭 줄이는 등 전면적인 개선을 이루었다. 그리고 《중앙일보》의 음란소설에 대하여 제동을 걸었다. 그 결과 《중앙일보》는 소설의 게재를 중단하였다.[36]

2005년에 있었던 '개똥녀 사건', '연예인 X-파일', '7악 0사건' 등 사이버 상에서 인권 침해 피해 사례가 급증하고 있는 가운데 건전한 사이버 문화 정착을 위한 교회와 기독교인들의 노력이 요구되고 있다. 우리 한국에서는 인터넷 사용인구가 3,000만 명이라고 하지만, 아직 인터넷상에서 활동하는 연령대는 20-30대를 크게 벗어나지 못하고 있다.[37] 가상 공간에서에서의 여론 주도층은 특정 연령대일 수밖에 없고 그들에 의하여 일방적으로 사이버 문화가 형성되고 있다. 그리하여 인터넷 상에서 토론함에 있어서 남을 배려하는 의식이 아직은 부족하다. 그리고 "2004년만 해도 20만 건 이상이 사이버상에서 일어난 범죄 사건이었다."[38] 표현의 자유도 중요하지만 인권도 중요한 요소이다. 제한적인 인터넷 실명제의 도입 등 건전한 사이버 문화의 정착을 위해 노력해야 한다. 이를 위하여 교회와 기독교단체가 건전한 사이버 문화와 윤리정착을 위한 가치관 운동과 의식화운동을 전개해야 한다. 이를 위해서 네티즌들이 사이버상에서 인권 침해 등을 자각하고 정화하려는 시도를 할 수 있도록 분위기를 조성하는 것도 필요하다.

(7) 신앙을 승화시키는 예술성의 개발

제3회 대한민국 기독교미술대전 대상에 한국화(畵) "날 위하여"가 선정되었다. 이 작품은 그리스도의 십자가 고난을 시각적으로 호소력 있게 표현한 작품으로 평가되었다. 그리고 전통 선 요법에서 벗어나 서양화 기법을 도입하여 동양화의 몰골법과 그루법을 적절히 혼합, 현대감각에 맞도록 형상화한 점이 두드러지는 특징으로 인정되었다. "날 위하여"는 십자가의 그리스도 아래서 기도하는 여인의 모습을 통해 그리스도의 은혜를 잊지 말 것을 호소하고 있다. 이 작품으로 대상을 획득한 최경락 집사는 "기독교 미술이 성경 말씀의 시각화에 그치고 있으며, 십자가나 그리스도의 모습이 소재가 되지 않으면 기독미술로 인정하지 못하는 한계가 있다."고 말한다.

"신앙을 승화시킨 미술 작품에 대한 이해가 부족해 기독교 미술을 통해 예술성을 인정받기 어려운 현실"이라고 일반 미술에 대한 한계를 지적하고 있다.[39)]

'기독문화예술운동 협의회'는 미술, 문학, 음악, 레크레이션, 예배문화, 만화, 영화 등 다양한 장에 종사하는 40여 명의 기독예술가들이 한 달에 한 번씩 모여 기독교적 예술성을 개발하고 고취하기 위하여 토론회와 발표회를 갖고 있다. '기독교윤리실천운동'이 전개하고 있는 '착한 노래만들기 운동', '또 하나의 밝은 문화전' 등도 젊은 세대들이 전개하는 좋은 문화 예술운동의 구체적인 예이다.

2004년에 미국에서 개봉한 "예수 그리스도의 고난"(the Passion of Jesus Christ)는 전통적 기독교적 영화로서 예수 그리스도의 고난을 예술적으로 잘 표현했다는 이유로 기독교인에게만 아니라 비기독교인들에게도 인기를 끌어 흥행에 대성공을 거두었다. 필자는 당시에 안식년으로 미국 프린스턴에 있을 때에 그 영화를 감상하는 기회를 누렸다. 그런데 이 영화는 '그리스도가 왜 그렇게 무자비하게 고통을 받아야만 했는가?' 라는 종교적 질문에는 명료한 대답을 주지 못했다.

(8) 영적 환상을 개발

시온성결교회 권사인 김소엽의 신작 시 "빛"이 제11회 윤동주 문학상 대상으로 선정되었다. 그의 시에는 순진무구의 유년의 하늘에 뜬 별을 동경하면서 동시에 잃어버린 고향이나 인간성 상실에 대한 아픔이 시적 승화 작용을 거쳐 완전한 사랑에 이르고자 하는 염원이 담겨 있다. 김소엽은 신앙을 가지고 난 후 "단순히 보이는 것만 보려 하지 않고 영적인 세계, 초월의 세계를 보게 되었다." 영적 통찰을 가지고 "더 이상 눈에 보이는 별만을 노래하지 않게 되었다." 김소엽은 다음같이 간증한다. "제 시 중에 '눈에 보이는 것이 다 별인가요 당신 마음 속에 떠야 별이지요' 라는 표현은 그 때의 깨달음을 적은 것이다. 즉 영의 세계로까지 시세계가 넓어졌다."[40]

교회는 신세대의 생활방식과 문화 패턴을 인정하고 이들을 위한 특수한 프로그램을 개발할 수 있어야 한다.

2005년에 한국교회에서 '사랑의 원자탄' 이라는 별명으로 알려진 손양원 목사의 일대기가 영화로 나와 많은 사람들에게 감동을 주었었다. 두 아들을 죽인 젊은 공산당을 양자를 삼았던 손양원의 사랑의 삶을 영상으로 표현한 이 영화는 한국교회의 기독교적 영상예술에 기여할 뿐 아니라 그 분이 남기고 간 위대한 신앙과 인격과 덕의 유산을 오늘 그리고 미래의 한국사회와 한국교회에 전하고 있다.

8. 기독교적 가치문화의 개발

(1) 전통적 표현형식은 기독교적으로 수용가능

독일의 저명한 건축가가 종로가 3가에 위치한 종묘 건물을 살펴보고 그 탁월한 건축적 균형에 놀라고 자연과의 조화에 감탄했다고 한다. 그것은 인간이 아닌 신의 솜씨에 가깝다는 것이 그의 소감이었다.

한국의 최초의 교회당을 기와집으로 지었다는 것은 우리 민족의 표현형식이며 우리에게 친숙한 것이다. 이민 초기 미국 하와이에 세워진 한국인 교회당의 모습도 외형은 광화문의 모습을 하고, 내형은 문풍지가 있는 모습을 하고 있다. 이러한 한국 고유의 표현형식을 통해 한국인이면 누구나 멀리에서도 그곳이 한국인들이 모이는 교회당이라는 것을 쉽사리 인식할 수 있도록 하였다. 근래 교회당 건축 사례중에서 우리의 전통적 건축 양식을 수용하고 기독교적 삼위일체 사상을 상징화하여 건축한 예배당으로는 장석교회가 대표적이다. 한편 시흥교회는 남산 팔각정 모형을 수용하여 우리의 정취에 맞도록 교회를 건축하였다.

(2) 전통 가치문화는 기독교 정신과 갈등

표현 문화가 건축이나 음악, 회화, 조각 등이라면 가치문화는 윤리와 규범이다. 우리의 전통적 가치와 규범은 불교나 유교 등 재래종교에서 온 것이기 때문에 기독교적 윤리나 규범과 갈등을 일으키는 것이 많다. 더군다나 신관이나 세계관 등은 기독교적인 것과 전혀 다르다. 그 예로 여성에 대한 차별, 사회적 신분 차별 사상 등이다. 이러한 가치관 등은 복음의 정신으로 변혁되어야 한다.

더군다나 기독교는 현세적 기복과 번영을 추구하는 전통종교의 민속신앙의 가치관을 변혁시켜야 한다. 오늘날 기독교는 현세적인 축복과 번영을 성공으로 생각하는 물질주의적 가치관에 지배되고 있다. 그리하여 하나님의 뜻을 따르고 이웃을 섬기고 이웃과 나누는 사랑과 헌신을 등한시하고 있다. 한국교회가 신앙과 윤리가 따로 노는 모순에 빠짐으로 사회로부터 비판을 받기에 이른 것이다.

2007년 7월 8일 한국교회대부흥 백주년기념대회에서 한국개신교는 모든 교단들이 하나로 모여 교회분열 등 과거의 잘못을 통렬히 회개하였다. 한국개신교 지도자들과 10만 신자들이 상암월드컵 경기장에 모여서 1907년 일어났던 회개와 영적 대각성을 기념하며 '그러한 은혜를 다시 주시옵소서' 라고 구했다. 여기서 한국교회는 공개적으로 신사참배와 교회분열, 이웃과 민족 현실에 무관심한 죄를 통렬히 고백하고 회개했다. 더욱이 복음의 본질을 변질시킨 죄를 회개하였다. 사랑의교회 옥한흠 원로목사는 "주여 살려주옵소서"라는 설교에서 "한국사회가 한국교회를 외면하고 있다. 교인들은 도덕적으로 윤리적으로 일반 사람들과 별로 다르지 않다." 고 말하며 "사회적으로 스캔들을 일으키고 있는 사람들이 교인이라고 해도 이젠 일반 사람들은 무덤덤하게 받아들인다."[41] 고 말했다. 한국교회신자들의 도덕의 둔감성을 지적한 것이다. 무속신앙과 기독교 신앙의 차이점은, 전자는 도덕성을 요구하지 않으나 후자는 도덕성을 요구한다는 점이다. 기독교 신앙을 갖는 것이란 단지 기독교 교리를 믿는 것에 끝나지 않고 가치관과 세계관의 변혁을 말한다.

(3) 문화 형성에는 신앙이 실체적 역할

표현문화나 가치문화 형성에는 종교가 그 실체의 역할을 한다. 기독교 신앙은 한국 문화 형성에 있어서 그 실체의 역할을 해야 한다. 문화의 정신은 바로 종교에서 나오는 것이다. 그러므로 기독교 복음은 여태까지 재래 종교에 의하여 형성된 우리 문화에 대하여 기독교적 동의어를 발견하여 그것을 긍정적으로 수용 발전시키고 그렇지 않은 것은 복음의 빛으로 세례를 주어야 한다. 세례를 준다는 것은 옛 것의 장례와 새 것의 탄생을 의미한다.

1996년 6월 30일부터 7월 5일까지 미국 콜로라도 주립대학에서 열린 "미국사회에 예수 일깨우기 운동"(JAMA, Jesus Awakening Movement for America)은 소수의 한인 2세 크리스천들이 미국의 거대한 사회문제에 과감히 도전장을 던진 역사적 자리였다. 이 대회에서 북미주 전역에서 모여든 한인 2세 기독대학생 2,500여 명은 낙태반대, 이혼금지, 동성연애 반대, 약물남용 반대, 선정문화를 배제하는 'JAMA 선언문' 을 채택, 미국 프라임 TV와의 인터뷰를 통해 공식 발표하고 흔들리는 미국사회를 바로잡기 위해 미국사회 내에서 낙태와 동성연애, 약물중독 등을 추방하는 데 앞장설 것을 다짐했다.[42]

이 운동은 미국사회의 도덕적 타락을 건국이념이었던 기독교신앙을 망각했기 때문으로 보고 해결책을 기독교신앙으로 되돌아가는 것에 찾는다는 점에서 "소수민족 주도의 제2의 청교도운동"이라는 평가를 받고 있다.

2004년에 있었던 미국의 대선은 단순한 공화당, 민주당, 양당 사이의 정권 쟁탈전이 아니라 2000년이라는 포스트모던 사회에 들어온 미국의 사회적 문화의 방향을 잡는 가치관의 대결이었다. 민주당 후보였던 존 케리는 미국 사회문제의 중요한 이슈인 낙태, 동성애, 안락사, 동성결혼 등에 대해 개방적이고 종교적 가치에 대하여 자유로운 입장을 취했다. 이에 반해서 공화당 후보였던 조지 부시는 전통적 가치를 존중하여 가정의 중요성, 남자 여자의 이성간의 결혼제도를 고수하고, 동성애를 반대하고, 안락사를 반대하고, 낙태를 허용하지 않는 보수적 가치관을 제시하였다. 이러한 가치관의 대결에 있어서 부시는 2000년의 선거 때와는 달리 자유로운 가치관을 제시한 케리를 여유있게 따돌리고 재선하였다. 이 대선 투표의 결과는 청교도적 전통이 미국의 중류가정에서는 여전히 살아 있다는 사실을 보여주었다.

(4) 기독교적 가치문화 및 예술문화의식의 개발

목회자들은 기독교적 가치와 예술의식을 각성하면서 설교에서 가르쳐 줄 수 있어야 한다. 윤리적 열매없는 종교란 마치 성령의 열매없는 은사와 같아서 맹목적이고 소리나는 구리와 울리는 꽹과리와 같기 때문이다. 기독교는 윤리는 아니나 영성은 윤리의 실체로서 항상 윤리적 예술적 가치관의 열매를 맺어야 한다. 신앙의 정서적 표현은 문학과 시가 되고 음악과 미술적 표현은 예술이 되기 때문이다. 구약의 시편이나 잠언 및 전도서가 단지 신앙고백을 넘어서 하나의 문학적이고 시적인 장르를 형성하고 있다.

미국 남침례교신학교 총장 몰러는 2005년 5월 12일 미국 기독교신문《크로스워크》(www.crosswalk.com)를 통해 "왜 보수적인 교회들이 성장하는가?"라는 글을 기고한 것은 오늘 한국교회에서의 복음주의적 승리를 그대로 설명해 준다. 그는 보수교회의 성장과 영향력을 주디스 슈레비츠의 연구를 토대로 사회적으로 심리학적으로 설명하고 있다. "복음주의자들은 사회적 병리현상에 대해 역행하는 입장을 취하며 종교적인 경건과 양심에 따라 행동한다." "경제학자들이 '합리적 선택이론' 이라고 말하는 경제이론은 보수적인 교회들의 영향력이 왜 강화되고 있는지를 말해 준다." 보수주의자들은 개개인의 관심에 기초를 둔 선택을 하고, "최대의 관심사 안에서 교제를 나누고, 자신과 비슷하다고 생각하는 멤버들을 신뢰"하기 때문이다. "교회의 '엄격함' 은 성도들을 서로 묶는 역할을 하며, 충성을 더욱 견고하게 하고, 신앙을 흔들리지 않게 잡아준다." 그리하여 견고한 교리에 기반을 둔 신앙을 요구하며 일반적인 도덕적 행위를 교회가 진보적 교회보다 더욱 성장하고 강력하다. 그리고 "교리와 행동에 있어서 엄격함이 성도들로 하여금 헌신을 증가시키고 참여의 수준을 높이게 만드는 원인" 이라고 설명한다.[43]

(5) 개역성경, 주기도문, 사도신경의 새 번역: 생소한 번역의 극복

1998년 개정개역판 성경이 나온 것은 다행한 일이다. 여태까지 개신교가 사용하고 있는 개역성경은 근 반세기 전 1956년에 완성된 것으로 현재는 쓰고 있지 아니한 용어들이 많아서 신세대들에게는 도무지 이해가 가지 않는 고물이 되어 버렸다. 신구교 공동번역은 신학적 문제가 발생되어 그것을 사용하는 교회가 그리 많지 않은 실정이다. 개역성경이 그래도 한국판 흠정역이라고 할 수 있으나 그 번역이 너무나도 오래되어 일반 성도들도 생동적으로 의미를 전달 받지 못하는 경우가 많았다. 개역개정판이 "가라

사대"와 같이 지금 사용되고 있지 않은 단어들을 현대어로 고치는 등의 수정을 가한 것은 바람직한 일이다. 각 교회는 성경을 개역성경으로 사용함으로 교회가 우리 언어를 순화하는 데 모범을 보이고 시대에 앞장 서 나아가야 할 것이다.

2004년 12월 3일 한기총과 KNCC의 전문위원들이 서울교회에 모여 주기도와 사도신경의 새 번역을 확정 선포했다.[44] 서울교회 담임목사 이종윤이 새 번역위원장으로서 오늘날의 언어와 문법에 맞는 현대판 번역을 초안으로 하여 3년의 공동 연구 끝에 보수 진보 양교단의 합의로 이루어진 것이다. 이러한 새 번역은 특히 오늘날 청소년들에게 주기도문과 사도신경이 보다 의미적으로 와 닿고 이해되도록 하는 것으로 복음의 상황화의 구체적인 모습이라고 할 수 있다.

그러데 새롭게 통과된 사도신조에 "나는 … 믿습니다."라는 어귀가 반복적으로 나와 우리 말 어법에 생소하지 않는가 라는 느낌을 지울 수 없다. 우리말 어법에서 "나는" 이라는 표현은 거의 생략되기 때문이다. 바른 번역으로 오히려 "나는"을 생략한 옛 사도신경이 적절하지 않았나 생각된다. 예장통합 총회에서 통과되어 각 노회의 인준으로 내려온 새 사도신조는 2007년 4월 23일 노량진교회에서 개최된 서울 남노회에서는 부결되었다. 새 번역을 할 때에 신앙이 독실한 국문학자들에게 어법에 관하여 자문을 받아, 우리 말로 표현하는 데에도 어색함이 없도록 해야 할 것이다.

(6) 우리 가락과 우리 가사의 보급

한국 교회는 선교 백주년을 기념하여 통일찬송가를 발행, 찬송가의 통일은 이루었으나 이 통일찬송가 558곡 가운데 우리말 곡과 가사는 26곡에 불과하다. 그동안 우리는 외국에서 수입한 찬송가를 부르면서 서구적 가사와 곡에 익숙해졌고 우리의 가사와 곡에는 생소해지고 말았다. 이는 크나큰 역설이 아닐 수 없다. 우리가 고유한 곡을 개발하고 거기에 가사를 붙인 찬송가와 복음성가들이 개발되어야 한다. 나운영이 지은 찬송가 "여호와는 나의 목자"와 같이 우리의 리듬에 맞는 적합한 멜로디가 돋보이는 독창적인 찬송가들이 많이 개발되어야 한다.

예장합동 사랑교회 담임목사 김중석이 1993년 "한국찬송가운동본부"를 발족하여 『한국찬송가』 초판을 발간하였다. 현재 통일찬송가는 번역찬송 일변도로 되어 있어 우리말 찬송가는 15곡에 불과하다. 찬송가 570여 곡 중 2.5%에 불과하다. 우리말 찬송가를 보급하자는 취지에서 한국찬송가는 제1판에 88곡을 수록하고, 1995년에 증보판을 발행하고 120곡을 수록하였다. 2002년에는 제3판을 발행하여 150곡을 수록하였다.[45] 그만큼 우리말 찬송가도 많은 발전을 거듭하고 있다.

오늘날 젊은이들을 위한 '현대기독교음악'(CCM)을 발전시키는 것 또한 요구되는 과제이다. 숭실대에서는 이미 2000년대 들어와 대학 채플에서 CCM 채플을 운영하고 있다. CCM 채플은 전통적 대학 채플과는 달리 찬양과 간증을 중심한 열린 채플의 성격으로 운영되고 있다. 그래서 CCM 채플은 아직도 교회에 나가지 않는 학생들에게도 인기가 높다.

2005년 7월 '기독카페연합'은 사이버 공간의 건전한 CCM 문화 형성을 위해 CCM 음반이 가운데 삽입된 전도카드를 제작하고 보급하고 있다.[46] '기독카페연합'은 찬양나라, 찬양과 쉼 그리고 평안, CCM 악보나라 등 포털 다음(DAUM)에서 CCM 카페 최고 순위를 자랑하는 카페들이 모여 결성한 연합체이다. CCM 음반은 소망의 바다와 좋은 이웃 찬양선교단이 기독카페연합 측에 무료로 음악을 제공하면서 제작되었다. 이 연합체는 2005년 현재 찬양나라 24만 회원을 포함해 약 100만 명의 회원을 보유하고 있다. 이러한 전도카드 캠페인은 불신자들에게 다소 거부감이 적은 찬양을 선물함으로써 전도의 성과를 높이고 있다. CCM을 전도의 도구로 활용하면서 CCM의 발전을 꾀하는 목적을 지니고 있는 이 캠페인은 인터넷 시대에 걸맞는 전도방식이라 할 수 있다.

그리고 2005년 7월 CCM 음반으로 "HIS 1집 His Way"와 "Rain 1집 처음주신 사랑"이 나왔다.[47] 'HIS 1집 His Way'는 인류의 구원을 위해 자신의 모든 권세와 보좌를 포기하시고 종의 형체로 이 땅에 오셔서 묵묵히 십자가의 길을 걸어가신 예수님의 길('그의 길')과 순간 순간 다가오는 유혹과 시험 중에서도 '그의 길'을 따르고자 하는 믿음의 고백들을 담고 있다. 'Rain 1집 처음주신 사랑'은 모든 사람에게 소중한 첫사랑을 느끼게 해 주고픈 의도를 담았다. 믿는 사람에게는 첫사랑으로서 기쁨과 설렘을, 믿지 않는 사람에게는 하나님과의 만남의 길을 알려준다.

*

세속문화는 그리스도의 주권을 떠나 있는 것이 아니다. 세속문화도 여전히 그리스도의 영광이 나타나는 광장일 뿐이다. 기독교 문화를 단지 영성 운동으로만 이해하여 구체적이고 세속적인 우리의 삶과 분리하여 생각해서는 안 된다. 기독교적 영성이란 신체를 떠나 영혼에만 치중하는 것이 아니다. 기독교적 영성이란 우리의 신체적인 문화적 삶 속에서 구현된다. 우리 삶의 전 영역에서 하나님의 임재를 경험하고 그의 주권이 이루어지는 것을 날마다 경험하는 것이다. 우리 삶이 바로 문화이다. 예술이나 문학이나 음악 등은 삶의 특별한 영역이다. 우리의 삶의 전(全) 영역이 그리스도가 통치하시는 그의 주권의 영역임을 알아야 한다. 그리고 우리의 삶 속에서 그리스도와 더불어 삶을 즐기고 소외된 이웃을 이에 참여하도록 하는 것이 기독교 대중문화 운동의 방향이다. 우리의 평범한 일상적 삶이 바로 하나님의 신성과 주권과 영광이 나타나는 광장이 되어야 한다. 개혁신앙의 하나님은 우리와 상관 없이 피안에만 계시는 초월적 신이 아니라 우리의 숨길 가운데 계시고 우리의 일상적 삶 속에서 우리의 머리카락 하나까지 헤아리시는 살아 계시고 일하시는 세상의 신이시다.

chapter 3
문화상품과 기독교적 문화읽기

21세기는 문화의 세기이다. 세계는 이미 문화전쟁에 돌입했다. 향후 10년 안에 세계경제의 주도권은 문화 수출강국이 거머쥘 것이다. "코리아 프로젝트 2020" 기획팀은 미래건설의 세 번째 실천 대안으로 "100억 달러 문화수출국이 되자"고 제안한다. 미래는 문화이다. 21세기의 문화산업은 디지털 기술의 발전에 힘입어 세계경제를 움직이는 거대한 힘이 되고 있다. 새 밀레니엄의 경쟁은 문화의 색깔에 의하여 결정된다. 상품이 갖고 있는 이미지(image)가 구매를 결정하는 보이지 않는 손(Invisible Hand)으로 작용하기 때문이다. 선진국들이 새 밀레니엄의 경쟁을 헤쳐 나가기 위하여 자국 문화의 개발과 이미지 높이기를 키워드(keyword)로 삼고 있다. 영국은 "디자인 공장"(design factory)을 외치며, 독일은 "저먼 디자인"(German design)을 각인시키며 자국 상품 이미지를 차별화 하고 있다. 오늘날 세계는 지난 19세기의 제국들의 영토싸움에서 20세기의 무역전쟁을 거쳐, 이제 21세기는 문화의 격전장이 되고 있다. 21세기에는 문화가 상품 시장을 보장하고 나아가 국가의 미래를 결정짓는 중요한 요인으로 작용하게 될 것이다.[1)] 문화는 상품의 성격을 지니고 21세기 인류의 삶에 중대한 영향을 끼치게 된다. 여기서 "문화상품"이라는 새로운 용어가 나타난다.

*

1. 문화상품

문화상품이란 단순히 관광기념품 정도가 아니다. 그것은 문화산업이 가져다 주는 총체적 상품을 말한다. 말하자면, 음악 산업, 문학 및 책 시장, 미술 시장, 영화와 텔레비전 산업, 그리고 공연예술과 오락, 더욱이 인터넷을 통하여 펼쳐지는 각종 정보와 각종 영상 매체, 마케팅과 오락 상품 등이다.[2] 그것은 유네스코가 동의하는 10개 범주로서 도서, 신문잡지, 음반, 라디오, 텔레비전, 영화, 새로운 시청각 제품과 서비스, 사진, 미술작품 복제, 광고이다. 경우에 따라서는 여기에 공예와 관광이 추가되기도 한다.[3]

(1) 문화산업 시대

문화는 경제력이다. 문화야말로 폭발적인 성장 잠재력을 가진 미래산업이기 때문이다. 미국은 스티브 스필버그(Steve Spielberg) 감독의 "쥬라기 공원" 이라는 영화 한 편으로 현대자동차 150만 대를 수출한 만큼의 수입을 벌어들였다. 이것은 문화상품의 경제적 파급능력을 말해 주는 것이다. 미국의 최대수출산업은 이미 항공우주산업에서 문화산업으로 넘어갔다. 문화콘텐츠 산업이 엄청난 부(富)를 창조하면서 세계 산업판도를 재편하는 폭풍의 핵으로 등장하고 있다. 인터넷의 발달로 규모가 적은 기업이나 개인이 전세계를 상대로 하는 장사하는 경우가 늘어나고 있다.[4]

세계 문화산업은 현재 1조 3,000억 달러 규모의 거대시장이다. 특히 영화, 음반, 애니메이션, 게임으로 대표되는 대중문화 산업은 일반 제조업의 두세 배 속도로 성장을 거듭하고 있다. 현재 한국의 문화산업은 아직도 구멍가게 수준으로 미미하다. 세계시장 점유율은 1% 남짓, 문화수출은 연간 10억 달러에도 못 미친다. 그리하여 조선일보 문화산업 기획팀은 2020년까지 시장점유율을 최소한 10%, 수출은 100억 달러대로 끌어 올리고자 제안하고 있다.[5)]

상품에 문화적 부가가치를 첨가하지 않으면 상품 구실을 못하게 되는 세상이 오고 있다. 나라마다 스타 상품이나 산업을 갖고 있다. 프랑스 패션과 의류화장품, 일본 칠기와 소형전자 제품, 스위스 시계, 스웨덴 유리제품 등이다. 이들 스타상품들은 자국 국민의 가치관과 사고방식, 생활양식 등 문화를 전파하고 신뢰하게 함으로써 지속적인 수요창출과 국가 이미지 형성에 주도적인 역할을 하고 있다. 샤넬 No. 5, 쁘아종, 랑콤 등 향수의 대명사로 불리는 제품은 대부분 프랑스 산(産)이다. 이들은 '좋은 향기' 외에 프랑스 특유의 고급스런 문화 이미지를 입고 있다. 사람들은 그 문화 이미지에 아낌없이 비싼 값을 지불한다. 소비자들은 상품의 기능뿐 아니라 그 안에 녹아 있는 의미와 이미지에 더 주목하기 시작했다. 여기서 상품의 이미지를 좌우할 수 있는 중요한 뿌리가 문화이다. 문화가 국가나 기업의 이미지를 높이는 매개로 활용될 수 있다. "문화 마케팅"(cultural marketing)의 중요성이 여기에 있다. 헐리우드 영화가 미국 기업과 상품의 세계화에 결정적인 도움이 된 것은 그 구체적인 예이다.

한국도 우리의 것을 드러내는 국가 브랜드(state brand)를 개발해야 한다. 전통 문화자원을 이용해 세계시장에서 인지도(認知度)를 높이고 있는 상품으로서는 미국 기업은 스타벅스 커피, 던킨 도넛 등 먹는 것도 세계적인 브랜드로 만들었다. 알프스의 소강국 스위스는 브랜드 왕국이다. 국기(國旗)도 상품화하고, 심지어 군(軍)도 맥가이버 칼로 불리는 '스위스 아미 나이프'를 브랜드로 명품화했다. 세계적으로 유명한 비밀은행이나 고급 시계는 물론, 심지어 국가경쟁력연구기관인 IMD, 다보스포럼으로 유명한 세계경제포럼(WEF)도 브랜드화하고 있다. WEF에 따르면 2005년 글로벌경쟁력 세계 제일의 나라는 바로 스위스다.

한국도 우리의 것을 드러내는 국가 브랜드(state brand)를 개발해야 한다. 한국의 3대 국가대표 브랜드는 삼성, 현대, LG이다. 전통 문화자원을 이용해 세계시장에서 인지도(認知度)를 높이고 있는 상품으로서는 김치, 사물놀이, 쉬리, 그리고 200억 원의 수익을 낸 "겨울연가"의 욘사마 배용준 그리고 "공동경비구역", "쉬리" 그리고 "난타" 등이다. 공동경비구역 JSA가 26억, 쉬리가 약 15억 원, 난타는 문화상품 수출사상 최고의 개런티인 400만 달러(54억 원)을 받고 수출되었다.[6] 인삼, 김치, 비빔밥 등은 이미 국제적인 브랜드 상품이 되고 있다. 한글, 거북선, 이순신, 고려청자, 하회마을 등 브랜드화 할 수 있는 대상이 많다.

영화감독 심형래가 2007년 8월 그의 새로운 SF 영화 "디 워"를 가지고 한국 경제가 가보지 못한 부(富)의 신천지를 두드리고 있다. 부의 창출이란 프리즘으로 보면 "디 워"는 일대 사건이다. 글로벌 SF(공상과학) 콘텐츠 시장에 뛰어든 한국 최초의 시도이기 때문이다. "디 워"는 미국 전역에서 개봉된다. 동남아 · 중국 언저리가 아니라 글로벌 시장의 중심부를 직격하는 것이다. 그것도 SF인 점을 주목해야 한다. 할리우드가 독식(獨食)하는 SF시장은 한 편에 수조 원짜리 승부가 치러지는 거대한 부의 바다다. "반지의 제왕"이며 "스파이더맨"이 몇십 억 달러를 긁어모았다고 할 때마다 필자는 배가 아팠다. 여기에 심 감독이 우리도 좀 갈라먹자고 달려들었다. 홍사종 미래상상연구소 대표가 '이야기 혁명'의 패러다임으로 풀어내는 심형래론(論)이 흥미롭다. "이야기, 즉 꿈과 상상력과 문화 콘텐츠를 상품으로 만드는 능력이 부를 지배하는 시대다. 심 감독은 그 심장부에 뛰어든 이야기 전사(戰士)다."[7]

이야기 산업은 21세기 국부(國富)를 좌우할 새 경제 전쟁터가 됐다. 하지만 한국은 하청(下請)공장 수준에 불과하다. 예컨대 "시월애"의 판권이 수출됐다고 박수를 쳤으나 실상은 '원재료' 수출이었다. 헐리우드는 50만 달러에 대본을 사들여 새 영화("레이크 하우스")로 가공, 4,600만 달러를 벌었다. 한국 최대의 흥행작 "괴물" 조차 원재료로 팔려 나갔다. 고작 60만 달러에 대본만 헐리우드에 수출됐을 뿐이다. 반면 "디 워"는 미국 전역 1,500개 개봉관에서 상영된다. 제조업으로 치면 자기 브랜드의 '완제품'을 제값 받고 수출하는 것이다. 영화 장르 중에서도 SF는 오가는 돈의 단위가 다르다. "스타워즈"에서 "트랜스포머"까지 글로벌시장을 휩쓰는 흥행 대작은 예외없이 SF다. 게다가 SF 콘텐츠는 무한한 확장성을 지녔다. 게임, 애니메이션, 캐릭터 상품 등으로 무궁무진하게 가치사슬을 확대해갈 수 있다. 한국 자본과 제작진이, 배우 · 음악 · 촬영지 같은 미국산(産) '부품'을 써서 이야기 완제품을 만들어 냈다.[8] "디 워"가 글로벌 흥행에 성공한다는 보장은 없다. 그러나 실패하더라도 이야기 전쟁의 원천 기술력을 쥐고 있으니 또 도전하면 된다.

(2) 중국, 일본, 동남아의 한류(韓流) 열풍

2000년대 들어와 우리의 대중문화 상품이 중국과 아시아 시역을 강나하고 있다. 영화, 방송, 가요, 뮤지컬 등 거의 전(全) 장르의 우리의 대중 문화 상품이 문화적, 정서적 공감대가 강한 아시아 각지에서 각광을 받고 있다.

최근 중국 등 동남아시아를 휩쓸고 있는 한류 열풍은 한국인의 강한 감성(感性)을 객관적으로 보여주고 있다. "한류"(韓流)란 용어가 처음 등장한 것은 2000년 2월, 지금은 해체된 댄스그룹 H.O.T.의 중국 베이징 공연 때였다. 당시 H.O.T.의 공연이 성황리에 끝난 직후 중국의 한 신문은 "한류(韓流)가 중국을 강타했다"고 헤드라인을 뽑았다. "한류 열풍"은 이어 TV

드라마와 영화, 가요 등 한국 대중문화 전반으로 번져 나갔다. "사랑이 뭐길래", "별은 내 가슴에" 같은 TV연속극을 보면서 열광하는 중국인 동호모임에게는 "한미"(韓迷, 한국 매니아), 한국 가요에 푹 빠진 중국 젊은이들에게는 "흡한족"(哈韓族)이란 별칭이 붙여졌다.

중국과 동아시아 국민들이 한류(韓流)에서 포착한 것은 새로운 감성이다. 현지 언론들은 한국의 대중문화가 할리우드식 미국 문화와 사무라이식 일본 문화의 장점을 소화하면서 한국만의 독특한 색깔을 살렸다고 분석했다.[9] 홍콩의 주간지 《아주(亞洲)주간(週刊)》은 "한류는 헐리우드 블록버스터나 맥도날드 햄버거가 중국 대륙을 퍼져나가는 기세와 다르지 않다."며 한류 열풍을 한국인 특유의 "불고기와 소주의 결합", "얼음과 불의 이중주"라고 비유했다. 아직도 국내에는 한류를 "일시적인 연예인 해외 송출" 정도로 생각하는 사람들이 있으나, 한류는 "우리만의 농축된 감성 바이러스가 전염병처럼 일시에 확산되는 현상"이다. 일단 중국 대중문화 시장을 파고 들어 새로운 문화수출의 교두보를 확보한 한류는 상당 기간 유지될 것이다.

한국 드라마 "겨울연가"가 일본 NHK에서 재방영까지 마친 후 일본 내 한류 신드롬이 한층 확산되고 있다. 2003년 4월에는 한국의 인기 드라마 "겨울 연가(戀歌)"가 일본 공영방송의 황금시간대에 방영되었다. 일본에서 한국의 드라마가 지방 방송에서는 방영되었으나 공영방송의 황금시간대에 방영되기는 처음이다. 그리하여 김치와 더불어 한국문화가 일본열도에도 밀려가고 있다. 일본명 "겨울 소나타" 라는 제목으로 2003년 4월 NHK위성방송을 통해 처음 일본에 소개되었던 "겨울연가"는 일본에서는 잊혀졌던 순수한 사랑의 드라마라는 찬사를 받으며 신드롬을 낳았다. NHK는 그리하여 2003년 크리스마스 시즌 밤 10시 황금시간대에 겨울연가를 위송방송 채널에서 앙코르 방영했다. 재방영이 막 끝나자 이번에는 관련서적과 DVD가 불티나게 팔리고 있다. 일본 아마존닷컴(www. amazon.co.jp)의 도서부문 순위 1위는 "겨울연가"를 사진집형식으로 엮은 "겨울의 소나타 특별편"이다. 동영상 인터넷 콘텐츠를 제공하는 A11이라는 회사는 아예 "드라마韓"이라는 한국 드라마 포털사이트를 만들어 인터넷을 통한 한국 드라마 소개서비스를 시작하는 등 한국 드라마가 인기 콘텐츠로 부상하고 있다. "겨울연가"를 계기로 한국어 학습붐이 다시 불고 있으며 여행사마다 "겨울연가" 한국여행상품을 마련해 판촉에 열을 올리고 있다.[10] '욘사마' 배용준은 영화 "외출"(일본 제목 '4월의 눈')의 개봉을 앞두고 2005년 9월 1일 일본 도쿄에서 열었던 기자회견으로 '보도진을 가장 많이 끌어모은 영화배우'라는 기록을 남겼다. 호텔 내 기자회견장에 모인 보도진 수가 1,100명에 달한 것이다. 일본 언론은 한마디로 '한류의 힘'이라는 평가를 내렸다.[11]

중국에서의 한류는 패션에서 읽어 볼 수 있다. 중국 남부 장쑤성(江蘇省)의 태호(太湖)변에 있는 도시 우시(無錫)에서 2007년 7월 12일 디자이너 앙드레김의 패션쇼가 열렸다. 우시시(市) 정부와 지난 4월 이곳에 오픈한 초대형 패션몰 ITFM(International Textile & Fashion Megamall)측이 공동으로 2008년 베이징(北京)올림픽과 한·중 수교 15주년을 기념해 앙드레김을 초청했다. 5,000여 명의 청중이 우시 스포츠센터 객석을 가득 채운 가운데 "사계절의 환상"(Fantasy of Four Season)을 주제로 세운 쇼에는 180여 벌의 작품이 선보였다. 쇼는 눈 내리는 밤의 풍경을 배경으로 흰색과 검은색을 대비시킨 '백야의 축제', 중세 회화를 드레스에 그려넣은 '세계 불멸의 명작의 환상' 등의 테마로 이뤄졌다. 특히 한(恨)과 그리움을 겹겹의 드레스로 표현한 앙드레김의 '일곱 겹 드레스'는 중국인들의 눈길을 사로잡았다.[12] 이처럼 한류는 패션으로도 중국사람들에게 다가오고 있다.

최근 세계 문화산업을 이끄는 견인차는 영화, 애니메이션, 음반, 게임 등 4대 대중문화산업이다. 현재 세계 문화산업은 대략 1조 3,000억 달러이며, 이 가운데 대중 문화산업이 차지하는 비율은 300억 달러로 25%이다. 한국은 전체 문화산업이 15억 달러 규모로 세계시장의 1.2%에 불과하다. 돈을 벌어들이는 대중문화는 시장 점유률이 더 떨어진다. 영화가 0.47%, 게임 0.48%. 애니메이션 0.36%, 한류(韓流) 열풍으로 한껏 호조를 띤 음반산업도 고작 0.76%에 불과하다.[13] 문화경쟁력으로 볼 때 한국은 아직 "후진 개도국" 수준에 머물고 있다. 그러므로 한국 문화산업은 일정수준 문화경쟁력을 가질 때까지 세계적인 문화산업 업체들과 전략적 제휴(提携)를 맺을 필요가 있다. 그리하여 선진기술과 경영자산을 습득하고 오랜 기간 하도급 생산에 머물러온 한국의 애니메이션 산업은 이제 독자적인 브랜드 구축과 상품의 차별화가 중요하다.

2. 문화상품의 새 트랜드

(1) 감성의 개발

문화상품 개발의 원동력은 감성(feeling)이다. 산업사회의 원동력이 이성이라면, 디지털 정보사회의 원동력은 감성(感性)이다. 21세기 시대조류가 하이데크(기술)에서 하이터치(고감성)으로 옮겨가고 있기 때문이다. 부가가치의 창출원천이 바뀌고 있다. 21세기 문화의 경쟁력을 키우기 위해서는 "감성인간"과 "감성산업"이 육성되어야 한다.[14] 디지털 시대로 갈수록 이성적이고 합리적인 선택보다 감성적 선택이 중시된다. 감성으로 승부하는 문화산업 규모는 지속적으로 늘어날 전망이다. 중국과 동아시아에 제2, 제3의 한류(韓流)열풍(熱風)을 지속적으로 창출하기 위해서는 이들에게 어필하는 문화상품을 개발해야 하며 이를 위해서는 한국인의 특유의 감성을 살려야 할 것이다.

첫째, 다양한 감성 콘텐츠를 개발해야 한다. 한국문화콘텐츠진흥원은 최근 "한류지속화 방안 연구"라는 보고서를 발표했다. 이 보고서는 이른바 '한류산업'으로 방송, 공연, 음반, 영화, 애니메이션, 패션, 게임, 캐릭터, 팬시, 테마파크 등 10개 산업을 꼽았다. 지금까지 한류(韓流)의 콘텐츠는 음반, 영화 등이 중심이었지만 이를 패션, 팬시 등 다양한 산업으로 확대해 경제적 파급효과를 극대화하자는 제안이다. 문화콘텐츠에 있어서 "영화, 드라마, 음반 산업은 언어와 인종(민족)의 한계가 있지만, 게임, 애니메이션, 캐릭터 산업은 세계공용이기 때문에 문화적 거부감이 적다.

둘째, 문화리더 역할을 할 감성인간들을 길러내는 것이 필요하다. 현재 이미 미래의 감성세대들의 푸른 싹이 우리 가운데 자라고 있다. 2020년 문화산업의 주역이 될 지금의 초·중등학생들은 공룡붐, 포켓몬, 해리포터, 스타크래프트, 그리스 로마신화(만화) 등으로 상징되는 디지털 문화콘텐츠를 어려서부터 접하면서, 기존세대와는 전혀 다른 감성훈련으로 키워지고 있다. 전문가들은 이들을 이른바 "신화적 감성시대의 탄생"이라고 부르고 있다. 이들 감성세대는 온라인 공간을 통해 국내외의 문화 콘텐츠를 폭넓게 경험하고 가공(加工)함으로써 개성과 문화감각을 겸비한 문화리더로 자라날 것이다.

셋째, 한글 문화를 세계언어로 번역하여 소개하는 일이 시급하다. 21세기라는 문화의 시대에는 바로 언어가 힘이고 권력이다. 문화의 기본 구성요소가 언어이기 때문이다. 언어야말로 국가경쟁력을 높이고 부를 창출하는 근간(根幹)이다. 이웃 일본은 정부가 주도해 만든 일본어 학습교재를 들고 전세계에 적극적으로 일본 문화를 전파하고 있다.

자국의 문화를 외국어로 번역하는 일은 문화인프라를 구축하는 작업이다. 서울대 국문학과 권영민 교수는 2001년 10월 "한국 현대문학 100년"을 영문판 CD롬으로 발간했다.[15] 현재 세계에서 한국어를 가르치는 정식교육

기관이 영어권만 300곳이 넘는다. 최근에는 중국, 중남미 등지로 확대되고 있다. 권 교수는 전 세계 국공립 도서관, 공공기관 등 2,000여 곳에 무료로 CD롬을 배포했는데, 한국문학의 체계적 정보와 자료에 목말라 하던 외국 연구자들에게 큰 호평을 받았다.

넷째, 품질과 더불어 브랜드를 키우는 일이 중요하다. 21세기는 문화의 세기이며 문화 경쟁력이 기업경쟁력을 좌우하게 될 것이다. 이러한 문화 자본주의 시대에는 한 나라의 종합적인 문화 경쟁력이 기업과 제품의 이미지를 결정한다. 그리하여 제품의 질과 더불어 브랜드를 키우는 일이 제시되고 있다. 개별기업의 일등상품, 일류기술과 더불어 국가브랜드를 키우는 일도 중요하다. 마케팅 전략가들의 견해에 따르면 개별기업의 브랜드보다 더 중요한 것이 국가 브랜드이다.[16] 프랑스 샤넬과 루이뷔통이 비슷한 한국 제품들보다 세계시장에서 몇 곱절의 가격을 더 받는 이유는 "문화대국"을 연상시키는 프랑스의 국가 브랜드 때문이다. 그러므로 선진국 기업의 메세나(Mecenat) 활동에서 배울 필요가 있다.

"메세나"는 로마제국 아우구스투스 황제 치하에서 예술 옹호에 노력한 공직자 마케나스(Maecenas)에서 유래한 말로서 "문화 예술 활동에 대한 지원"이라는 뜻을 가진 프랑스어다. 메세나는 '일방적인 시혜'와는 다르다. 그것은 기업이 자사(自社)의 특색을 살려 문화예술을 후원하고 반대로 이를 마케팅에 적극 활용해 후원금의 일부를 이윤으로 환수하는 장치이다. 미국의 코카 콜라, JP 모건, 말보로 담배로 알려진 필립 모리스, 독일의 바이엘르, 프랑스의 비벤디, 까르티에, 스웨덴의 엘릭슨, 캐나다의 시그램, 일본의 소니, 도요타 등은 메세나 활동에 매우 열성적인 기업이다. "경제동물"로 불렸던 일본이 세계를 상대로 메세나 활동에 나선 것은 1990년대 초반이었다. 세계의 주요도시를 돌며 "일본문화주간" 행사를 벌이는 한편, 다양한 현지 문화행사를 지속적으로 후원했다. 이런 노력의 결과 일본은 점차 부정적인 국가 브랜드를 벗고 일본 상품에 고급이미지를 담아내는 데 성공했다는 평가를 받고 있다. 강력한 문화경쟁력과 브랜드 파워가 뒷받침되는 품질만이 세계 제일이 될 수 있다.[17)]

다섯째, 문화 마케팅이 중요하다. 문화적 센스가 깃든 상품을 개발하는 것이 필요하다. 문화적 센스란 문화를 느끼는 힘이며 문화가 담고 있는 의미를 캐내는 힘이다. 이것이 상품의 문화이다. 이것은 상품의 인간 가치화이며, 상품의 미적 가치화이다. 다가온 21세기에는 자국문화 이외에도 시대가 요구하는 문화를 마케팅 전략으로 활용하는 것이 필요하다. 영국의 스킨케어(skin care) 제품회사 바디샵은 1980년대 후반 "환경친화"라는 새로운 문화를 마케팅의 키워드로 삼았다. 제품 라인을 오이 클렌징, 김 샴푸 등 자연친화적인 방향으로 전환했다. 광고도 제품 홍보대신 아마존 열대우림을 보호하자거나 동물실험을 반대하는 캠페인으로 대체했다. 프랑스의 기업 베네통 역시 세계화의 물결 속에서 "인종문화를 뛰어넘는 인류애"라는 문화적 기치를 내건 마케팅으로 성과를 거두었다.[18)]

(2) 기술과 감성의 조화

삼성경제연구소와 조선일보는 2004년 문화트랜드를 5가지 키워드로 요약하고 있다. 그것은 융(融, 섞는다), 연(連, 잇는다), 동(動, 움직인다), 감(感, 느낀다), 유(裕, 쉰다)이다. 이 가운데 융, 연, 동의 키워드로 대표되는 흐름은 디지털 기술의 비약적인 발전으로 가능해졌다. 반면 그에 대한 반작용으로 감, 유로 대표되는 흐름은 내면 지향적이고 자연중시의 흐름이다. 디지털 사회 속에서 기술지향의 3개 키워드와 정서지향의 2개 키워드의 조화가 기업의 성패를 결정짓게 될 것으로 보고 있다.[19)]

1) 융합

융합은 퓨전으로 나타난다. 공간, 기술, 문화 등의 융합이 새로운 상품과 신규시장을 창출하고 있다. 융합의 물결은 기능의 집적인 복합화와 기능의 통합인 수렴(convergence) 단계를 지나 화학적 결합을 의미하는 퓨전(fusion)을 통해 전혀 새로운 변종(變種)을 만들어 내는 단계에 접어들었다. 융합의 시대는 가치의 단극(單極)체제를 종식시켰다. 그 대표적 예가 2003년 최대 히트상품 중 하나인 폰카(카메라폰)였다. 폰카는 휴대전화와 카메라가 결합한 퓨전제품이다. 문화와 마케팅이 결합된 문화마케팅이 유행하며, 쇼핑센터와 엔터테인먼트 시설이 결합하여 "쇼퍼테인먼트"라는 새로운 공간 장르가 나왔다. 옷과 전자 기능이 결합하고 집이 IT기술로 무장한 "e-홈"이 만들어지고 있다.[20]

복사기, 프린터, 스캐너, 팩스가 합쳐진 복합기, MP3를 내장한 휴대전화, 공기청정기를 겸한 진공청소기가 만들어지고 있다. IT분야 뿐만 아니다. 융합현상은 쇼퍼테이먼트 백화점과 멀티플렉스 극장, 방카슈랑스(은행+보험)처럼 유통, 금융, 서비스를 망라한 산업 전분야로 퍼져나가고 있다. 일본에서는 사무실, 호텔, 영화관, 미술관, 주택, 정원을 한 곳에 집약시킨 도쿄의 "록폰기 힐스"란 건축물이 2003년 최고의 히트 상품으로 꼽혔다. 삼성전자의 VCR 생산팀은 DVD와 VCR이 결합한 "콤보"를 만들어 사양길로 접어들던 VCR사업에 새 생명을 불어 넣었다. IT기술을 이용한 자동차는 이동통신과 결합한 텔레매틱스(Telecommunication+Infromatics, 자동차를 통한 정보통신 서비스), 전후방 감지장치, 자동항법장치를 장착한 첨단 IT기기로 변신하고 있다. 인터넷과 이메일을 통한 디지털 음악파일 교류가 활발해지면서 이를 저장해 들고 다닐 수 있는 소형 휴대용 오디오인 MP3 플레이어가 인기를 끌었다. 한국의 기업은 이 분야에서 미국과 일본을 누르고 세계를 석권하고 있다.[21] 의류업체들이 입기만 하면 체온과 맥박, 혈압을 체크할 수 있는 전자의류를 개발하고 있다. 듀폰 등의 섬유업체는 전자신호와 전류가 통하는 새로운 직물인 "일렉프로 텍스타일(Electro Textile)을 개발하고 있다.[22]

2) 연결

연결은 네트워크를 통한 접속이다. 네트워크가 글로벌하게 확장되면서 언제, 어디서나, 누구나, 누구와도 자유롭게 접속할 수 있는 유비쿼터스(Ubiquitous) 시대로 접어든다. 디지털 시대에 모든 사람과 만물이 네트워킹되는 연결의 세상은 고립의 패러다임을 전제로 짜였던 문화질서를 근본적으로 바꾸어놓고 있다.

미국에서만 2002년 말 2만여 명이 소득 공제를 위해 인도에 있는 회계사를 고용했다. 네트워크 속에서는 거리가 소멸돼 미국과 인도 사이에 거리가 없다. 심지어는 사장은 독일에서 근무하고 비서는 인도에 두는 기업이 있다. 한국에서도 최근 중국진출의 붐에 따라서 사장이 한국에 있고 비서와 직원은 중국에 두는 기업이 늘어나고 있다. 이들은 인터넷을 통해 일감을 주고 서류를 주고 받고 있다.

가상환경(사이버 스페이스)과 실제의 물리적 환경을 동시에 연결시키는 것도 가능해졌다. 독일 라이벤르크에 있는 할인점 체인 메트로의 퓨쳐스토어(future store)는 가상공간에 존재하는 상품 정보를 실제 쇼핑공간으로 현실화 시켰다. 이곳에서 판매되는 물건은 상품마다 초소형 칩이 내장되어 있어 쇼핑 카트만 밀고 나가면 자동으로 계산이 되고 고객들이 원하는 상품을 진열대에서 집어들면 머리 위 스크린에 상품정보가 나온다.[23]

3) 이동

이동은 휴대폰과 노트북과 인라인 스케이트로 도심을 이동하는 현대인의 특징이다. 이들은 디지털 유목민으로 비유되곤 한다. IT기술의 발달은

업무나 회의, 학습 등 고정된 장소에서만 가능하던 일을 바꾸어 놓았다. 움직이는 사무실, 움직이는 도서관이 등장해 학원에 가지 않아도 동영상으로 강의를 들을 수 있다. 테렐메틱스와 무선 인터넷은 개인 필수품이 되었고, 거리에는 인라인 스케이트로 대변되는 "바퀴 열풍" 이 넘쳐난다.

CPU(중앙처리장치)가 해마다 빨라지면서 컴퓨터의 정보 처리속도 또한 빨라진다. 컴퓨터는 매년 업그레이드 되어야 한다. 느린 것은 살아 남을 수 없다. 세계 최강의 반도체업계 인텔은 CENO라는 새 CPU(중앙처리속도)를 내 놓으면서 기존 CPU 가격을 급속히 하락시켰다. 후발자의 추격의지를 꺾고 시장을 자신의 속도에 맞게 조절하기 위해 자신의 강점(强點) 시장을 지배한 기존 CPU까지 도태시킨 것이다. 기업경영에서는 속도를 어떻게 장악할 것인가가 핵심 화두로 등장했다.

4) 감성

감성은 퓨젼, 네트워크, 이동이라는 차가운 시대의 문화적 현상에 대한 반작용으로 나타난 경향이다. 인간의 오감(五感)에 호소하는 감성의 트랜드(trends)를 대표적으로 나타내주는 현상은 디자인 혁명이다. 휴대전화를 통해 촉각을 전달하는 기술이 미국에서 개발되고 있고, 독일의 자동차 메이커들은 "느낌이 좋은 차" 라는 개발 콘셉트를 갖고 있다.

독일의 자동차 회사 아우디(Audi)는 냄새와 전쟁을 벌이고 있다. 이 회사는 몇 해 전부터 '후각팀' 을 따로 만들어 자동차가 고속으로 달릴 때와 같은 섭씨 80도에서 차량의 각종 부품에 2시간 동안 열을 가해 냄새를 맡아보는 표본검사를 거쳐 부품을 생산하고 있다. 휴대전화업체인 모토롤라(Motorola)는 자사제품 광고에 더 이상 기능을 강조하지 않는다. 대신 감각과 디자인으로 승부를 걸고 있다. 모토롤라는 이를 위해 밀라노에 디자인 센터를 세웠고, 애플사의 유명 디자이너를 영입했다. 여기서 나온 곳이 동양부채처럼 펼칠 수 있는 V70모델이다. 이 제품은 검은 색으로 대표되던 모토롤라의 휴대전화 이미지를 급속히 탈색시켰다. 통신기술은 시각과 청각에 이어 인간의 오감(五感) 중 전달 가능한 것은 모두 전달하는 방향으로 연구개발 중이다. 소비자의 감성을 자극하는 마케팅 전략이 나오면서 뉴럭셔리(New Luxury)라는 새로운 고급품 선호취향도 나타나고 있다.

5) 여유

여유라는 문화의 트랜드는 요가와 명상 열풍으로 상징된다. "잘 먹고 건강하게 잘 살자"라는 웰빙(wellbeing)족이 등장하여 레저, 건강식품, 스포츠 시장이 비약적으로 확대되고 있다. 요즘 선진국에서는 여성 배낭에 '요가 담요'를 묶고 다니는 것이 최첨단 유행으로 통하고 있다.

미국에서는 이러한 문화트랜드에 힘입어 월더링(Wildering, 대자연 즐기기)이 새로운 산업 트랜드로 부상하고 있다. 미국 콜로라도주 아칸소 강 상류에서는 해마다 27만 5,000여 명이 래프팅(rafting)을 즐기고 있으며 무인도 체험, 정글 체험 등의 여행상품이 불티나게 팔리고 있다. 요가와 선에 대한 관심도 부쩍 늘고 있다. 미국과 유럽 곳곳에 명상센터와 기(氣) 치료센터가 들어서고 있으며, 화 다스리기, 마음 등을 주제로 한 서적이 베스트셀러의 반열에 오르고 있다. 좀 더 자연적이고, 느리고, 내면적인 것을 찾는 데 돈을 아끼지 않는 소비자들이 등장하면서 힐링(Healing)산업, 웰빙(Well Being) 산업이 급성장하고 있다. 한국에서도 강원도 정선지역 동강 상류에서 래프팅을 즐기는 사람들이 늘고 있다.

자연친화적 트랜드는 기존산업에서는 환경산업의 발전으로 이어지고 있다. 일본 도요타 자동차가 개발한 하이브리드카(내연기관과 배터리 엔진을 동시에 달아 유해가스 배출량을 줄인 차량) "프리우스"는 2000년 말 처음 양산된 이후 회사의 예상과 달리 10만 대 이상이 판매되었다.[24] 이 환경차는 일반 승용차보다는 몇 배나 비싼 가격이었으나 '친환경적'이라는 차별성을 가졌다. 이러한 친환경적이라는 가치를 선택한 소비자가 10만 명을 넘었던 것이다.

(3) 온라인 새 소비권력: 스마트 몹(Smart Mob)과 플래시 몹(Flash Mob)

산업화 이후 대량생산과 대량소비의 대상으로 전락해 버린 군중이 휴대전화나 메신저, 인터넷, 이메일 등의 네트워크 기기로 무장해 똑똑하고 능동적인 주체로 거듭나고 있다. 이른바 "똑똑한 군중"(Smart Mob)의 출현이다.[25] 지난 1999년 미국 시애틀에서 열린 세계무역기구(WTO) 총회 때 환경단체와 인권주의자들이 주동이 된 똑똑한 군중들이 글로벌 자본주의의 폐허를 비판하며 시애틀 거리에서 시위를 벌였다. 수천 명의 시위대들은 이메일과 휴대전화 문자 메시지를 주요연락망으로 삼아 그들의 주장을 공유하였다.

스마트 몹은 정치적 의미에서 출발했지만 이미 능동적인 소비자 또는 소비자 간 네트워크라는 측면에서 경제분야에서도 급속히 영향력을 미치고 있다. 스마트 몹은 기업의 마케팅 대상에 머물기 보다 기업의 마케팅 활동에 직접 참여한다. 자신들에게 필요한 제품 아이디어를 제시하는가 하면, 원하지 않는 제품에 대해서는 가차없이 혹독한 평가를 내린다. 경우에 따라서는 온라인 모바일(Online Mobile)을 통한 불매운동을 불사하지만, 일단 이들의 입맛을 맞춘 상품은 엄청난 속도로 확산되는 특징을 가지고 있다.

스마트 몹에서 파생된 "전광석화 같은 군중"(Flash Mob)은 이들만의 색다른 놀이문화다. 플래시 몹은 서로 알지 못하는 상태에서 인터넷과 이메일을 통해 시간과 장소를 정한 뒤 일시에 모여 똑같은 행동을 하고 사라지는 군중들을 말한다. 플래시몹은 '플래시 크라우드'(flash crowd)와 '스마트 몹'의 합성어로 약칭 "플몹"으로 불리기도 한다. 미국에서 시작된 플래시 몹은 한국에서도 인터넷 동호회만 수십 개에 달할 만큼 하나의 트랜드로 확산되고 있다. 한국에서는 2002년 8월 31일 강남역에서 "행인들에게 인사하기", 9

월 20일 명동에서 "외계인 놀이", 10월 18일 서울 코엑스(COEX)의 "붉은 악마 응원" 등을 벌여 행인들을 어리둥절하게 만들며 화제가 되었다.[26]

인터넷 시대의 새로운 소비자들은 주상복합 아파트에서 잠을 자고 백화점과 영화관, 놀이시설이 결합된 쇼퍼테인먼트(Shopping+Entertainment)에서 쇼핑과 놀이를 즐긴다.[27] 퓨전 음식점에서 김치스파게티를 먹고, 나만의 공간에서 휴식을 갈구한다. 이들은 고도의 기술(융, 합, 동)과 감성(감, 유)이 결합된 문화제품을 따라 쉴 새 없이 쫓아다닌다. 이들의 기호에 맞추기 위하여 기업은 끊임없이 신제품을 내놓으면서 스피드 경영을 하고 있다.

(4) 방송 · 통신 융합시대: 콘텐츠가 생명

2007년부터 한국에서도 방송과 통신의 융합되는 시대에 들어섰다. 방통융합은 사회 전반을 변혁시킬 새로운 패러다임이다.[28] 방통융합은 규모를 가늠하기조차 어려운 새로운 시장을 만들어 낼 것이고, 전 국민의 생활방식과 소비 패턴도 급격하게 바꿀 것이다. 콘텐츠가 매우 중요하다. 방송통신의 융합이 그릇이라고 한다면, 콘텐츠는 거기에 담을 음식이라고 할 수 있다. 방통융합과 콘텐츠는 서로 분리될 수는 없으나 양자는 본질적으로 다른 부문이다.

그런데 현 한국 문화산업계의 실정을 보면 IT와 디지털 기술 발전과 함께 '하드웨어'는 엄청난 속도로 진화하고 있지만 거기에 채워질 '콘텐츠'는 크게 바뀐 것이 없다. 앞으로도 그렇게 심각하게 바뀔 것 같지 않아 보인다. 아날로그 콘텐츠와 디지털 콘텐츠를 엄격하게 구분하기도 하지만 이는 분명 넌센스다. 아날로그에서 디지털로 옷을 갈아입었다고 해서 콘텐츠의 내용이나 제작 과정이 크게 달라지지는 않기 때문이다. 콘텐츠는 그 자체적으로 고유하게 개발되어야 할 영역이다. 예를 들어 영화관에서 보던 태권브이를 DMB로 본다고 해서 다른 콘텐츠가 될까. 슈퍼주니어의 뮤직비디오를 TV로 보지 않고 PMP로 본다고 해서 다른 콘텐츠라고 말할 수 있을까.

디지털 기술은 분초 단위로 발전할 수 있을지 몰라도, 콘텐츠는 하루아침에 만들어지지 않는다. 왜냐하면 콘텐츠는 기획과 창작이라는 고도의 창의력이 바탕을 이루고 있는 문화상품이기 때문이다. 물론 최근 들어 첨단 디지털 기술이 콘텐츠의 품질을 좌우하는 중요한 변수로 부상했지만 그 자체가 사람의 머리와 가슴 속에 있는 무궁무진한 창의력을 대신할 수는 없다. 방통융합으로 콘텐츠의 수요가 폭발적으로 증가하더라도 콘텐츠는 예전과 같이 창의력을 겸비한 사람에 의해 창조되고 또 제작되어야 한다.

또 한 가지 콘텐츠가 이미 국가 브랜드와 이미지 제고(提高)에 결정적인 역할을 하고 있다는 사실을 간과해서는 안 된다. 한류를 통해 알 수 있듯이 하나의 문화콘텐츠가 해외로 수출됐을 때 파생되는 효과는 단순히 수출액 몇만 달러를 벌어들이는 것이 아니라 그것 때문에 현지인들이 한국을 좋아하게 되고, 한국 상품을 구매하게 되며, 궁극적으로는 한국을 직접 관광하게까지 만든다는 것이다. "겨울연가"는 엄청난 일본 문화관광객을 유치하였다. "대장금" 역시 한국의 궁중 식생활 문화를 소개하고 동남아 및 세계 각지에 한국의 궁중예법과 식생활문화를 알리는 데 크게 기여하고 있다. 그리고 따라서 콘텐츠 진흥업무 또한 국가 브랜드와 이미지 차원에서 접근하지 않으면 안 된다.

디지털융합 환경은 콘텐츠산업에도 막대한 영향을 끼치고 있다. 그러나 그 영향이란 것이 '콘텐츠 수요의 폭발적 증가' 말고는 다른 내용이 거의 없다. 콘텐츠는 여전히 창의력과 문화예술을 기반으로 만들어지는 문화상품인 것이다. 따라서 관건은 폭발적인 수요에 대처할 수 있는 '창의력'과 '제작 역량'을 이른 시일 내에 갖추는 것이다. 그러므로 문화상품의 콘텐츠 개발을 위한 문화산업 전문가들의 끊임없는 개발노력과 정부의 효과적인 정책 지원체제가 마련되어야 한다.

3. 기독교적 문화 읽기

이러한 문화상품에 대한 기독교적 문화읽기 전략을 필자는 다음같이 제언한다.

(1) 대중문화와 함께 고급문화도 즐겨야

문화관광부와 한국 문화정책 개발원이 남녀 2,000명을 상대로 조사한 결과에 의하면 열 명 중 한 명이 "1년에 한번 고급문화를 관람한다"는 것이다.[29] 예술행사의 연평균 관람횟수도 2000년을 기준으로 볼 때 문학행사 0.1회, 미술전시회 0.3회, 클래식음악 및 오페라 공연 0.2회, 전통예술 공연 0.1회, 연극(뮤지컬)공연 0.2회, 무용공연 0.03회, 연예(쇼)공연 0.2회, 이에 반해서 헐리우드 영화 상영은 근 10배인 2.2회가 되는 것으로 나타났다.[30] 사회가 건전하게 발전하려면 대중문화뿐만 아니라 고급한 문화도 발전해야 한다. 그러기 위해서는 문화상품이 대중만을 위한 것이 아니라 소수를 지향하는 고급문화상품도 나와야 한다. 문화소비자도 문학, 미술, 클래식음악, 오페라, 전통예술, 연극, 무용에 있어서 고급한 상품에 대해서 호기심과 열린 마음으로 대하는 것이 필요하며 고급문화 공포증을 없애는 것이 중요하다.[31]

아직도 한국 사람들은 디자인으로 가치를 부각하는 패션상품을 낭비와 사치라고 생각한다. 그래서는 고부가 가치산업을 발전시키기는 힘들다. 문화란 개인을 초월한 하나의 자립적인 존재이다. 기업의 브랜드 정립에 앞서 문화를 바탕으로 한 국가 브랜드 정립이 시급하다. 한국 기업도 고부가 가치의 브랜드를 만들고 대중문화만이 아니라 고급문화를 함께 육성하도록 해야 할 것이다.

(2) 감성 트랜드 시대: 포장 위주 아닌 내용과 실체를 신중히 고려

감성의 시대에 제품의 광고는 상품의 특징이나 장점을 보여주기 보다는 멋진 동영상이 연달아 나온다. 이것이 감성 마케팅이다. 이 감성 마케팅은 '아름다움', '품격' 등 감성을 자극함으로써 소비자들에게 그 회사의 제품은 '격이 다른 제품' 이라는 인식을 갖도록 한다. 여기에 감성 트랜드의 단점이 있다. "실체야 어떻든 이미지만 좋으면 무조건 믿어 버리는 현상" 이 발생하기 때문이다. 문화소비자들은 감성 마케팅에 있어서 해당기업이 저지르는 중소기업 쥐어짜기, 노동탄압 등 중요현안은 보지 않는다. 오히려 TV 등 미디어를 통해서 감성적으로 포장된 기업의 가공(加工)적 모습을 보고 기업을 평가하고 제품을 평가한다. 감성을 중시한 나머지 "범죄를 저질렀어도 아름다우면 용서할 수 있다" 는 네티즌의 태도는 충격을 가져다 주었다.[32] 정부 부처가 보내는 감성 홍보를 보고 고개를 끄덕이며, 해당부처의 정책의 실효성을 따지지 않으려고 하는 것도 감성 트랜드의 부작용이다. 내실을 따지지 않고 포장만을 중요시하는 것이 감성 트랜드의 취약점이다. 문화소비자들은 문화상품의 포장과 이미지를 무시할 필요는 없으나 문화상품의 내용과 기능의 장점과 특이성을 같이 신중하게 고려해야 한다.

(3) 아바타(Avatar)의 문제

1) 아바타 마케팅

최근 "아바타 마케팅" 이 전방위로 확산되고 있다. 벌거벗은 채로 태어나는 인간처럼 처음 모습은 비슷하지만 여기에 의상, 액세서리, 헤어스타일, 심지어는 성형수술로 개성과 끼가 넘치는 자신만의 아비타(Avatar)[33]가 만들어진다. 나만의 아바타 만들기는 이젠 상식이다. 초기에는 공주와 왕자와 같은 만화주인공 캐릭터가 아바타로 각광을 받았다. 그러나 시장이 팽창하면서 아바타는 표정과 디자인이 훨씬 세련되어 갔고, 기능적으로는 3D 아바타까지 발전했다. 네티즌이 아바타에 매혹되는 이유는 현실세계에서 제한되어 있는 각종 욕망을 아바타를 통해서 표출할 수 있기 때문이다. 웹(web)상에서는 익명성을 통해 현실에서 불가능한 일도 얼마든지 할 수 있는 대리만족을 주기 때문이다. 아바타라는 인터넷의 가상공간 속의 나의 분신(分身)은 실제의 나보다는 보여지는 내 모습이 누구나 완벽하기를 바란다. 특히 아바타는 쉬운 방법으로 내가 바라는 나와 타인이 바라는 내 모습을 손쉽게 만든다. 처음에는 몇백 원으로 시작된 각종 캐릭터의 값이 명품이란 이름으로 점차 1만 원에 육박하는 고가품으로 바뀌는 추세인데 청소년들이 아바타를 사기 위해 과도하게 지출하여 심지어는 비용마련을 위해 탈선하는 사례도 보도되고 있다.

인터넷 상에서 네티즌을 대상으로 아이템을 판매하는 단순한 비지니스 모델로 출발했던 아바타가 요즘 온-오프라인 마케팅과 연계되어 광범위하게 응용되고 있다. 가장 대표적인 것이 캐릭터나 애니메이션, 영화, 의류, 연예 등 오프라인 브랜드들을 아바타 세상에 접목시키는 사례들이다.[34] iMBC(대표 조정민)는 아바타 월드 사이트(avatar.imbc.co.kr)를 개설하여 방송과 결합한 살아 움직이는 아바타 서비스(avatar sevice)를 시작했다. 이 서비스는 드라마나 CF, 영화 등에 등장하는 스타들의 모습으로도 변신이 가능해 관심을 끌고 있다. 그리하여 네티즌들이 직접 사이버 공간에서 배우, 아나운서, 기자, PD 등의 역할을 체험할 수 있는 드림 스튜디오 서비스를 제공받게 된다. 국내 최초로 아바타 서비스를 유료화 했던 세이클럽(www.sayclub.com) 서비스 업체 네오위즈는 나이키사와 제휴하여 국가 대표축구팀 의상(衣裳)을 아이템으로 판매한 데 이어 바비(Barby)인형과 관련한 아바타 및 아바타 장신구 8종을 판매하고 있다. 2002년 현재 국내에서 아바타 이용자가 1,000만 명을 넘어서고 있다.[35] 다음, 프리챌 등 커뮤니티 업체들은 아바타 의상 판매로 매달 수천만-수억 원이 수익을 올리고 있고 최근에는 오프라인 업체와 제휴를 통해 아바타 마케팅까지 벌이고 있다.

윤송이 박사는 미국 MIT공대 미디어 랩에서 3년 반 만에 초고속으로 박사학위를 취득하고 맥킨지 컨설팅회사에 취직하여 디지털 문화를 창조하는 선도하는 일을 하고 있다. 그녀는 "판단을 하고 감성을 지닌 진짜 생물 같은 디지털 생명체를 만들고자" 한다.[36] 종전의 캐릭터가 너무 수학적이고 계산적이어서 살아 움직이는 진짜 생명체 같지 않았다는 그녀는 디지털 생명체를 만들기로 했다. 디지털 생명체는 인공지능을 갖고 디지털 가상공간 속에서 학습하며 스스로 진화해 가는 인공 캐릭터를 말한다. 디지털 생명체는 생물처럼 필요한 정보를 지각해 분석·판단한 뒤 행동하고, 자신의 성격, 본질을 스스로 만들어 간다. 미리 입력된 프로그램대로 반응하는 것은 디지털 생명체가 아니다. 그리하여 디지털 생명체는 감성형 인공지능 시스템으로 가장 복잡하고 고급인 시스템을 갖는다. 그녀가 만든 디지털 생명체(digital character, 인공지능 캐릭터, Artificial Intelligence)는 치킨과 너구리, 외계인을 본뜬 "VOID STAR", 강아지형 디지털 동물 "시드니", 세익스피어에서 따온 "햄릿" 등이 있다.

2) 사이버 연애와 사이버 부부

인터넷 공간 상의 자기 분신인 아바타(avartar) 문화의 발전은 아바타를 통해서 회사에서는 임원들 사이에 각종 회의 그리고 남녀간에는 데이트나 연애도 충분히 가능케 한다. 다음은 《조선일보》에 보도된 "2020년의 연애, 결혼 문화"라는 서울대 사회학과 학생들의 리포트다. "2020년 서울에 사는 주현은 한 남자의 아내이면서 두 아이의 어머니이다. 어엿한 가정을 꾸려가고 있는 평범한 주부이자 이혼전문 변호사다. 하지만 주현은 IBF(Internet Boy Friend)가 두 명이나 있다. 웹상과 현실의 구분이 애매해지면서 그중 하나는 제2의 남편이라고 여길 정도로 소중한 존재다. 그는 음악치료사로 자주 주현의 피로를 풀어줄 뿐만 아니라 음악 편지를 보내 감동시키기도 한다."[37] 가상 소설을 읽는 분위기이다. 여기서 리포트를 쓰는 대학생들은 주현의 행동을 "불륜(不倫)이 아니다"라고 규정하고 있다. "2020년쯤에는 불륜의 개념도 바뀌어 지속적인 성관계나 장기동거가 아니라면 '단순교제'의 범위에 속하게 될 것"으로 보고 있다. 2020년쯤에는 웹데이트용(사이버 연애) 의자, 가상영상과 음성을 체험할 수 있는 특수 안경과 헤드셋 등도 개발되어 실제 이상으로 생생한 "사이버 연애"가 가능할 것으로 보고 있다. 그러면 각자가 자기의 디지털 분신인 "아바타"로 데이트하면서 부부 각자가 "사이버 연애"를 즐기게 될 것이다.

이럴 때 결혼한 부부 사이에 정상적인 원만한 결혼생활이 운영될지 의문시 된다. 부부가 각기 자기의 아바타를 통해서 인터넷 애인이나 사이버 배우자를 가지고 있다면 원만한 부부생활이 이루어질까? 각자의 욕구 불만을 사이버 배우자를 통해서 해결하려 한다면 가정이 깨어지는 것을 막을 수 있을지는 모르지만 그러한 가정이 행복한 가정이라고 말할 수 있을까? 한 명의 아내가 두 명의 남편과 함께 한 지붕 밑에서 사는 일처다부나 그 반대로 일부다처제가 아바타 문화에서 하나의 현실로 다가오고 있다.

3) 웹과 현실에서의 인격의 이원화

이러한 아바타 문화는 상당한 부작용을 초래하게 될 것이다. 아이디의 익명성에도 불구하고 표현의 요구를 충족시켜주는 아바타는 사이버 스페이스에서 부, 명예, 권력의 상징이 되고 규범과 도덕없는 세계에서 탈선과 부작용의 역기능을 야기시키고 있다. 미국의 사이버 공간의 철학자 마이클 하임(Michael Heim)이 말하는 것처럼 "사람들은 아바타를 통해서 보는 법, 읽고 말하는 법, 다른 사람에게 행동하는 법을 다시 배우게 되며 아바타가 더 잘 만들어질수록 직접 사람을 만나는 일은 줄어들 것이다."[38] 그리하여 아바타는 그 자체 현대인의 자신이 되어 현실을 살아가는 것이다. 지금까지 당연하게 여겨지던 가치관이나 사회규범이 혼란에 빠지면서 에밀 뒤르

켐(Emil Durkheim)이 말하는 사회적 아노미(Anomie) 현상이 극심해질 것이다. 디지털화가 진전돼 사회구성원 간의 인간적 유대감이 약해질수록 내면적으로는 사랑 받고 싶은 본능이 더 크게 자리 잡게 된다.

아바타 문화는 현실이 아니라 웹상의 사실이라면서 현실과 사이버를 이분법화 하는 것은 인간의 인격을 이분화 시키는 것이다. 더욱이 현실의 남편과 사이버상의 남편 사이에 있는 한 여성은 인격의 분열을 초래하는 것이 된다. 차이(差異)란 사이버상의 남편은 현실의 남편처럼 실재의 인물이 아니므로 불평이나 언쟁을 벌이지 아니하기 때문에 인격적인 부담이 없을 것이다. 그리하여 현실의 남편에 대하여 불만이 많을수록 이 사이버상의 남편에게로 도피하게 될 것이다. 그러면 현실의 도피는 더욱 심해질 것이며 현실과 사이버 사이의 괴리는 더욱 심해질 것이다. 아바타는 한편으로는 현실에서 충족하지 못하는 욕구를 대리만족 시켜주는 순기능이 있으나 다른 한편으로는 대리만족을 위해 가상현실에만 침잠하게 될 때 현실로부터 유리(遊離)되고 인격의 분열을 초래하는 위험성이 있다.

4. 문화산업에 있어서 개혁신앙의 역할

문화산업은 문화를 상품화 하면서 문화가 지니는 정신적이고 영적 측면을 물량화 시키며 상업화시키는 경향이 있다. 그러나 이렇게 영적 비전을 상실하는 곳의 문화는 세속화하여 사회윤리적 에토스는 전락하게 된다. 여기에 문화상품의 물량적이고 물신적인 성격을 비판하고 그것을 사회와 대중을 위하여 올바르게 소비하게 하는 문화상품 모니터의 역할이 필요하다. 개혁신앙은 여기에 신앙적이고 윤리적 근거를 제시한다. 개혁신앙은 문화상품을 하나님과 이웃과의 관계 속에서 소비하는 비판적 기능을 하기 때문이다.

(1) 인간의 한계성과 죄성 지적

디지털 공학자들은 디지털 생명체의 성선설(性善說)을 믿는다. 영화 "매트릭스"에서처럼 디지털 생명체가 진화를 거듭한 끝에 고도의 지능을 갖추고 인간을 지배하게 되는 것을 우리는 반드시 무시할 수 없다. 이들은 디지털 생명체의 선한 진화(進化)를 주장하나 컴퓨터 바이러스처럼 악(惡)한 진화를 추진하는 인공지능 캐릭터가 나오지 아니하리라는 보장은 없다. 그것은 컴퓨터 바이러스를 퍼뜨려 선한 정보를 제거하는 것과 크게 다를 바 없다.

이에 대하여 개혁신앙은 디지털 생명체의 성선설이란 하나의 신화에 불과한 것이며 디지털 생명체를 만드는 인간이 한계를 지닌 존재이며 그리고 그 안에 자기의 이름을 내려고 하는 권력의지에서 벗어나지 못하는 존재라는 것을 알려주어야 한다. 인간은 의식적으로 선을 추구하려 하나 무의식에서 충동과 제어할 수 없는 권력의지에 의하여 주도된다는 사실을 우리는 배워야 한다. 그것은 우리가 어떻게 다스릴 수 없는 원죄성이며 인간의 근본 악성이다.

(2) 문화의 영 분별

문화상품의 시대에서 신자(信者)들은 문화의 영을 분별해야 한다. 모든 문화상품은 그것이 방송, 공연, 음반, 영화, 애니메이션, 패션, 게임, 캐릭터, 팬시, 테마파크 등 어떠한 품목이든지 간에 중성적(中性的)인 것은 없고 하나의 영(靈)에 주도되고 있다. "쥬라기 공원"은 첨단 생명공학 기술을 소재로 하는 공상 과학영화이지만 첨단 과학기술의 한계를 경고하고 있다. 이에 반해서 "스타 트렉"은 무한한 우주를 향하여 나아가는 진화하는 인간의 미래에 대하여 비전을 제시하고 있다. 이처럼 모든 문화상품은 그것이 세련된 줄거리를 지닌 작품일수록 자기 나름대로의 세계관과 가치관에 지배당하고 있다.

개혁신앙은 이러한 문화의 영에 대하여 분별하고 그 대안을 제시해 주어야 한다. 하나님 없는 자연과 인간의 진화와 우주의 무한한 진보를 선언하는 문화상품은 그것이 어떠한 형태이든 적그리스도의 영에 지배되는 것으로 보아야 한다. 이에 반해서 우주를 열린 체계로 보고 인간의 한계를 인정하며, 인간을 넘어서는 객관적인 초월적 가치의 질서를 인정하는 문화상품은 유신적이며 기독교에 대하여 호의적인 성령의 일반적인 사역에 지배받고 있다. 문화는 영의 전쟁터이며, 가시적인 영상과 상품 배후에서 인간의 정신을 지배하는 영들의 세계를 직관할 수 있어야 한다. 이러한 영의 전쟁에서 예수 그리스도는 그의 말씀을 통하여 모든 중성적인 문화론을 훼파하시며 그의 문화가 깃들어 있는 세계관을 폭로해 내신다.

(3) 문화의 모니터 역할

오늘날 멀티미디어는 단순히 메시지를 전달하는 도구의 차원을 넘어서서 인간 삶의 조건을 변화시키는 환경이 되어버리고 있다. 멀티미디어 이용자는 가상문화 공간에서 전달하는 화자(話者)의 메시지와 전자적으로 연결된 지구촌의 이미지를 무분별하게 받아들이고 있다. 그리하여 사람들은 가상공간의 문화를 즐기면서 그 문화를 객관적인 입장에서 분석하는 능력을 잃게 된다. 오늘날 대중문화가 하나의 산업이라면 문화생산자는 자본가가 되고 대중은 문화상품의 소비자가 된다. 그리고 자본은 궁극적으로 이윤만을 추구할 뿐 문화의 인지적 비판적 기능이나 질적 향상에는 무관심할 수 밖에 없다. 현대인은 사이버 문화상품 속에서 살면서 이것 없이는 살 수 없을 정도로 중독되게 되었다. 그리하여 오늘날 사이버 문화상품은 단순히 메시지를 전달하는 도구가 아니라 인간과 인간 삶을 전적으로 변화시키는 환경으로 자리잡게 되었다.

각종 문화상품은 제작자들의 일정한 의도를 담아낼 수 밖에 없으며 그 의도를 적절한 형식을 통해 형상화한다. 그런데 문화상품 소비자들이 문화상품을 단순한 여가로 즐기고 정보를 제공받고 삶을 즐기는 소비품으로 받아 들일 때 소비자들은 문화상품(텔레비전, 컴퓨터, 인터넷)이 지니는 각종 이데올로기나 가치체계를 무의식 중에 받아들이는 것이다. 이러한 문화상품은 우리의 보편적 언어이며, 대중적인 휴식도구이며, 현대인 삶의 준거(準據)점으로 기능하기에 이르고 있다.

인터넷은 다양한 화자와 다양한 차원의 커뮤니케이션을 가능하게 하고 정보추구 요구를 빠르게 흡수하고 있다. 텔레비전의 영상정보는 인터넷의 구성요소로서 다른 텍스트 정보와 혼재하면서 그 존재영역을 오히려 넓히는 매체로서의 부상도 예견되고 있다. 이것은 보이지 않는 문화적 권력관계가 형성될 수 있으며, 지배를 받을 수 있다는 것이다.[39] 그러므로 이미 1940년대 독일의 비판이론을 대표하는 프랑크푸르트학파의 호르크하이머(M. Horkheimer)와 아도르노(Th. Adorno)에 의해 문화상품이 인간의 반성능력을 둔화시킨다고 지적한 것은 진지하게 받아들여야 할 부분이다.

그러므로 기독교 신자들이 문화상품을 소비하면서 모니터 역할을 하는 것은 궁극적으로 문화상품을 통해서 작용하는 권력관계를 변화시키는 데 기여하는 것이다. 여기서 개혁신앙은 문화상품이 부(富)지향적이 아니라 건전한 가치와 인간성 지향적으로 생산되도록 문화상품 생산자와 소비자를 변혁시킬 수 있어야 한다.

(4) 건전한 문화 육성

문화의 진정한 미래는 온고지신(溫故知新), 법고창신(法古創新)이다. 미래주가(株價)가치 창출의 꽃으로 여겨지는 디지털 콘텐츠도 해체적 사고에서 나오는 것이 아니라 전통문화로부터 면면히 이어 내려온다. 일 문화와 놀이 문화가 없는 것이 우리의 현실이다. 일할 때는 열심히 일하고 놀 때는 열심히 노는 문화가 필요하다. 개혁신앙적으로 이해하자면 일하는 것은 하나님의 세상 사역에 참여하는 것이요 노는 것은 하나님의 안식에 참여하는 것이다.[40] 그리고 일하는 것과 노는 것은 단순히 제품의 생산이나 중지에 끝나는 것이 아니라 하나님이 주신 창조사역에 참여하고 그의 안식에 참여하는 것이다. 그리하여 일과 놀이를 통하여 세상을 운행하시고 경영하시는 하나님의 섭리에 참여한다는 정신이 요청된다.

(5) 한국인의 고유한 문화정체성 개발

세계화의 시대일수록 더욱더 각 지역과 민족과 국가의 문화적 개별적 정체성의 정립이 요구된다. 한국인만의 독특한 상상력(想像力)이 들어 있는 문화상품을 개발하는 것이 요구된다. 이것은 개혁신앙이 요구하는 것이다. 독일의 기계공업, 일본의 전자 산업, 이태리의 패션이 세계적인 경쟁력을 지니고 있는 것처럼 한국도 문화적 중점분야를 개발하고 발전시켜 나가야 한다. 북유럽은 장인정신과 자연주의, 생활미학에 입각해 스칸디나비아 식의 우아함을 표출하고 있다. 독일은 기술이 바탕이 된 단순미를 통해 고유한 아름다움을 제시하고 있으며 일본은 첨단기술과 전통적인 방식을 접목시켜 새로운 문화제품을 생산하고 있다. 우리의 고유한 문화적 제품과 기술, 예술을 산출하는 것이 요청된다. 우리의 고유한 문화란 김치, 한복, 된장, 한정식, 태권도, 한옥, 국악, 판소리, 새벽기도, 청교도적 신앙, 민중 신앙 등이다.

이것은 하나님의 나라에 우리가 빈손으로 들어가는 것이 아니라 우리의 고유한 문화를 가지고 들어간다는 요한의 증언에 근거하는 것이다. "만국이 그 빛 가운데로 다니고 땅의 왕들이 자기 영광을 가지고 그리로 들어가리라"(계 21:25).

(6) 새로운 콘텐츠 개발

인터넷 시대에는 여기에 걸맞는 새로운 콘텐츠를 개발해야 한다. "비보이"(브레이크 댄서)도 하나의 유망항목이다.[41] 한국의 비보이들은 국제대회만 열리면 도맡아 우승이고, 세계의 비보이 지망생들이 기술을 연마하러 성지(聖地)처럼 한국을 찾는다. 한국의 비보이들은 세계최강이다. 세계적 경쟁력을 가지고 있다. 비보이가 한국에서 하나의 산업으로 성장해 부(富)를 창출할 가능성을 보여주었다는 얘기다.

서울 홍대 앞 비보이 공연장은 하루 두 번 공연("비보이를 사랑한 발레리나")이 열리는 세계 첫 비보이 상설 공연장이다. 5만 원이나 하는 좌석 350석이 꽉꽉 들어차는데 30%가 외국인이라고 한다. 한국은 세계 최초로 젊은이들의 길거리 취미를 공연산업으로 발전시켰다. 한국은 자타가 공인하는 온라인 게임산업의 종주국이다. 아바타 · 도토리며 싸이월드 · 지식 검색 같은 디지털 아이템을 세계 최초로 사업화한 나라이기도 하다. 마시마로 · 뿌까로 대표되는 디지털 캐릭터 역시 한국이 앞서나가고 있다. 컴퓨터 게임을 겨루는 e-스포츠 산업은 또 어떤가. 한국은 세계 최초로 프로 게임단을 탄생시켰고, 대회(리그)와 선수(프로게이머) · 기업 · 미디어가 체계적으로 기능하는 세계 초유의 모델을 창안해 냈다. 산업으로서 '한류(韓流)' 의 잠재력은 세계가 부러워하고 있나. 비언어극 "난타"가 외국인 관람객 100만 명을 돌파했고, "점프"를 보러 외국인이 몰려온다. 2006년 한국은 1조 2,000억 원어치의 한류(문화상품)를 수출해, 유선전화기의 수출액보다도 더 많은 수익을 올렸다. 원로 미래학자 짐 데이토(하와이대학 미래전략센터 소장)의 분석이 흥미롭다. "한국은 드림 소사이어티(꿈과 이미지를 파는 경제)에 진입한 세계 1호 국가다. '한류' 라는 이미지를 상품으로 포장해 수출하고 있기 때문이다."[42] 이미지를 파는 것이다. 2000년대 들어와 성장 활력 위축으로 고전하는 한국 경제의 한편에선 어느 나라보다 빠른 속도로 '새로운 잠재력' 이 출현하고 있다. 감성과 창의성으로 무장하고, 이미지와 상상력으로 부가가치를 창출하는 경제의 새로운 광맥(鑛脈)이 형성되고 있다. 그 주역이 젊은 세대다. 젊은 세대가 주도하는 신(新)경제는 무한한 가능성을 안고 있다. 스스로 선택해 밤샘하는 벤처기업의 작업실에서 '젊은 신경제'는 움트고 있다. 사회학자 송호근(서울대)은 벤처기업의 신경제를 '포스트 모더니즘'(탈현대)의 경쟁력으로 설명한다. 한국의 젊은 세대에선 탈표준 · 탈집단 · 탈획일 · 탈규제로 표현되는 포스트 모더니즘의 폭발적 에너지가 어느 나라보다 강하게 분출되고 있다는 것이다.[43]

비보이, 아바타, e-스포츠 같은 '신(新)세계 1등'엔 공통점이 있다. 노는 것과 일하는 것의 벽이 허물어진 점이다. 한국의 젊은 세대는 즐기면서 부를 창출해 낸다. 감성적 재미를 부가가치로 바꾸는 포스트모더니즘의 경쟁력에서 세계 최강의 잠재력을 지녔다. 후기산업화 시대로 다가온 '소프트 경제'의 시대, 젊은 세대들의 벤처 영역이다. 내신성적 반영을 위주로 하는 획일화 교육정책은 이들의 상상력을 죽인다. 각 대학이 자율적으로 학생들을 모집 · 선발하는 창의성의 교육이 중요하다.

인터넷 산업은 신세대 기독교 젊은이들에게도 포스트모던시대의 적절한 산업영역이다. 창의력과 감성과 벤처의 영역이다. 기독교 지성인들은 인터넷이라는 정보의 바다에 복음의 배를 띄워야 한다. 무한한 항로를 개척하며 가는 곳곳마다 그리스도의 등대를 세워야 할 것이다. 하나님의 은총은 우리의 창의력과 새로운 감성을 결단코 무시하지 않으신다. 오히려 이것은 일반은총을 꽃피우도록 문화적 명령을 실현할 영역이다.

*

21세기 성장 엔진은 문화 속에 있다. 하드웨어(hard ware) 싸움을 넘어서서 소프트웨어(soft ware) 싸움으로 이어졌던 기업 경쟁의 무게중심이 "드림

웨어"(dream ware) 영역, 문화영역으로 옮겨지고 있다. 21세기는 치열한 무역전쟁의 시대였으나 21세기는 문화전쟁의 시대이다.

문화는 본질적으로 상품이나 경쟁도 아니다. 문화는 문화상품을 만드는 기업의 전유물이 될 수 없다. 문화란 그것을 누리는 사회의 모든 구성원이 다같이 참여하고 그것에서 무형적인 가치(진선미)를 느끼는 것이다. 문화란 다만 서로 교류하며 뒤섞이며 공존하는 인간의 값진 정신 활동의 표출이다. 그것은 모두가 누리는 가치적인 것이지 그것을 유형적 상품, 더욱이 이윤과 연결시켜서만 이해하고자 할 때 문화란 상업주의적 상품으로 변질시켜 버리게 되며 사회의 정신과 윤리는 물신(物神)적인 것으로 전락하게 된다.

문화상품이 현대인의 새로운 물신(fetishism)이 되어서 현대인의 정신과 삶을 지배함으로써 물질의 풍부함 속에서 인간성을 상실하는 새로운 물질주의에 빠져서는 안 된다. 이와 더불어 문화상품의 인간화와 가치화가 중요시된다. 인간의 정신과 윤리와 의미형성에 기여하는 문화상품만이 진정하게 인류에게 유익하다는 것이다. 상품을 위한 문화상품이란 기업경쟁에서는 승리할 수 있을지 모르나 사회문화의 건전한 발전에 기여할 수 없다. 21세기 문화상품은 잘못하면 인간의 감각과 쾌락을 만족시키는 방향으로 발전하면서 그 문화를 소비하는 소비자를 정신적인 허무와 더 깊은 공허로 몰아낼 위험성을 지니고 있다.

여기에 개혁신앙이 공헌해야 할 문화적 과제가 있다. 개혁신앙은 문화상품의 영을 분별하면서 그 영이 21세기의 새로운 가나안의 우상의 신인 풍요와 생산의 신에 의하여 지배되지 않도록 경고해야 할 것이다. 이 경고는 하나님의 말씀에 의하여 수행되어야 한다. 하나님 말씀만이 문화상품의 영이 적그리스도의 영인지 하나님의 영인지 분별해 줄 것이다.

chapter 4
영화 "밀양"에 나타난 기독교 상(像)

2007년 칸느 영화제에서 "밀양"(이창동 감독, 2007)의 주연 전도연(신애 역)이 여주연상을 받는 쾌거가 있었다. 남편을 잃고 외아들마저 잃은 소외 받은 서른 셋 젊은 여성의 한(恨)을 소재로 한 영화이다.

영화의 줄거리는 다음과 같다. 남편을 잃은 젊은 여성이 외아들과 같이 남편 고향인 밀양(密陽, Seret Sunshine)에 내려와서 사는데, 어느날 유괴범에 의하여 아들을 잃고 절망에 빠지게 된다. 이 여인(준이 엄마)은 기독교 복음을 듣고 교회에 나가서 하나님을 받아들이고 마음에 평안을 얻고 아들 살해범을 용서하게 된다. 이 여인(준이 엄마)는 진정한 용서를 실천하기 위하여 교도소에서 복역 중에 있는 살해범을 찾아가서 하나님의 용서를 전하고자 한다. 그런데 살해범은 "자신도 교도소에서 복음을 듣고 하나님의 용서를 이미 받았다. 내 마음도 평안하다."고 말한다. 용서는 피해자인 자기가 해야 하는데 하나님이 먼저 용서하였다는 사실에 아연(啞然)자실(自失)한다. 깊은 죄책에 빠져 절망 속에 있어야 할 가해자가 오히려 아무런 심리적 아픔 없이 자기의 죄책을 용서받았고 이제 평안하다고 말하는 것이 충격이었던 것이다. 그리하여 피해자인 이 여인은 기독교의 용서에 대하여 깊은 회의에 빠지게 된다. 결국 정신이상까지 일으킨 그녀는 정신병원에 들어가서 치료를 받은 후에 비로소 퇴원하고 일상으로 되돌아온다는 것이다. 여인이 자기 집 마당에서 자른 머리카락 뭉치가 마당에 떨어져 바람에 나뒹굴고 그곳에 햇빛이 은밀히 쪼이는 것이 마지막 장면이다.

이 작품의 작가(감독 이창동)는 현상적인 기독교의 일반적인 모습을 배경으로 하고 있다. 이 작품은 기독교 선교의 상황화(contextualization)문제를 다루고 있다. 종교, 인간, 그리고 구원과 화해, 본질을 직시하게 만든다. 기독교 리얼리즘을 그리고 있다. 이 영화는 한 많은 한국여성을 배역으로 하여 젊은 나이에 남편을 잃고 외아들을 잃은 여성의 한과 그 심리적 갈등을 생동감 있게 묘사하고 있다. 작품은 현상적인 기독교 모습을 그리고 있다. 그러나 이 작품이 등장시킨 여인의 삶의 깊이 속에서 기독교를 독실하게 소화했다고 볼 수는 없다.

*

1. 고통의 개념

이 영화는 한국사회의 전형적인 문제인 여인의 고통과 한(恨)을 그리고 있다. 남편 잃은 도시를 뒤로 하고 돌아 온 남편의 고향에서 아들마저 잃은 젊은 여인 신애는 약국 김 집사에게 다음같이 질문한다. "하나님이 계시다면 하나님의 사랑이 그렇게 크다면, 왜 우리 준이는 그렇게 처참하게 죽어야만 했을까요?" 이 질문은 여인의 실존에 받쳐 오르는 한(恨) 많은 질문만이 아니라 이 세상의 모든 고통 당하는 자의 물음이다. 그러나 이 질문은 이 작품의 주제가 되기에는 그냥 스쳐 지나가 버린다. 고통 당하는 신애의 심정은 그녀의 발작적인 울부짖음과 경련에 가까운 토해냄 등으로 그려진다.

그러나 조용히 성찰해 보면 신애라는 여성이 당하는 고통의 문제가 오늘날 우리 사회에서 소외당하는 자들의 질문과 고통을 대변하고 있음을 부인할 수 없다.

이 여인(신애)의 고통은 "상처받은 영혼을 위한 기도회"에 나가서 잠깐 잠재워 진다. 표정에 화색이 돌고, 구역모임에서 간증도 하고, 동네 아줌마들에게 전도하며, 역전에서 노방 찬양까지 하게 된다. 그런데 이 영화의 포커스는 여기에 있지 않다. "하나님의 사랑과 은혜를 전하기 위해" 유괴범을 면화하러 간 여인의 용서의 마음은 유괴범의 당당한 신앙고백에 무너져 버린다. "저도 하나님을 가슴에 받아 들이게 되었어요 … 하나님께 회개하고 용서받으니, 이제 편합니더. 얼마나 편한지 모릅니더." 이 장면이 영화의 반전(反轉) 장면이다. 그 후로 여인(신애)는 자기가 고백한 신앙에 대한 적대적인 일탈행위를 시작하게 된다. 그녀의 행위는 신앙에 대한 부인(否認)을 넘어서 신(神)을 향한 억누를 길 없는 분노에 가까운 모습으로 이어진다. 심지어는 최후의 몸부림을 치다, 동맥을 끊는다.

이 영화는 기독교의 너무 싸구려 상품이 되어 버린 용서와 은혜 개념을 소재로 함으로써 기독교 교리의 중요한 부분인 용서와 은혜를 가볍게 받아들이고 생활하는 기독교 신자들에게는 자성의 기회를 줄 수도 있으나 기독교를 모르는 일반 관객들에게는 기독교 신앙에 대한 왜곡을 가져다 줄 수도 있다. 이 장에서는 이 영화를 기독교 신자의 입장에서 신학적으로 평가해 보고자 한다. 따라서 이 글은 문학적 평가이기 보다는 신학적 평가이다.

2. 용서의 개념

(1) 준이 엄마(신애)의 용서와 그 한계

영화의 주인공인 여인(신애)은 외아들을 잃은 마음의 한을 교회에 나가서 소릴 지르는 기도로 털어낸다. 그 가운데 목사님의 기도로 기독교 신앙에서 임시적인 마음의 평정과 위로를 발견한다. 그녀는 신앙생활을 하고 자기가 발견한 마음의 평안을 간증하기도 한다.

그런데 그녀는 하나님을 진정으로 만나지 못했다. 만약 진정으로 하나님을 만난 사람이라면 자신의 죄에 대한 문제가 해결이 됐어야 한다. 이 장면에 대한 방영이 전혀 없다. 복음의 진리가 그렇듯 진정한 구원은 죄로부터의 구원이기에 우리가 죄인인 것을 깨닫게 하는 진정한 회개가 있어야 한다. 그런데 신애는 자신이 지은 죄에 대한 성찰과 이에 따른 진정한 회개가 없다.

그렇다면 신애의 죄는 무엇인가? 이 영화에 함축되어 있는 것으로 열거해 본다면 그것은 다음과 같다. 바람 핀 남편과의 결혼생활이 행복했었다고 믿는 것. 실제로 초라한 모습을 이웃에게 보이기 싫어서 땅 투자를 한다며 거짓말 한 것. 신애는 종찬에게 속물이라고 하지만, 사실 그녀 자신도 속물이었다. 종찬(송광호)이 만들어준 거짓 수상 액자를 떼어내지 않고 붙여두고, 아이가 유괴된 상황에서 신문지로 만든 가짜 돈을 준비했던 것(결국, 한 가닥 희망을 걸고, 진짜 돈으로 바꾸어 넣지만). 그리고 교회를 찾아가 하나님을 만나고 자기 아들을 죽인 유괴범을 용서하겠다고 했으나, 유괴범이 먼저 용서를 받았다는 말에 그를 용서하지 못하고 하나님에 대한 반항으로 일탈행위를 일삼은 것이다.

영화는 기독교에서 말하는 "초월적 체험의 용서"를 말하고 있다. 그러나 너무나 간단하게 묘사되어 있다. 아들을 잃은 젊은 여인이 교회에 나가서 소리를 지르면서 한을 토하여 내는데 담임목사가 와서 안수를 하고 이로 인하여 초월적 체험, 하나님을 만나는 체험을 하는 장면이 나타난다. 이 부분이 보다 섬세하게 묘사되어야 했다. 그런데 안수 하나로 하나님의 용서를 받는 체험을 하였다는 것이다.

이러한 용서는 "심리적 치유 없는 용서"이다. 기독교 용서에는 깊은 심리적 자기 반성과 과거에 대한 기억과 회상에 대한 진정한 성찰이 중요하다. 그런데 이러한 심리적 자기 반성과 자기 성찰에 대한 장면이 전혀 없다. 영화가 그려낸 여인의 용서체험은 일반적으로 피상적인 기독교 신앙의 체험일 수는 있다. 그러나 이것은 기독교가 말하는 진정한 용서, 진정한 하나님과의 만남에서 나오는 신앙의 체험과 다르다.

(2) 유괴살해범의 용서 받은 경험

영화에는 수감되어 있는 유괴살해범이 "감옥에서 전도를 받고 하나님의 용서를 받았고 그 마음에 평안을 누렸다"는 발언과 표정이 아주 짧은 장면으로 가볍게 처리되어 있다. 이는 기독교의 중심 메시지인 하나님의 용서와 은혜가 "싸구려 은혜"로서 오해받을 수 있는 소지를 가지고 있다. "하나님은 예수 그리스도가 십자가에 달리신 피의 공로로 죄인 괴수의 죄도 값없이 용서해 주신다"는 교리가 짧은 장면과 대사로 묘사되어 마치 은혜의 기계처럼 오해될 수 있다는 것이다.

독일의 신학자요 목회자인 디트리히 본회퍼(Dietrich Bonhoeffer)는 그의 저서 『나를 따르라』(*Nachfolge, The Cost of Discipleship*)[1]에서 "싸구려 은혜"(cheap grace)와 "고귀한 은혜"(costly grace)를 구별한다. 그는 오늘날 독일 기독교인들이 죄를 짓고 난 후 죄책에 대한 깊은 반성과 뉘우침 없이 예수 그리스도의 속죄와 하나님의 사랑을 은혜의 기계처럼 사용하고 있는 사실에 관하여 언급하고 있다. 신애의 용서받은 은혜의 경험이나 살인범이 하나님께 용서 받았다는 은혜의 경험이 자신의 죄책에 대한 깊은 반성과 뉘우침 없이 표현되고 있기 때문에 기독교의 은혜와 용서 개념이 왜곡될 수 있다.

싸구려 은혜(billige Gnade, cheap grace)는 동대문 시장에서 골라 잡아 얼마 하는 싸게 구입하는 상품(Schleuderware)으로 변질하는 은혜이다. 이에 대하여 고귀한 은혜(teuere Gnade, costly grace)란 은혜에 대한 제자됨의 대가를 지불하는 은혜이다. 예수님과 바울이 우리에게 가르쳐 주는 은혜란 싸구려 은혜가 아니라 고귀한 은혜를 가르치고 있다. 이 영화는 기독교의 은혜가 싸구려 은혜라는 것을 시사하고 있다. 그러나 싸구려 은혜란 기독교를 어설프게 이해하는 자에게만 해당하는 것이다. 독실한 자에게 기독교의 은혜는 고귀한 은혜이다. 칭의(稱義, justification)를 받은 신자들은 매일의 삶 속에서 그리스도를 따르는 제자로서 성화(聖化, sanctification)의 삶을 사는 것이다.

3. 회개의 개념

(1) 피해자의 회개와 가해자의 회개의 공통점

피해자 여인(신애)도 아들을 유괴하도록 한 허영이라는 원죄가 있다. 돈이 없으면서 마치 재력가가 되는 것처럼 땅주인을 만나고 재력가처럼 행동한 것이 아들 유괴살인의 원인을 제공한 것이다. 그러나 이에 대한 철저한 자기 성찰과 반성이 없다. 여인 자신도 속물이고 정신질환까지도 보인다. 이러한 피해자가 교회에서 이에 대해 회개하는 장면도 없다. 단지 한 많은 여인의 마음이 고통스러워 소리지르다 목사의 안수를 받고, 마음에 위안을 받는 장면이 나올 뿐이다. 그리고 큰 금액을 요구하는 유괴범의 협박에 "실은 가진 돈이 이 이상 없다"며 무력을 토로하는 것으로 처리되고 있다.

이와 마찬가지로, 복역 중인 유괴살해범의 회개 장면도 없다. 이 장면은 "나도 하나님으로부터 용서를 받고 나니 마음이 평안하다"는 한 문장으로 처리되어 있다. 이러한 피해자와 가해자의 회개의 장면이 너무나 간단한 장면과 문장으로 표현되어 있다. 영화는 기독교의 용서라는 주제를 다루고자 하였다. 그런데 이에 상응하는 회개의 장면이 너무나 가볍게 다루어져 있다. 그래서 기독교의 용서와 은혜가 왜곡될 여지가 많은 것이다.

1) 기독교 용서 개념의 피상화

살해범의 너무나 태연한 모습으로 '나도 하나님의 용서를 받았다'고 말하는 것을 듣고 충격을 주인공의 태도는 과연 타당한 것인가? 영화는 이것은 여인의 울분을 그려내기 위한 문학적 소재로 사용하고 있다. 그러나 신학적 관점에서 보면 오히려 기독교의 용서를 가장 잘 그리고 있다고도 볼 수 있다. 공관복음서에서 예수님의 십자가에 달려 죽으실 때 두 강도가 나오는데 한 강도는 자기의 죄를 회개한다. 이에 대하여 예수님은 "오늘 네가 나와 함께 낙원에 있으리라"고 말씀하신다. 예수님은 이 강도의 신앙고백을 듣고 이 강도의 죄를 용서하신 것이다.

여인이 교회에서 가졌던 신앙체험은 싸구려 은혜 체험이다. 목사의 안수 하나로 당장 모든 문제가 해결되어 버리는 식의 용서 개념은 올바른 기독교의 용서 개념이 아니다. 용서 받기 전에 자신의 죄에 대한 깊은 반성이 있어야 하고 죄책감이 동반되어야 한다. 그리고 나서 하나님의 사랑의 용서가 따르는 것이다. 먼저 자신의 죄책에 대한 문제가 해결이 됐어야 한다. 복음의 진리가 그렇듯 진정한 구원은 죄로부터의 구원이기에 우리가 죄인인 것을 깨닫게 하는 진정한 회개가 있어야 한다. 그런데 신애는 자신이 지은 죄에 대한 진정한 성찰과 회개가 없었다.

여인이 진정으로 하나님을 만났다면, 자기의 죄를 고백하고 하나님으로부터 용서 받고 새 사람이 되었다고 한 살해범을 그대로 받아들여야 했을 것이다. "우리가 우리에게 죄 지은 자를 용서해 준 것처럼 우리 죄를 용서해 주옵소서"라는 주기도문이 그대로 마음에서부터 우러나와야 하는 것이다.

(2) 기독교의 회개 개념

1) 하나님의 용서에 대한 바른 이해

죄의 용서는 인간이 하는 것이 아니라 하나님이 하시는 것이다. 용서란 바로 하나님이 독생자를 죄인인 우리에게 주시고 십자가에서 죽으셔서 대속하셨다는 하나님의 용서의 사건에서 시작한다. "사랑은 여기 있으니 우리가 하나님을 사랑한 것이 아니요 오직 하나님이 우리를 사랑하사 우리 죄를 속하기 위하여 화목 제물로 그 아들을 보내셨음이라"(요일 4:10). 그러므로 사도 요한은 우리가 용서하고 사랑해야 할 것을 말한다. "사랑하는 자들아 하나님이 이같이 우리를 사랑하셨은즉 우리도 서로 사랑하는 것이 마땅하도다"(요일 4:11).

따라시 우리의 용시는 하나님의 용시를 따르는 것 뿐이다. "우리가 우리에게 죄 지은 자를 용서해 준 것 같이 우리 죄를 용서하여 주소서." 여인(신애)은 살해범이 자기가 용서하기 전에 먼저 하나님의 용서를 받았다고 한데 대하여 충격을 받았고 기독교가 거짓이라는 생각을 하기 시작했다. 여인(신애)은 피해자인 자기가 아직도 용서하지 않았는데 먼저 가해자를 용서하시는 기독교의 하나님에 대하여 이럴 수 있느냐라며 반항을 하고 있다. 이러한 신애는 용서를 너무나 인간적인 차원에서 생각하고 있다. 인간적으로 생각한다면 용서는 당사자 사이에서 이루어져야 한다. 당사자 사이의 인격적인 관계가 중요하다. 기독교도 이러한 가해자와 피해자 사이의 상처 입힘과 상처 받음의 관계를 도외시 하지 않는다.

그러나 독실한 기독교는 모든 것에 있어서 하나님의 관계를 일차적으로 설정한다. 만물의 주관자 되시는 하나님은 신애의 아들 준이 유괴 살해된 것에 관하여 가슴 아파하시며 살해범의 죄책에 대하여 심판하시는 하나님이시다. 그러나 살인범이 복음을 듣고 자신의 허물을 뉘우칠 때 하나님은 용서해주신다. "여호와께서 말씀하시되 오라 우리가 서로 변론하자 너희 죄가 주홍 같을지라도 눈과 같이 희어질 것이요, 진홍 같이 붉을지라도 양털 같이 희게 되리라"(사 1:18).

하나님은 죄인이 돌아오기를 원하시고 그 돌아온 죄인을 용서해 주신다. 하나님은 자신과의 관계의 회복에서 끝나는 것이 아니라 피해자에게 가서 용서를 빌고 그 피해를 최대한 보상할 것을 말씀하신다. 그런데 영화에서는 이 부분이 너무나 간략하게 다루어져서 마치 하나님의 용서로 모든 죄책의 책임이 끝나는 것으로 오해되는 부분이 있다. 사회학적으로 가해자는 일생 동안 피해자인 신애에 대하여 잘못한 심정과 빚을 지고 사는 것이다. 그리고 가해자는 상하여 병든 신애의 마음이 회복되도록 하는 윤리적 책임을 부여받고 있다.

2) 죄책을 엄격히 밝히시는 준엄하신 하나님의 심판

하나님은 아무리 큰 죄라도 용서해 주시지만 그 죄책을 은폐하시지 않으시고 우리의 죄가 얼마나 무섭고 큰 지를 먼저 알게 하신다. 그리고 피해자에 대한 빚진 자의 마음으로 살아가는 것이다. 여기에 인간적인 보상이 배제되는 것은 아니다. 하나님이 용서하셨으니 인간적인 책임이 면제되는 것은 아니다. 살인범 고재봉은 비록 감옥에서 전도 받아 회개하고 새 사람이 되었으나 국법이 그를 용서해 준 것은 아니다. 하나님은 그를 용서해 주셨으나 국법은 그에게 사형을 집행하였다. 새 사람이 된 고재봉은 매일 그에게 희생 당한 피해인들과 유족들에 대한 참회의 마음으로 살았다. 이것이 바로 기독교의 용서 개념이다. 그러나 영화는 기독교의 용서 개념을 하나님이 용서하면 인간적인 채무가 모두 벗어진다고 너무나 단편적으로 다루고 있다.

한국 복음주의 교회를 탄생하게 한 1907년 평양대부흥운동 당시에는 하나님의 성령의 역사가 나타났고, 죄책의 각성 운동이 일어났다. 그냥 하나님 앞에서만 회개하고 끝난 것이 아니라 남에게 빚진 자는 그 빚을 갚기 위해 실천을 하였다. 죄책고백운동은 사회적으로 그 열매를 맺었다. 재정적으로 손해를 입히거나 신체적으로 상해를 입힌 사람들은 손해를 보상하고 사고하는 일이 생겨났다.[2)]

당시에는 아들을 낳기 위하여 축첩하고 노비를 가지는 것이 사회의 관행이었다. 그런데 이축첩자들이 예수를 믿고 영접한 후 회개한 후에 이에 대한 배상행위에 나섰다. 이들은 첩을 돌려보냈다. 그리고 천양이나 주고 노비를 부렸던 양반들은 노비가 보는 앞에 노비문서를 불태우고 노비를 수양딸로 삼는 일이 일어났다. 당시 한국선교사 곽안전은 다음같이 보고한다. "신자이든 불신자이든 구별없이 자신이 손해를 끼친 사람에게는 손해배상을 해주었기에 성안에 소문이 사사했다." 실제로 회개한 어떤 사람은 사람을 물건처럼 매매함이 죄인줄 깨닫고 자기가 부리던 종의 문서를 불살라 버리고 그를 해방시켜주었다.[3)] 또 어떤 사람은 첩과의 관계를 청산하기도 하였다.[4)] 이 영적 각성운동은 말씀을 통한 회개와 기도운동으로 실생활의 회심을 가져온 영적 · 도덕적 갱신운동이었다.

3) 죄책에 깊이 통회하고 옛 사람과 투쟁하는 인간의 삶

유괴 살인범이 진심으로 하나님을 만났고 그래서 만약에 참 평안함을 찾

았다고 한다면 하나님께 뿐 아니라 사람(신애)에게도 진정한 뉘우침의 표현이 있었어야 했다. 정신적 물적 배상도 뒤따랐어야 했다. 교도소 안에서라고 할찌라도 회개한 살해범은 진지한 참회와 피해자가 입은 마음의 상처에 대한 값비싼 용서라도 먼저 구했어야했다. 영화의 기독교에 대한 어설픈 이해는 이러한 중요한 부분을 너무 가볍게 스쳐 지나가고 있다는 같다. 영화는 살해범이 감옥에서 하나님을 영접하고 하나님으로부터 이미 용서받았으니 가해자에게는 단지 유감의 뜻을 전달하고 자신의 괴로움이 하나님의 용서 안에서 해결되었다는 식으로 줄거리를 전개하고 있다. 이것은 기독교의 은혜를 본회퍼가 말하는 것과 같이 '싸구려 은혜' 로 만들어 버리는 심각한 왜곡을 야기시킨다.

4. 일반 대중에 비친 기독교 상

이 영화는 일반 대중에 비쳐진 이해된 기독교 상을 우리에게 전달하고 있다. 이것은 기독교의 진정한 모습과는 달리 일반대중에게 그려진 기독교 상으로 신자들에게 참고가 될 수 있다.

(1) 소외된 자의 고통과 상처를 도외시하는 종교?

여인 신애는 고통당한 자의 상한 심정을 몰라주고 피해 당사자인 자신을 무시하고 일방적으로 살해범을 용서해 준 - 그에게 용서와 은혜의 평안을 준 신(神)에게 반항하고 있다. 이것은 작가의 기독교 이해를 반영한다. 기독교란 소외당한 자의 상처와 고통을 공명하기 보다는 용서와 은혜라는 기계 안에 융해시키는 종교라는 것이다. 용서해야 할 자는 바로 피해자인 데 피해자의 심정을 헤아리지 않고 일방적으로 가해자에게 용서와 평안을 선사해주는 기독교 하나님에 대한 저항이 묘사되고 있다.

작가는 인류를 구원하기 위하여 자신의 독생자를 아낌없이 십자가에 내어주시고 "나의 하나님 나의 하나님 왜 나를 버리시나이까?"라는 절규에 대하여 침묵하시고 그의 아들을 죽음에 내버려주시고 그의 뜻을 실현하시는 하나님의 깊은 십자가 사랑을 알지 못하고 있다. 독일 신학자 몰트만은 그의 『십자가에 달리신 하나님』(*Der gekreuzige Gott*)에서 그의 아들의 죽음 속에서 인간의 고통에 참여하시는 하나님은 항의 무신론에 대한 하나님의 응답이라고 해석한다.[5] 하나님은 기독교의 신은 인간의 고통과 슬픔에 대하여 연민을 모르는 무감정적인 신이라는 항의 무신론에 대하여 십자가에서 의인의 고난을 대변하여 하나님에 대하여 항의한 예수의 절규는 "나의 하나님 나의 하나님 왜 당신의 정의를 버리시나이까?" 라고 말할 수 있다.

(2) 소란함과 싸구려 은혜의 종교?

영화에는 기독교라는 사랑과 용서와 구원의 종교 이면에 갈려 있는 이기적이고 왜곡된 종교라는 인상이 깔려 있다. 살인범이 '용서받고 평안하다'는 말을 듣고 충격을 받은 그녀는 그처럼 일방적으로 용서와 은혜를 베푼 하나님에 대한 배신을 하나하나씩 실천한다. 그것은 어쩌면 종교에 대한 굴레를 푸는 행태이며, 지금까지 억압했던 모든 것들에서 벗어나는 행태이다. 여인은 반항적 행태들을 행함으로써 기독교 신앙에 저항한다. 야유회 집회에서 목사님의 대표 기도에 김추자의 "거짓말이야"를 틀어 놓아 방해한다. 약국을 운영하는 장로를 유혹해 불륜을 저지르려 하다가 실패를 맛본다. 자신을 위해 기도하는 사람들의 모임에 돌맹이를 던져 기도회를 무산시킨다. 그러한 그녀는 초라하고 힘도 없다. 그래서 죄의 과일로 상징되는 사과를 칼로 베어 물며 동맥을 끊는다. 그러나 그것도 잠시 잠근 문을 어렵게 열며 살려달라고 애원한다.

이러한 여인 신애의 저항운동에는 정당성이 없다. 영화가 보여주는 정당성이란 피해자인 자기 먼저 하나님이 일방적으로 용서를 해 주었다는 사실에 대한 실망과 반항이다. 신애는 회환과 절망 속에 있는 살해범이 자기에게 용서를 구하는 말과 모습을 요구했을 것이다. 그럴 때 신애는 하나님의 사랑을 전하고 이 절망과 자책감에 시달리는 영혼에게 용서라는 선물을 주었을 것이며, 신애는 용서를 베푸는 자가 되었을 것이다. 이것은 종교개혁자들이 강력하게 비판한 인간 행위의 의(the righteousness of works)다. 기독교는 용서가 우리의 은전이나 독선이나 의로운 행위가 아니라 오로지 하나님의 용서에 감사해서 행하는 이차적 일에 불고하다. 그런데 여인은 이미 살해범이 먼저 하나님으로부터 용서 받았다는 너무나 평온한 표정과 말에서 깊은 충격과 저항감을 느꼈던 것이다. 자기가 해야 할 용서를 하나님이 가로챘다는 마음을 가진 것이다. 이것은 진실로 기독교에서 회심하고 용서 받은 자의 태도는 아니다.

여기서 신애가 이해하는 기독교는 인간적인 원한을 풀어주는 종교 이외에 아무것도 아니다. 그녀의 하나님은 인간의 원한을 풀어주는 출처에 불과하다. 하나님이 내가 너를 용서한다는 주권적 선언이 가지는 깊은 의미를 모르고 있다. 그녀의 체험 속에서 기독교는 하나님의 용서라는 카타르시스를 단지 자기 위안(慰安)를 위해 심리적으로 체험하는 종교이다. 여기에서 신애에게는, 이사야처럼 그의 거룩한 주권적 영광 속에 우리의 죄를 드러내시는 하나님의 체험이 결여되어 있다. 이사야는 성전에서 기도하다가 하나님을 만났고 이 만남 속에서 그 자신의 죄책을 발견한 것이다. "서로 불러 이르되 거룩하다 거룩하다 거룩하다 만군의 여호와여 그의 영광이 온 땅에 충만하도다 … 그 때에 내가 말하되 화로다 나여, 망하게 되었도다. 나는 입술이 부정한 사람이요, 입술이 부정한 백성 중에 거주하면서 만군의 여호와이신 왕을 뵈었음이로다"(사 6:3-5).

(3) 인간의 용서문제를 해결해 주지 못하는 기독교?

이 영화는 남편을 잃고 아들마저 잃은 여인의 한 많은 마음을 극화(劇化) 시키는 데 성공하였다. 그러나 줄거리의 배경으로 설정한 기독교에 대한 피상적인 이해 때문에 기독교에 대한 왜곡을 초래할 위험성을 동반하고 있다.

영화에 의하면 기독교는 용서를 말하나 피해자의 마음 아픔을 전혀 고려하지 않는 종교집단에 불과하다는 인상을 준다. 그것은 '피해 당사자인 인간이 용서해 주기 이전에 하나님이 일방적으로 용서를 하고 마음에 평안을 준다' 는 사실에 대한 거부감이다. 그리고 "기독교에서 받는 용서라는 것이 거짓말" 이라는 함축은 신애가 살해범을 만난 후부터 하는 일탈행동을 통하여 드러나고 있다. 이것은 결정적으로 야외 집회 시 몰래 음향실에 들어가 김추자의 노래 "거짓말이야" 이라는 노래를 틀어 설교를 방해하는 것에서 확연히 드러난다. 가게에서 이 CD를 몰래 훔쳐와서 음향실에서 설교 도중 튼 것은 의도적이며, 목사의 설교가 거짓말이라는 것을 말하고 있는 것이다. 그리고 자신을 위하여 기도하는 신자들의 진지한 기도시에 그 방의 유리창을 깨뜨리는 행위로써도 드러난다.

(4) 일상적인 삶으로 되돌아오는 주인공

이 영화에는 여느 포스트모더니즘 작품과 같은 해피엔딩이 없다. 화해가 전혀 이루어지지 않는다. 신애가 다시 돌아온 것 자체가 화해. 그러나 다시 돌아온 신애는 적든 크든 자신과 갈등 관계에 있던 사람들을 만나게 된다. 시간이 많이 지났고 상담과 치료를 통해 마음의 상처를 치료했다고는 하지만, 결코 이전의 불편한 관계를 청산하지 않는다. 받아들일 수 없는 사람을 보면 피하거나 화를 낸다. 살인범 딸이 미용실에서 자신의 머리카락을 자르는 것을 견디지 못하고 신애는 중간에 자리를 박차고 나와버린다.

영화의 마무리에 있어서 다른 방식으로 줄거리가 전개되었더라면 하는 아쉬움을 갖는다. 차라리 정신병원에서 퇴원한 후 신애가 그녀가 유혹했던 장로를 찾아가 잘못을 시인하고 용서를 구했더라면, 그리고 그녀가 기도회를 방해한 신자들에게 찾아가 저들의 진심을 왜곡했던 자신을 용서해 달라고 했더라면. 목회자를 찾아가 야외설교를 방해했던 것에 대하여 용서를 구했더라면, 그리고 하나님의 용서를 인간적인 차원에서 해석한 자신의 얕은 믿음에 대한 용서를 구하고, 살해범의 딸로 하여금 자신의 머리카락을 자르도록 허락했더라면 어떠했을까. 그리고 그 딸을 받아줌으로써 그 아버지를 용서를 하는 것으로 끝났더라면 훨씬 깊이를 더하는 영화가 되었을 것이다.

그런데 영화는 자기 집 마당에서 그녀가 거울을 보고 스스로 어설프게 가위질을 하는 것으로 끝이 나고 있다. 그녀는 기독교에서 용서와 구원을 찾지 못하고 다시 되풀이 되는 일상(日常)으로 되돌아온다. 마지막 장면에서 여인이 자르는 머리카락 더미가 바람에 굴러갈 때 비밀스러운 햇빛(밀양)이 그것을 비추고 있다. 여기에 밀양이라는 주제의 함축성이 있다. 여인의 머리카락을 비추는 비밀스러운 햇빛은 아마도 제도적 기독교 안에서 자기의 한을 풀지 못한 여인에게로 향하는 하나님의 일반 은총을 함축하고 있다. 이것이 창조세계를 운행하시는 하나님의 사랑이요 은혜다.

(5) 상한 심리를 무시하는 기독교?

이 영화는 기독교가 심리치료를 무시하는 것으로 그리고 있다. 그리고 기독교 하나님은 죄인을 헐값으로 용서해 주시는 "용서의 기계"처럼 기독교를 왜곡하고 있다. 하나님은 항의무신론자들(protestatheists)의 비난처럼 감정도 없고 상처받은 자들의 고통에 무관심한 분으로 왜곡되고 있다.

그러나 성경이 알려주는 기독교의 하나님은 감정이 없으신 분이 아니라 우리 죄 때문에 슬퍼하시는 너무나 풍부한 감정을 지니신 분이시다. 범죄한 그의 백성 이스라엘 대한 하나님의 슬퍼하시는 심정을 그의 예언자 이사야는 다음같이 전하고 있다. "하늘이여 들으라 땅이여 귀를 기울이라 여호와께서 말씀하시기를 내가 자식을 양육하였거늘 그들이 나를 거역하였도다. 소는 그 임자를 알고 나귀는 주인의 구유를 알건마는 이스라엘은 알지 못하고 나의 백성은 깨닫지 못하는도다 하였도다. 슬프다 범죄한 나라요, 허물 진 백성이요 행악의 종자요 행위가 부패한 자식이로다. 그들이 여호와를 버리며 이스라엘의 거룩한 자를 만홀히 여겨 멀리하고 물러갔도다" (사 1:2-4).

예레미야 선지는 하나님의 심판으로 인하여 파멸한 그의 백성과 예루살렘에 관하여 다음같이 애가를 부르고 있다. "내 눈이 눈물에 상하며 내 창자가 끊어지며 내 간이 땅에 쏟아졌으니 이는 딸 내 백성이 패망하여 어린 자녀와 젖 먹는 아이들이 성읍 길거리에 기절함이로다"(애 2:11). "그들의 마음이 주를 향하여 부르짖기를 딸 시온의 성벽아 너는 밤낮으로 눈물을 강처럼 흘릴지어다. 스스로 쉬지 말고 네 눈동자로 쉬게 하지 말지어다. 초저녁에 일어나 부르짖을지어다. 네 마음을 주의 얼굴 앞에 물 쏟듯 할지어다. 각 길 어귀에서 주려 기신한 네 어린 자녀와 생명을 위하여 주를 향하여 손을 들지어다 하였도다"(애 2:18-19).

5. 미성숙한 기독교인인 우리의 자화상

그럼에도 불구하고 이 영화는 신자들에게는 우리 자신의 모습을 되돌아보게 한다. 신자들에게는 우리들의 미성숙한 신자의 모습, 또는 믿다가 실망한 우리 자신의 자포자기한 모습을 되돌아 보게 한다.

(1) 싸구려 은혜 신자: 우리의 모습

기독교에 대한 피상적인 신앙과 이해에 갇혀 있는 주인공 신애는 다름 아닌 신자인 우리의 모습이라는 것이다. 여러 가지 한 많은 우리들 자신은 교회에 나가 하나님의 은혜를 받아 마음에 평화를 발견하고 기독교인이 된다. 그리하여 여러 모임에 나가서 간증도 하고 신앙생활에 열심이다. 그리고 원수까지 사랑하라는 강단에서 선포되는 말씀에 따라서 이 말씀을 실천하기 위하여 살해범을 만나 주님의 사랑을 전하고자 한다. 그런데 막상 원수를 만나 용서와 사랑을 전하고자 하면 이것이 나의 뜻대로 되질 않는다. 내 속에 치밀어 오르는 이 원망과 한의 적개심은 억누를 수가 없다.

기독교 신앙은 단지 자기 마음의 평안만을 구하는 기복적 신앙에 그칠 수 없다. 마음의 평안과 자기 구원이 일차적인 것이 아니라 하나님의 사랑을 발견하고 그리스도의 구속의 은혜를 체험하게 되면, 자기 행복과 구원과 평안은 저절로 따라 오는 것이다. 한국기독교는 번영과 축복과 자기 구원에만 전념한 나머지 신앙의 중요한 사명인 우리 주위의 이웃과 사회를 향한 빛과 소금의 역할을 등한시하였다. 사회의 모범이 되어야 할 교회가 오히려 자기 권리와 이권을 추구하는 장으로 변모하면서 사회의 지탄거리가 되고 있는 것을 부인할 수 없다. 진정한 신앙이란 갖는 것이 아니라 주는 것이며, 자기 것으로 만드는 것이 아니라 포기하는 것이다. 그러므로 감동 속에서 다시 얻는 것이다.

기독교 신앙의 성숙한 차원은 이기주의적 삶의 방식, 자기 행복과 평안과 번영의 추구에서 머물지 않고 이제는 그 은혜에 감격하여 옥합을 깨뜨린 여인처럼 자기 자신을 하나님과 이웃과 사회를 위하여 헌신하는 이타주의적 삶을 영위하는 데 있다. 본회퍼가 말한대로 기독교자는 타자를 위한 존재(the being for the Others)이다. 타자를 위한 존재는 섬김과 나눔의 존재이다.

(2) 원수를 철저히 용서하지 못하는 우리의 모습

신애처럼 우리 스스로를 들여다 보면 모순투성이이며, 우리에게 허물진 자를 용서하지 못하는 우리 자신을 돌아보게 한다. 우리 신자들이 입으로만 원수를 사랑한다고 하지만 실상 원수를 용서할 수 있는 처지에 이르면 용서하지 못하는 우리 자신이 아닌가? 우리에게 조그만 상처를 입힌 형제를 용서하지 못한 까닭에 오늘 한국 개신교는 100개나 넘는 교파로 갈라져 있다. 그리고 예전보다는 많이 감정이 개신되었다고는 하나 아직도 장로교 장자교단이라는 예장 합동, 통합, 고신, 예장 교단과 기장 사이의 감정은 불신자에 대한 감정의 골보다 작다고 볼 수 없는 지경이다.

이러한 원수사랑은 인간적인 노력이나 애씀으로 이루어질 수 없다. 하나님이 주시는 성령의 깊은 은혜, 인간의 차원을 넘어선 초월의 차원으로 나아가야 하는 것이다. 이 초월의 차원에서 신자들은 자기 중심적 관점에서 나와서 하나님의 관점을 볼 수 있게 된다. 자기의 두 아들을 살해한 좌익계 학생을 용서하고 자기의 아들로 삼았던 손양원 목사님의 사랑의 원자탄도 인간의 마음에서 온 것이 아니라 하나님의 초월적 사랑에 감동을 받았기 때문에 가능한 것이다.

(3) 하나님의 은밀한 은혜: 햇볕을 느끼지 못하는 우리의 모습

마지막 장면에서 신애가 자르는 머리카락 더미가 바람에 휘날려 굴러가고 거기에 은밀한 햇볕이 비친다. 자기 아들의 살해범의 딸이 자기 머리카락을 자르는 것을 받아들이지 못하는 신애가 자기 집 마당에 돌아와 스스로 자른 머리카락 더미에 은밀한 은총의 햇볕이 비추인다. 이것은 하나님의 은혜를 알지 못하고 원망하고 낙심하는 우리 신자들, 또는 절반 신자인 우리들을 향하여 여전히 비추시는 하나님의 은총의 햇볕을 상징한다.

우리는 이처럼 매일 아침과 밤과 저녁과 밤, 매 시간, 매 순간 우리에게 은밀한 은총으로 다가오시며 우리를 감싸주시고 우리를 사랑하시는 하나님의 은밀한 은혜를 모르고 지내고 있다. 밀양은 이러한 우리의 자화상을 그리고 있다. 신애는 하나님에 대하여 반항하며 기독교 신앙에 저항하는 행동을 하지만 여전히 하나님의 은총의 햇볕은 신애를 떠나지 않고 비추인다. 이것이 인간을 향하신 하나님의 선행적인 은총이다. 인간은 하나님의 은총을 거부할 수 없다. 왜냐하면 이 은총 없이는 우리는 태어날 수도 죽을 수도 없기 때문이다. 하나님의 선행적 은총은 인간됨의 존재론적 가능성이요, 신비한 선물이다.

6. 성경적 기독교의 바른 상

우리는 성경적 기독교의 바른 상을 다음같이 피력할 수 있다. 성경이 보여주는 하나님은 주권적으로 초월하시는 거룩하신 분이시면서 동시에 우리의 구체적인 삶 가운데 내재하시는 하나님이시다.

(1) 우리의 고통 속에 임재하시는 하나님

성경의 하나님은 구약에서는 세키나(Schechina)의 하나님, 신약에서는 십자가의 하나님으로 나타나고 있다. 출애굽기는 애굽에서 고난 받는 그의 백성이 받고 있는 고난의 현장에 내려가서 그들과 함께 하시는 하나님의 모습을 보여주고 있다. "여호와께서 이르시되 내가 애굽에 있는 내 백성의 고통을 분명히 보고 그들이 그들의 감독자로 말미암아 부르짖음을 듣고 그 근심을 알고 내가 내려가서 그들을 애굽인의 손에서 건져내고 그들을 그 땅에서 인도하여 아름답고 광대한 땅, 젖과 꿀이 흐르는 땅, 곧 가나안 족속, 헷 족속, 아모리 족속, 브리스 족속, 히위 족속, 여부스 족속의 지방에 데려가려 하노라. 이제 가라 이스라엘 자손의 부르짖음이 내게 달하고 애굽 사람이 그들을 괴롭히는 학대도 내가 보았으니 이제 내가 너를 바로에게 보내어 너에게 내 백성 이스라엘 자손을 애굽에서 인도하여 내게 하리라"(출 3:7-10).

신약에서는 예수님이 당한 십자가의 고난 속에서 우리와 함께 하시는 하나님의 모습이 나타난다. "제구시에 예수께서 크게 소리 지르시되 엘리 엘리 라마 사박다니 하시니 이를 번역하면 나의 하나님 나의 하나님 어찌하여 나를 버리셨나이까 하는 뜻이라 … 예수께서 큰 소리를 지르시고 숨지시니라. 이에 성소 휘장이 위로부터 아래까지 찢어져 둘이 되니라. 예수를 향하여 섰던 백부장이 그렇게 숨지심을 보고 이로되 이 사람은 진실로 하나님의 아들이었도다 하더라"(막15:34-39). 인류의 구원을 위하여 그의 아들 안에서 인류의 고난의 현장에 참여하시고 고난당하시고 죽으시는 하나님의 모습을 이 구절을 적나라하게 보여주고 있다.

(2) 하나님의 값없이 주시는 사랑의 용서

성경은 기독교의 하나님을 죄인을 용서해주시는 사랑의 하나님으로 설교하고 있다. 그러나 우리는 하나님이 주시는 은혜를 이 영화가 그리는 것처럼 단지 피상적으로 인간적인 견지에서 판단해서는 안 된다. 은혜는 사람이 베푸는 것이 아니라 하나님이 주권적으로 받을 자격이 안 되는 사람에게 값없이 주시는 것이다. 그러므로 이것이야말로 은혜이요, 선물이다. 그러므로 은혜와 용서는 하나님의 주권적 행위이다.

용서란 물론 피해를 입은 사람이 해야 성립한다. 그것은 상대방에 대한 심리적인 응어리를 푸는 것이다. 여인은 하나님이 살인범을 용서하셨다면 오히려 감사해야 했다. 이것이 기독교적 마음이요 용서이다. 그런데 피해자인 자기가 아직도 용서를 하지도 않았는데 하나님이 자기는 상관도 하지 않고 일방적으로 용서한 데 대하여 여인은 반항한다. 이것은 아직도 여인이 용서와 은혜의 본질을 제대로 파악하지 못한 데서 나오는 것이다.

여인은 얼마나 결백한가? 신애도 자기가 돈많은 재력가로 소문을 내었기 때문에 자기 아들이 유괴 · 살해 당하는 인간적인 책임을 면할 수는 없다. 신애는 자기의 잘못을 통철히 참회하기 보다는 유괴범이 엄청난 돈을 요구하여 오니까 비로소 자기는 실제로 돈이 없는 자라고 진실을 유괴범에게 전화로 실토한다. 그러나 그것은 통하지 않고 아들은 무참히 시신으로 변한다.

하나님이 값없이 용서를 베푸시는 것은 공연히 베푸시는 것이 아니라 그가 그의 아들을 예수님을 우리 죄의 속죄 제물로 주셨기 때문이다. 히브리서 기자는 다음같이 증언한다. "그는 육체에 계실 때에 자기를 죽음에서 능히 구원하실 이에게 심한 통곡과 눈물로 간구와 소원을 올렸고 그의 경건하심으로 말미암아 들으심을 얻었느니라. 그가 아들이시면서도 받으신 고난으로 순종함을 배워서 온전하게 되셨은즉 자기에게 순종하는 모든 자에게 영원한 구원의 근원이 되시고 하나님께 멜기세덱의 반차를 따른 대제사장이라 칭하심을 받으셨느니라"(히 5:7-10). "이와 같이 그리스도도 많은 사람의 죄를 담당하시려고 단번에 드리신 바 되셨고 구원에 이르게 하기 위하여 죄와 상관 없이 자기를 바라는 자들에게 두 번째 나타나시리라"(히 9:28).

(3) 절대적으로 용서할 수 없는 인간의 한계

기독교는 "일곱 번뿐 아니라 일곱 번을 일흔 번까지라도 용서하라"고 가르치고 있다. 이것은 무한한 용서를 가르치고 있다. 이것이 "원수를 미워하라"는 유대교나 "이교도와 원수를 칼로 응징하라"는 이슬람교와는 다른 '자기 없는 사랑'이며, 아가페를 가르치는 예수님이 가르치신 조건없는 절대적 사랑의 계명이다.

따라서 가해자가 이미 피해자의 용서 이전에 먼저 하나님의 용서를 받았다는 말에 아연실색하여 자신이 받은 용서까지도 팽개쳐 버린 신애의 신앙은 기독교 신앙의 초보 단계에 지나지 않는다. 기독교 신앙의 보다 성숙한 단계는 내가 용서하는 것이 아니라 하나님의 용서를 비는 것이고 상대방이 피해자인 나에게 심리적 보상을 바라는 것이 아니라 원수까지도 용서할 뿐 아니라 원수에 대한 응징을 거두어 달라는 하나님의 용서를 간구하는 빈 마음이다.

예수님은 산상수훈에서 용서와 화해의 정신을 가르치신다. "긍휼히 여기는 자는 복이 있나니 긍휼히 여김을 받을 것임이요"(마 5:7), "화평하게 하는 자는 복이 있나니 그들이 하나님의 아들이라 일컬음을 받을 것임이요"(마 5:9), "나는 너희에게 이르노니 너희 원수를 사랑하며 너희를 박해하는 자를 위하여 기도하라"(마 5:44), "너희가 사람의 잘못을 용서하면 너희 하늘 아버지께서도 너희 과실을 용서하시려니와 너희가 사람의 잘못을 용서하지 아니하면 너희 아버지께서도 너희 과실을 용서하지 아니하시리라"(마 6:14-15).

사도 바울도 이 정신을 그대로 사랑의 계명으로 해석하고 있다. "아무에게도 악을 악으로 갚지 말고 모든 사람 앞에서 선한 일을 도모하라. 할 수 있거든 너희로서는 모든 사람과 더불어 화목하라. 내 사랑하는 자들아 너희가 친히 원수를 갚지 말고 하나님의 진노하심에 맡기라. 원수 갚는 것이 내게 있으니 내가 갚으리라고 주께서 말씀하시니라. 네 원수가 주리거든 먹이고 목마르거든 마시우라. 그리함으로 네가 숯불을 그 머리에 쌓아 놓으리라. 악에게 지지말고 선으로 악을 이기라"(롬 12:17-21).

(4) 심리적 상처를 보듬는 회복과정 필요

인간의 아픔은 단지 신체적 상처나 아픔으로 끝나지 않고 그것은 마음의 상처와 아픔으로 이어지기 때문에, 고통받은 자들에게 내면적 치유는 중요하기 때문에, 기독교는 이 과정을 중요하게 취급한다. 단지 영적인 치유로서 끝나는 것이 아니라 심적 치유가 따라야 한다. 그러므로 오늘날 기독교 상담치유 내지 목회상담은 이러한 내적 치유에 관하여 이전에 무시되었던 이 분야를 새로운 영역으로 주목하고 연구하고 있다. 더욱이 우리 한국사회에서도 2007년 국민소득 2만 달러에 도달하면서 먹고 사는 기본 욕구가 해결된 다음에는 심리적 용서와 치유에 대한 새로운 요구가 분출하고 있다.

1974년 스위스 로잔 세계복음화 대회(Lausanne Movement for World Evangelization)에서 복음화와 인간화 내지 사회화란 분리될 수 없는 한 켤레를 형성하는 것으로 채택되었다.[6] 이 대회는 영혼 구원과 인간답게 사는 사회적 여건 형성이란 서로 분리될 수 없는 복음의 두 가지 요소라고 보았다. 이것은 영혼구원에만 초점을 두었던 전통적인 복음주의 관점을 보완하는 것으로 영혼구원과 인간화 내지 사회화, 다시 말하면 상처받은 자의 영혼구원과 더불어 그의 사회적 삶으로 복귀를 중요시한다. 알콜 중독 환자의 영혼만을 회개시키는 것에서 끝나지 않고 그 중독자가 중독습성에서 생리적으로 벗어나도록 도와주는 사회화과정을 도와주는 것이다.

가해자와 피해자 사이의 관계는 단순히 물질적 배상과 처벌과 용서라는 차원에서 끝나지 않고 심리적 상처의 치료와 회복과정이 필요하다. 이 과정은 연구하고 실질적으로 도움을 주는 과정이 심리치료의 과정이다. 그러므로 이 영화에서 신애가 나가는 교회에서 신애의 상처를 단지 믿음의 차원에서만 접근하고 상처받은 그 마음의 치유에 관하여 언급하고 있지 않은 것은 오늘날 상담과 심리치료를 중요시하는 기독교의 모습과는 다른 일부 은사중심의 기독교를 부각시키는 측면이 있다.

*

영화 "밀양" 은 기독교적 소재를 다루고 한많은 여인의 심리적 갈등을 다루고 표현하는 데 성공했다. 그러나 작품성이 그만큼의 수준에 있다고 하기는 어렵지 않은가 생각해 본다. 영화는 종교적으로 깊은 감동을 일으키리만큼 종교예술적으로 승화시키지 못하고 일상적인 속물인 인간의 한 많은 인생의 단면을 그려내었다. 기독교 역사가 120년 밖에 되지 않는 우리의 한국의 실정에서 물론 이 영화를 "벤허" 나 "쿠바디스" 등 해외 기독교 명작과 비교할 처지는 못된다. 앞으로 한국 영화가 기독교적 소재를 가지고 인간의 내면과 갈등과 죄성과 구원과 화해를 보다 극적으로 예술적으로 승화시키기 위해서는 작가 그리고 감독의 보다 깊은 종교적 체험이 요구된다. 이미 한국사회의 중요한 종교로서 자리잡은 기독교의 부정적 모습을 파헤치는 것은 기독교의 발전을 위하여 도움이 될 수는 있다. 그런 의미에서는 이 영화는 역설적으로 신자들의 신앙을 역설적으로 성숙하게 하는 데 기여할 수 있는 요수를 지니고 있다.

그러나 몇 가지 부정적인 요소를 소재로 이것이 기독교의 전부인양 그리는 것은 매우 피상적인 접근 방법이다. 이 영화를 보는 독실한 기독교인까지도 감동을 받을 수 있도록 보다 깊은 기독교 이해와 체험에 뿌리를 두어야 할 것이다. 작품을 쓰는 자는 작가이다. 작품이 위대하기 위해서는 작가가 위대한 체험과 세계관 속에 살아야 한다. 톨스토이가 그러했고 루이스가 그러했다. 이러한 위대한 정신적 세계에 사는 작가들이 요망된다. 이러한 위대한 작가들이 나오기 위해서는 이들에게 설교하고 가르치는 목회자가 위대해야 하고 한국 기독교가 보다 깊은 영적이고 정신적 체험 속에 있어야 한다.

chapter 5
사이버 문화와 기독교 문화전략

오늘날 우리의 과학기술은 첨단적으로 발전하고 있다. 그 가운데서 우리가 처해 있는 문화도 혁명적으로 변화하고 있다. 그것은 컴퓨터가 가져온 정보통신의 혁명이다. 과학기술은 전자 그물망을 통하여 하나의 새로운 현실을 출현시켰다. 그것이 바로 가상현실이요 이 가상현실에서 일어나는 문화가 바로 사이버 문화(cyber culture)이다. 이러한 사이버 문화 시대에는 기독교 문화전략도 변해야 한다. 문화는 복음전파의 형식이기 때문이다. 사이버 문화 시대에서의 복음전파는 사이버 문화의 형식을 사용해야 한다.

*

1. 사이버 문화의 실태

(1) 가상현실

사이버 문화란 우리말로 "가상공간"(virtual reality)이라고 불리우는 사이버 스페이스(cyber space)에서 일어나는 문화현상을 말한다. 윌리엄 깁슨

(William Gibson)이 그의 저서 『뉴로맨서』(*Newromancer*)에서 이 용어를 처음 사용하였다.[1] 가상공간이란 그 안에서 가상현실이 서로 연결되어 있는 광범위한 전자 네트워크(electric network)이다. 가상현실이란 이 전자 네트워크 속에서 일어나는 현상을 말한다. 가상공간이란 구체적인 시공간적으로 존재하지는 않지만 전자 네트워트를 통하여 어느 곳의 누구와도 자유롭게 정보와 대화를 나눌 수 있는 전자논리적 가상공간이다.

"가상현실"이란 이러한 가상공간에서 일어나는 전자논리적 현상이다. 컴퓨터를 이용하여 시각, 청각, 후각, 미각, 촉각, 균형감각, 방향감각 등 인간의 7대 감각을 인공적으로 만들어 내는 의사(擬似)현실이다. 가상현실은 컴퓨터라는 첨단기술을 통하여 만들어진 가상환경(virtual environment) 안에서 일어나는 3차원의 의사(擬似)체험이 수행되는 인공적 현실이다. 실제 물체는 없으나 모의실험(simulation)을 통해, 인간의 오감(五感)을 통해 마치 실재와 같이 느끼나 실재는 아닌 현실이다. 가상현실은 "인공현실"(artificial reality)[2]로서 인위적 공간에서 일어나는 현실이다. 사이버 공간은 컴퓨터라는 인공지능을 통해서 가능하기 때문에 인조두뇌 공간이라고도 한다.

가상현실의 가장 중요한 점은 가상현실 속에 있는 자신이 바로 시뮬레이션의 중심이 되어 컴퓨터가 만들어 낸 가상세계와 상호작용한다는 점이다. 그리하여 완전히 인위적으로 창조된 세계로 몰입된다. 이러한 네트워크가 국제적으로 연결되어 있는 것이 바로 인터넷(InterNet)이다. 여기에는 국경도 없고 시간과 공간도 없다. 여기서는 개인과 기업과 대학과 교회와 국가들이 끊임없이 상호교류하고 있다.

2007년 5월 현재 네이버 디렉토리 기준으로 국내에서 운영중인 종교별 사이트 숫자는 다음과 같다. 기독교가 5,394개, 불교가 1,439개, 천주교가 815개, 원불교가 20개, 이슬람교가 6개로 나타났다.[3] 온라인을 통해 종교

활동을 하는 사람이 늘고 있다. 직접 교회나 절에 가지 못하는 신도들이 집이나 사무실에서 인터넷 동영상을 이용하는 것이다. 일부 원불교 신자들은 2007년 6월 24일 석가탄신일 행사를 온라인을 통해 참여했다. 원불교가 최근 미국 린든랩사(社)의 가상현실사이트 '세컨드라이프' 에 3층짜리 사이버 교당을 열었기 때문이다.

(2) 집단 지성의 세상

인터넷이 대중화의 길을 걸은 것은 불과 10년으로, 안팎으로 집단지성의 시대가 다가오고 있다. 이제 어느 누구라도 구글(Google), 야후(Yahoo), 네이버(Naver) 등의 정보 검색엔진을 통해 세계 곳곳의 수많은 정보를 거의 비용을 들이지 않고 무제한으로 얻을 수 있다. 정보의 질과 양은 다산의 시대와는 비교할 수도 없을 만큼 다양하고 풍부하며, 정보를 입수하는 시간도 거의 실시간에 가깝다. 지금도 인터넷은 숨가쁘게 발전하고 있으며, 드디어 웹(Web) 2.0의 시대가 도래했다. 웹 2.0의 시대로 접어들면서 사람들은 더욱 더 자유롭게 자기의 생각과 정보를 글과 동영상에 담아 표현(publish)할 수 있게 됐다. 소수의 매체들이 아닌 다수의 일반인들도 정보의 생산, 유통에 참여하는 힘을 나누어 가지게 된 것이다. 지식과 정보를 누구나 공유하는 세상, 바야흐로 '집단지성' 의 시대가 왔다. 자유로운 정보 유통과 공유로, 우리는 새로운 지식 창조자로 태어날 수 있다.

사용자가 직접 콘텐츠를 창작해 공유하는 UCC, 기존에는 덜 중요한 것으로 간주되었던 하위 80%의 중요성이 강조되는 롱 테일(Long Tail), 개방된 서로 다른 기술을 엮어 새로운 서비스를 만들어내는 매시 업(Mash-up) 등 웹 2.0은 전혀 새로운 정보 공유의 방식들을 양산하고 있다. 그리고 그것은 웹이라는 한정된 공간을 넘어 사회 전반에 걸쳐 또다시 엄청난 변화의 물결을 일으키고 있다. 이른바 인터넷을 통해서 집단지성(集團知性, Collective

Intelligence)의 시대가 도래한 것이다.[4] 비록 많은 자원봉사자들이 돕고 있다고는 하지만 단 6명의 정규 직원만으로 운영하고 있는 백과사전 위키피디아(Wikipedia) 사이트는 집단지성의 가장 성공적인 예로 알려져 있다. 세계에서 사람들이 가장 많이 방문하는 15개 웹사이트 중 하나인 위키피디아는 인쇄 형태의 사전들과는 달리 누구나 언제든지 이 사이트에 들어와 내용을 수정하고 추가할 수 있게 한 새로운 형태의 백과사전이다. 그 자체가 정보 축적과 공유의 장인 셈이다. 지금 이 시간에도 계속해서 업데이트가 되고 있고 전 세계 200개 언어로 그 내용이 계속 추가되고 있다. 집단지성의 시대에서는 지식과 정보의 생산자가 따로 없고 그 수혜자 역시 따로 없다. 누구나 생산할 수 있고 누구와도 손쉽게 공유되면서 정체되지 않고 항상 진보하는 놀라운 지식이 새롭게 만들어지는 시대다.

앨빈 토플러(Alvin Toffler)가 말하는 바 같이 생산소비자(prosumer)가 문화 주도 세력이 되는 시대이다.[5] 집단정보의 시대에서 중요한 것은 이 시대에 걸맞는 지식 정보의 유통 질서에 관한 문제다. 예를 들면 위키피디아와 같은 집단지성 사이트에 올라오는 지식 정보는 정확하고 편견이 없어야 한다. 아울러 정보를 판단하는 개개인의 안목이 중요한 의미를 갖게 된다. 잘못된 정보에 대해서는 이를 바로잡으려는 성숙한 시민사회의 힘과 견제도 필요할 것이다. 또 인터넷을 통해 유포되는 정보들 때문에 국가의 안전과 문화에 악영향을 미친다고 믿는 국가들이 정부 차원의 검열과 규제를 강화하는 것도 논란이 되고 있다. 자유로운 정보의 유통과 공유는 정보사회 발전의 밑거름이다. 그런 의미에서 보면 웹 2.0은 그 자체로는 하나의 기술에 불과하지만 점차 우리에게 집단지성의 시대를 더욱 활짝 열어 보임으로써 한국사회의 성장과 발전에 더 큰 탄력을 줄 것이 분명하다. 오늘도 더 많은 사람들이 인터넷을 통해 음악이나 영화를 내려받고 나의 의견을 올리거나 새로운 소식에 댓글을 다는 데 익숙해지고 있다. 다양한 의견의 나눔을 통해서 자유 민주주의가 확산되어 간다. 그리고 정보의 공유가 이루어진다.

우리는 집단(集團)지성 내지 공동(共同)지성을 형성한다. 모두들 이 시대의 일원으로서 지식 창조자가 되어 사회 발전에 더 능동적으로 참여해야 한다. 정보의 유통과 공유는 집단지성시대에서 생활의 일부가 되어버렸다.

(3) 사이버 세상: '돈버는 세상'

한국사회에서 인터넷은 이제 더 이상 정보를 검색하고 소비하기만 하는 공간이 아니다. 점점 짭잘한 수익을 낼 수 있는 신종(新種) 돈벌이 무대로 자리 잡고 있다. 과거 인터넷에서 커뮤니케이션 혁명을 경험한 네티즌들은, 이제는 즐기는 공간 외에 수익창출 공간으로도 인터넷을 활용한다. 2007년 6월, 글이나 동영상 등 자신이 직접 만든 콘텐츠(정보)를 올리고 돈을 벌 수 있는 사이트는 약 10여 곳에 이른다. 개인이 취미로 운영하는 블로그(인터넷 1인 미디어)도 쏠쏠한 용돈 벌이 공간이 된다. '프레스블로그'(www.pressblog.co.kr)의 경우 영화, 화장품 등 회사 측이 제시한 일정 주제에 대해 네티즌이 개인 블로그에 글을 올리면 원고료(3,500-1만 2,000원)를 받을 수 있다.[6] 회사 측은 해당 회사의 광고를 유치해 돈을 번다. 이 회사는 "상품이나 트렌드(trend) 정보는 인터넷 사용자를 통한 홍보가 훨씬 효과적"이라며 "기업들이 전문가 뺨치는 네티즌의 '입'을 빌려서 정보를 발산하고 싶어 하는 틈새를 노린다."

예컨대, 17년차 어느 주부는 올 초 다년간의 살림 경험을 살릴 수 있는 '부업'을 인터넷 글쓰기에서 찾아냈다. 인터넷 경매 사이트인 옥션의 '펌블' 게시판에 여성의류 · 생필품 · 잡화 등의 구매 후기를 올리는 것을 부업으로 하게 되었다. 쇼핑 고수(高手)인 그녀의 꼼꼼한 구매 후기를 읽은 사람이 해당 상품을 구매하면, 그녀는 판매 금액의 1.5%를 포인트(1포인트는 1원에 해당)로 받는다. 그녀는 월평균 10만 원 꼴로 용돈을 벌고 있다. 그녀에게는 "쇼핑 취미가 돈벌이"가 되고 있다.[7]

어느 여대생은 지난달 인터넷에 군대 가산점 제도에 대한 의견 등 시사 관련 글을 90개 올리고 15만 원의 짭짤한 부수입을 챙겼다. 포털사이트 네이트닷컴이 선보인 '판 커머셜'(pann.nate.com) 프로그램에 참여한 것이다. 자유게시판에 본인이 원하는 주제로 글을 쓴 뒤, 마지막 부분에 '내 글에 광고 넣기' 버튼을 클릭하면 자신의 글에 저절로 자그마한 광고가 붙는다. 그 글을 읽은 사람들이 광고를 클릭해 주면, 그 때마다 돈이 쌓인다. 사이버 공간에 침투한 시장논리는 네티즌들의 생활 태도도 바꿔 놓는다. 33세의 한 직장인은 포털사이트 다음에서 새로 선보인 애드클릭스(adclix.daum.net) 서비스에 참여했다. 자신의 블로그에 광고를 노출시킨 뒤 방문자의 광고 클릭 수에 따라 돈을 받는 구조다. 블로그 운영이 주식을 하는 것처럼 되고 있다. "사용자에게 정당한 보상을 해 주면 그만큼 책임감을 갖고 양질의 정보를 생산하게 된다. 가치 있는 정보가 많아지면 경쟁사와 차별화하기도 쉽다."[8] 그러나 순수성이 훼손될 것이란 우려도 있다. "네티즌들이 수익 챙기기에 나서면, 대중들에게 쉽게 영합하는 흥미나 순간성, 가벼움 등의 가치만 넘쳐나는" 데에 대한 우려이다.

2. 사이버 문화의 순기능

(1) 가상현실의 모의훈련

가상현실은 원래 공군 조종사들의 모의훈련(simulation) 등 군사적인 필요에서 활용되기 시작했다. 그리고 공학 연구분야에서 연구 · 발전되어 오다가 요즘에는 천문, 항공, 의료, 영화, 게임, 건축 및 디자인 심지어 가정생활에 이르기까지 거의 모든 분야에서 이용되거나 실험중이다. 오늘날 가상현실은 과학기술 분야의 가상천문학(virtual astronomy)에 응용된다. 지구에서 500광년 내의 은하수의 위치를 지도(指圖)하는 일에 응용된다. 최근 미국 항공우주국(NASA) 산하 허블 우주망원경 연구소는 최근 은하계에서 거대한 별들이 인근행성들을 삼켰음을 보여 주는 명백한 증거를 발견했다고 밝혔다. 이 연구소가 공개한 사진은 태양과 비슷한 별이 수소(水素)를 모두 소모한 뒤 급속히 팽창, 적색거성이 되면서 인근행성을 끌어당기는 모습으로, NASA 과학자들이 재구성한 상상도이다. 이 상상도는 가상현실 시스템을 응용하여 만들어진 것이다. 앞으로 태양이 적색거성이 되면 지구의 운명은 어떻게 될까. 우주과학자들은 50억 년쯤 뒤 태양의 수명이 다해 적색거성이 되면 상상도에서 보는 것처럼 지구도 큰 영향을 받아 지표면에 있는 생물이 모두 불타고 증발해 생명체가 없는 죽음의 행성이 될 것으로 예측했다.[9)]

또 가상기체 역학(virtual aerodynamics)에도 응용된다. 미항공우주국의 연구가들은 기체역학을 테스트해 볼 수 있는 가상 풍동(風洞)(virtual windtunnel) 시스템을 슈퍼컴퓨터로 처리해 시뮬레이트된 유체의 흐름을 볼 수 있는 시스템을 제공했다. 캐나다 항공우주연구소는 항공기의 블랙박스 비행기록에서 나오는 데이타를 항공기의 마지막 추락 순간의 시청각 시뮬레이션으로 변환시켜줄 수 있는 소프트웨어(software)인 항공자료 분석 시스템(Aircraft Data Analysis Presentation System)을 개발하고 있다.

가상현실이 의료계에 도입되면서 병든 부위를 절개하지 않고도 인체 내부를 생생하게 들여다보면서 정확성 있게 수술을 할 수 있게 되었다. 미항공우주국의 경우 인체 각 부위를 가상현실 기법을 통해 인체의 관절, 근육 속으로 들어가 실제로 조작해 보이며 인체의 구조를 밝히는 연구를 하고 있다. 가상현실 기술이 극소(極小)기술(nanotechnology)과 접목되면 미세한 마이크로 로봇이 혈관을 타고 들어가 조직검사 및 치료를 원격조정하여 환자의 질병을 효과적으로 고칠 수 있을 것으로 전망된다. 수술 시뮬레이션

(surgical simulation) 시스템이 개발되어 얼굴이나 다리의 어느 부위를 잘랐을 때 일어나는 현상을 그래픽으로 보여준다. 가상신체(virtual body, 인공인체)를 이용하여 거의 실제에 가깝도록 수술하는 것이 가능하게 되었다. 의대생들은 수술시에 발생할지 모르는 여러가지 문제점을 대비해 가상현실 체험으로 실험수술을 할 수 있다. 미국 스탠포드 대학, 노스트웨스턴 대학, MIT에서는 인공인체를 만들고 있다.

가상현실의 기술이 교육 분야에 응용되면서 시청각 교재에다 가상현실을 제시, 현장감 있는 교육을 하며 재택(在宅)강의도 시도되고 있다. 우리나라에서도 강원도 홍천군 내촌 초등학교를 중심으로 한 인근 4개 분교에서 원격화상 교육을 시험운영하고 있다. 원격교육을 실시하면 도시와 농촌 간의 교육의 질적 차이를 해소하고 평생교육의 기회를 확대할 수 있다. 그리고 숭실대에서도 사이버대학(cyber university)을 운영하려고 계획하고 있다. 이것은 초고속 정보통신망을 이용하여 PC통신망과 종합정보통신망(ISDN)을 통해 수업이 진행된다. 미국에서도 뉴욕대학과 로스엔젤레스의 피닉스대학이 사이버대학을 운영하고 있다. 사이버대학은 기존의 원격교육과는 달리 교수를 포함한 모든 학생들이 동일한 조건 하에서 수업에 참여할 수 있다는 것이 큰 특징이다.

가상현실의 기술은 레저분야에도 응용되어 "가상사이클"(virtual cycle)을 개발하였다. 사용자가 머리에 HMD(Head-Mounted Display)를 착용하면 속도와 배경을 입체적으로 체험할 수 있다. 자전거 페달을 밟으면 달리는 곳은 실내지만 영상 속의 야산에 돌부리가 나타나면 자전거의 앞바퀴가 돌부리에 부딪치고 자전거는 한 쪽 방향으로 쏠리면서 야산의 한 쪽 방향으로 주행이 바뀐다. 운전 시뮬레이터(Driving Simulator)는 자동차 전시장에 실제 자동차 대신에 VR기기를 통해, 전시장을 방문한 고객들이 신모델 자동차에 직접 탑승, 시운전을 할 수 있는 시스템이다.

오락분야에서는 게임에서부터 시작하여 스포츠, 영상산업까지 가상현실 기술이 다양하게 적용된다. 마이클 크라이튼 원작을 영화화 한 "쥬라기 공원" 은 컴퓨터 시뮬레이션 기술의 진보를 한 눈에 알 수 있도록 하는 좋은 사례다. 온라인 게임은 가상세계에서 진짜같은 삶을 살도록 해 준다. 온라인 게임은 네트워크 게임과 장르가 다르다. 네트워크 게임(network game)이 개인간 실력을 겨루는 게임이라면 온라인 게임(online game)은 그 안에서 정말 살아가는 것이다. 여기서는 감정을 그대로 담을 수 있는 캐릭터를 만들어 가상공간을 여행하면서 다른 캐릭터들과 만나 우정도 쌓는다. 게이머가 원하는 대로 자기 캐릭터를 키울 수도 있고 자기 집도 살 수 있으며 배우자만 있다면 결혼도 할 수 있다. 그리하여 최근에는 인터넷상에 이러한 온라인 게임의 붐이 일어나고 있다.[10)]

(2) 해석의 다양성과 다의성

프랑스의 미디어 비평가 장 보드리야르(Jean Baudrillard)는 텔레비전 화면은 가상현실의 한 가지 양식으로 포스트모던 문화의 가장 적절한 은유라고 지적한나.[11)] 텔레비전은 지속적인 그림 대신에 깜박거리는 이미지들을 보여주는 전자 장(electronic field)이다. 텔레비전은 "실체를 보여 주는 것과는 분리된 시뮬레이션(simulation)의 세계이다. 이 시뮬레이션은 중심도 없고, 끝도 없는 흐름 속에서 순환하고 상호교환한다." 가상현실이란 이러한 실체와 분리된 시뮬레이션의 세계로서 진리와 가치의 객관적 실재를 있다고 보는 현대성(modernity)이 아니라, 진리와 가치가 더 이상 객관적으로 있는 것이 아니라 단지 그것의 대한 해석의 다양성과 다의성만이 있다고 주장하는 후기현대성(postmodernity)의 산물이다.

데이비드 트레이시(David Tracy)에 의하면 후기현대성의 시대에 있어서는 더 이상 기독교적인 이야기가 다른 종교보다 낫다고 단정할 수 없고 다양한 해석이 가능할 뿐이다. 해석학의 여인숙에는 절대자를 위한 방은 없다고 그는 말한다.[12] 프랑스의 장 프랑수와 로타르(Jean-Francois Lyotard,)도 객관적 실재에 대한 거대이야기(meta-narrative)를 가능하게 하는 현대성의 시대가 지나고 그 대신 수많은 이야기와 그에 대한 다양한 해석과 기호체계가 존재하는 후기현대성의 시대가 도래했다고 본다.[13] 가상현실은 이러한 객관적 실재에 관해 이야기하는 현대성에서 그 실재에 대한 인상과 다양한 해석을 말하는 후기현대성의 산물이라고 말할 수 있다. 가상현실의 가장 실제적인 예가 록 음악(rock music) 비디오에서 나오는 과거와 현재의 영상과 꿈들, 그리고 걷는 모습이 쉴 새 없이 섞여서 나오는 다양한 이미지의 세계이다.

3. 사이버 문화의 역기능

(1) 현실과 허구의 혼동

가상현실은 사용자로 하여금 현실과 허구를 혼동하면서 가상현실에 빠지게 한다. 가상현실에 접하는 시간이 많아지면서 사용자들은 현실과 허구를 구별을 하지 못하게 된다. 가상현실의 게임 속에서 사용자는 모든 어려움을 훌륭하게 극복하는 천재나 영웅이나 용사가 되지만, 구체적인 현실세계에서는 대인관계의 어려움과 복잡한 문제 해결의 어려움에 직면하게 된다. 그리하다 보면 현실을 차츰 기피하게 된다. 그리고 가상현실 속에서의 미화된 폭력이나 미화된 포르노(porno)는 사용자로 하여금 실제적인 세계에서 경험하는 폭력과 포르노에 대한 윤리의식이 약화되도록 한다.

(2) 사이버 스페이스의 환상

사이버 문화는 현대인을 '사이버 스페이스'라는 환상에 빠지게 한다. 현대인간은 컴퓨터 장치를 사용하여 인간의 오감을 인위적으로 대체하려고 하고 있다. 이것은 통신매체가 있음으로써 존재하는 형상으로 실질적인 세계는 아니다. 사이버 세계는 물리적 공간과 유사하지만 가상적인 물건으로 채워져 있기 때문에 실질적인 세계는 아니다. 이러한 세계적인 컴퓨터 통신 네트워크를 통해서 사이버 세계에 매일 수억 명의 네티즌(Netizens)들이 합의된 환각에 빠지고 있다. 이미 1970년대 기존체제에 대한 반항을 부르짖던 펑크문화(punkculture)와 컴퓨터기술이 결합하면서 나타난 문화가 사이버펑크(cyberpunk)였다. 이들은 첨단과학기술이 지배하는 사회의 변두리에서 살아가는 사람들로서 정보화의 홍수 속에서 인간성을 잃고 하나의 부품이 되어가는 인간들이다. 오늘날 네티즌들은 이러한 사이버 공간이라는 전자현상의 환상 속에서 살아가고 있다.

(3) 사이버 세계 중독

사이버 문화는 사이버 세계에 대한 중독을 야기시킬 수 있다. 인터넷 중독자들은 심각한 도박 중독자들이 보이는 증세와 유사한 중독증세를 보인다고 한다. 이들은 불법행위를 일삼고 돈을 흥청망청 쓰며 결혼생활이 붕괴되고 어린이들은 폐해증상을 보이고 있다.[14] 이들의 중독증세는 도박증세와 비슷하다. 전자우편함을 하루에도 몇번씩 열어 도착한 편지를 확인하고 없으면 초조해 한다. 이들은 현실도피를 위해 인터넷에 빠져들며 잠시라도 떠나 있으면 화면이 눈 앞에 어른거려 다른 일을 하지 못하게 된다. 이들 중독자 가운데는 사이버 섹스(cyber sex)에 빠진 자들이 많다고 한다. 사이버 섹스는 실제 섹스보다 더 자극적이어서 심하면 현실로 되돌아오기가 쉽지 않다고 한다. 날로 증가하는 인터넷 증권거래도 그것에 미치게 만든다. 시시각각 증시현황을 파악하느라고 온통 인터넷에 매달린다. 이처럼 사이버 공간에만 빠져 있다 보면 자폐증 환자처럼 실생활은 황폐해질 수 밖에 없다. 그 결과 불법행위를 아무렇지 않게도 행하고 돈을 흥청망청 쓰며, 결국 결혼생활까지 붕괴될 수 있다.

(4) 성과 폭력의 전자상품화

성과 폭력이 전자상품화 되고 있다. TV, 영화 잡지, 게임 등의 폭력물과 음란물에 노출된 청소년들이 점차 폭력화되고 성윤리에 무디어지는 경향을 보이고 있다. 그런데 가상현실이 폭력을 미화하고 성을 쾌락의 도구로 더욱더 조장하고 있다. 컴퓨터 네트워크를 통해서 쌍방향의 전송이 가능해지면서 포르노(porno)의 확산속도와 폭이 더욱 커지고 있다. 사이버 섹스(cyber sex)가 이루어지고 있다. 포르노 비디오의 경우에는 시청자가 화면에서 보여지는 대로 수동적으로 참여하나 사이버 섹스에서는 사용자가 적극적으로 참여한다.

(5) 사이버 스토킹

이메일과 인스턴트 메신저(IM)를 통한 '인터넷 스토킹'(cyber stalking)이 확산되고 있다. '스토킹'은 '몰래 접근하다', '미행하다'라는 뜻의 영어 '스토크'(stalk)에서 나온 말로 일방적으로 상대를 골라 병적으로 쫓아다니는 행위를 뜻한다. 사이버 스토킹은 인터넷 등 익명성이 보장된 온라인 매체를 이용, 상대방을 집요하게 쫓아다니거나 괴롭히는 정보화시대 신종범죄이다. 사이버 스토킹은 ① 언제 어디서든 상대방을 괴롭힐 수 있고 ② 불특정 다수의 제3자들로 하여금 쉽게 상대방을 괴롭히거나 위협하게 할 수 있으며 ③ 직접 대면함으로써 생길 수 있는 위험이 줄어들고 ④ 순식간에 불특정 다수의 사람들에게 전달할 수 있다는 점에서 오프라인에서 이루어지는 스토킹과 다르다. 최근 등장하는 스토킹은 상대방의 전자우편 주소를 알아내 구애를 하는 수준에서 벗어나 고의적으로 음란사이트에 신상명세를 게재하는 등 수법이 저질화 되고 있다. 최근 우리 사회에서도 전자우편이나 게시판을 이용하여 상대방을 집요하게 쫓아다니며 괴롭히는 사이버 스토킹 피해가 속출되고 있다. 자신의 삶을 한번에 망칠 수 있는 스토킹 위험에서 벗어나기 위해서는 이메일 주소를 가까운 사람 외에 공개하지 않고 채팅방에서도 신분을 노출시키지 않는 등 주의가 요구된다.[15)]

4. 사이버 예배에 대한 신학적 비판

가상현실로 제공되는 정보는 개인이 폐쇄된 공간 안에서 받는 정보이기 때문에 여러 가지 사회적 문제를 야기시킨다.

(1) 교회의 탈공동체화

사이버 예배가 교회를 탈공동체화 시키고 있다. 사이버 교회에서는 공적 예배에 나가지 않고 사이버공간의 예배에 참여하게 된다. 그렇게 되면 자기 개인만이 예배를 경험하는 것에서 끝나고 실재 교회에서 경험하는 여러 신자들이 모여서 같이 예배를 드리는 모임은 없다. 그리하여 시공간적으로 함께 모여 드리는 공적 예배 - 한 목소리로 찬양을 부르고 같이 기도하고 신앙고백을 같이 하고 서로 손잡고 안부를 묻고 인사하는 공동체적 교제 - 는 부재하게 된다. 사이버 교회에서는 여러 목회자의 설교를 다양하게 들을 수 있으나 목회자와 인격적인 관계는 결여될 수박에 없다. 목회자와 성도,

성도와 성도 사이의 공동체적 유대감이 부재하고 있다. 공동체적인 신앙고백이 부재하고 서로간의 유대감이 없는 믿음의 사람들의 모임을 교회라고 말할 수는 없다. 코이노니아가 없는 가상교회는 진정한 예수 그리스도의 교회라고 할 수 없다.

(2) 예배의 인본주의화

예배의 성격이 청취자 편의위주로 인본주의화 될 위험성이 있다. 예배는 하나님께 몸과 마음을 드리며 불순종한 삶을 회개하고 새로운 헌신의 결단을 하는 하나님에 대한 진정한 교제요 만남이다. 예배가 상달되기 위해서는 흠양하시는 하나님의 뜻에 일차적으로 복종하고 모든 것을 거기에 맞추어야 한다. 그러나 사이버 예배에는 이러한 회심과 헌신과 결단이 결여되는 경우가 많다. 자기만의 폐쇄된 공간에 있는 것이 신앙이 깊은 신자에게는 더욱 골방에서의 기도와 예배의 시간이 될 수 있다는 사실을 부인할 수는 없다. 그러나 일반적으로 예배가 하나의 프로그램을 체험하는 것으로 끝나버릴 수 있다. 신앙이 아직도 어린 신자들은 '왜 구태여 교회에 가서 예배를 드려야 하는가' 라는 의문을 제시하게 된다. 더욱이 교통이 복잡하고 주차장도 부족한 도시에서는 아예 재택예배를 드리자는 의식이 일반화 될 수도 있다. 21세기 우리사회도 서구사회처럼 주 5일 근무가 일반화되면, 휴양지나 여행지에서의 사이버 예배가 더욱 늘어나게 될 것이다. 그렇게 되면 지역교회의 예배와 모임은 점점 약화 될 수밖에 없다.

(3) 드리는 예배 아닌 청취하는 예배

드리는 예배가 아닌 청취하는 예배가 되어 버린다. 그리고 헌신과 결단이 결여된, 소극적이고 피동적인 예배와 신앙관습이 형성된다. 사용자들이 지역교회의 경건한 분위기 속에서 그 신앙이 자라지 않고 멀티미디어나 가상현실의 영상을 통해서 신앙을 배우기 때문에 진정한 신앙고백과 자기헌신적 신앙을 가지게 될 수 있을지 의문이 제기된다. 기독교 신앙은 예수 그리스도의 십자가 구속사건에 대한 인격적 결단이다. 이것은 신앙공동체 안에서 말씀의 선포를 진지하게 경청하고 받아들임으로써 하나의 내면적 사건으로 일어난다. 그러나 재택예배에서 혼자의 개인적 청취만으로 그러한 신앙에 대한 실천적 믿음을 가질 수 있을지 의문이다. 진정한 예배는 설교가 나오는 동영상을 청취하는 것만이 아니다. 진정한 예배는 드리는 것이기 때문이다.

(4) 성례전 없는 예배

가상예배에서는 성례전을 시행할 수 없다. 사이버 예배에서 사용자가 신앙의 결단을 하고 사이버 목사에게 세례를 받는 것이 과연 효력을 지니는 것인지 의문을 제기할 수 있다. 그리고 또한 성만찬에 참여할 수 있는지 의문을 제기할 수 있다. 진정한 세례는 신앙고백을 하고 목회자에게 물로 뿌림을 받는 의식에서 수행된다. 그리고 성만찬도 목회자가 실제적으로 집전하는 가운데 같은 고백을 하는 신자들과 함께 주님의 피와 살을 기념하는 공동체적 고백에서만 효능적으로 시행되는 것이다. 그러나 사이버 예배에서는 구체적인 신앙고백도 그것을 집행해 줄 목회자도 없기 때문에 가능한 일이 아니다. 사이버 설교자나 사이버 목회자는 성경을 가르쳐주고 신앙상담을 해 줄 수 있을지는 모르나 불신자의 결신이나 신자를 위하여 세례나 성만찬을 베푸는 데는 한계가 있다.

5. 사이버 문화에 대한 기독교 문화전략

(1) 가치중립적 사이버 문화 적극 수용

사이버 스페이스는 가치중립적이다. 그것은 악한 것도 선한 것도 아니다. 네티즌의 태도와 행동에 따라서 그것이 인간에게 선하게도 또는 악하게도 되는 것이다. 교회는 가치중립적인 사이버 문화를 적극 수용하고 기독교적 사이버 문화를 정립해야 한다. 오늘날 PC방에는 많은 게임과 CD-ROM이 나와 있으나 기독교적 자료와는 거의 무관하다. 그리고 폭력과 문란한 성, 선정적인 자료들은 청소년들을 영적으로 무력화시키고 자기들의 노예로 종속시키고 있다. 오늘날 교회는 이러한 멀티미디어의 영적 도전에 아무런 대책없이 젊은 세대들을 쉽사리 내어주고 있다. 그리하여 젊은이들이 교회를 떠나고 있다. 신자들은 가상현실을 제대로 이해하고 이 방면의 기술을 잘 습득하여 이 기술이 신앙과 교회와 가정과 사회를 위하여 긍정적인 영향을 미치도록 노력해야 한다. 이를 위해 교회는 정보통신을 전공하는 젊은이들을 훈련하여 이들이 교회의 각종 프로그램 작성인으로 참여할 수 있도록 해야 한다. 그럼으로써 정보통신기술을 지닌 젊은이들이 마음을 활짝 열고 교회 안에서 자기의 능력을 발휘할 수 있다. 그리고 이들을 활용하여 이들이 인터넷 선교사로 활동할 수 있도록 해야 한다.

멀티미디어 예배는 인터넷 시대의 요구에 응하는 예배의 패러다임 전환이다. 멀티미디어 예배란 단순히 목사의 설교장면을 비추는 것에 제한되지 않는다. 고난주간에 예수님의 고난받는 장면의 영상을 보여준다거나, 어버이 주일 때 부모님과 관련된 영상을 보여주는 적절한 영상을 보여줌으로써 예배의 감성적 시각효과를 극대화할 수 있게 한다. 멀티미디어는 현대예배를 위한 하나의 언어로 자리매김하고 있다.[16)]

(2) 사이버교회 설립

지역교회가 사이버 교회(cyber church, virtual church)를 세우는 것이 필요하다. 여기에는 거리와 시간의 개념이 없다. 사이버 교회는 예배당도 강단도 성가대도 의자도 없는 사이버 스페이스에서 전자 현상을 통해 나타나는 교회이다. 이러한 사이버 교회는 거동이 불편한 장애자나 노인이나 병원에 입원해 있는 환자, 또는 요양원이나 산골이나 해변 등 교회에서 멀리 떨어져 있어 예배드리기 어려운 사람들에게는 매우 유익한 서비스가 된다. 그것은 특히 중국 연변지역의 선교나 북한, 몽골, 티베트 등 지리적으로 떨어져 있는 곳의 교민들이나 지역주민들에게 복음을 전파하는 데는 가장 효율적일 수 있다.

사이버 교회는 교회에 나가기를 꺼리는 사람들에게 부담없이 혼자서 예배를 드리고 설교를 들을 수 있는 기회를 제공한다. 농어촌 교회, 산간오지나 낙도의 거주자, 군부대나 등대지기 등 특수 직업에 종사하는 자들에게 사이버교회는 감동적인 예배를 경험할 수 있게 한다. 가상교회 시스템으로는 재택예배 시스템, 설교제작 시스템, 신구약 강해 시스템, 원격성도 관리 시스템을 들 수 있다. 목회자의 설교내용을 성도들에게 시공간의 제약을 받지 않고 문자, 영상, 음성, 비디오 등 각종 멀티미디어 매체를 통하여 제공받을 수 있는 주문형 설교 시스템인 COD(Chapel On Demand)를 개발하는 것이 필요하다.[17] 이러한 시스템을 통하여 효과적인 기독교의 신앙해설, 교리강좌, 설교정보와 선교정보를 제공할 수 있다. 가상현실을 활용, 천국의 복락과 지옥의 고통에 대하여 시뮬레이션을 통한 CD-ROM을 제작하여 배포한다면 적지 않는 전도의 효과가 있을 것이다. 가상현실의 효과는 교회의 교육에 생동적으로 활용될 수 있다. 홍해의 기적을 통하여 깊은 바다를 건너는 이스라엘의 체험은 가상현실을 통하여 생동감 있게 전달될 수 있다.

가상성경(virtual Bible)을 만들어 지금까지와 같이 읽는 학습방식이 아닌 학습자가 직접 참여하고 가상현실과의 상호작용을 통하여 생동적인 체험을 하는 것이다.

2005년 7월 8일 미국 기독교신문 《비브리컬 레코더》(www.biblicalrecorder.org)는 미국의 기독교 지도자들이 점차 '블로그'의 위력에 눈뜨고 있다고 보도하였다.[18] '블로그'(blog)라는 단어는 웹 로그(web log)의 줄임말로서, 인터넷 연결을 통해 자신의 목소리를 누군가에 전달하는 온라인 저널(Online Journal)을 말한다. 기독교블로거(christian blogger)들은 온라인을 통해 복음을 전하고 행동하며 주장하는 자들이다. 이들은 교회에 관심을 가지지 못하는, 다양한 청중들에게 보다 더욱 생동감이 있게 다가가기 위해 블로그를 이용하고 있다. 미국의 복음주의자들은 2004년 11월 대통령 선거에서 부시대통령의 승리를 위해, 많은 추종자들이 투표를 할 수 있도록 하기 위해 블로그를 이용했다.

허그 헤위트(hughhewitt)는 닉슨 대통령을 위한 대필작가였으며, 레이건 행정부내에서 일했던 보수적 라디오 토크쇼 방송진행자이다. 헤위트는 기독교출판사 '토마스 넬슨'(Thomas Nelson)을 통해 2005년 1월 『블로그: 변화하는 세계 안에서의 정보개혁 이해』를 출판하기도 하였다. 헤위트의 블로그 'hughhewitt.com'은 하루 방문객이 4만 명이다. 그는 "땅끝까지 복음 전파를 위임한 그리스도의 지상대명령(Great Commission)은 커뮤니케이션에 우선한다. 그러므로 목회자는 지금 지상대명령을 성취하기 위한 가장 합리적이고 영향력 있는 새로운 브랜드의 방안을 검토해야 한다."고 말한다. 헤위트는 자신을 "복음 전파를 위해 애쓴 정치적 블로거"라고 표현하면서 "기독교인들이 오랫동안 주류 미디어들과 비교해볼 때 비주류로 여겨졌던 블로그를 사용하는 것을 이제 받아들여야 한다." "지금 전 세계는 블로그를 통해 정보를 얻고 있다. 이에 대한 방벽과 왜곡들은 이미 사라졌다. 세계 모든 사람들이 여기에 접속할 수 있는 장점이 여기에 있다. 훌륭한 기독교블로거들이 이곳에 범람해야 한다."[19]고 강조하고 있다.

켄터키 루이스빌에 위치한 남침례교신학교의 엘버트 묄러(Elbert Moehler) 총장도 이미 그의 블로그(crosswalk.com/news/weblogs/moehler)를 가지고 있다. 그는 "블로그의 수와 그 영향력은 점차 커질 것이다. 그는 "기독교인들은 기하급수적으로 늘어나는 웹사이트와 블로거들에 대해 관심을 가지고 이를 책임감 있게 활용해야 할 것" 이라고 역설하고 있다.[20]

(3) 인터넷 선교

인터넷 선교는 세계선교의 새로운 지평을 열고 있다. 인터넷을 통하여 맥루한(Mcluhan)이 언급한 "지구촌"(global village)이라는 개념은 현실화 되었다. 사이버 스페이스에는 국경이나 민족이나 세관이나 입국이나 출국절차가 필요없다. 인터넷 선교는 비자도 필요없고 체류연장도 받을 필요도 없고 지역보안대의 검열을 받을 필요도 없다. 인터넷 선교에서는 선교지와 선교사의 거주지의 거리상의 구분이 없다. 세계 어느 지역에 있든지 컴퓨터와 전화선만 있으면 사이버 공간 세계에 마음대로 들어갈 수 있고 원하는 정보를 전달할 수 있다. 사이버 스페이스를 통하면 세계 어느 곳이든지 자기 사무실에 앉아서 통신할 수 있고 복음을 전파하고 선교정보를 보낼 수 있다. 정보고속도로의 구축은 땅 끝까지 복음이 전파되는 데 중요한 기반시설(infrastructure)을 구축하는 것이 된다. 여태까지의 선교는 선교사가 파송되는 지역의 문화권을 의식하여 타문화권을 연구하는 것이 필요했으나 사이버 선교에서는 가상공간 속에서 형성되고 있는 문화권의 존재를 의식하고 그곳까지 영향력을 넓혀 가는 것이 중요하다.[21]

인터넷 선교의 한계는 일반 선교처럼 직접적인 메시지를 전달하기 어렵다는 것이다. 인터넷을 통해 접촉할 수 있는 대상은 많지만 그 대상의 문화적 이질감이나 상대방에 대한 신뢰의 부족으로 인해 메시지 전달이 쉽게 거부될 수도 있다. 그리고 선교의 성과 확인(상대방의 양육정도, 헌신의지)도 어렵다. 이러한 한계점은 지역선교사와 협력하여 해결해야 한다. 가상교회나 복음전파는 그 자체만으로는 충분하지 않고 지역교회와 선교와의 협력을 통해 비로소 그 소기의 성과를 거둘 수 있다. 성과를 거두기 위해서는 지역교회의 정보화 마인드 구축과 새로운 사이버 문화의 흐름에 적극적으로 대응하는 것이 필요하다.

멀티미디어는 주체가 아니라 도구이다. 예배의 주체는 성령이며 멀티미디어는 성령과 성도 사이의 윤활유 역할을 한다, 멀티미디어가 예배의 갱신을 가져다 주지는 못한다. 예배의 갱신은 영적으로 새로워진 목회자, 말씀과 성령으로 충만한 목회자만이 수행하는 것이다. 멀티미디어는 영적으로 새롭게 된 목회자와 성도들의 예배에 보다 감성적이며 구체적으로 하나님의 말씀을 시청각적으로 현존화 시키는 도구의 역할을 한다.

(4) 공동체 의식 강조

공동체 의식을 강조해야 한다. 이러한 사이버공간은 개인 삶과 의식을 개별화시키고 가정이나 교회의 중요성을 약화시킴으로써 공동체가 약화되고 개인주의화되는 사회문제가 야기될 것이다. 이러한 현상은 재택근무, 출장근무, 홈 쇼핑, 화상회의 등을 자주함으로써 촉진될 것이다. 교회는 이러한 현상을 바로 잡기 위하여 공동체 의식을 강조해야 한다. 지역교회야 말로 사이버 시대에 공동체를 유지하는 최후의 보루라고 할 수 있을 것이다.

개개 신자들이 정체불명의 사이버 교회에 들어가 재택 예배, 설교자 선택, 대화식 설교 등을 하도록 맡기지 말고, 지역교회가 매주일 모범적으로 실행해야 할 필요가 있다. 그렇게 함으로써 신자 개인들이 사이버 예배나 교리강좌, 성경공부 등을 통해서 본래 주일예배나 성경공부를 보충하는 효과를 갖도록 하는 것이 필요하다. 주일 예배시 본당에 입장하지 못한 신자들을 위해 무선 LAN을 구축하고 노트북을 이용하여 교회 어느 곳에서든지 가족이 모여 앉아 예배를 드리도록 해야 한다. 그리고 멀티미디어 홈페이지를 운영하여 주일 예배에 참석하지 못한 신자나 설교를 다시 듣기 원하는 신자를 위하여 가상교회를 운영하는 것이 바람직하다. 가상예배를 드리는 신자들이 본교회 공동체에 속한 소속감을 느끼도록 하여이들이 본교회와의 유대적 관계를 지속적으로 하는 것이 필요하다. 그리고 지역교회는 가상교회에서 맛 볼 수 없는 성만찬과 찬양과 기도, 합심하는 영적 교제, 성도의 교제와 위로를 위한 특별 프로그램을 실시해야 한다. 그럼으로써 하나님을 만나고 신자 상호간에 인격적 교제를 체험하도록 해야 한다. 그럴 때 지역교회는 가상교회가 가지지 못하는 교회의 정체성을 유지할 수 있다.

(5) 멀티미디어를 통한 감정적 요소를 수용

멀티미디어의 감정적 신학을 수용함으로써 문자적 신학은 자기혁신을 추구해야 한다. 여태까지의 신학은 문자 미디어를 기반으로 하여 생성된 신학이다. 그러나 멀티미디어와 가상현실은 의식구조의 전환을 요구하고 있다. 여기서는 얼마나 가슴에 와 닿는가가 중요관심이 된다. 자구(字句)에 대한 해석보다는 가슴에 와 닿는 것이 관심의 초점이다. 논리적 설득보다는 감정적으로 느끼게 해 주는 것이 중요하다. 사이버 문화시대에서 개혁신학은 자기의 신학적 틀 안에서 멀티미디어에 대한 바른 신학적 반성을 전개해야 한다. 사이버 문화 안에서 개혁신학은 보다 완숙히 전개된 문화신학으로 전개될 수 있다. 그곳은 문자를 넘어서 동영상과 가상현실을 이용하며, 창세기에서부터 시작하여 요한계시록까지 전개된 계시적 언어와 상징을 영상화하여 전달하도록 하는 것이다. 개혁신학은 문자적 차원에서 영상적 감정적 차원으로 확대될 수 있다. 그러나 분명한 것은 신앙고백의 본질이 변하는 것은 아니라는 것이다. 옛 신앙고백은 여전히 사이버 문화 속에서도 타당하다. 단지 표현방법이 달라질 뿐이다. 그러므로 소위 급진신학이 제안하는 바 같이 사이버 신학이 신학의 해체(deconstruction of theology)를 말하는 것이라면 그것은 사이버 문화에 영합된 신학의 변질이요 신학의 인본주의화이다. 그것은 사이버문화 속에서 여전히 왕으로 계시고 일하고 계시는 그리스도 교회의 신학은 아니다.

(6) 사이버 교회 신학 정립

교회는 사이버 교회의 신학을 정립해야 한다. 사이버 시대에서 교회는 결단코 사이버 공간을 기피하거나 도피하는 교회가 아니라 사이버 공간 안에서 하나님을 구속을 선포하는 예수 그리스도의 교회로서 존재해야 한다. 그러나 그리스도의 교회는 사이버 교회의 정체성이 전자망에서 연결되는 가상교회에 그 본질이 있지 않다는 사실을 선언해야 한다. 사이버 교회 역시 예수 그리스도의 교회가 되기 위해서는 구체적인 시간과 공간의 역사 속에 들어오셔서 복음을 선포하시고 십자가에 못박히시고 부활하신 예수 그리스도의 죽으심과 부활에 근거해야 한다. 또한 사이버 교회는 그 지역에서 존재하는 신자들의 공동체인 지역교회를 떠나서는 그 진정한 역할을 기대할 수 없다.[22] 공동체로서 존재하는 지역교회가 바로 사이버 교회의 실체가 되고 정체성을 부여하기 때문이다. 사이버 교회의 각종 프로그램은 바로 이 지역교회에서 나오기 때문이다.

목회자는 예배의 기술자가 아니라 예배의 건축가가 되어야 한다. 목회자는 교회자원을 적절히 이용하는 지혜가 필요하다. 목회자와 예배 기획자들은 멀티미디어 예배가 교회부흥의 도구로 사용되는 것이 아니라 보다 감성

적인 진정한 예배의 영향력을 주는 도구의 사명을 감당해야 한다.[23)]

(7) 왕국지향적 접근

사이버 문화를 비롯한 대중문화 구속(redeeming pop culture)을 위하여 왕국지향적 접근을 해야 한다. 그리스도는 문화의 변혁자요 문화의 왕이시기 때문이다. 천국은 획일성이나 태고성의 왕국이 아니라 다양성과 미래성의 왕국이기 때문이다. 다가오는 새하늘과 새땅의 왕국에는 열국의 왕들이 저들의 문화의 보화를 가지고 들어가서 저들이 문화적 다양성을 가지고 그리스도를 찬양하고 하늘나라의 축제에 참여할 것이기 때문이다. 우리는 사이버 문화의 방식으로 수행되는 각종 대중문화(사이버 음악, 영화, 패션, 문학, 아이콘(icons), 은어(隱語, lingo), 유행(fads), 인터넷)을 다가오는 그리스도 왕국의 관점에서 변혁시키도록 노력해야 한다. 대중문화는 결단코 우리가 도피해야 할 영역이 아니다. 대중문화는 우리 기독자가 문화의 위임을 받은 사명의 왕국이다.

미국 테네시(Tennessee) 낙스빌(knoxville)의 시다르 스프링(Cedar Springs) 교회의 목사 T.M. 무어(Terry Michael Moore)는 그가 2003년 출간한 책『대중문화의 구속』(*Redeeming Pop Culture*)에서 세 가지 실문을 제시한다. "복음주의 기독교인이 대중문화를 즐기는 것은 적절한 것인가?" "왕국의 관점에서 우리는 대중문화에 종사하는 것으로부터 어떤 유익을 얻을 수 있는가?" "그리스도의 왕국의 목적이 어떻게 봉사되어야 하는가?" 무어는 기독교인들이 대중문화로부터 도피해서는 안 되며 맹목적으로 따라가서도 안 된다고 말한다. 대중문화는 깨어 있는 신자에게 그가 하는 모든 일을 통해서 하나님을 영화롭게 하는 수많은 기회를 제공한다. 그리고 대중문화는 잃어버린 세상을 이해하는 것을 도우며 사람들이 사는 왕국의 복음을 전파하는 새로운 길을 제시한다. 무어는 그의 저서를 다음말로 끝맺는다. "만일 이러한 방식으로 우리가 대중문화에 접근한다면, 우리는 대중문화의 전제와 메시지에 의하여 포로가 되고 세상의 틀(mold) 속으로 조여 들어가고 우리 왕국의 특성을 몰수당하고 대중문화의 칡(kudsu)에 의하여 압도당하는 위험을 무릅쓴다. 그러나 대중문화에 대한 왕국적 접근은 더욱더 흥미 있으며 흥분을 시키는 것 외에 그리스도 왕국으로 우리의 불리움을 위한 유익을 발견하도록 하며 포스트모던 세상에서 그의 종으로서 더욱더 효능적이도록 돕는다."[24)]

*

오늘날 선진국의 교회들은 사이버 문화 시대 속에서 선교를 수행하고 있다. 오늘날 인터넷을 통하여 펼쳐진 사이버 공간은 "땅끝까지"의 개념을 달성한 것으로 보인다. 사이버 공간이야말로 시공간을 넘어서서 지구상 어디라도 전파에 의하여 도달할 수 있는 전자공간이기 때문이다. 인터넷을 통해 접해 볼 수 있는 사이버 교회는 구체적인 교회의 홈페이지와 다른 것이 없다. 사이버 교회가 지역교회에 의하여 운영될 때 그것은 실재교회의 프로그램을 더욱 풍성하게 하는 데 도움이 된다. 이런 의미에서 가상공간의 사이버 문화는 우리가 경계하고 두려워해야 할 대상이 아니라 오히려 하나님이 그 주권을 우리에게 위임하신 영역이다. 오늘날 교회와 신자들은 그리스도로부터 사이버 문화의 선교사로서 활동하라는 문화적 위임을 받았다. 사이버 문화 시대에 모든 신자는 네티즌들이다. 네티즌으로서 신자는 인터넷 선교사가 되어 세계 어디서나 사이버 메신저로서 하나님의 말씀을 선포해야 한다. 정보통신의 혁명이라는 컴퓨터 통신의 거대한 물결 속에서 네티즌으로서 신자는 인터넷 선교의 사명을 다해야 할 것이다.

chapter 6
가상공간에 대한 신학적 진단

오늘날 과학기술은 전자혁명에 의하여 멀티미디어(multi-media)를 발전시켰다. 멀티미디어는 컴퓨터 통신에 의하여 대량의 음성, 문자와 화상정보를 동시에 전 지구 위에 전달할 수 있는 정보장치이다. 멀티미디어는 21세기 삶의 양식을 결정하는 대중매체로서 현대인들에게 두 가지 변화를 가져오고 있다.

첫째, 지구촌의 네트워크 형성이다. 전 세계의 개인들은 인터넷(Internet)이라는 정보고속도로의 그물망을 통하여 하나의 통신망으로 시공간을 제로화 시키어 상호 연결된다. 현대인은 서재에서 컴퓨터를 통해서 전 세계의 정보에 접하게 된다. 인터넷이 설정하는 정보망은 인종과 국경과 성별을 넘어서서 모든 사람들이 동등하게 참여하는 지구촌(global village) 사회를 형성한다. 여기서 가상공간(cyber space)이 등장한다. 이것은 실재로는 있지 아니하나 인터넷이란 정보의 공간 속에서 존재하는 유사공간이다. 가상공간이란 실재가 아니고 실재와 유사한 유사현실(quasi-reality)로서 가상적으로 존재하는 가상실재(virtual reality)이다.

둘째, 가상공간의 사용으로 인한 재택화(在宅化) 현상이 야기한다. 이러한 가상공간의 등장은 현대인의 생활에 크나큰 변화를 가져오고 있다. 가상공간은 실재공간을 보완하기 때문에 반드시 실재 근무처를 사용할 필요가 없다. 가상공간에서 근무하면 된다. 이미 대기업과 회사에서는 전자결재가 행해지고 있다. 종이가 필요 없다. 전자우편이 행해진다. 그리하여 우편배달부를 통하여 실재공간으로 서류를 배달할 필요가 없다. 전자대화, 전자게시판, 전자동호회, 전자쇼핑, 전자결재, 화상회의, 인터넷을 통한 해외 도서관에 비치된 문헌의 조사와 열람 등은 가상공간을 이용한 문명 이기의 구체적인 예들이다.

이러한 변화는 개인용 컴퓨터 보급으로 인하여 거미줄처럼 연결되어 전 세계화되고 있다. 이러한 전자 그물망은 출입국관리의 통제에서 벗어나 모든 인종과 국경을 넘나들며, 시공간의 제약 없이 개인의 안방에까지 스며든다. 그리하여 다가오는 21세기는 멀티미디어의 시대로서 도래하고 있다.

이로 인하여 현대인의 생활과 작업양식이 바뀌고 그로 인하여 가치방식이 변하고 있다. 이러한 멀티미디어는 기독교에도 크나큰 영향을 주고 있으며 목회와 선교에도 지대한 영향을 미치고 있다. 사이버 시대 속에 있는 교회와 신자들도 이러한 영향을 받고 있다.

*

1. 가상공간의 문화맥락적 이해

가상공간은 현실세계의 재현도 아니고 포토 리얼리즘(photo realism)도 아니다. 가상공간은 가상 실재론(virtual realism)이다. 가상 실재론이란 현실

세계를 3차원-다차원으로 재생산하기 보다 현실세계를 변형시켜 만들어 낸 하나의 대안적인 세계라고 할 수 있다. 가상현실은 현실세계와 연결되어 있는 동시에 환상과 상상의 세계와도 연결되어 있다.

가상공간은 디지털 기술의 발달로 인해 크게 발달하고 있다. 디지털 기술이 인간의 시간과 공간감각을 완전히 바꿔 놓았다. 인간과 미디어는 보다 적극적인 상호작용을 하며 컴퓨터 그래픽의 압도적인 힘이 발휘되고 있다. 미디어의 모든 분야에서 자유롭고 강렬한 이미지를 만드는 데 컴퓨터 그래픽이 사용되고 있다. 이는 문자 정보를 시각적으로 디자인된 사진 또는 그래픽과 함께 읽어야 한다는 것을 의미한다.

아바타(avatar: 가상현실상의 분신, 이용자의 대리인)는 가상공간에서 실시간으로 이용자를 캐릭터로 표현해 주는 컴퓨터 그래픽으로 표현된다. 사람들은 아바타를 통해 인간관계를 맺고 채팅이나 게임을 하거나 정보를 교환하게 될 것이다. 보다 구체적으로는 아바타를 통해 보는 법, 읽고 말하는 법, 다른 사람에게 행동하는 법을 다시 배우게 될 것이다. 아바타가 잘 만들어질수록 직접 사람을 만나는 일은 줄어들 것이다. 많은 사람들이 아바타를 통해 또 다른 삶을 즐기면서 일에서도 비슷한 변화가 일어날 것이다. 온라인으로 재택근무를 하는 것은 출퇴근 시간을 줄여 줄뿐만 아니라 더 재미있게 일할 수 있는 환경을 제공할 수 있다. 온라인 회의를 하면서 기본의 사진이나 화상 이미지가 아니라 아바타로 회의를 진행하는 것이다. 사무실에서 실재로 근무하는 각 개인들을 대리해 주는 깜찍하고 기발한 아바타들의 회의가 사무실에서의 회의보다 더 재미있게 이루어진다.[1)]

디지털시대의 문화 인프라(infra)는 보이는 것에서 보이지 않는 것으로, 손에 잡히는 것에서 잡히지 않는 것으로, 집단적 일방향적인 것에서 개인적 쌍방향적인 것으로 변하여 가고 있다. 익명성과 개별성이 특징으로 드러나고 있다.

2. 유비쿼터스(ubiquitous) 시대: 와이브로(WiBro)가 가져올 공유의 시대

2006년 11월 초 서울에서 '모바일 와이맥스 서밋'(Samsung Mobile WiMAX Summit)이라는 국제 정보통신 행사가 열렸다. 삼성전자는 이 행사에서 음성 · 화상 통화는 물론, 차세대 이동통신 기술인 와이브로(WiBro)를 통해 언제 어디서나 자유롭게 인터넷에 접속하는 '딜럭스 MITs'라는 디지털 기기를 세계 IT(정보기술) 업계에 처음 공개했다. 휴대전화, PC, 카메라, MP3플레이어, TV 등이 손바닥만한 단말기 하나로 통합됐으니, 모바일 컨버전스(융 · 복합)의 대표 제품이라고 할 수 있다.

심혈을 다해 개발한 딜럭스 MITs를 보면서 요즘 새로운 꿈을 꾸고 있다. 와이브로가 성공적으로 정착되면, 정보가 자유롭게 오가는 '정보 공유', '정보 평등'의 시대가 가능하게 되는 것이다.[2)]

한국에서도 지식 정보의 습득이 곧 부(富)와 가치의 창출로 연결되는 지식정보화 사회로의 이동은 먼 미래가 아니라 이미 현실이 됐다. 한국은 이동통신 가입자 4,000만 명 돌파를 눈앞에 두고 있고, 초고속 인터넷 가입률이 80%에 이를 정도로 디지털 시대를 앞서가고 있다. 다른 어느 나라보다 먼저 산업사회를 지나 지식정보화 사회로 진입할 수 있는 가능성이 높은 것이다. 더구나 와이브로가 활성화되면 지식으로 접근하는 시간 · 공간적 제약으로부터 자유로워지면서 지식사회로의 전환도 빨라질 전망이다.

창조적 지식정보사회는 항상 인터넷과 연결돼 있다는 의미인 유비쿼터스(ubiquitous)를 통해 실현 가능하다. 언제 어디서나, 쉽고 빠르게 저렴한 비용으로 필요한 정보와 지식에 접근할 수 있는 와이브로야말로 유비쿼터스를 본격화하는 핵심 기술이다. 와이브로라는 새로운 창조적 개념이 우리를 시간 · 공간 · 방법의 제약에서 자유롭게 해 줄 것이기 때문이다.

2006년 한국은 IT산업에 있어서 미국 통신사업자 '스프린트 넥스텔' 과 와이브로 분야의 제휴를 맺으면서 '미국에 통신 장비를 수출하겠다' 던 오랜 숙원을 풀었다. 또 '내 손안에 큰 세상' 이라는 사업 비전도 와이브로 시대의 새로운 단말기인 '딜럭스 MITs' 를 선보이면서 눈앞의 현실로 다가오고 있다.

요즘 전 세계 통신업계는 미래 통신기술을 준비하기 위한 '4G포럼' '모바일 와이맥스 서밋' 등 한국 기업이 주최하는 국제행사를 통해 우리가 개발하는 차세대 통신기술의 발전 방향과 상용화 확대 방안 등을 논의하는 데 여념이 없다. 유비쿼터스 시대를 열 와이브로나 4G(4세대) 등 차세대 통신기술이 생활 패러다임을 변화시키고, 인간의 삶을 더 풍요롭고 자유롭게 해 줄 방안을 찾는 데도 고심하고 있다.

3. 사이버 교회의 등장

정보화 시대는 목회의 형태에까지 변화를 가져오고 있다. 정보화 시대 속에서 교회와 성경은 새로운 방식으로 존재하게 된다. 사이버 교회(cyber-church), 가상 교회의 등장이다. 일요일만의 교회가 아니라 내가 원하면 언제든지 접속할 수 있는 교회가 사이버 교회이다.

이러한 사이버 교회에서는 인위적인 교파나 지교회의 장벽이 철폐됨으로써 모든 신자들이 메시지를 들을 뿐 아니라 메시지를 나눌 수 있게 된다. 전자 우편(E-Mail)을 주고 받고, 목회자와 평신도가 사이버 스페이스(cyber space) 상에서 신앙상담을 하고 목회자와 목회자 사이에 목회정보, 신학자와 신학자 사이에 신학토론과 정보교환이 시공간의 제약 없이 가능하게 된다. 정보 고속도로의 전파를 타고 목회자 사이에 설교자료가 교환되고, 신학자와 신학자 사이에 연구논문이 자유자재로 교환된다. 사실로 신약교회가 사도신경에 고백했던 전 세계적인 보편적 교회가 인터넷을 통하여 실현되는 것이다. 그러나 이것은 어디까지나 영적으로 실재하는 교회라기 보다는 유사현실적으로 존재하는 사이버 교회인 것이다.

이러한 교회는 폐쇄적인 조직도 아니고 신자들 사이에 높고 낮음도 없으며 중앙기구나 당회에 의하여 독점되거나 통제되지 않는 위계질서에서 벗어난 인터넷 상의 가상공간에 실재하는 전 세계적 교회(World Wide Church)가 될 것이다.[3)]

4. 사이버 목사와 사이버 교인

사이버 교회는 더 이상 설교자 중심의 교회가 아니라 청취자 중심의 교회가 된다. 인터넷을 첨단 선교매체로 활용하는 정보화 목회를 한다는 점에 있어서 사이버 교회는 필요하다. 그러나 그 방식이 문제가 된다. 이미 우리 한국사회에서도 인터넷에 목사 개인 명의로 하는 사이버 교회가 등장하고 있다. 어느 목사가 지역교회를 담임하는 것 없이 인터넷으로만 목회를 하고자 한다고 교계신문에 보도된 바 있다. 인터넷을 통해서 사이버 목회를 시도하는 어느 목회자는 교리선언을 하고 있는데 예수 그리스도의 십자가 대속(代贖)에 대한 신앙고백도 없고 예수를 영체(靈體)로 오신 분이라고만 말하고 있다. 하나님의 예정까지도 인간의 행동을 통하여 바꿀 수 있다고 말하고 능력자의 출현을 강조하고 있다. 그는 헌금도 온라인으로 접수하고 있다.

다음같은 사이버 교인을 상정할 수 있다. 도심 한복판의 오피스텔에서 생활하는 젊은이는 어린 시절부터 신앙생활을 해 왔으나 주일날 교회에 나가지 않는다. 그는 컴퓨터 스위치를 켠다. 오른 손으로 마우스를 클릭하면

성가곡이 흘러나오고 오피스텔은 이미 예배실의 분위기를 자아낸다. 그리고 화면에 나타나는 가상교회 가운데 한 곳을 고른다. 교회의 담임목회자가 화면에 등장하고 주제별로 설교 리스트가 메뉴판처럼 펼쳐진다. 부르고 싶은 찬송가를 직접 고르고 장르와 악기까지 지정한 반주를 선택할 수도 있다. 그리고 헌금하고 싶은 액수를 입력하고 버튼만 누르면 온라인으로 헌금이 전송된다. 이러한 사이버교회를 이용하며 예배를 드리는 자가 바로 사이버 교인이다. 재택근무처럼 재택예배가 유행할 가능성이 없지 않다. 이러한 예배는 얼굴을 맞대고 드리는 예배가 아니라 리모콘으로 작동되는 원격예배(remote worship service)요 멀티미디어를 수단으로 드리는 온라인 예배(on-line worship service)가 되는 것이다. 신실한 성도라면 과연 이러한 예배가 성경과 기독교의 전통에 맞는 예배이며 살아계신 하나님께 드리는 예배인지 회의하지 아니할 수 없을 것이다.

신자들 가운데 실제로 인터넷 예배를 보는 자들이 늘고 있다. 온라인을 통해 종교활동을 하는 사람이 늘고 있다. 직접 교회에 가지 못하는 신도들이 집이나 사무실에서 인터넷 동영상을 이용하는 것이다. 서울 청담동에 사는 32세 나이의 화가는 한 달에 두 번 정도 일요일 아침에 집에서 컴퓨터 스위치를 켠다. 차로 40분 떨어진 교회에 가는 대신 집에서 온라인으로 예배를 보기 위해서다. 교회가 운영하는 인터넷 사이트에 접속, 40여 분짜리 예배 동영상을 보면서 기도를 한다. 헌금(獻金)은 인터넷 뱅킹으로 송금한다. 이 씨는 "직접 교회에 가는 게 좋지만 여행을 가거나 주말에 바쁜 일이 있을 때는 인터넷으로 예배를 본다"며 "시간도 절약되고 듣고 싶은 설교를 골라 들을 수 있어 좋다"고 말했다. 2007년 4월 한 달간 여의도 순복음교회가 제공하는 인터넷 설교 동영상을 본 사람은 하루 평균 13만 5,000여 명이었다.[4] 부활절 등 대규모 예배 행사(평균 3만-5만 명)보다 몇 배 많은 신도들이 하루 동안 설교를 들은 셈이다. 아예 온라인으로만 활동하는 젊은 신자들도 생겼다. 고등학교 때까지 교회를 다녔다는 20세의 한 대학생은 지금은 인터넷으로만 설교를 듣는다. 최 씨는 "여러 교회 사이트를 돌면서 유명 목사님들의 설교를 들을 수 있어서 좋다."고 말했다. 종교 사이트 이용자 1,100명을 대상으로 조사한 박수호(고려대 박사논문)씨의 연구에 따르면 응답자의 40%는 온라인에서만 활동하는 것으로 나타났다.[5] 이들은 하루 평균 51분 사이트를 이용했다. 이런 추세에 따라 인터넷에만 존재하는 사이버 교회나 사찰들이 10여 개 등장하기도 했다. 인터넷 예배는 양면을 지니고 있다. 긍정적 측면은 다음과 같다. "사람이 바빠지면서 대규모집회나 주일예배에 사람을 모으기가 힘든 게 현실"이며 "신앙생활을 막 시작한 이들에게 인터넷은 효과적인 전도 수단이라고 할 수 있다. 부정적 측면은 다음의 것이다. "종교활동은 다른 사람과 직접 만나는 데에서 완성된다."는 것과 "참된 예배는 예배당에 있지 인터넷에 없다."는 것이다. 인터넷 예배는 실제 예배의 보조역할을 할 뿐이다.

5. 사이버 교회의 문제점

사이버 교회의 등장은 지역 교회를 담임하고 있는 목회자들에 대한 시대적인 도전이다. 목회자들은 다가오는 21세기에 실현되는 첨단적인 정보화에 긴밀하게 대처해야 한다. 그래서 한편으로는 교인들을 위한 구역정보망을 구축하고 다른 한편으로는 타지역의 교회와 국내와 국제적인 목회의 정보망에 연결되는 네트워크를 가져야 할 것이다. 선교지와도 인터넷을 통한 네트워크를 가지는 것이 요청된다. 인터넷은 교회선교의 새로운 첨단적인 도구임에 틀림없다. 목회자들은 이러한 인터넷이 가져다 줄 정보화 이기(利器)의 순기능과 역기능을 알고 이것을 바르게 사용해야 할 것이다. 공동체로서의 실재교회는 사이버 교회가 야기시킬 문제를 미리 진단하면서 이에 대한 대책을 마련해야 한다. 사이버 교회를 목회신학적으로 다음과 같이 평가할 수 있다.

(1) 영적 교회가 아니다

사이버 교회는 결코 영적 교회가 아니다. 영적 교회는 구속받은 성도들의 땀과 기도와 헌신과 정성으로 세워지는 것이다. 신령한 교회는 성령이 그 속에서 거하는 성도들의 교제 속에서 존재하는 것이다. 그러나 사이버 교회는 기도처도 없고 교제처도 없다. 컴퓨터의 통신화면이 교제처와 기도처를 대신해 버린다. 따라서 전자로 매개된 가상화면 속에서 거룩한 것의 경험이 시각화 되면서 거룩한 것이 시청각적인 영상으로 평면화 되어버릴 위험성을 내포하고 있다. 그리하여 영혼 깊이 속에 파고 드는 하나님의 말씀이 단지 전자로 축소된 멀티미디어(multi-media) 화상(畵像)의 메시지로 변모해 버릴 위험성을 지니고 있다. 살아 있는 하나님의 거룩한 말씀이 첨단 미디어의 언어로 변질되어 버리는 위험성이 있다

(2) 실재 교회가 아니다

사이버 교회는 구체적인 시간과 공간(예컨대, 서울 상남구 대지동) 안에서 존재하는 실재적 교회도 아니다. 이 사이버 교회는 어디까지나 가상교회요 더구나 인터넷이라는 전파로 연결된 정보 고속도로의 전자 그물망 안에서만 존재한다. 멀티미디어가 보여주는 가상적 영상들은 참된 실재적 가치와 가상적 가치 사이의 혼란을 가져온다. 오늘날 멀티미디어가 발달하면서 그리하여 실재와 가상현실이 혼합되어 있다. 멀티미디어를 통한 이러한 컴퓨터조작은 실재와 가상현실을 혼동하게 만든다. 멀티미디어는 컴퓨터를 통해서 인간의 상상력을 극대화시킨다.

그러나 이것의 피해란 적지 않다. 현실에 좌절한 현대인, 특히 감수성이 예민한 젊은이들로 하여금 많은 어려운 문제들이 도사리고 있는 실재현실에서 무료와 권태를 느끼고 그것을 떠나 가상세계로 들어가 그곳에서 만족과 쾌락을 느끼게 하는 사태가 발생하고 있다. 이 가상현실 속에서는 자신이 하고 싶은대로 무엇이든지 상상력을 동원하여 해 볼 수 있기 때문이다. 이 속에서 현대인들은 이러한 전자로 펼치지는 가상 세계에 중독되어 헤어나기 어렵게 된다. 요사이 인터넷에 중독되어 학교 생활과 일상적인 생활에 장애를 받고 있는 청소년들이 많이 생기고 있다.

(3) 그리스도의 교회가 아니다

사이버 교회는 그리스도의 교회가 아니다. 그것은 '개방 · 평등 · 분산' 이라는 인터넷의 정신에 의하여 기초된 '교회' 이지 그리스도의 보혈에 의하여 세워진 교회는 아니다. 초대교회는 그리스도의 십자가의 죽으심과 부활의 케리그마에 의하여 설립되었고 그의 보혈의 능력에 기초되었다. 그러나 인터넷 교회는 멀티미디어의 산물로서 나타난 것이다. 그것은 하나의 통신의 필요성에서 비롯된 것이다. 사이버 교회는 우리에게 정보의 편리성을 제공하기는 하나 반드시 필요한 것은 아니다. 그것은 있어도 좋고 없어도 좋은 문명의 이기의 부산물로 나타난 인위적 교회(artificial church)이다. 그러나 예수 그리스도의 교회는 모든 교회의 영적 기초로서 필수 불가결한 것이다. 그러므로 우리는 가상교회를 예수 그리스도의 교회와 동일시 할 수 없다. 예수 그리스도의 교회는 우리들의 구원을 위하여 반드시 필요한 하나님의 구속의 도구이나 사이버 교회는 멀티미디어 사회가 문화적으로 기술적으로 산출해 낸 문화의 이기이다. 이것은 반드시 필요한 것은 아니나 그것이 없으면 문화생활을 하는 데 불편을 느끼는 문화적 수단이다.

(4) 몸으로 만나는 인격적 교제 부재

사이버 교회에는 몸으로 만나는 인격적인 교제가 부재하다. 인터넷에서 하는 대화는 전자 언어와 전자 화상에 나오는 익명적인 상대와의 대화이므로 면식(面識)적으로 아는 실재 인물과의 대화와는 차이가 있다. 그러므로 상대방이 누구인지 모르고 대화하는 인격성이 결여된 제한된 의사소통일 뿐이다. 이러한 대화에서는 논리적이고 합리적이고 개인적인 가치들이 중요시되나 실재 인간이 서로 만나는 데서 나누는 정서적이고 감정적이며 삶의 정조를 서로 나누는 공동체적인 가치들이 약화된다.

사이버 교회는 결단코 실재적 교회를 대체할 수 없다. 그것은 어디까지나 인터넷이라는 정보화 시대가 우리에게 가져다 준 문화현상과 더불어 나타난 보완적 장치일 뿐이다. 사이버 교회는 실재교회의 지도 아래서 복음화와 선교와 각종 목회의 활동을 위한 보조물로서 그 기능을 해야 한다. 그럴 때 비로소 사이버 교회는 그 존재의미를 가지게 된다. 사이버 교회는 어디까지나 가상교회일 뿐이다. 이것을 실재교회와 혼돈해서는 안 된다. 구체적인 지역교회와 교단의 뒷받침이 없는 사이버 교회란 위험한 것이다. 유형교회 없는 무형교회란 있을 수 없다. 유형교회를 부인하는 무형교회는 어거스틴 당시의 도나티스트(the Donatists)들이나 종교개혁 당시의 재세례파들(the Anabaptists)처럼 이단들의 모임이다. 가상공간은 현대인에게 이익사회(Gesellschaft)를 최대화 하지만 공동체(Gemeinschaft)를 극소화한다. 이익추구를 위하여 연대를 할 뿐 인류의 공동선을 위하여 개인의 희생을 필요로 하는 연대에는 소극적이 된다. 멀티미디어가 설정하는 가상공간의 사회는 고도의 정보를 통해서 서로 만나는 지구촌 정보 고속도로를 통해서 거대한 이익집단을 이루는 "신 이익사회"(Neo-Gesellschaft), 전자적 이익사회를 만들어 낸다.

여기서 가상공간에서 인간의 만남은 지극히 이해관계적이고 임시적이다. 그것은 오직 기능적이고 사무적인 관계에서 부분적으로 만남뿐이다.[6] 깊은 인격적 만남은 없다. 타인과의 인격적 만남은 부재한다. 가상공간에서 현대인은 자기마음이 염원하는 인간을 만들고 있다. 이러한 인간은 더 이상 실재 인간 아닌 조립(組立) 인간이다. 익명의 인간이 만나고 익명으로서 자기의 정체를 숨기고 채팅하고 서로가 상상의 날개를 펴고 대화하게 된다.

지역교회에서의 교제는 몸으로 만나는 영적인 교제이다. 인터넷에서 익명적으로 만나는 소통이 아니라 눈으로 서로 보고 귀로 듣고, 코로 향기를 맡고, 악수를 통해서 손으로 서로 접촉하여 체온을 느끼는 신체적인 만남이 있다. 이것은 사이버 교회에서 익명적 만남이 단지 인터넷을 통한 익명적 소통이라는 신영지주의적 소통(neo-gnostic communication)과는 다르다. 그리스도께서 영으로만 오신 것이 아니라 신체 안에 오신 것 같이 그리스도인의 교제는 단지 기호를 통한 소통이 아니라 구체적인 몸과 몸, 체온과 체온이 만나는 인격적 소통이다. 성령은 이러한 신체적인 만남 속에 임재한다. 마치 그리스도의 몸과 피를 상징하는 떡과 포도주에 그리스도께서 임재하는 것과 같다.

(5) 용서 받은 죄인(의인)의 공동체가 아니다

가상공간의 의사소통은 멀티미디어의 본성인 정보의 나눔과 공유를 위한 것 아니라 자신의 몫을 차지하기 위한 행위가 되어버린다. 가상공간의 교인들은 전자현상이 만들어 주는 전 지구촌적 그물망의 위력에 고무되어서 공작인(homo faber)으로서의 인간의 재능에 열광한다. 그런 나머지 이들은 인간이 죄인(homo peccator)이라는 사실을 잊어버리게 된다. 본성에 있어서 부패하고 본능에 있어서 권력의지(superbia)에 의하여 움직여진다는 사실을 잊어버리게 되는 것이다. 인간은 스스로 자기 이름을 나타내기를 추구하면서 자기 상상력과 예술적 창의성을 극대화 하기를 추구한다. 그리하여 오늘날 인공지능 개발사는 판단능력과 감성을 지닌 진짜 생물같은 디지털 생명체를 창조해 내는 디지털 세계의 신으로 등장하고 있다.[7)]

여기서 현대인은 가상공간이 설정한 가면문화의 장벽 속에서 자신을 무도회의 손님으로 착각하기에 이른다. 자칫 문화인간으로서 자기자신의 죄성을 망각하기에 이르는 것이다. 여기서 기도하지 않고 찬송하지 않고 '보는' 예배만을 드리는 인간은 지적이기는 하나 심정의 감동이 없는 교인이 되어버린다.

이러한 가상교회의 신자들은 죄에 대한 인식이 약화되어 자신들이 그리스도의 보혈에 의하여 죄를 용서받은 공동체라는 사실을 잊어버리게 된다. 죄인의 공동체가 아닌 공동체는 죄를 용서받은 의인의 공동체도 아니다. 죄의 진정한 인식과 고백이 없는 곳에 죄의 용서가 없기 때문이다.

6. 교회의 대책

(1) 역기능

1) 사이버 교회는 실재 교회가 아니다

사이버 교회의 필요성이란 정보화 네트워크를 통한 인터넷의 가상공간 속에서 유형교회가 미칠 수 없는 교육과 예배를 가상공간을 통해서 수행하는 데 있다. 그러나 사이버 교회는 어디까지나 가상교회요 실재교회가 아니다. 가상 교회의 예배나 경배는 실재 장소의 예배가 아니다. 그것은 우리의 지역에서 존재하는 교회가 아니라 전자매체를 통한 인터넷 안에서는 세계 어느 곳에서나 존재하는 유사현실의 교회이다.

사이버 교회란 어느 목사 개인이 하는 것이 아니라 교단이나 교회의 연합을 통하여 실행되어야 한다. 그것은 마치 기독교 방송이나 극동방송을 어느 개인이 단독적으로 할 수 없고 교회나 교단 대표의 모임을 통하여 초교파적인 협력으로 하는 것과 마찬가지다. 사이버 교회는 실재 공(公)교회와의 연관 속에서 비로소 그 실재적 역할을 할 수 있다. 공동체로서의 교회에 대한 보완의 기능으로서만 우리는 사이버 교회의 존재를 인정할 수 있다. 사이버 교회는 그 구체적인 실재가 부재하기 때문에 실재 교회에 의하여 그 공공(公共)성을 인정받아야 한다.

2) 사이버 교회의 기능: 실재교회를 보완

사이버 교회시대에 대비하기 위해서는 사이버 예배를 통하여 만족할 수 없는 영성 훈련과 소그룹으로 친밀하게 교제할 수 있는 친교공동체가 적극 개발되어야 한다. 한국교회는 개인명의로 하는 사이버 교회의 출현을 제한하고 공교회적인 사이버 교회를 발족시키고 건전한 프로그램을 개발해야 할 것이다. 최근 기독교방송과 극동방송이 인터넷 방송을 하게 된 것은 매우 바람직한 일이다.

가상교회는 그 자체로는 전혀 교회가 아니다. 그것은 단지 정보이며 화면이며 통신일 뿐이다. 그러나 가상교회는 실재교회가 프로그램을 가지고 청취교인들과 연락하면서 실재 교회 활동의 연장 내지 미흡한 부분을 보완해 줄 때 비로소 긍정적 역할을 하기에 이른다. 멀티미디어가 전달하는 메시지와 영상 자체가 교회가 될 수 없고 하나님 말씀의 권위를 대신할 수 없다.

멀티미디어 예배는 병원에 입원해 있는 환자를 위하여 또는 지리적으로 멀리 떨어져 예배에 참여할 수 없는 자들에게 그 효과를 발할 수 있다. 그

효과는 공산권 선교를 위하여 방송선교와 메시지가 그 역할을 하는 것과 같다. 방송메시지가 단지 청각적으로 메시지를 전달하는 데 반해서 멀티미디어는 시청각적으로 입체적으로 메시지를 전달하면서 방송설교보다도 더 현장감 있는 선교의 효과를 가져다 줄 수 있다. 인터넷은 전파와 영상을 통해서 국경의 장벽과 문화의 장벽, 인종의 장벽을 꿰뚫고 그 메시지를 전달한다.

3) 인격공동체로서의 실재교회의 중요성

가상교회가 아닌 실재교회만이 현대인들에게 하나님과 그리스도를 만나는 채널이 될 수 있다. 하나님은 가상공간 속에 계시는 분이 아니라 실재공간 속에 계시는 분이시다. 우리 인간도 가상공간 속에서는 실존할 수 없다. 단지 실재공간 속에서 가상공간을 이용하고 있을 뿐이다. 가상공간은 실재공간의 기초 위에서만 존재하고 그 의미를 가진다. 가상교회는 전자그물망에서만 존재하므로써 실재적으로 감정과 신뢰를 나누는 인격적 교제를 가질 수 없다. 그러므로 실재교회가 중요하다. 가상교회는 실재교회에 의존함으로써만 존재한다. 실재교회 없는 가상교회는 신기루요 공중누각이요 영적 실재가 부재한 유령에 불과하다.

사이버교회는 성만찬을 할 수 없다. 성만찬이란 성도의 교제 속에서 실행되어야 한다. 사이버 교회에서 제공되는 떡과 포도주는 실재의 물질이 아니고 단지 전자적 영상에 불과 하기 때문에 그리스도의 몸과 피를 재현할 수 없다. 또한 성만찬은 성도의 교제 속에서 실행되어야 하므로 혼자서는 실시될 수 없다. 성만찬이 시행될 수 없는 교회는 진정한 교회가 아니다.

4) 영상화에 의한 영성의 약화 내지 상실 위험성

오늘날 대예배 설교에까지 이용되는 대형 칼라 영상 매체를 통한 예배순서, 찬송내용, 설교내용, 그리고 설교자의 모습은 과거 어느 때보다 예배에 대한 풍부한 영상적 지원이라고 말할 수 있다.

예배와 찬양에 있어서 OHP, 액정비전(LCD projector), 컴퓨터 그래픽 사용 등은 신자들뿐만 아니라 새로 온 신자들에게는 기독교의 믿음과 설교에 대한 보다 감각적 내용을 제시해 주고 있다. 기존 신자들에게도 설교 내용에 대한 요약, 영상적인 그림이나 삽화나 글귀는 설교내용을 보다 쉽고 풍성하게 이해하도록 한다.

그러나 이러한 영상장치가 실재 교회의 예배시간에 그대로 사용될 때 자치 잘못하면 하나님을 인위적인 영상이나 테크닉에 제한하고 영적인 추구가 가시적인 상에 대한 감상으로 바뀌는 위험성이 야기될 수 있다. 대형 영상에 주로 나타나는 설교자의 상은 예배의 대상과 초점이 하나님 보다는 자칫 설교자인 인간에게로 향하게 할 수 있는 위험성을 내포하고 있다. 하나님은 보이지 아니하시는 영이시니 예배하는 자는 신령과 진정으로 예배해야 한다. 그러나 영상으로 동시에 진행되는 예배에서는 잘못하면 영이신 하나님을 영상적인 모습으로 변모하시는 위험성이 야기한다. 영상예배는 더욱이 나를 위하여 보이는 우상을 만들지 말라고 하신 하나님의 제2계명을 위배할 위험성이 있다. 그것은 영상을 통하여 하나님을 가시적인 모습으로 나타내고자 하기 때문이다.

5) 기술(가상공간)을 넘어 하나님 형상의 재발견

멀티미디어는 현대인들에게 고도의 기술을 가져다 준다. 그러나 현대인은 가상공간의 신기루에 빠져 하나님이 창조하신 시공간의 세계를 상실해서는 안 된다. 가상공간이란 인간이 그 속에 들어가 탐닉하고 행복을 찾아야 하는 곳이 아니라 잠깐 문명의 이기(利己)로서 사용하고 자기의 실재로 되돌아오는 도구적 실재에 불과하다. 가상공간은 새로운 실재가 아니라 인간이 전자(電子)에 의하여 구성한 가상적 실재라는 것이다. 그것이 곧 인간의 행복과 의미가 될 수는 없다. 그것은 인간실존의 도구에 불과하다. 인간이 가상적 실재에 탐닉할수록 존재의 기반이 침식(侵蝕)되는 실존의 위기에 직면하게 될 것이다.

프랑스의 기독교 사상가 자크 엘룰(Jacques Ellul)이 지적했듯이 현대인이 기술의 힘을 과신하게 될 때 현대인은 "기술적 동물"(technical animal)의 차원으로 전락하면서 기술에 의하여 지배당하게 될 것이다.[8] 하이데거는 과학기술이란 단순히 수단인 것을 넘어서서 "존재를 드러나는 방식의 하나"라고 보았다.[9] 우리는 신학적으로 다음같이 말할 수 있다. 과학기술은 하나님이 우리 인간을 공작인(homo faber)으로 만드시고 부여해 주신 재능의 실현인 것이다. 그러므로 인간은 이 가상공간의 실현을 통해서 그 속에서 말씀하시는 하나님의 음성을 들을 수 있어야 하며 가상공간을 통해서 하나님의 뜻을 실현할 수 있어야 한다.

(2) 순기능

그러나 이러한 가상공간이 반드시 역기능만 있는 것은 아니다. 올바른 성경적 태도를 지니고 이것을 하나님이 주신 선물로 알고 효과적으로 사용하게 될 때 이것은 현대인들에게 다음 순기능을 하게 될 것이다. 멀티미디어에 대한 긍정적 기능을 인정하고 이것을 목회신학적으로 응용하는 것이 요청된다.

1) 이상적 대화 가능성의 여건 제공

가상공간의 대화방은 컴퓨터 화면을 통해서 익명성으로 대화하기 때문에 권력(공권력, 경제력, 군사력, 사회적 지위, 개인의 명성 등)에 의한 대화 왜곡의 여지가 거의 없다고 할 수 있다. 그리하여 시공간에 제약 없이 언제 어디서나 인터넷을 통해서 세계적인 연락망을 통해서 대화가 가능하기 때문에 이상적인 대화의 시설이 이루지는 것이다. 독일의 사회학자 하버마스가 말하는 "이상적인 언어상황"(die ideale Sprechsituation)이 인터넷을 통하여 주어진다고 말할 수 있다.

인터넷 사회에서 각종 선거는 후보들이 TV 화면을 통해서 토론을 벌임으로써 미디어 선거가 되었고, 금권이나 조직의 개입을 배제하는 데 크게 기여하였다. 이러한 인터넷 대화는 끊임 없이 최선의 것을 향하여 열려 있기 때문에 어떤 특정 이데올로기나 권력이 지배할 수 없는 거대한 대화공동체를 형성하고 있다. 2002년 대선에서는 인터넷을 통한 20-30대의 정치적 영향력이 대선의 결정적인 변수로 나타났다. 예전에는 20-30대가 정치적인 힘을 행사하는 일은 있을 수 없었다. 그러나 인터넷은 개체화된 젊은이들의 네트워크를 형성하는 데 결정적인 장을 마련해 주었고 그것은 대선에 결정적인 영향으로 나타난 바 있다.

2) 객관적이고 합리적인 비판의 장 제공

멀티미디어의 메시지는 종교적 확신을 객관화시키고 공공적인 비판과 대화에 노출됨으로써 각 종교가 지니고 있는 독선적이고 폐쇄적 확신을 계몽하기에 이른다. 시민들과 신자들은 자기가 듣고 싶은 설교와 예배를 선택하게 됨으로써 산업사회의 특징인 어느 특정 메시지의 독점적 청취에서 벗어난다. 멀티미디어는 신자들로 하여금 하나의 종교적 메시지가 아닌 다원적인 종교적 메시지, 그리고 각 종교 안에서도 다양한 메시지를 향하여 열리게 한다. 그리하여 설교 및 성경공부와 각종 신앙강좌의 다양성과 다원성을 통한 풍요성을 제시한다. 그리고 그럼으로써 다른 교리와 체험과 타종교에 대한 간접체험의 기회를 줌으로써 종교간의 대화 · 소통과 종교가 지닌 공공성과 사회윤리성을 진작시킬 수 있다.

3) 합리적이고 비판적인 공론 형성

멀티미디어를 통한 공공적이고 합리적이고 객관적인 정보의 공개를 통하여 인터넷 시대의 사회는 보다 투명하고 책임 있는 사회로 나아갈 수 있다. 그것은 각 그룹, 사회와 국가의 지배세력의 허위의식과 정보의 독점을 막는 역할을 한다. 멀티미디어는 공개적인 비판과 대화의 장을 제공함으로써 이러한 역할을 수행한다. 멀티미디어는 권력지배 구조의 비합리성, 더구나 IMF 시련에 당면했던 우리 경제현실의 분석으로서 재벌의 문어발 같은 경영방식, 시장의 독과점에서 오는 불공정과 비효율, 과도한 타인 자본 의존 경영, 제도권 금융의 독과점 그리고 권력과 정부, 재벌간의 정경유착의 실태를 보도하고 비판할 수 있다.

마찬가지로 멀티미디어는 합리적이고 실증적인 정보의 공개(130여 개의 예장간판의 교단, 해마다 5,000여 명에 이르는 과다한 신학교 졸업생들의 배출, 엄청난 헌금을 거두어 들이는 한국교회의 사회구제를 위한 재정의 사용도 등)를 통해서 한국교회의 양적 성장에 동반되는 그늘진 측면에 대한 합리적이고 비판적인 분석을 하도록 한다. 그리하여 멀티미디어는 한국교회의 성장 패러다임을 양적 구조에서 질적 구조로 나아가게 하는 여러 가지의 비판적 자료와 대안을 제시할 수 있게 한다.

4) 미디어 수용능력 훈련: 성화(聖化)된 상상력 함양

멀티미디어의 사용에는 세속적 자료와 첨단 미디어 기기가 융합된다. 현대인은 이미 미디어에 의해 중독되어 있다. 그리하여 무의식적으로 왜곡된 세계관을 받아 들이고 있다. 우리가 미디어에 길들여져 있음을 통찰하는 것이 필요하다. 그러므로 교회는 미디어를 비판적으로 수용하는 자세를 가르쳐야 한다. 이러한 미디어에 대한 비판적 수용훈련은 미디어가 주입하는 세계관과 가치관에 질문하고 도전하는 사고를 기르는 것은 말한다. 예컨대 해리포터(Harry Potter) 시리즈가 암묵적으로 갖고 있는 마술사의 세계관은

비기독교적 세계관으로서 뉴에이지적 세계관에 채색되어 있음을 알고 비판적으로 수용해야 한다. "미디어의 수용 훈련이란 현실의 왜곡된 미디어 지배로부터 벗어나서 하나님 현존과 교통으로부터 오는 교신(交信)에 우리의 주파수를 맞추는 연습을 하는 것이다."[10)]

그러므로 기독교 신앙은 세속적 자료를 성화시켜 사용하여야 한다. 세속적 자료에는 세속적 세계관과 영성이 숨어 있어, 그것을 즐겁게 사용하는 동안 그 가운데 암묵적(暗?的)으로 작용하고 있는 무신론적 내지 세속적 가치관이 사용자들에게 영향을 줄 수 있기 때문이다. 그러나 성화시키는 신앙의 세계관을 통해서 세속적 자료들, 멀티미디어는 복음의 보다 생생한 전달 수단으로 사용될 수 있는 자료가 될 수 있다. 멀티미디어 선교는 열린 예배라는 형식을 통해서 비디오, 오디오, 사이버 공간, 컴퓨터그래픽, 인터넷 등을 활용함으로써 불신자들에게 복음을 신자들에게는 성경적 지식을 효과적으로 전달할 수 있다.

하나님은 모든 미디어를 커뮤니케이션의 수단으로 인치시고 현대 문명의 이기를 통하여 우리들에게 일반 은총으로 선물하셨이다. 사이버 공간이나 인터넷을 사용하는 이들에게 주어진 과제는 이것을 무비판적으로 사용하지 않고 그 속에서 세속적인 영과 세계관을 제거하며 성경적인 가치관과 영을 불어넣는 것이다. 이것이 바로 기독교적 문화사역자들에게 주어진 미디어의 성화적 활용이다. 기독교적 문화 사역자들은 세속적으로 주어진 멀티미디어에 성경적 영성을 주입하고 "성화된 상상력"[11)]을 통하여 이것들을 변혁적으로 사용할 줄 알아야 한다. 삐에르 바벵은 이러한 성화된 상상력을 발휘하게 위하여 교회는 커뮤니케이션의 모든 체제를 변화시켜야 한다고 주장한다.

커뮤니케이션의 새로운 접근 방식은 "아름다움의 길"과 "상징적인 길"이다.[12)] "아름다움과 상징은 신앙인 개인체험과 자유로운 상상력에서 촉발되는 신앙의 바탕을 구한다."[13] 옹은 이와 관련하여 구전문화가 지배하는 1차적인 구술성과 뉴미디어가 지배하는 2차적인 구술성을 대비시킨다. 1차적인 구술성은 외향적이며 2차적인 구술성은 내면을 향한다.[14] 2차적인 구술성에서 자연스러움을 증진시키는 것은 분석적인 사려를 통해서 자연스러움을 좋은 것이라고 결정했기 때문이다.

5) 지역교회와의 유기적 관계성

사이버 교회의 한계는 코이노니아의 부재이다. 사이버 교회에서의 예배는 한 개인이 사이버공간을 통해서 예배를 보게 되므로써 개인적으로 예배를 보는 것에 머문다. 그리하여 교회 공동체에서 드리는 성도의 교제가 결여된다. 공동체가 아니라 나 개인이 컴퓨터가 만든 공간 속에서 예배를 체험하는 데서 끝나게 된다. 그리하여 후기 산업사회에 속에서 재택근무가 늘어나는 것처럼 왜 반드시 교회에 가서 예배를 드려야 하는가 의문을 제기하면서 재택예배가 늘어날 수도 있다. 그러나 신령과 진리의 예배는 사이버 공간에서 보는 것이 아니라 실재 공간에서 몸과 마음을 하나로 하나님께 헌신하는 것이다. 신령과 진정의 예배는 하나님이 정해 주신 실재세계의 교회당이라는 공동체의 모임 속에서 이루어지는 것이다.

그러므로 사이버 교회는 실재하는 지역 교회의 선교전략 위에서만 그 역할을 다할 수 있다. 사이버 교회는 십자가의 교회를 대신할 수 없다. 지역교회는 영적 힘과 영적 성장을 위한 필수적인 요소이다. 사이버 교회는 지역교회가 그 회원에게 영적 양식을 주듯이 영적 힘을 공급하지는 못한다. 지역교회가 주는 악수를 통한 따뜻한 접촉과 눈맞춤을 통한 인간관계, 다정한 미소와 적절한 포용과 "요즈음 어떻게 지내는가"라는 다정한 인사말과 육성의 대화는 절대적으로 필요하다.

더군다나 성례전(sacrament)은 사이버 교회가 집행해 줄 수 없다. 왜냐하면 그리스도의 살과 피를 상징하는 떡과 포도주는 사이버 공간에 나타나는 사이버 떡과 포도주로 대체될 수 없기 때문이다. 사이버 공간 속의 메시지의 주제인 하나님과 예수 그리스도와 성령은 가상이 아니며 인간이 가상공간에서 느끼는 영상으로 환원되지 않는다는 점이다. 우리는 역사의 하나님과 예수 그리스도와 성령, 삼위일체 하나님에 대한 신앙 안에서 인간 세상에 나타나시고 주신 그리스도의 몸과 피는 객관적인 실재요 우리를 구속하는 성례전적 진리라는 것을 고백해야 한다. 그러므로 가상교회는 지역교회 선교의 한 영역으로서만 존재하는 것이 가장 효과적이다.

6) 디지털 목회 및 인터넷 선교: 21세기의 새로운 목회 및 선교의 장

2000년대 들어와 한국교회에 인터넷 바람이 불어닥쳐서 사이버 목회라는 새로운 목회패러다임이 출현하였다. 그래서 일부 목회자들은 온 라인에서만 목회를 하겠다며 사이버교회를 만들기도 했다. 그런데 7년이 지난 오늘날 2005년 일부 대형교회를 제외하고 아직까지 홈페이지를 운영하는 중소형 교회는 찾아보기 어려운 실정이다.[15]

교회 홈페이지는 반드시 있어야 하는 정보화 시대 교회의 필수조건이다. 홈페이지는 교회성장의 도구가 된다. 홈페이지는 교회의 얼굴인 동시에 전도지다. 수많은 사람들이 인터넷으로 교회를 방문하고 암묵적으로 전도를 받는다. 교회 홈페이지는 소속 성도는 물론 다른 성도들을 위한 공간이기도 하다. 목회자는 정성껏 콘텐츠를 만들어야 한다. 모든 목회자들은 홈페이지에 올릴 무한한 콘텐츠를 갖고 있다. 주일, 수요 예배, 금요철야에 전한 설교, 아침에 묵상한 말씀, 성도의 이름을 하나 하나 기억하며 간구한 기도, 성도들의 아픔을 함께 나누었던 목회상담 등등 이 모든 것이 콘텐츠이다.

교회 홈페이지는 살아 있는 유기기체이다.[16] 그것은 길을 주고 손길이 닿으면 그만큼 성장한다. 그 속에서 성도를 향한 목회자의 관심과 사랑이 증

명되고 교제가 이루어진다. 그러면 인터넷을 통해서 하나의 진정한 사이버 교회가 세워지는 것이다. 불신자들이 홈페이지에 올려진 목회자의 설교나 글을 읽고 감동을 받고 교회에 나올 수 있다. 대형교회는 홈페이지를 자체적으로 운영하나 중소형교회 미자립교회는 홈페이지 제작업체 위탁해 제작을 하고 운영을 맡기면 된다. 2005년 현재 '트리엠(treem.co.kr) 교회마을' 이 한국교회 홈페이지 전문제작업체로 서비스를 하고 있다.

인터넷은 사람들이 자기들의 편견을 뒤로 제쳐놓은 열린 장터이다. 그것은 복음전도를 위한 새롭고 흥미로운 기회이다. 오늘날 교회는 멀티미디어를 다룰 줄 아는 헌신적인 남녀를 인터넷 세계로 파송해야 한다. 그리고 복음을 제시하는 전인적인 기독교적 삶을 제시해야 한다. 그 모델은 친교 복음전도(friendship evangelism)이다. 이 친교 복음전도란 모든 교단의 신자들이 인터넷 사용자 그룹에 참가하며 상상할 수 있는 사람들의 전자 우편회의에 참여해서 예수 그리스도에 대한 신앙을 나누는 것이다. 그리고 전자망 속에서 야기하는 국제적인 상호작용의 기회를 탐색하고 실재 친교를 쌓는 것이다.

예수님이 주신 마태복음 28장 18-20절의 대위임(The Great Commission)은 오늘날 신자들이 인터넷에서 만나는 사이버공간으로 확대되어야 하며 그래서 사이버 공간이 많은 사람들에게 삶을 변화시키는 놀라운 실재가 되도록 해야 한다. 인터넷 선교에 있어서 의사소통이란 단지 라디오나 텔레비전 등 외적 기구를 통한 메시지의 전송만이 아니라 전자 선교사(electronic missionaries)로서 네티즌의 인격 속으로 들어가는 것이다. 인터넷 상에서 모든 신자, 교회와 선교는 자기 자신을 그리스도를 위한 대사(ambassador for Christ)로서 간주해야 한다. 그리고 문화교차적인 현실(cross-cultural reality) 속에서 전인적이고 선교중심적인 일을 해야 한다.

이를 위해서는 인터넷 선교에 소명을 가진 교회나 목회자나 개인신자가 특별한 소명을 가지고 그 전략을 연구하고 실행하며, 다른 교회와 선교회들과 신자들에게 그 구체적인 실행 세부사항을 지도하는 것도 바람직하다. 이것은 인력이나 재정이나 장비에 있어서 많은 자원을 요구하는 것이 아니다. 오늘날 대형교회들이 운영하는 사이버 교회들은 한 두 개인에 의하여 운영되고 있으나 그들은 높은 수준의 웹사이트(high quality Web sites)를 만들고 전 세계적으로 수천 명과 의사소통하며 영향을 주고 있다. 중소형 및 미자립교회도 목회자의 인터넷 성향에 따라서 적은 비용으로 얼마든지 인터넷 선교를 할 수 있다.

*

서구사회에서 인쇄기술이 발견되었을 때 그것을 제일 먼저 수용하고 선교의 목적을 위하여 활용했던 것이 바로 개신교이다. 루터의 독일어 성경 번역과 출판은 종교개혁을 내용적으로 열매를 맺게 했다. 방송이 나왔을 때 개신교는 그것도 바로 선교를 위하여 활용했다. 하나님은 이제 정보사회를 인류들에게 허락하셨다. 인터넷을 통하여 이제는 시공간을 마음대로 넘나들며 정보를 교환할 수 있게 되었다. 이것은 정보의 원형인 복음의 복된 소식을 전하기 위하여 세워진 기독교를 위해서는 크나큰 좋은 소식이 아닐 수 없다. 로마군대가 닦은 길은 이방인 사도 바울에게는 로마로 향하는 복음의 첩경이 되었다. 하나님께서 이 시대에 땅 끝까지 복음을 전파하기 위해 인터넷이라는 첨단 문화장치를 그의 교회에 주신 것을 우리는 알아야 한다.

교회는 이 멀티미디어를 복음전파와 선교를 위하여 적극적으로 사용해야 한다. 교회는 사이버 교회의 역기능을 지나치게 의식한 나머지 멀티미디어를 극단한 근본주의자들이 취급하듯이 적대시하여 적그리스도로 간주하는 것은 잘못된 것이다. 멀티미디어나 가상공간 자체가 악이 아니요 사이버 교회 자체가 이단이 될 수 없다. 사이버 교회는 멀티미디어 사회 속에서 나타나는, 교회가 수단으로 사용해야 할 문명의 이기이다.

한국교회는 이러한 문명의 이기를 순기능으로 최대한 이용하여, 복음을 전 세계에 전해야 한다. 오히려 이러한 멀티미디어 시설을 갖추도록 노력해야 할 것이다. 이를 위하여 한국교회는 인터넷을 통한 사이버 교회를 운영할 수 있다. 그러나 개인이나 개교회가 이것을 임의로 관장해서는 안되며 미디어 위원회를 통하여 공교회적으로 운영해야 할 것이다. 이러한 멀티미디어를 통해 우리 교회는 더욱 효과적으로 세상을 향한 복음 선포를 할 수 있다. 이 시대의 멀티미디어가 수반하는 죄악적 요소에 대하여는 경고하고, 그리스도의 구원을 선포하는 역할에는 최선을 다해야 할 것이다.

chapter 7
환생 신드롬과 개혁신앙

2000년대 들어와 롤링의 해리포터 시리즈 6권이 지구촌을 강타하면서 지구촌의 문화를 마술사 문화로 가져가고 있으며, 출판수입으로 그녀는 벼락부자가 되었다.[1] 그리고 "스타워즈 에피소드 시리즈" 3편도 선정성과 폭력성에 있어서 무해하다는 평가를 받고 어린 아이에서 어른에 이르기까지 신화적 세계로 사로잡고 있다.[2] 한국에서 퍼지고 있는 환생문화도 오늘날 지구촌의 이러한 마법사 문화와 무관하지 않다.

오늘날 한국 사회에 번지고 있는 전생(前生), 환생(還生) 신드롬이 출판, 가요, TV드라마 등 대중문화의 단골주제로 등장하고 있다. 현생의 삶을 뛰어 넘어 전생과 환생을 다룬 책들이 쏟아져 나오고 있다. 이러한 증후군은 "제3의 미신"으로 사회의 독버섯이 되어가고 있으며 젊은이들을 미혹하고 있다. "환생 신드름"은 청소년과 대학생은 물론 중년층에까지 확산하고 있다. 젊은이들이 공영방송에서 나오는 드라마로부터도 전생에 관한 정보를 얻는다. "왕꽃선녀님", "환상 넥스트", "태왕사신기" 등이 불교권의 세계관으로서 전생이나 환생을 줄거리로 하고 있기 때문이다. 청소년들 사이에는 전생을 보게 한다는 자기 최면유도 테이프와 잡귀를 막아준다는 장신구 등이 유행하고 있다. 또 최면술로 환자의 전생을 비춰줌으로써 정신질환을 치료하는 "전생퇴행요법"을 맹신하는 사람들까지 나타나고 있다.

이로 인하여 젊은이들 가운데 전생, 환생이란 무속적 개념이 파고 들어 현실과 환상(幻想)의 혼란, 현실도피 등 갖가지 부작용이 나타나고 있다. 전생 신드롬은 시험을 앞둔 수험생들 사이에서는 귀신놀이로 성행되고 있다고 한다. 여러 친구들과 모여 주문을 외우고 귀신을 불러 자신이 갈 대학과 전공, 그리고 합격여부 등을 자기최면으로 묻는 것이 2-3년 전부터 일반화되어 있다.[3)]

2007년 7월 7일 미국 《뉴욕타임스》(NYT)는 세계에서 기술적으로 가장 발전한 나라의 하나인 한국에 무속신앙(shamanism)이 부활하고 있다고 보도했다. "한국인들은 무속신앙을 한국문화의 중요한 부분으로 받아들이며, 특히 올해와 같은 선거철에는 기독교 신자든 불교 신자든 무속인과 점집을 찾는 정치인들이 끊이지 않는다."[4)] 2007년 현재 전국에 무속, 역술인이 등록회원 약 15만명, 미등록자 약 15만 명 합해서 약 30만 명에 이르며, 대통령선거를 5개월 앞두고 정치인, 기업인들의 발길로 유명점집은 문전성시를 이루고 있다.

정보기술과 생명과학기술이 발달한 시대에 가장 미신적인 것이 성행하고 있는 것이 현대문화의 넌센스(nonsence)이다. 현대문화는 물질적으로 발달했으나 내면적으로 현대인의 불안과 초조감과 두려움을 해결해 주지 못하기 때문이다. 그래서 현대인은 그 탈출구로서 미신적인 것에 관심을 가지게 된다. 이것은 현대인의 종교적 관심이 변형된 것이다. 이러한 환생 신드롬은 외계인에 대한 신앙을 가진 UFO 그룹과도 연계를 가지며 오늘날 뉴에이지 신앙 속에 속한다.[5)] 2000년대 중반에 들어와 쉼과 스포츠의 대안으로 일고 있는 요가 열풍도 이러한 뉴에이지 신앙에 속한다.[6)]

*

1. 환생(還生) 신드롬의 실태

(1) 서적

미국에서 전생요법을 처음 주장한 브라이언 와이스는 그의 저서 『나는 환생을 믿지 않았다』, 『전생요법』(정신세계사)에서 환자에게 최면을 걸어 갖가지 육체적 정신적 질환의 원인이 된 전생의 사건을 떠올리는 방법으로 각종 질병을 치료할 수 있다는 것을 자신의 임상체험을 통해 보여 주고 있다. 그리고 티벳의 도승(高僧) 파드마삼바바가 쓴 『티벳 사자(死者)의 서(書)』(정신세계사)는 전생에 관한 고전으로 꼽힌다. 이 책은 사후세계를 경험한 후 환생한 라마승들의 증언을 바탕으로 사후에 영혼이 겪는 여러 현상과 해탈에 이르는 방법을 제시하고 있다. 그리고 인간이 죽으면 사후세계를 49일 동안 경험하다 환생하는 내용을 적고 있다. 죽은 사람은 처음에는 빛을 본 후 기괴한 모습을 한 괴물에게 뇌를 찢기고 팔을 뽑히는 등 49일 동안 고통스런 경험을 하지만 마음에서 오는 환영(幻影)을 제거하면 환생(還生)하지 않고 참된 죽음에 이를 수 있다고 주장한다. 이 책은 현상의 세계와 마음의 관계를 모색한 불교심리학으로 읽힌다.

대니언 브링클리의 『죽음 저편에서 나는 보았다』(정신세계사)는 임사체험(臨死體驗), 즉 죽음의 문턱까지 갔다가 살아온 사람들의 이야기를 담았다. 미국의 심리학자 지나 서미나라와 신경정신과 의사인 브라이언 와이스는 서양에서도 이 분야 최고의 권위자로 꼽힌다. 지미 서미나라가 지은 『윤회의 비밀』(방경각)과 『윤회의 진실』(정신세계사)은 심리학자의 시각에서 윤회론을 과학적으로 논증, 동양과 서양, 고대와 현대를 잇는 작업을 하고 있다.

그리고 『나는 아흔 여덟 번 환생했다』, 『사후생』, 『영혼의 탐구』, 『삶 이전(以前)의 삶』 등의 책들이 환생을 주제로 다루고 있다. 1995년에는 양귀자의 소설 『천년의 사랑』이 두 남녀가 1,000년 뒤인 오늘날 환생해 사랑을 나눈다는 줄거리로 국내에서 인기를 끌었다. 국내 정신과 의사가 쓴 『김영우와 함께 전생여행』(정신세계사) 초판 출간 이후 8월 말까지 8만 부나 팔렸다고 한다. 교보 · 신촌문고 등 대형서점에 따르면 이들 환생에 관련된 책들은 하루 10여 권씩 팔린다고 한다. 이 책은 자신의 임상(臨床)경험을 바탕으로 최면(催眠)기술 중 하나인 전생퇴행(前生退行)기법을 이용하여 병의 원인을 찾아 치료하는 전생퇴행요법을 소개하고 있다. 최면유도 테이프를 부록으로 독자들을 사로잡은 것은 정신의학을 공부한 저자가 과학의 눈으로 정신의 세계에 접근했다는 점 때문이다. 전생요법은 최근 한국 정신의학계에서도 의학논쟁을 불러일으켰다. 독자들의 관심이 높아지자 서울 시내 대형서점에서는 환생관련 서적 코너까지 설치해 놓고 있다.

2000년대 들어와 영국 여류작가 조엔 K. 롤링(Joanne Kathleen Rowling)이 지은 「해리포터」(*Harry Potter*) 시리즈가 지구촌을 강타하고 있다. 1권이 『해리포터와 마법사의 돌』, 2권이 『해리포터와 비밀의 방』, 3권이 『해리포터와 아즈카반의 죄수』, 4권이 『해리포터와 불의 잔』, 5권이 『해리포터와 불사조 기사단』이다. 이 시리즈는 합리성을 추구하는 현대성으로부터 정서적 갈증을 느낀 포스트모던인들에게 마법사와 초자연적 차원을 이야기함으로 흥미를 자아내고 있다. 2005년 7월에 나온 6권은 해리포터와 혼혈왕자라는 제목으로 출판되었다. 6권은 첫날만 1,000만 부가 팔려 세계적인 문화현상으로 자리잡았다. 출판 첫 날 마법지팡이 만들기 교실, 마법약 제조 시범 등이 축하행사로 펼쳐지기도 했다.

그리고 2000년대 들어와 조지 루카스 감독의 "스타워즈 에피소드" 시리즈I(보이지 않는 위협, 1999), II(클론의 습격, 2002), III(시스의 복수, 2005)가 '현대의 신화'로 등장하고 있다.[7] 이 영화는 미래와 우주를 배경으로 하면서 중세의 기사와 칼 싸움을 등장시키고, 스승와 제자, 아버지와 아들 사이의 심리적 갈등과 권력에 대한 욕망과 파멸을 다룬 신화적 구조를 지니고 있다. "스타워즈 에피소드 3-시스의 복수"는 시리즈의 완결편이다. 버려진 아이 아나킨 스카이워커와 그를 제자로 삼아 수련시키는 오비완 케노비와 제다이 기사들이 등장한다. 공화국을 악의 세계로 평정하려는 페러타인 의장이 아나킨을 유혹하고, 정의를 추구했던 그의 의지는 변질된다. 아나킨은 다스베이다가 되어 최초의 '스타워즈'에서 자신의 아들인 루크 스카이워커와 싸운다.[8] 이러한 스토리는 신화적 상상력이 동원된 뉴에이지 세계관을 담고 있다.

(2) TV 드라마

2007년 9월부터 MBC가 수목 드라마로 방영하는 한국 드라마 사상 430억이라는 최고의 제작비가 투여된 "태왕사신기"(太王四神記)는 일본 및 여러 중화권 국가에서도 방영되는 대작이다. 판타지 서사 드라마 "태왕사신기"는 한반도 역사에서 유일하게 광활한 대륙 정복을 통해 한민족의 기상을 드높였던 광개토대왕의 활약과 사랑 그리고 그의 인생역정을 다룬 판타지 역사 드라마이다. 월드스타 배용준, 문소리와 신인배우 이지아가 주연을 맡았고, '히트 메이커' 김종학 감독이 연출을 맡았다. 그러나 이 드라마는 환생을 배경으로 하고 있다. 태왕사신기의 판타지적 요소 중 하나인 사신(四神)은 신화시대 때 환웅과 함께 하늘에서 내려온 우사, 은사, 풍백과 환웅으로부터 불의 힘을 부여받은 새오의 환생으로 각각 현무, 청룡, 백호, 주작을 뜻한다. 이들 현무는 물을 다스리는 능력을 지녔으며, 청룡은 나무를 다스리는 능력을 지녔고, 백호는 쇠를 부리는 능력을, 주작은 불을 다스리는 능력을 지녔다. 이들이 어우러져 흑주작을 저지한다. 따라서 신화적 판타지적 요소를 지니고 있다. 주몽(朱蒙)과 그를 따른 사신수가 환생한 담덕과 사신수는 신시(부도)에 깃발을 꽂는 것이 목표이다. 즉, 부도(신시)를 향한 열망이 '깃발을 꽂는다' 라고 표현된다. 진정한 주군(主君)을 찾아 그 주군와 함께 오래전에 떠났던 고향땅 신시를 다시 찾아가고자 한다. 그 땅에 배달의 기를 꽂을 수 있다면 비로소 고단하게 수천 년을 거듭해 온 환생의 고리를 끊고 환국으로 올라갈 수 있다는 내용이다. SBS가 1996년에 방영한 드라마인 "8월의 신부"도 전생과 환생을 주제로 하고 있다. 그 내용은 전생에서(26년 전에 죽어) 사랑의 결실을 맺지 못한 청춘남녀가 정신과 의사의 도움으로 이 세상에서 옛 사랑의 기억을 되살리는 이야기를 담고 있다. 이 드라마 내용 중 정신과 의사가 정신치료라는 명분으로 최면요법을 이용, 전생을 밝혀 나가는 장면은 마치 잡귀를 쫓기 위한 굿을 보는 듯한 느낌을 갖게 했다는 비판을 받았다. TV를 통해 안방에 까지 깊숙이 침투해 들어온 영매드라마는 "전설의 고향", "다큐멘터리 이야기 속으로", "토요 미스테리 극장", "환상여행", "X파일" 등이다. 이 프로그램들은 죽은 혼령과 귀신과의 의사소통을 자연스럽게 받아들이고 있다.

(3) 영화

사랑하는 사람을 찾아 시공을 넘나드는 연인의 이야기를 다룬 강제규 감독의 "은행나무 침대"라는 영화가 있다. 이 영화는 양귀자의 소설 『천년의 사랑』을 각색한 것이다. 이 영화는 아수 옛날 한(漢) 나라의 궁중 악사와 공주의 비극적인 사랑이 은행나무로 환생한 공주와 이 나무로 만든 침대를 갖게 된 미술강사로 연계되면서, 다시 한번, 과거의 사랑을 경험하게 된다는 줄거리로 중국귀신 소설에 나오는 황당한 내용을 담고 있다. 전생에서 이루지 못한 남녀의 사랑이 1,000년 후에 환생하여 이루어진다는 줄거리이다.

그리고 귀신과의 사랑을 다룬 "천녀유혼" 시리즈, 몇 해 전 최대의 관객를 동원했던 "사랑과 영혼", 영원히 죽지 않는 초인들의 세계를 다룬 "하이랜더", 중국영화 "진용" 등이 환생에 관한 이야기를 다룬 영화들이다. "사랑과 영혼"은 몇 년 전에 친구에게 죽임을 당한 남편의 영혼이 점성가의 도움으로 부인과 못다한 사랑을 나눈다는 내용이다. "진용"은 진시황의 호위장군이 현대에 환생해 전생에 사랑했던 궁녀와 안타까운 사랑을 나눈다는 내용이다.

(4) 대중가요

신승훈의 5집 앨범 "8월의 신부"는 "나보다 조금 더 높은 곳에 네가 있을 뿐… 나 다시 태어나도 너만을 사랑할 거야. 다음 세상 우리 만날 때 서로 다른 모습이라도…"라는 가사로써 다른 세상에 환생(還生)해서 다시 사랑한다는 내용을 노래하고 있다. 장혜진의 "완전한 사랑"은 "그대 기다릴게요. 우리 남은 사랑 완전해질 저 다음 세상에서…"라는 가사로써 사랑의 완성을 위해서는 죽음도 장애가 될 수 없다는 노래를 하고 있다. 이러한 대중가요들이 신세대들에게 파고들고 있다.

(5) 액세서리

또 전생 체험을 시도할 때 잡귀의 침입을 막아준다는 '금강저'(15cm 정도 크기로 앞부분이 볼록한 창(槍)모양의 놋쇠)가 노점과 백화점 간이판매점에서 약방의 감초격이 되었다. 그리고 투시(透視)를 통해 전생을 들여다볼 수 있다는 사기성 짙은 구슬까지 등장했다. '천년수정구'나 '문스톤' 등이 그것이다.

전생 신드롬는 좌절 속에 있는 현대인에게 하나의 치료법으로 등장하고 있다. 이러한 치료법을 주장하는 심리치료자들은 다음같이 주장한다. "전생이 존재한다. 그리고 기억할 수 있다. 이유없는 질병과 정서장애는 대부분 전생에 원인이 있고 그 전생을 기억하면 치유된다." 그러나 "질병과 정서장애의 원인이 전생에 있다."는 주장은 숙명론적 사고방식이며 현실도피적인 사고에 기인하고 있다. 그리고 "전생을 기억하면 치유된다."는 주장도 전혀 심리학적으로 근거가 없는 것이다.

(6) 전생요법

전생이 정신치료의 한 분야로서 소개되고 정신과에서 임상적으로 실시되고 있다. 1960년대 미국 콜로라도 주의 정신과 의사 모리 번스타인이 버지니아주에 사는 번스 타이 부인에게 1952년에서 1953년에 걸쳐 전생요법을 실시하였다. 그는 그녀를 전생의 기억 속으로 퇴행시켜 그녀의 전생이 1800년대 아일랜드의 벨파스트에 살았던 '브라이디 머피' 였다는 사실을 밝혔다고 한다. 이 임상 경험이 책으로 출판되면서 화제를 일으켰다. 브라이언 와이스는 캐서린을 치료한 경험을 토대로 전생요법의 신빙성을『나는 환생을 믿지 않았다』이라는 책을 저술하여 예기치 못한 호응을 얻었다.[9)]

전생요법은 종교와 철학을 하나로 연결 지으려는 "테오소피"(Theosophy)로부터 비롯하여 20세기 후반의 "뉴에이지 운동"(New Age movement)으로 이어져 오고 있다. 전생요법은 현재 모든 증상들이나 알 수 없는 질병의 원인 등을 잠재의식이라는 기억으로부터 끌어내어 해결하기 위해 전생퇴행치료를 한다. 전생요법은 현생에서 겪는 질병들 가운데 일부는 전생에서의 부정적 부착(negative attachment) 때문에 생겨난다고 본다. 따라서 이를 이해하면 현생의 질병이 나을 수 있는 단서가 된다는 데에서 출발한다. 그래서 전생요법은 신과의 소통을 이루기 위해 사용하는 수단인 초월명상, 요가와 몰입경(trance=hypnotic state)을 이용하고 있다. 여기에 우주적 영이나 사단의 영이 작용한다. 전생요법은 오래 전부터 점(占)집 등에서 행해지고 있던 방법으로서 반 성경적이고 반 기독교적인 방법이다.

한국에서는 김영우라는 정신과 의사가 전생요법을 정신과 치료요법으로 실시하고 있다. 그는 임상내용을 공개하면서 환자가 너무 생생한 전생에 대한 기억을 해 내었으며 환자가 그것을 통해 치료된다고 보고하였다.[10] 그는 전생퇴행으로 기억해 낸 것이 정신질환자들의 환각증상과는 전혀 다르다고 전생요법의 효과를 확신하고 있다. 전생 퇴행 경험이 없는 환자는 대체로 최면기법을 사용하지만 전생퇴행경험이 있거나 최면에 민감한 환자에 대해서는 바로 전생퇴행을 실시한다. 전생퇴행기법도 다양한데, 동굴기법, 지평선 기법, 로켓 기법, 지하계단 기법 등이 있다.[11]

(7) 요가(Yoga) 열풍

2,000년대 들어와 우리 사회에 웰빙(wellbeing)바람이 불면서 심신이 지친 현대인들이 쉼을 찾게 되면서 요가를 찾는 사람들이 폭발적으로 증가하고 있다. 2002년까지만 해도 1개에 머물러 있던 요가협회의 숫자가 2005년 등록된 숫자만 18개에 달하고 있고 한국요가협회가 파악하고 있는 요가인구만 해도 100만에 달하는 것으로 알려져 있다.[12] 주로 여성은 다이어트 효과 때문에, 남성들은 운동부족 해소 때문에 요가 수련원을 찾고 있다. 그러나 요가 역시 단지 신체 훈련술을 넘어서서 뉴에이지 세계관에 기초한 종교성과 관련되기 때문에 경계해야 한다. "요가의 저변에 깔려 있는 기본 사상에는 물질세계를 부정하는 일종의 영지주의 사상이 있다. 요가를 배우게 되면 명상을 하게 되는데 이 명상에는 '인간이 신' 이라는 뉴에이지 사상이 들어 있다. 그리고 이 요가는 윤회사상과 심령술과 초능력을 말하고 있다. 그리고 명상을 통해 무의식 차원의 황홀경(황惚境), 무아경(無我境)을 통해 정신적으로 퇴행을 경험한다.

2. 환생을 추구하는 심리적 요인

(1) 자아가 약한 사람들의 현실 도피처

환생 신드롬은 오늘이 두렵고 내일이 체념된 상황 속에서 사람들의 도피처가 된다. 이들은 자신을 과거에서 찾고자 한다. 자아가 약한 사람들에게 전생(前生) 개념은 가장 강하게 파고든다. 인간은 감당하기 어려운 현재를 자신이 철저히 배제된 전생-환생의 고리로 규정하게 된다. 그리하여 자아를 상실하고 내일의 계획과 행동을 체념해 버리게 된다. 그리고 현실과 다른 상황을 꿈꾸게 된다. 현실적응력이 약한 젊은이들이 이룰 수 없는 남녀간의 불륜(不倫)의 사랑에 빠져들어 탈출구로서 전생에 사로잡힌다. 다시 말하자면, 구속(拘束)당하는 현실적 제약을 싫어하는 신세대들이 전생에 의하여 주어진 사랑이 있으면 고뇌 없이도 사랑할 수 있다는 현실도피적 환상 때문에 맹목적으로 전생에 사로잡히는 것이다.

(2) 삶의 불확실성에서 탈출

환생 신드롬이 번지는 것은 정치-경제적 불안정과 함께 도덕적-사상적 구심점을 잃은 현대인의 마음에 도피처가 되고 있기 때문이다. 무엇보다 삶에 대한 불안과 불확실성 때문이다. 우리 사회에서 되풀이 되는 대형사고들, 성공과 출세에 대한 강박관념, 내일을 예측하기 어려운 급변하는 사회?경제 상황 속에서 사람들은 심리적으로 삶에 대한 불안 등 불안정과 불확실성을 느낀다. 여기에서 탈출해 보고자 하는 데서 환생 신드롬이 생겨난 것이다. 불확실한 현재의 삶의 원인을 숙명론적으로 간주할 때 환생이나 전생에 대한 호기심이 유발된다. 지난 1990년대를 보내는 세기말적 분위기와 함께 각종 사회혼란을 넘어 마음의 평화와 위안을 구하려는 징후이다. 2000년도를 지나 미국에서 일어난 2001년 9 · 11 테러와 2005년 영국 런던에서 일어난 지하철 테러 등도 여전히 삶의 불확실성을 말해 주고 있다. 또한 2006년 북한의 핵 실험 등도 삶의 불확실성을 가져오는 여러 요인 중 하나이다. 이상향을 그리는 사람들은 누구나 현실과 다른 상황을 꿈꾸고 있어 전생이 아니더라도 현실보다 나은 상황이 그려질 때는 무엇이든 동경하게 된다.

(3) 포스터모던 정신적 공항

환생 신드롬은 포스트모더니즘에 속하는 하나의 증후군이다. 전통적 기독교가 무너지고 현대의 합리주의 전통까지도 무너진 후 인류는 거대한 정신적 공항에 직면해 있다. 이 세대를 지배하는 사상이나 지도이념이 없다. 이러한 해체주의적 소용돌이 속에서 인류는 가야 할 방향을 알지 못하고 있다. 여기서 탈출구를 찾고자 하는 것이 전생과 환생이라는 신비주의다. 참 인격신을 알지 못하는 현대인들은 영매를 통해서 인생의 한을 풀어내려고 한다, 영매를 통해 죽은 사람과 만나고 죽은 이의 목소리를 그대로 흉내내는 영매를 통해서 실재로 죽은 이와의 만남을 경험하면서 그 동안 풀지 못했던 한(恨)을 풀고자 한다. 한국에서는 굿놀이로서 상사병으로 죽은 딸의 넋이라고 만나고자 하는 이의 한을 풀어주는 '배뱅이 굿' 은 민간 신앙으로 이미 알려져 있다. 주도적인 이념이 사라진 이 시대는 신 사사시대라고 불리운다. 구약성서의 사사시대에는 지도자가 없어서 가 사람들이 각자 옳다고 생각하는 소견대로 행했다. 오늘날 포스터모던 시대는 각자 자기가 옳다고 생각하는 대로 행한다. 그리하여 동성애 옹호자들이 그룹으로 나타나고, 종교적 혼합주의자들이 자기 목소리를 높이고 있다. 더욱이 기독교이 후시대를 맞이하는 서구와 미국사회에서는 전통적 기독교가 쇠퇴한 틈을 타서 힌두교, 불교, 뉴에이지운동 등 동방종교들이 유입되고 있다.

(4) 사회심리적 위기

전생, 환생 신드롬이 우리 사회에 번지는 것은 무의식적으로 일종의 집단최면이나 히스테리에 빠져드는 위험한 상태이다.[13] 영매문화의 확산은 사회적 심리적 위기와 연관이 있다. 사회의 안전판이 무너진 상황에서 영매(靈媒)를 통해서 한(恨, regretfulness, resentment)과 문제를 풀려고 한다. 이 신드롬에는 현실과 전생 내지 환생의 구분이 흐려지게 되는 위험성이 있다. 특히 전생, 환생 관련 드라마가 인기를 끄는 것은 우리 사회 젊은이들에게 명료한 현실의식이 결여되어 있기 때문이다. 현실 적응력이 약한 젊은이들이 사랑할 수 없는 현실의 구속(拘束)을 벗어나기 위한 상황을 동경하면서 "고뇌 없이도 사랑할 수 있는" 심리적 근거를 "전생에 의해 주어진 사랑" 에서 찾으려는 환상에 침잠하기 때문이다.

1995년에 있었던 '천국의 문' (The Heaven' s Gate) 종파 신도들의 집단 자살사건이 그 구체적인 케이스이다.[14] UFO 신봉자로 알려진 '천국의 문' 종파 신도들은 헤일-밥 혜성이 지구에 근접해 오는 계기로 해서 그 뒤를 따라 자신들을 데리러 오는 UF0에 승선하기 위해 자살을 선택하였다.

이들에게 자살이란 지구에서의 불완전한 삶으로부터 탈출하기 위한 유일한 통로였다. 지구란 영혼이 살 수 있는 땅이 아니라 육신이 고등한 존재로 이동하는 데 필요한 정거장에 불과한 것으로 보았다. 자살을 통해서 UFO에 승선하는 것은 구원의 길에 들어서게 되는 것이다. 그래서 이들은 집단자살의 길을 택한 것이다. 그리하여 이들은 하나님이 창조하신 이 지구라는 땅을 부정하기에 이른 것이다.

(5) 현대사회에 대한 불만

지나치게 과학화 된 현대사회에 대한 불만 때문에 환생(還生) 문화가 탄생했다. 모든 것이 규칙적으로 진행되는 과학사회 속에서 인간이 하나의 부속품으로 전락해 버렸기 때문에 이에 대한 불만과 해소책으로 환생이라는 돌파구가 생겨난다. 현대인은 과학에 예속된 상태에서 벗어나길 원하기 때문에 과학을 뛰어넘는 초인류를 꿈꾸게 된다.

2005년 7월에 출판된 롤링의 해리포터 시리즈 6권 『해리포터와 혼혈왕자』가 세계적으로 인기를 끌었다. 이에 교황 베네딕토 16세가 추기경 시절 "세계적으로 큰 인기를 끌고 있는 해리포터 시리즈가 어린 영혼을 유혹하고 이들의 기독교정신을 왜곡할 수 있다."는 견해를 밝혔다. 교황은 이 편지에서 "당신이 해리 포터 문제에 대해 우리를 일깨워 준 것은 잘한 일입니다. 해리 포터 시리즈는 눈치채기 힘들지만 성숙하기 전 어린 기독교인의 영혼에 깊은 충격을 주고 신앙을 왜곡시킬 수 있습니다."라고 말했다. 캐나다 일간《내셔널포스트》는 13일 『해리포터 : 선인가 악인가』라는 책을 통해 해리포터 시리즈를 공격한 독일 작가 가브리엘 쿠비가 2년 전 요제프 라칭거 추기경이 자신에게 보내온 편지 두 통을 공개했다고 전했다.

교황청은 과거 어린이들에게 선과 악을 차이를 이해할 수 있도록 해 준다며 해리포터 시리즈를 승인하는 듯한 태도를 취했으나 쿠비는 비평서에서 10가지 논거를 제시하며 반대 주장을 폈다. 그는 "독자들의 선악 구분 능력은 이 책의 감정 조작과 지적 혼란에 압도당하고 만다."며 해리 포터가 기독교인을 타락시킬 수 있는 교묘한 유혹물이라고 주장했다.[15] 해리포터는 단지 어린이들만이 아니라 성인들도 마법이나 요술지팡이의 실재를 상상력을 통해서 믿음으로써 구체적인 현실에서 떠나 마법적인 세계에 사는 것 같은 착각을 일으키게 한다. 그리하여 해리포터는 구체적인 합리성의 현실을 부정하고 마법의 세계 속에서 도피처를 찾고자 하는 환상 신드롬과 크게 다를 바 없다.

(6) 탈종교화 현상

환생 신드롬이 퍼지는 것은 교회가 현대인들에게 사랑과 꿈과 내세의 소망을 심어주지 못하기 때문이다. 그것은 21세기를 앞두고 일어나는 탈(脫)종교화 현상이다. 사람들은 누구나 초월적인 존재에 대한 궁금증을 갖고 있으나 기존 종교가 이러한 종교심리를 충족하지 못하기 때문이다. 종교가 지나치게 교권화 되고 제도화 될수록 신비주의 성향이 증가했다. 우리 사회에 번지고 있는 환생 증후군은 기독교 선교가 교회사적으로 성공했고 전 인구의 4분의 1 이상의 기독교신자수를 가지게 된 한국교회의 사회적 · 영적 영향력에 대하여 질문하지 않을 수 없게 한다. 한국교회는 자체적으로 양적으로는 성장했으나 사회를 향하여 그 빛과 소금의 역할을 제대로 했다고 보기는 어렵다. 환생 신드롬은 특히 한국교회가 양적 성장을 했다고는 하나 문화적 사명을 게을리했다는 것을 여실히 드러내 주고 있다.

2006년에 들어와 통계청의 집계에 의하면 최근 10년 사이에 한국의 개신교 인구는 14만 4,000명이나 줄었는데 반해 천주교는 같은 기간에 무려 74.4%나 늘은 것으로 조사가 되었다. 그동안 세계가 놀라는 눈부신 성장을 자랑하고 있던 개신교로서는 충격적인 결과였다. 천주교에선 성장의 원인으로 천주교회의 결속력, 재정의 청렴성, 정의와 인권활동, 조상세사와 장례 의식에 대한 유연한 태도, 타종교에 대한 열린 태도 등을 들었다. 반면에 개신교 측에선 물질주의와 경제 지상주의의 강조, 성스러움의 상실을 쇠퇴의 가장 큰 원인으로 꼽았다.[16]

개신교가 쇠퇴한 원인을 다각도로 조명해 볼 필요가 있지만 역설적으로 따지면 성장 지상주의가 오히려 쇠퇴를 불러왔다고 볼 수 있다. 번듯한 대형교회 건물과 교인 숫자가 목회 성공의 기준이 되어버렸다. 당연히 그 부작용으로 헌금이 강요되고, 헌금 많이 한 교인들이 대접받고, 목회자들도 금전적인 스캔들에 휩싸이고, 전도와 섬김도 영혼 구원이라는 진정성보다는 자기 교회의 교인 숫자 채우기라는 느낌을 준 것이다.

그리하여 한국교회의 대사회적 도덕적 영향력의 감소와 더불어 정신적이고 윤리적으로 우리사회를 바로 이끌지 못했기 때문이다. 개신교 기독교인들의 윤리의식이나 삶의 방식이 불신자들과 별다르지 않다는 것이 오늘날 기독교에 대한 일반시민들의 비판이다. 신자들이 착한 행실로 어두운 세상을 비추고 선한 양심으로 부패한 사회의 질병을 고칠 때 교회는 이 세상의 빛과 소금의 역할을 다하게 된다.

(7) 뉴에이지 세계관의 유혹

인간은 죽지 않고 영생한다는 유혹에쉽게 넘어간다는 사실이다. "스타워즈시리즈 3 - 시스의 복수"(2005)에서 아나킨은 포스(Force)의 어두운 힘을 이용한 영생의 유혹에 넘어가고 만다.[17] 영생은 인간의 욕망이기 때문이다. 시스 군주는 아나킨에게 '포스의 신비를 가르쳐 주겠다'며 접근한다. 그리고 "그 신비는 오직 자기를 통해서만 가능하며, 그로 인해 제다이를 능가하는 힘을 얻을 수 있다."고 유혹한다.[18] 이러한 내용은 이미 에덴동산에서 뱀이 이브에게 행한 유혹이었고, 신약에서는 사단이 광야에서 시험당하신 예수님에게 행한 유혹이었다. 이브는 내가 이 열매를 먹게 되면 눈이 밝아져서 '하나님처럼 선과 악을 알게 된다'는 사단의 유혹에 굴복하나 예수님은 이 유혹을 이겼다. "너희 하나님을 시험하지 말라", "하나님께 경배하고 다만 그만 섬기라"고 말씀으로 예수님은 사단의 시험을 이긴 것이다. 인간 자신이 신성이나 영생을 가진 것이 아니다. 이미 첫째 조상 아담과 이브는 하나님처럼 되려고 선악과를 따 먹었으나 신이 되지도 못하고 죽음에 직면하게 되었다. 인간의 영생이란 인간 자신에게 있는 것이 아니라 하나님에 의존하는 것이다. 영생은 인간 스스로의 것이 아니라 하나님이 주시는 선물이다. 인간은 하나님의 선물인 예수 그리스도를 통해서만 영생에 이를 수 있다. 선악의 지식이 아니라 그리스도에 대한 믿음이 영생으로 인도한다. 오로지 하나님 중심적인 세계관에 의해서만 우리는 뉴에이지 세계관을 이길 수 있다.

3. 기독교적 비판

(1) 환생은 성경에 위배

전생 및 환생 사상은 기독교 창조원리와 세계관에 근본적으로 배치된다. 성경에 의하면 인간은 전생으로부터가 아니라 부모에 의하여 비로소 이 세상에 태어난다. 초대교부 가운데 오리게네스는 영혼 선재설을 주장했으나 이것은 정통신앙에 의하여 이단적인 것으로 정죄되었다. 힌두교나 라마교에서 영혼의 선재설을 주장하나 진화과학자들은 영혼이 정자와 난자가 결합이 된 수정난의 발육에서 창발한다고 본다.[19] 기독교 학자들은 이 현상을 오묘하게 하나님의 간섭에 의하여 주어지는 것으로 본다. 이것은 현대의학이 풀지 못하는 신비다. 인간은 죽은 후 하나님의 심판대에 선다. 그리고 지상 삶의 행실(行實)에 따라서 하나님이 판결하시는 영생과 영벌이라는 내세의 길로 나아간다. 다시 이 세상으로 환생하는 것이 아니다. 인간이 지상에서 사는 삶은 결코 되풀이되지 않는 일회적인 것이다.

(2) 부활신앙에 배치

전생 및 환생 사상은 부활신앙에 배치된다. 환생사상은 부활을 부정한다. 환생사상은 인간이 죽으면 그 영혼이 다시 이 세상으로 되돌아 와서 다른 인간에게서 되살아난다고 주장한다. 이것은 힌두교나 라마교의 교리로서 이 종교들에서는 환생한 라마의 영의 진위 때문에 종파의 분열이 일어나는 경우가 있다. 이 사상은 부활신앙에 배치된다. 성경이 말하는 부활신앙은 영혼의 환생이 아니라 몸과 영혼이 다시 결합하여 새로운 몸으로 다시 살아난다는 것이다. 힌두교와 희랍사상은 영혼의 불멸을 말하나 기독교는 몸의 부활을 말하고 있다.[20] 기독교는 몸 없는 영혼만을 말하지 않고 신령한 몸을 가진 영혼, 전 인간의 부활을 말하고 있다. 그것은 옛 몸의 재생이 아니라 전혀 새로운 몸, 즉 신령한 몸을 이룬다. 신령한 몸은 영혼과 몸이 결합한 전인적인 인간을 말한다. 기독교는 전 인간의 영생과 영벌을 말하고 있다.[21]

(3) 성경적 생사관 부정

전생 및 환생 사상은 사람이 한 번 태어나 죽으면 심판을 받게 된다는 성경적 생사(生死)의 세계관을 부정하고 있다. 이 환생사상은 인간이 죽고 난 뒤 영혼이 떠돌다 다시 다른 사람의 영혼으로 이 세상에 들어오게 된다는 것이다. 그러므로 이것은 인간이 이 세상에서 죽으면 그것으로 현세와는 영원히 결별하고 하나님의 심판대 앞에 선다는 성경의 세계관을 부정하고 있다. 성경의 생사관이란 인생의 삶이란 자연처럼 돌고 도는 윤회적인 것이 아니라 단 한 번 있는 일회적인 것으로 죽음으로써 영원한 종지부를 찍는다는 것이다. 오리게네스(Origen)가 주장한 영혼 선재설은 초대교회에 의하여 배척되었고, 종교개혁 이후 정통기독교에서도 그의 사상을 이단적인 것으로 간주하고 있다.

(4) 미신적 자기충족

전생 및 환생 사상은 현실 삶에 무의미를 느끼는 현대인의 미신적인 자기충족의 시도이다. 변화하는 일상생활에 삶의 의미를 느끼지 못하는 현대인이 현실에서 충족할 수 없는 것을 만족시키려 하는 환상(幻想)적 영역에서 만족하려는 심리(心理)가 상업문화에 맞물려 환생문화가 일어나고 있다. 이러한 시도는 컴퓨터의 대중화를 통한 사이버 문화와 결합하면서 실재세계를 떠난 가상적(假想的) 실재에서 자기의 욕구를 충족시키고자 하는 현실도피 행위로 나타나고 있다. 기독교는 역사와 현실을 중요시한다. 기독교는 힌두교나 불교처럼 현실을 허상으로 보는 현실도피종교가 아니라 하나님의 문화명령을 실현해야 할 장으로 본다. 기독교는 내세를 말하는 루터가 말하는 것처럼 내세가 중요한 만큼 현세의 책임 있는 삶을 요구하고 있다. 하나님은 각 사람을 그 행위에 따라서 심판하신다고 말씀하신다. 현실 없는 내세는 없다. 영생은 현실을 떠나서 환상 속에서 이루어지지 않고 바로 시간과 공간이 펼쳐지는 역사적 행위 속에서 선취적으로 이루어진다.

(5) 전생요법은 과학적으로 확인되지 않음

전생(前生)의 기억을 되살려 질병을 치료한다는 "전생요법"은 과학적으로 확인되지 않은 치료법이다. 이것을 환자에게 사용하는 것은 윤리적으로 어긋나는 것이다. 이러한 치료법은 환자의 무의식의 세계에 손상을 입힐 수 있는 것이므로 위험하다. 전문(專門)의사는 다음같이 말한다. "최면술로 전생을 기억하게 해 정신질환을 치료한다는 것은 있을 수 없는 일이다. 최면요법(催眠療法)은 환자의 무의식 세계와 의사의 암시(暗示)가 얽혀 전생이 있는 것으로 착각하게 한다. 또 환자들은 무의식적으로 느끼는 것을 자신의 현실로 받아들여 편견, 분노, 강박적 증오심을 갖기 쉽다."[22] 전생이 있다는 것은 심리적 착각이다. 성경은 죽은 자가 가야 할 내세(來世), 천국과 지옥, 낙원과 음부가 있는 것을 말할 뿐 전생은 전혀 언급하고 있지 않다. 전생과 내세는 전혀 다르다. 인간은 부모를 통하여 비로소 존재하는 것이지 그 전에 전생의 삶을 살고 그 업(業)으로 오는 것이 아니다.

(6) 운명론적 체념 사고

전생, 환생이란 개념에 물들면 현실적 적응력이 약해질 뿐만 아니라 어려움을 극복하지 못하고 운명론적 사고에 빠져 쉽게 체념해 버린다. 원래 환생이란 힌두교와 불교의 용어인 윤회 내지 전생에서 유래한 것으로 죽은 사람이 모습을 바꾸어 다시 이 세상에 태어나는 것을 의미한다. 힌두교나 불교에서 말하는 윤회설은 인간이 이 세상에서의 행위인 업(業, karma)에 따라 다음 생(生)에서는 짐승(곡식을 훔친 자는 쥐로, 꿀을 훔친 자는 벌과 같은 곤충으로, 우유를 도둑질한 자는 까마귀로, 고기를 도둑질한 자는 독수리로 다시 태어난다는 등)으로 혹은 고귀한 신분(승려, 무사 등)으로 다시 태어날 수 있다는 종교적 교리이다. 따라서 윤회설(輪回說)은 그것을 교리적으로 받아들이는가 아닌가 문제를 떠나서 중생(衆生)들에게 구제나 자선 등 선한 생활을 권장하며 생명을 존중하게 하는 윤리적 교훈을 가지고 있다.

그러나 요즈음 유행하는 환생 신드롬은 이러한 윤리적 의미는 전혀 없고 단순히 자신의 전생에 대하여 알아보려는 주술적인 믿음뿐이다.[23)] 윤회설은 성경의 가르침에 비추취어 볼 때 허구적인 교리에 불과한 것이지만, 중생으로 하여금 착하게 살도록 하는 순기능이 있는 것은 사실이다. 그러나 환생 신드롬은 단순히 전생을 알려고 영매(靈媒)나 주술(呪術)을 이용하는 역기능만 있다.

(7) 현실도피적 사고

모든 문제를 전생이나 환생과 관련시켜 안일하게 해결하려는 환생설은 현실도피적 뉴에이지 사고에서 나온 것이다. 현실에서 해결하지 못한 문제를 전생 등 영혼의 세계로 넘겨버리는 것은 현실도피이다. 윤회환생 사상은 자기가 현재 당하는 어려움과, 저지른 잘못에 대하여 그것을 전생의 업보(業報)(karma)로 간주하여 지금 생에서 자기의 책임을 회피하려고 한다. 이것은 하나님이 우리 인간에게 부여하신 도덕성과 책임성에 대한 회피요 도피이다. 현실의 문제에서 도피하지 말고 이것에 직면하면서 자기의 정신이 성숙해지는 계기로 삼아야 한다.

성경은 단 한 번 뿐인 삶을 최선을 다해 살라고 가르친다. 시간을 아끼라고 말한다. 성경은 종말론적 사고를 가르쳐 주고 있다. 이것은 하나님 앞에서 우리가 자기행위에 대하여 심판을 받고, 상급도 받게 될 것이라는 것이다.

(8) 무아를 주장: 자아의 정체성 부인

환생 사상은 자아를 숙명론의 수레바퀴에 가둔다. 하나님의 형상으로 지음을 받은 우리의 자아를 운명의 수레바퀴 속에 가누어 놓아 자아에 대한 실체를 바르게 알지 못하게 하고 몽매한 것으로 알게 하며, 방황하게 한다. 환생 사상은 자아의 정체성을 미지의 영역, 미궁으로 몰아넣는다. 환생 사상은 자아는 없다고 본다. 무아(無我)를 주장한다. 무아란 실재로 존재하는 창조세계를 부정하고 그것을 단지 허망(虛妄)한 것으로 보는 허무주의로 떨어질 수밖에 없다. 오늘날 포스트모더니즘도 자아의 실재성을 부인한다. 자아란 사회적 관계의 그물망이라는 것이다. 그리하여 자아가 부정되면서 현대인은 자기 정체성의 상실에 빠지고 있다. 이러한 포스트모더니즘의 자기부정은 환생사상과 쉽게 결합되고 있다.

(9) 강신술에 미혹

소위 환생을 경험했다는 자들이 말하는 환생이란 자기가 실재로 전생으로 들어간 것이 아니라 강신(降神)과 접신(接神)에 의하여 미혹된 것이다. 그것이 무속신앙에서 무당에 의하여 죽은 자의 영혼이 돌아와 이야기 할 때 그 죽은 자의 영혼이 생전의 음성을 그대로 냄으로써 전문지식이 없는 자들은 감쪽같이 속는 경우가 많다. 이 경우에도 죽은 자의 영혼이 되돌아 온 것이 아니라 귀신이 죽은 자로 변장하여 나타나는 것이다. 그러므로 무속신앙의 초혼(招魂)이나 환생 치료법에서 일어나는 사실들은 강신술(降神術)이나 접신술(接神術)에 의존한다는 사실을 알아야 한다. 힌두교에서는 3억 3,000만 명의 신들이 있다고 한다.[24] 이 신들이 공중에 권세 잡은 각종 영들이다. 강신술이나 접신술은 이러한 각종 자연신들과의 교통에 의존하고 있다. 최면술에 의한 전생체험에는 강신술의 원리가 적용된다. 귀신은 죽은 자를 자연스럽게 흉내 낼 수 있다. 이렇게 하여 강신술 집회에 참석한 순진한 사람들을 농락한다. 귀신이 빙의(憑依 : 귀신이 옮겨 붙음)한 갑(甲)이라는 사람이 죽으면 이 귀신은 갑(甲)의 성품, 지식, 체험, 버릇 등 모든 것을 가지고 을(乙)에게 다시 옮겨 붙고, 을(乙)이 죽은 다음에는 병(丙)에게, 다시 정(丁)에게 옮겨 붙는다. (특별한 경우 귀신은 마태복음 8장 31, 32절에 기록된대로 짐승의 몸에 옮겨 붙기도 한다.) 이 정(丁)에게 최면술을 걸어 잠재의식을 끌어 올리면 갑, 을, 병의 전생이 나오는 것이다. 이때 나오는 전생의 기억은 귀신이 주는 것이다. 즉 최면술에 의해 나타나는 이른바 전생의 실체는 다름 아닌 귀신이다. 나타나는 현상만으로는 전생 내지 환생이나 윤회는 마치 사실처럼 보일 수도 있다. 그러나 실상은 죽은 자의 영혼이 윤회하는 것이 아니라 그에게 빙의했던 귀신의 영이 배회하는 것이다.

구약의 모세오경은 신접한 자, 초혼자, 무당, 진언자, 박수, 복술자, 요술하는 자들을 믿거나 추종하거나 용납치 말라고 경고하고 있다. 이들을 믿거나 추종하게 될 때 하나님의 진노를 받아서 하나님의 백성 중에서 끊어질 것을 말씀하고 있다(신 18:9-14, 레 20:6, 27, 출 22:18). 오늘날 많은 미혹의 영들이 요가, 최면술, 마인드 컨트롤, 초월명상, 잠재력 개발, 심령치료, 텔레파시 등을 통하여 현대인을 정신적인 미혹으로 이끌어 가고 있다는 사실을 깨달아야 한다.

4. 대책 : 개혁신앙의 확립

(1) 영적 풍요로움 제공해야

교회는 현대인들에게 영적인 풍요로움을 제공해 주어야 한다. 인간의 정신구조는 영적 의미를 갈구하게 되어 있다. 아모스 선지는 오늘날의 영적 기근에 대하여 다음같이 예언하고 있다. "주 여호와의 말씀이니라 보라 날이 이를지라 내가 기근을 땅에 보내리니 양식이 없어 주림이 아니며 물이 없어 갈함이 아니요 여호와의 말씀을 듣지 못한 기갈이라 사람이 이 바다에서 저 바다까지 , 북쪽에서 동쪽까지 비틀거리며 여호와의 말씀을 구하려고 돌아다녀도 얻지 못하리니 그 날에 아름다운 처녀와 젊은 남자가 다 갈하여 쓰러지리라"(암 8:11-13). 교회는 물질주의가 지배하는 시대에서 인생의미의 공허에 부딪친 현대인들이 하나님의 말씀과 성령 안에서 영적인 풍요로움을 체험하도록 해야 한다. 그래서 삶의 의미를 찾아 헤매는 현대인을 향하여 진정한 의미의 안식처를 제시해 주어야 한다. 이 안식처는 살아계신 하나님이다. 현대인은 하나님이 현대인에게 주시는 생명의 말씀을 통하여 진정한 삶의 안식을 발견하게 된다.

(2) 성경적 세계관 제시

개혁신앙에 입각한 올바른 성경적 세계관을 제시해야 한다. 그것은 창조론적, 구속사적, 종말론적 세계관이다. 성경적 세계관에 의하면 이 세상이란 자연처럼 영원히 돌고 도는 윤회적인 질서에 있는 것이 아니라 하나님의 창조와 섭리에 의하여 지탱되고 있다. 이 세상은 첫 사람 아담과 이브의 불순종에 의하여 하나님으로부터 소외되어 타락되어 저주 가운데 있다. 그러나 예수 그리스도의 십자가 대속의 죽음과 부활 사건을 통하여 하나님의 구속의 새로운 나라를 향하여 나아가고 있다. 예수 그리스도 안에 나타난 하나님의 나라는 역사의 목표이다. 여기서 윤회나 환생이란 들어설 여지가 없다. 영겁회귀의 질서가 이 세상을 지배하지 않고 죄와 사망을 이기시고 부활하신 예수 그리스도의 대속의 왕권만이 이 세상을 지배한다.

(3) 합리성과 공공성 살려야

대중매체는 합리성과 공공성을 상실해서는 안 된다. 전생과 환생을 잇는 원혼(원魂)의 축제를 묘사한다는 드라마는 과연 오늘날 시민 사회의 합리성과 공공성에 적합한가? 이러한 드라마는 방송심의 규정에 맞는가? 공영방송 심의규정은 "점술, 심령술, 사주, 관상 등 감정 및 미신과 관련된 내용은 방송할 수 없다" 고 되어 있다. 이러한 드라마는 시청자를 무속적, 신비주의적 체험의 도가니로 몰아가지 않는가? 공영(公營)드라마에서 정신과 의사가 최면술로 정신치료를 하는 장면을 보여주는 것은 시청자들에게 전생이 실재한다는 잘못된 고정관념을 심어줄 우려가 있다. 교회는 방송을 비롯한 대중매체에 대한 모니터의 역할을 해야 한다. 그래서 대중매체가 비윤리적이고 비합리적이고 비공공적인 프로를 여과 없이 방영할 때 그 잘못과 편파성을 지적해 주어야 한다.

기독교 신앙은 창조주에 대한 신앙을 가지면서 문화적 위임의 영역에서 기독교 신앙이 지니는 합리성과 공공성을 강조하고 있다. 그것은 막스 베버(Max Weber)가 말한 바 같이, 개신교의 근검절약의 윤리는 자본을 축적하고 기업을 발전시키는 자본주의 정신이 되었다는 데서 그 구체적인 예를 찾아볼 수 있다.

(4) 환생문화 배격

한국교회는 환생문화를 부추기는 매스컴과 상업주의를 배격해야 한다. 소그룹 종교단체나 특정 문화기업들이 전생과 환생에 대한 증후군으로 주도되면 합리적인 공공질서가 파괴되는 등 심각한 문제가 발생할 수 있다. 우리는 상업주의에 의하여 양산되는 환생문화를 경계해야 한다. 요한계시록은 마지막 때 "복술이 만국을 미혹하게 될 것"을 예언하고 있다(계 18:24). 앞서 언급한 바 같이 2000년대 들어와서 세계적인 마법문화 현상으로 나타나고 있는 롤링(Rowling)의 해리포터(Harry Potter) 시리즈에 대한 보다 근본적인 비판과 해설이 필요하다.

기독교 종교학자 웅거(Meril F. Unger)는 심령적 현상을 다음 다섯 가지 범주로 분류한다. 첫째, 물리적 현상으로서 공중 부유 상태, 환영(幻影), 격동현상이다. 둘째, 심리적 현상으로서 영적 환영, 무의시적 서사, 황홀경에 몰입되어 말하기, 영의 재현, 컵이나 책상이나 걸상 등 물체를 옮기는 심령기술, 영혼의 회유현상이다. 셋째, 형이상학적 현상으로서 유령, 귀신이다. 넷째, 마술적 현상으로서 마술적 학대, 마술적 방어이다. 다섯째, 제의적 현상으로서 무속적 제의, 기독교적 제의이다.[25]

환생문화가 이러한 종교학적 심령적 현상을 사용하고 있다는 사실을 부인할 수 없다. 첫째 범주인 공중 부유(浮遊) 상태나 둘째 범주인 황홀경은 일반 종교학적 경험이다. 불교나 요가, 도교에서는 명상수련을 통하여 이러한 상태에 도달하는 것이라고 가르친다. 셋째 범주인 악마, 넷째 범주인 마술은 사단적인 것과 직접 관련되어 있다. 다섯째 범주에서 무속적 제의는 무당 굿을 통해서 일반 무속신들과 교통하는 것이다.

그러나 기독교적 제의는 이와는 질적으로 다르다. 성령의 임재는 하나님의 말씀의 선포를 통해서 회개하고 새사람이 됨으로써 심령적 현상이 주 관심이 아니라 성령으로 임재하시는 그리스도의 인격과 인격적으로 만남을 주목적으로 한다. 여기에 신비적 현상이 나타날 수도 있다. 기독교적 제의는 무속적 제의와 일반 종교적 제의와 근본적으로 다르다. 후자가 호기심을 만족하며 인성을 개발하고자 하고 비도덕적이고 비윤리적인 데 반해서, 전자는 하나님을 인격적으로 만나고 그 인격이 새 사람으로 중생하고 의롭게 인정받고 도덕적으로 윤리적으로 성화하는 데 그 강조점을 가지고 있다.

(5) 요가의 명상과 구별

기독교의 묵상은 요가의 명상과 다르다.[26] 요가는 명상을 통해서 무의식 차원의 황홀경으로 나아가며 무아경을 통해서 정신적으로 현실세계에서 퇴각한다. 그리하여 명상을 통해서 자아의 무의식 속에 잠재되어 있는 신성을 깨우치고자 한다. 그러므로 요가의 명상에서는 인간의 자의식이 주체요, 자기가 신이 되고자 한다. 그래서 뉴에이지 운동은 자아를 각성시키는 방법으로 요가를 사용하는 것이다. 깊은 단계에서 요가는 단지 심호흡의 기술뿐 아니라 영적 존재와 관계한다.

그러나 기독교의 묵상은 자기의 무의식 속으로 들어가지 않고 자기 영혼의 내면으로 들어간다. 어거스틴이 그의 고백록에서 시도한 바 같이 묵상하는 자는 영혼의 내면 속에서 하나님의 말씀을 음미하고 인간에게 다가오시는 인격적인 성령과 만나고 그의 인도하심을 받는다. 여기서 자아 신격화는 무너지고 인간은 근본적으로 죄인이라는 자기발견에 직면한다. 그리고 이 묵상은 성경 말씀을 통하여 우리에게 다가오시는 하나님의 인격적인 뜻 앞에 순종하기를 배운다. 이 묵상은 자기 신격화가 아니라 칭의를 통해서 날마다 자기의 옛 소욕을 죽이는 새사람으로의 성화를 구현한다.

(6) 양심이 통하는 사회

한국교회는 우리 사회가 상식과 양심이 통하는 정의로운 사회를 만드는 데 노력해야 한다. 환생 신드롬이 유행하는 것은 우리 사회에 한탕주의와 연줄주의가 만연하고, 법과 질서를 무시하는 편법(便法)주의적 사고가 강하게 영향력을 행사하기 때문이다. 구약시대 미가와 아모스 선지가 선포한 것처럼 "정의를 물 같이, 공의를 마르지 않는 강 같이" 흐르게 하는 투명한 사회가 될 때 자기의 현실적 처지를 숙명론적으로 돌리는 사고는 없어질 것이다. 현실에 충실하고 땀을 흘린 자가 대접을 받고 자신의 일에 대한 대가를 받고 보람을 느끼게 될 때, 현재의 고통이나 절망을 전생에 돌리는 도피주의적 사고는 불식될 수 있을 것이다. 하나님의 영은 양심을 통해서 우리에게 말씀하신다. 그 말씀은 정의로운 삶이다. 정의 없는 사랑은 부패하고, 사랑 없는 정의는 냉혹하다. 하나님 말씀은 정의로운 사랑과 사랑 있는 정의를 요구하신다.

(7) 건전한 생사관

한국교회는 환생문화의 잘못을 바르게 지적하고 건전한 생사관을 갖도록 하는 기독교적 생사(生死)관을 정립해야 한다. 개혁신앙에 입각한 현대 세속문화에 대한 올바른 판별과 비판이 행해져야 한다. 우리 청소년들과 성인 그리스도인들에게 성경을 통한 세계관의 이해가 아직도 부족하다. 기독청소년의 교회교육에 있어서 성경연구에 입각한 기독교적인 생사관의 교육이 절실히 필요하다는 것이 요청된다. "한번 죽는 것은 사람에게 정해진 것이요 그 후에는 심판이 있으리니"(히 9:27). 죽은 사람은 음부에 있지 이 세상에 다시 나타나지 않는다. 주님은 소아시아 일곱교회를 향하여 말씀하신다. "나는 처음이요 마지막이니 곧 살아 있는 자라 내가 전에 죽었었노라 볼지어다 이제 세세토록 살아 있어 사망과 음부의 열쇠를 가졌노니"(계 1:17하-18). 그리스도는 사망과 음부의 열쇠를 지니고 계신다. 이러한 성경적 생사관을 가질 때 그리스도인들은 2007년 7월 아프카니스탄 탈레반에게 처형된 배형규 목사처럼 세상이 감당할 수 없는 사람이 되는 것이다.

요한계시록에서 사도 요한은 마지막 때 이 세상인 큰 성 바벨론이 "귀신의 처소와 각종 더러운 영의 모이는 곳과 각종 더럽고 가증한 새들이 모이는 곳"(계 18:2)이 될 것이며, 이 큰 성 바벨론이 어린 양이신 예수 그리스도의 심판에 의하여 무너지게 될 것을 예언하고 있다. 기독교문화가 펼쳐진 사회란 기독교 세계관이 모든 곳에 스며든 사회를 말한다. 개혁신앙은 하나님 주권적인 신앙 속에서 이 세계를 인간 생사를 주관하시는 하나님의 주권의 관점에서 보도록 한다.

(8) 뉴에이지 사상 비판

한국교회는 환생 신드롬이 유래하고 있는 뉴에이지(New Age) 사상에 대한 비판적 입장을 정립해야 한다. 이러한 환생 신드롬의 근저를 들여다보면 거기에는 귀신 및 영들과의 접촉을 시도하는 뉴에이지 사상이 있다. 뉴에이지 사상은 "모든 것은 신"이라는 범신론 사상을 주장한다. 이 사상은 "우리 인간도 신"이라고 주장한다. 그래서 환생 신드롬에는 인간이 죽은 후 그 영혼이 귀신이 되었다가 다시 다른 인간 신체를 통하여 이 세상에 육화(肉化) 된다는 미신(迷信)사상이 깔려 있다.

"스타워즈 에피소드 3- 시스의 복수"(2005)는 포스(Force)를 뉴에지 세계관 안에서 하나님과 같은 우주의 알파와 오메가 같은 존재로 이해되고 있다. 아나킨은 포스의 어두운 힘을 이용하여 영생을 얻으려고 한다. 이 영화에서 포스는 인간의 내부에 그리고 몸 밖, 우주에 있는 실체의 근원이다. 제다이 기사들은 수련을 통해 포스를 자기 안에서 활용한다. "포스는 단순한 싸움이나 미래를 읽는 예지능력 등에 이용되기도 하지만, 영생으로 인도하는 길의 역할을 한다는 점에서 신이교주의의 냄새를 풍기고 있다."[27] 이 영화의 감독인 루카스는 유아시절 감리교회에서 세례를 받고 자랐다. 하지만 "모든 종교는 다 진리다"라고 말하기를 주저하지 않는 그에게서 "스타워즈"가 뉴에이지 세계관을 지니고 있음을 확인할 수 있다.[28]

어느 뉴에이지 신봉자는 한 사람을 명상케 하여 전생과 미래를 여행시킨 뒤, 이 사람이 과거에는 전혀 다른 사람이었고, 미래에는 천사가 되는 것을 보았다고 주장하는 자도 있다. 이러한 주장에는 인간이 영적으로 완전해지기 위해서 죽었다가 살아나는 과정을 오래 동안 거쳐서 나중에 천사의 존재에 이르게 된다는 뉴에이지 천사론 사상이 깔려 있다.[29] 이러한 범신론 사상은 "유한한 것은 무한한 것을 포괄할 수 없다"(finitum non capax infiniti)는 성경적 개혁사상에 정면적으로 위배된다. 뉴에이지 사상은 "주인된 네 자신을 사랑하라"고 인간의 자기 사랑(self-love)과 자존감(self-esteem)을 주장하는 인본주의 사상이다. 이러한 사상은 "오로지 하나님과 네 이웃을 사랑하라"라는 성경의 신본주의적 사상과는 정면으로 배치된다. 뉴에이지 사상은 "자신 속에 있는 초자아를 만날 때 선과 악의 구분이 없어진다. 어떤 도덕율의 간섭없이 자신의 마음에 따라 행할 수 있는 자유가 모든 사람에게 있다."고 주장한다. 이것은 바로 도덕과 윤리 폐기론이다. 도덕과 윤리를 폐기한 인간은 인간성이 부재한 양심이 화인맞은 자이다. 이것은 바로 마귀에 사로잡힌 자들에게 있는 현상이다.

(9) 영매(靈媒) 배격

환생이나 마술사 신드롬에는 영매(靈媒)통해서 어느 정도 앞날을 예견할 수 있고 죽은 자와 대화할 수 있으며, 죽은 자에 대한 상태에 대한 궁금증 해소, 저들에 대한 구원 등을 해결할 수 있다는 사고가 깔려 있다. 더욱이 초신자나 간혹 교회 직분자들 가운데서도 이러한 영매적 사고에서 벗어나지 못한 자들이 있다는 사실이다. 이것은 살아계신 하나님 앞에서 가증스러운 일이다.

개혁신앙을 가진 교회와 성도들은 하나님의 절대주권과 예정 사상을 붙들어야 하겠다. 우리의 앞날은 하나님의 예정과 그 분의 주권적인 섭리 안에 있지 영매들에게 달려 있는 것이 아니다.

사무엘상 28장 13-20절에는 사울이 신접한 여인을 통해서 사무엘을 땅에서 불러내는 장면이 기록되어 있다. 이 구절은 영매를 정당화하는 것이 아니라 영매행위에 의하여 죽은 선지자 사무엘을 불러내는 사울 왕의 가증한 행위를 고발하고 있다. 그리고 신접한 여인이 불러낸 사무엘의 영은 자기의 신분을 속이고 영매를 통하여 그를 불러낸 사울에게 그와 그의 아들에게 임할 하나님의 심판을 바르게 전달하고 있다. 영매는 악마성에 연관되어 있음에도 불구하고 하나님의 크심에 자신이 압도당하고 있음을 고백하며 사울에 대한 하나님의 작정을 진술하고 있다.[30)]

영매나 영매가 부르는 영들도 모두 하나님의 절대 주권 아래 있다. 이들이 인간의 운명이나 재난을 피하게 할 수 없고 성공이나 행복을 빼앗아 갈 수도 없다. 이들은 하나님의 주권적인 명령 안에서만 일하기 때문이다. 욥기는 이 사실을 잘 알려준다. "하루는 하나님의 아들들이 와서 여호와 앞에 섰고 사탄도 그들 가운데에 온지라 여호와께서 사탄에게 이르시되 네가 어디서 왔느냐 사탄이 여호와께 대답하여 이르되 땅에 두루 돌아 여기저기 다녀왔나이다 여호와께서 사탄에게 이르시되 네가 내 종 욥을 주의하여 보았느냐 그와 같이 온전하고 정직하여 하나님을 경외하며 악에서 떠난 자는 세상에 없느니라 사탄이 여호와께 대답하여 이르되 욥이 어찌 까닭 없이 하나님을 경외하리이까 주께서 그와 그의 집과 그의 모든 소유물을 울타리로 두르심 때문이 아니니이까 주께서 그의 손으로 하는 바를 복되게 하사 그의 소유물이 땅에 넘치게 하셨음이니이다 이제 주의 손을 펴서 그의 모든 소유물을 치소서 그리하시면 틀림없이 주를 향하여 욕하지 않겠나이까 여호와께서 사탄에게 이르시되 내가 그의 소유물을 다 네 손에 맡기노라 다만 그의 몸에는 네 손을 대지 말지니라 사탄이 곧 여호와 앞에서 물러가니라"(욥 1:6-12).

여기서 사단은 하나님의 수하들로서 신자들을 탄핵하는 일을 하고 있다. 세상에서 일어나는 나쁜 일을 하는 하나님의 수하들인 것이다. 하나님은 욥에 대한 사단의 재난 내림에 대하여 결재를 하신다. 그러나 하나님은 그 생명을 해치지 말라고 명하신다. 사단이 우리에게 재난을 가져다 줌도 하나님의 결재에서만 가능하다. 사단이 우리 생명을 해치고자 하는 시도도 하나님 결재 없이는 실행될 수 없다.

이러한 욥기의 말씀은 복음서에 기록된 사단의 고백과도 일치한다. 예수님이 가버나움의 회당에서 가르치실 때에 더러운 귀신 들린 자를 통해서 귀신은 예수을 하나님의 거룩한 자요 자기들을 멸망시키러 온 자로 알아보고 있다. "나사렛 예수여 우리가 당신과 무슨 상관이 있나이까 우리를 멸하러 왔나이까 나는 당신이 누구인 줄 아노니 하나님의 거룩한 자이다"(막 1:24). 이 구절은 악령(惡靈)이 영물(靈物)로서 하나님의 존재를 알아본다는 것이다. 예수님은 귀신을 쫓아내신다. "예수께서 꾸짖어 이르시되 잠잠하고 그 사람에게서 나오라 하시니 더러운 귀신이 그 사람으로 경련을 일으키고 큰 소리를 지르며 나오는지라"(막 1:25-26).

*

오늘날 참 하나님을 알지 못하는 현대 문화는 무속과 복술(卜術)과 전생 및 환생 신드롬의 포로가 되어서 숙명주의와 현실도피주의에 빠지고 있다. 1인당 국민소득 2만 달러(2007년 기준)로서 경제적으로 풍요해진 한국사회에 이러한 힌두교적이고 희랍적인 사상이 유행하는 것은 한국사회의 정신이 건전하지 않다는 것을 입증한다. 문명시대 이전에 지배했던 이러한 고대의 이교사상이 오늘날 문화가 발전된 현대에 지배력을 가지게 되는 것은 인간이 가지고 있는 종교성의 기형적인 표출이라고 보아야 할 것 같다.

디모데전서 4장 1-2절의 말씀은 이 시대를 사는 우리 신자들에게 주시는 하나님의 말씀이다. "성령이 밝히 말씀하시기를 후일에 어떤 사람들이 믿음에서 떠나 미혹하는 영과 귀신의 가르침을 따르리라 하셨으니 자기 양심이 화인을 맞아서 외식함으로 거짓말하는 자들이라." 현대인들이 이러한 기형적인 종교성을 가지게 된 것에는 교회의 책임이 크다고 봐야 할 것이다. 교회가 이 세상을 향하여 빛과 소금의 역할을 다했더라면 무속이나 환생 신드롬이 이처럼 사회적 이슈로 등장하지 않았을 것이다.

여기서 우리 개혁신앙의 역할이 있다. 개혁사상의 본질은 "오로지 성경만으로"(sola scriptura), "오로지 그리스도만으로"(solus Christus), "오로지 은혜만으로"(sola gratia), "오로지 믿음만으로"(sola fide)하는 용어로 집약할 수 있다. 이러한 네 가지 용어는 다시 "하나님의 절대주권"이라는 단어의 중심축을 가지게 된다. 하나님의 절대주권 사상은 하나님의 세상통치를 말하며 그리스도 안에서 그의 왕적 지배를 말하는 것이다. 이 하나님의 주권 사상은 우리의 일상적인 삶에 있어서 미신적인 사상을 타파하고 하나님의 주권과 섭리에 대한 신앙과 복종과 찬양으로 나아간다. 우리 한국교회와 신자는 오늘날처럼 불신의 사조와 혼합주의와 윤회, 환생, 무속이 유행하는 사회 속에서 복음의 나팔을 바로 불고 성경적 인생관과 세계관을 바르게 증거해야 할 것이다.

chapter 8
생명에 대한 신학적 성찰

생명공학의 발전과 더불어 생명 내지 삶의 개념이 오늘날 우리 사회의 중요한 문제로 부각되고 있다. 생명 개념은 이미 딜타이를 중심한 19세기 삶의 철학이 19세기의 기계주의론적 세계상에 대항하여 일회적이고 균일화 될 수 없는 인간과 세계의 삶의 거대한 연관을 강조함으로써 서구정신사에 부각되었다. 20세기에 들어와 생명 개념은 1차 및 2차 세계대전 속에 파멸되고 짓밟힌 인간 실존의 문제에 더불어 실존철학으로 주제화되었다. 생명문제는 20세기 후반 다시 생명공학의 발전과 더불어 인간 복제 및 인간 생명의 인위적 연장 등으로 인하여 더욱더 새로운 주목을 받기에 이르고 있다. 이 장에서는 이러한 생명문제를 주제화한 현대 사상가의 견해를 연구하고자 한다. 앨버트 슈바이처(Albert Schweitzer), 한스 요나스(Hans Jonas), 디트리히 본회퍼(Dietrich Bonhoeffer), 트루츠 렌토르프(Trutz Rendtorff)의 생명 내지 삶 개념을 논구하고자 한다.

*

1. 앨버트 슈바이처(Albert Schweitzer)의 생명 개념

(1) 서구 세계관에 대한 불신

독일의 올가니스트요, 신약학자요 의사요 철학자요 목사요 의료 선교사인 앨버트 슈바이처(1875-1965)는 그의 저서 『문화와 비판』(*Kultur und Kritik*)에서 세계관과 생명관을 구분한다. 세계관(Weltanschauung)이란 목적론적으로 세워질 수 있다. 그것은 삶의 부정, 삶의 긍정, 염세주의와 낙천주의를 나타낸다.[1] 19세기의 낙관주의 세계관은 20세기 초 일어난 세계대전과 더불어 무너졌다. 그리고 19세기의 소펜하우어와 니체는 비관주의의 대표적 인물이었다. 세계관은 무너지더라도 삶(생명)관(Lebensanschauung)은 그대로 있다.[2] 슈바이처는 다음같이 피력한다. "제약되지 않은 세계 긍정과 삶의 긍정에서 우리는 인생경력(Laufbahn)을 시작한다. 우리 속에 있는 생명에의 의지는 삶(생명)관을 자명한 것으로 부여한다. 그러나 사고가 깨어나면 자명한 것을 문제로 만드는 질문이 떠오른다. 어떤 의미가 너의 삶에 부여되는가? 이 세상에서 너는 무엇을 원하는가? 영적인 것은 신체적인 것에 끔찍하게 의존하고 있다. 우리 실존은 무의미한 사건들에 내던져져 있으며 매 시각 이 사건들에 의하여 파괴될 수 있다."[3] 비관주의와 상실된 비속박성에도 불구하고 생명에의 의지는 더 큰 힘을 갖는다.[4]

슈바이처는 서구의 세계관들이 좌절하였다고 강조한다. 서구의 세계관이 삶의 긍정의 윤리적 기초를 점차적으로 포기하기 때문에 쇠퇴하고 있다는 것이다. 그는 단지 삶(생명)관(die Lebensanschauung)만이 모든 다른 가능성에 우선하는 낙관주의적이고 윤리적 세계관의 과제를 맡을 수 있다고 표명한다.[5] 세계관은 모든 측면에서 명백한 삶(생명)에의 의지와 삶의 긍정에 착안해야 한다. 그는 『문화철학』(*Kulturphilosophie*)에서 다음같이 피력한다. "진정한 철학은 의식의 가장 직접적이고 이해하는 사실에서 출발해야 한다. "나는 살기를 위한 삶 한 가운데서 살기를 원하는 삶이다(I am life which wills to live, in the midst of life which wills to live). 나의 고유한 삶에의 의지에 소멸(annihilation)과 고통의 두려움과 함께 더 넓은 생명과 기쁨에 대한 갈망이 있다. 그처럼 삶에의 의지 속에는 그것이 내 앞에서 스스로를 표현할 수 있든지 또는 침묵하든지 간에 나 주위의 모든 것이다. 삶에의 의지는 나 속에 있는 것처럼 어디든지 현재한다. 만일 내가 생각하는 존재라면, 나는 나 자신과 다른 생명을 동일한 존경으로 대해야 한다(I must regard life other than my own with equal reverence). 왜냐하면 나는 내가 스스로 행하는 것처럼 깊이 다른 생명이 충만과 발전을 갈망하는 사실(it longs for fullness and development as deeply as I do myself)을 알 것이기 때문이다. … 그러므로 악은 생명을 죽이는 것이고, 훼방하며, 방해하는 것(evil is what annihilates, hampers, or hinders life)이다. 내가 그것을 물리적으로 영적으로 보든지 간에 그것은 진실이다. 선이란 동일한 증거에 따라서 삶을 구하고 돕는 것이다. 그리고 그것의 최상의 발전을 얻도록 할 수 있는 어떤 삶이든지 할 수 있도록 하는 것이다(Goodness, by the same token, is the saving or helping of life, the enabling of whatever life I can to attain its highest development)."[6)]

비관주의는 생명에의 의지에 대한 반성의 거의 필연적인 결과이다. 그러나 슈바이처는 생명에의 의지가 비관주의이며, 인도(印度)적(indisch) 형식이라고 보는 것은 모순적(inkonsequent)이라고 본다. 왜냐하면 생명에의 의지는 "의지 자신에게서 발견되며"[7)] 스스로 살아가는[8)] 생명에의 힘을 지니기 때문이다. 생명에의 의지와 외경은 비관주의를 배제하고 생명이라는 삶의 현실에 충실하고자 한다. 슈바이처는 생명에의 외경을 수용하지 않는 것처럼 보이는 학문에 의해 그려지는 세상에 직면하여 생명에의 의지와 생명의 외경 사상은 중요하다고 주장한다.

(2) 생명에의 외경

슈바이처는 다음같이 피력한다. "생명에의 외경(Ehefurcht vor dem Leben)은 모든 존재가 근거한 무한하고, 천착될 수 없으며, 진보하는 의지에 의하여 붙잡힘이다."[9] 슈바이처는 생명에의 외경이라는 윤리를 제안한다. 그는 다음같이 피력한다. "우리 안에 있는 생명에의 의지는 우리에게 자명한 것을 준다. … 생명에의 의지는 작용에 대한 충동을 준다. 작용이란 마치 쟁이로 대양을 경작하며, 이 도랑 속에 씨를 뿌리는 것과 같다."[10]

슈바이처의 견해에 의하면 삶과 사랑은 모든 생명 현상에 대한 경외와 우주에 대한 개인적이고 정신적 관계성에 기초되고 있으며 이 원리에서 나온다. 생명에의 외경은 모든 존재가 근거한 무한하고, 천착될 수 없고, 전진적으로 나아가는 생명에의 의지에 붙잡혀 있다. 그래서 우리의 삶은 이념적인 것의 실현(Verwirklchung des Realen)이 된다.[11] 윤리란 개별적 그리고 모든 존재의 생명에의 의지를 향하여 그 자신에게 행하는 생명에의 외경을 보여주는 강요된 충동(the compulsion)에 있다. 우리가 이 충동을 만족시키는 데 실패하는 것 같이 보이는 상황이 우리를 패배주의로 인도해서는 안된다. 생명에의 의지가 진화적 필연성의 결과와 영적 차원을 지닌 현상으로 또 다시 새롭게 되기 때문이다.

그러나 슈바이처 자신이 지적한 바 같이, 패배주의를 따르지 않는 삶을 보내는 것은 불가능하지도 어렵지도 않다. 세계철학 및 종교의 역사는 명료히 생명에의 외경의 원리를 부정하는 실례를 보여준다. 슈바이처는 중세 유럽의 지배철학과 인도의 브라만 철학(the Indian Brahminic philosophy)을 가리키고 있다. 그럼에도 불구하고 이러한 류의 태도는 진정성(genuineness)을 결여한다.[12]

생명에의 의지는 자연적으로 생명의 다른 형식을 향하여 기생적

(parasitic)이며 적대적(antagonistic)이다. 오직 생각하는 존재에 있어서만 생명에의 의지는 생명의 다른 의지를 의식하고 그것과 연대를 의욕한다. 그러나 이 연대성(solidarity)은 산출될 수 없다. 왜냐하면 인간 생명은 그것이 타자의 생명을 대가로 살아야만 하는 수수께기적이고 무서운 환경을 피하지 않기 때문이다. 그러나 윤리적 존재로서 인간은 그것이 한 인간의 권력 안에 있는 한에 있어서 한편으로 이 생명으로부터 가능한 한 도피하고자 하고, 다른편으로 살려는 의지의 분열(disunion of the Will to live)을 멈추려고 노력한다.

(3) 철저적 종말론 사상과 관련없는 생명의 외경: 범생명력 사상

슈바이처는 그의 전 삶을 통해서 생명에의 외경의 개념을 변호하였다. 역사적 계몽주의는 쇠퇴하고 부패하기에 이르렀다. 그 이유는 계몽주의가 생명외경사상에 충분히 근거하지 않고 충동적으로 윤리적인 삶의 의지를 따랐기 때문이라고 본다. 그래서 슈바이처는 인간성의 새롭고 더 심오한 르네상스와 계몽주의를 기대한다.[13] 슈바이처는 우주에서의 인간의 지위에 대해 더 심오하게 각성하는 인류에 대한 희망을 강조하였다. 그의 낙관주의는 '진리에 대한 신뢰' (belief in truth)에 기초한다. 그것은 "진리를 파악함에 의하여 생성된 정신은 환경의 힘보다 더 크다"는 것이다.[14] 그는 아주 널리 유포된 의견을 따르거나 지나가는 충동의 근거에서 단지 행동하기 보다는 생각하는 필연성을 지속적으로 강조하였다.

살고자 하는 자 스스로의 의식적인 의지에 대한 명상에서 나오면서 생명에의 경외는 개인을 타자와 만물을 섬기기 위하여 살도록 인도한다. 슈바이처는 그 자신의 삶에서 이 사상을 실천하였기 때문에 아주 존경받았다. 예컨대 그는 고양이를 아주 좋아했다. 그는 왼손잡이였으나 그의 왼팔에 잠자고자 하는 고양이를 밀치기 보다는 오른팔로 글을 쓰고자 한 사람이었다.

슈바이처는 생명에의 의지와 생명에의 외경을 말하고 삶의 수수께기를 말하고 있다. 그러나 그는 생명을 넘어서는 초월자이신 하나님에 대하여 침묵하고 있다. 여기서 신약학자로 출발한 슈바이처의 신학사상은 생명의 외경 사상에 이르러서는 전혀 신약학 연구사상과의 연관없이 그리고 신학적 근거 없이 삶의 철학, 그것도 범생명력론에 사로잡혀 있다. 슈바이처는 예수의 극단한 윤리(die radikale Ethik)가 입각한 종말 기대가 사라지는 순간에 하나님 나라에 대한 더 강력한 기대에 의하여 움직이는 것으로 보았다. 슈바이처는 신약에서 말하는 예수의 종말론의 사상이 임박한 종말론사상(철저적 종말론, konsequvente Eschatologie)인 것을 강조하면서 19세기 역사적 범신론 세계관이 주장하는 역사내재적인 하나님 나라 사상을 거부하였다. 그리하여 이에 상응하는 그의 잠정윤리(die interimsethik)는 생명에의 경외라는 윤리로 대체되어야 했다.[15]

슈바이처가 제시한 생명에의 외경 사상은 물질주의의 위협에 빠진 인류사회를 행하여 제시된 중요한 문화사상임에는 틀림없다. 그러나 이러한 그의 문화사상은 역설적으로 신약학자로서 그가 제시한 묵시록적 세계종말사상을 가진 역사적 예수상과는 관련이 없다. 그가 그의 사위인 요하네스 바이스(Johannes Weiss)의 견해를 따라서 제시한 역사적 예수의 모습은 생명에의 외경을 전파한 자가 아니라 다가오는 이 세계의 묵시록적 종말론에 사로잡힌 세계에 낯선 은둔가였다.[16] 철저적 종말론은 현세적 삶을 중단해야 하는 잠정윤리를 제시하는 데 반해서 생명에의 외경이라는 사상은 현세적 삶에 대한 책임윤리를 제시하기 때문이다.

2. 한스 요나스(Hans Jonas)의 생명 개념

(1) 생명 개념: 자기조직화하는 개방 체제

한스 요나스(Hans Jonas, 1903-1993)는 현대 유대-독일계의 사상가로서 생명의 개념을 처음으로 주제화하였다. 그는 생명을 물질의 자기 조직화(sich selbst organizieren)로 이해한다. 요나스는 물질은 자기 조직화를 통해서 생명으로 이행되었다는 현대 자연과학자들의 가설을 받아들인다. 최초의 "대폭발"(Urknall, big bang)로 우주와 태양계가 형성되고 이어서 원시지구가 탄생되고 그 이후로 원시 지구와 주변의 물질들의 화학진화가 이루어졌다. 이 과정에서 물질은 생명으로 비약하였다. 우주론적 자료들에 의하면 물질로부터 생명으로의 이행 가설을 부정할 수가 없다. 요나스는 이 가설을 형이상학적 사변으로 표현한다. 물질에 내재하고 있는 "의식없는 경향성"(bewuβte Tendenz)이 요인이 되어 무생명인 물질에서 생명으로 이행이 이루어졌다.[17)]

그러면 물질에서 생명에로의 긴 진화론적 연속선상에서 생명으로의 비약을 알리는 분기점을 어떻게 표시할 수 있는가? 요나스는 그 분기점을 표시하는 것은 생명현상의 증거를 추적하는 자연과학자들의 과제로 돌린다. 요나스는 물질에서 정신적 내지 심리적이라고 할 수 있는 "내면성의 차원"(Innendimension)을 갖는 생명현상이 출현했다는 사실에서 출발하고자 한다. 요나스는 물질현상에서 생명현상이 일어나는 분기점이 어디인가는 오늘날 신경세포학에서도 밝혀내지 못하고 있다고 본다. 요나스는 "물질은 애초부터 잠자는 정신(schlafender Geist)이다"고 말한다. 물질은 나중에 생명력으로 진화할 수 있는 잠재력을 지니고 있어서 주어진 상황의 우연한 기회와 마주치면 내면성을 가진 생명으로 비약한다.

물질이 생명으로 진화한 사건에 관하여 요나스는 다음같이 사변한다. 최초의 대폭발의 상황에서 원질료(Urmaterie)는 로고스(Logos)를 갖출 여유가 없었다. 원질료는 우주발생적 로고스(kosmogonischer Logos)를 내포하고 있지 않다. 다만 긴 시간이 지난 이후 물질에서 생명으로 비약하게 된다. 여기에 요나스는 단순히 자연과학자들이 추측하는 물리적, 외적 우주진화 이상의 어떤 측면이 개입하고 있다고 본다. 원질료는 어떤 계획이 없는 경향성(Tendenz)을 내포하고 있다. 이 경향성이란 많은 기획들이 산재해 있는 조건 속에서 어느 하나의 기회를 우연히 포착하는 일을 반복하면서, 계속 앞으로 진척되는 내면성의 차원이다.

요나스는 이 차원을 "우주발생적 에로스"(kosmogonischer Eros)[18]라 부른다. 요나스는 우주발생의 측면에서 로고스와 에로스를 구별한다. 로고스(Logos)는 그 속에 발전의 방향과 최종목적(telos, finale)이 처음부터 완전히 결정되어 있다. 이에 반해서 에로스(Eros)는 처음부터 그런 방향과 최종목적이 내포되어 있지 않다. 에로스는 발전의 원동력이기는 하지만 발전의 방향은 우연이 개입하는 진화과정의 결과로서 진화과정 속에서 비로소 결정된다. 따라서 요나스는 철학적으로 우주발생적 에로스를 주장하는 점에 있어서 우주발생적 로고스를 주장하는 진화론이나 자연과학과 거리를 둔다.

생명체란 내면성의 차원을 가지고 있는 하나의 심리물리적 통합체(psycho-physische Einheit)이다. 물질과 정신은 생명체를 이루고 있는 두 가지 요소로서 한쪽이 없이는 다른 한쪽은 존재할 수 없을 정도로 상호의존적이고 서로를 자기 쪽으로 통합시키면서 긴밀히 연결되어 있다.[19] 생명체는 자기 생명을 보존하려는 자기 목적(Selbstzweck)을 가지고 있다. 생명체는 사는 대가로 결국은 죽어야 하는 운명에 처해 있다. 생명체의 자기 목적이란 살기 위해서 능동적으로 의욕하고 애쓰는(zielstreben)[20] 경향성이다. 주위 환경의 위협 속에서 자기의 생명을 보존하려는 자기 목적이란 생명체가 가진 본성적인 경향성이다.

요나스는 물질과 생명을 이원론적으로 명확하게 구별하지 않으려는 자연과학자 프리고진(Ilya Prigogine)의 입장[21]에 근접하고 있으나 양자를 차이를 인정하고 있다. 물질은 내면성의 차원이 없고 살려고 애쓰지도 않는다. 이에 반해서 생명(정신)은 내면성의 차원을 가지고 있고 어떻게든 살려고 애쓰는 존재이다. 이 점에서 요나스는 정신(생명)과 물질을 구별하고 있다.[22]

(2) 신생명력론 착상

요나스는 자기 존재의 미래를 염려하는 생명의 자기긍정(die Selbstbejahung des Lebens)을 강조하였다. 그에게 생명이란 무엇보다도 적은 후손의 자원소비를 통해서 끊어질 수 없는 세대계열(Genenrationensfolge)이다. 여기서 개별적으로 혼동될 수 없는 개인들의 삶은 퇴각한다. 요나스는 인간의 일상적이고 공통적인 삶의 수행(Lebensvollzug)만이 아니라 기술의 만연 속에서 위태롭게 된 생물영역의 보존(Bewahrung der Biosphäre)을 주제화하였다. 개체는 죽지만 세대번식을 통해서 자신의 종(種)을 영원히 보존함으로써 개체는 부동의 동자(the unmoved mover)의 영원성을 모방한다. 그럼으로써 인간 이성의 활동은 부동의 동자의 영원성을 모방한다.[23]

요나스는 적어도 범생명력론(Panvitalismus)에 대하여 거리를 취하고자 한다.[24] 그렇다 할지라도 요나스의 사상에는 이 범생명력론 착상이 배제되지 않는다. 그는 신진대사(Stoffwechsel)[25]를 수행하는 자연 속에서 자유를 발견한다. 생명현상을 설명하는 데 있어서 결정적으로 해결의 실마리 역할을 해 주는 것이 자유의 특성이다. 자유는 가장 원시적이고 낮은 수준의 아메바 종류에서 시작하여 모든 생명체에게서 활성하고 있다고 본다. 여기에 그의 범생명력론의 착상이 있다. 가장 원시적인 생명체에도 아주 몽롱하고 어둡침침하고 희미한 전각적인 수준이기는 하지만 환경이 가하는 자극에 대한 반응, 즉 자극반응(Regungen) 현상이 일어나고 있다. 모든 생명체의 가장 기본층에서 일어나고 있는 물질대사도 자신의 가능성의 영역을 확장하기 위하여 기존의 한계를 박차고 나오는 것으로 볼 수 있다고 본다. 요나스는 이것을 가장 기초적인 자유의 형태로 본다. 더 진화된 생명체는 더 높은 수준의 자유를 보여준다. 물질대사 이외에도 장소의 이동, 감각의 수준 등 다양한 형태의 자유가 나타난다. 그 자유의 가장 높은 수준이 인간이 실현하는 의지적이고 자각적인 사유의 자유이다.

이 자유 속에서 이성적 주관의 자기 규정은 자연적 놀이공간의 비결정을 위하여(zugunsten der Indetermination von naturlichen Spielraumen) 퇴각한다. 이러한 요나스의 착상은 역동화 되는 "절제된 아리스토텔레스주의의 귀환"(Wiederkehr eines gemaβigten Aristotelismus)으로 이해되어진다.[26] 왜냐하면 요나스의 신생명력론 착상에 따르면 진화는 새로운 법칙성과 구조를 야기해서, 고전적 그리고 물리신학적 세계상의 정역학(靜力學)(Statik eines antiken und physikotheologischen Weltbildes)을 깨뜨리기 때문이다. 그러나 요나스는 진화론(Evolutionismus)를 아리스토텔레스처럼 진보의 의미를 지닌 역사로서 해식하지 않는다. 요나스는 진화론이 많은 생태체계에 대하여 그 자체로의 퇴각의 위험(die Gefahr eines Rückfalls in sich)을 지니고 있다고 본다. 따라서 요나스는 목적론의 약한 형식이라도 근본적으로 위험하다고 진단한다.

요나스는 후기에 생명체에 체계이론적 사고(systemtheoretisches Denken)를 적용하였다. 때문에 그는 초기 생명력론자 보다는 더 좋은 근거를 가지고 목적 구조에 대한 질문을 다시 취급할 수 있었다. 체계이론적 사고는 바르게도 개별사건들을 틈없는 연쇄로의 원인과 결과로서 연결시키고자 하는 결정론(Determinismus)을 개통한다. 이에 대하여 개별적 사건들이 경험적 관찰의 기초가 아니라 관찰의 체계적 연관이라면, 체계의 내적인 규칙화는 문제가 된다. 한 체계의 내적 상태는 외부로부터의 체계에 반응해야만 한다. 자기 스스로를 보유하는 모든 체계들은 먼저 그 자체에 폐쇄된 것(in sich geschlossen)으로 관찰될 수 있다. 그러나 체계들은 그것들의 내적 구조들을 바꿀뿐 만 아니라 환경에 적응해야 하므로 동시에 열린 것(offen)으로 증시된다. 외적인 것에 대한 반응에 있어서 자기지시의 요소(ein Element der Selbstreferenz)도 있다.

요나스는 인간적 자기규정과 생태론 사이의 불균형(die Diskrepanz zwischen menschlicher Selbstbestimmung und Ökologie)을 극복하고자 하는 요구를 각성시키지는 않았다. 그러나 그것을 지지하였다. 요나스는 문제가 되는 형이상학을 수행하는 후기 형이상학적 유대교적 전통에 있어서 지혜자(ein Weiser in nachmetaphysischer jüdischer Tradition)로 평가된다. 그의 후기 사고의 근거는 "책임원리"(Prinzip Verantwortung)의 이름 하에서 망각되기는 하나, 생태적 삶과 윤리의 연결(die Verbindung von biotischem Leben und Ethik)에 대하여 결정적이다.

(3) "유기체와 자유"의 논증

이 근거들은 요나스의 저서 『유기체와 자유』(*Organismus und Freiheit*)에서 발견된다. 정신 자체(der Geist selbst)도 그것의 최상의 영역에 있어서 유기체의 부분이다.[27] 유기체에서 정신의 시작을 찾는 것은 타당하다. 주관 없이 그러나 명료히 신진대사에서 자유(Freiheit)가 발견된다.[28] 여기서 요나스는 자유를 놀이공간(Spielraume)으로 이해한다. 요나스는 인격으로부터가 아니라 결정주의의 반대(Gegensatz zum Determinismus)로서 자유를 규정한다. 요나스는 따라서 영혼에 관한 고전 이론에 가깝기 때문에 그는 범기계론(Panmechanismus)과 마찬가지로 범생명력론(Panvitalismus)을 거부하고자 한다.

요나스는 범생명력론을 정령론(Animismus)으로, 범기계론을 물질주의(Materialismus)로 이해한다.[29] 양자 택일에 힘입어 요나스는 현대의 생명력론의 요점을 지나간다. 요나스는 그것을 개념적으로 명료화하는 것이 없이 생명력론적 프로그램(ein vitalistisches Programm)을 대표할 수 있다. 요나스에 의하면, 범생명력론의 존재론적 증거는 현대적 관점에서조차 "본래적으로 끝난 것이 아니다"(nicht eigentlich erledigt).[30]

요나스는 그 근거를 데카르트에서 발견하고자 했던 이원론에 대하여 투쟁하고자 한다. 때문에 그는 생명력론의 방향을 선택한다. 데카르트의 이원론은 한편에서는 정신, 다른 편에서는 자동화 자연의 분리이다.[31] 요나스는 일원론적 태도에도 불구하고 관념론을 정신의 데까르뜨적 입장을 절대화하는 파멸의 산물(ein Zerfallprodukt)[32]로 본다. 요나스는 질문한다. "전체는 삶에서 연역되어지는가?" 그는 피력한다. "이원론적 반명제는 한편으로는 그의 집중을 통해서 생명의 특징의 상승으로 나아가지 않고 생명적인 중심으로부터 분리를 통해서 양 측면을 죽이는 것으로 나아간다."[33] 그리하여 불명료하게 나타난 이원론은 순수 대립자가 된다.[34]

윤리적 책임(die sittliche Verantwortung)은 유기체의 사상에서 최종적으로 기초된다: 요나스에 의하면 생명적인 것은 정향성(Gerichtetheit)을 제시한다. 정향성이란 대비되는 것(das indes) 없이 목적론의 외양을 갖는다.[35] 정향성이란 단지 결과적으로 유신론으로 완결되는 목적론의 존재신학적 체계만을 의미한다. 아우쉬비치 이후에는 이 체계는 더 이상 통용되지 않는다.[36] 그럼에도 불구하고 요나스는 최종원인의 학문적 금지(wissenschaftliches Verbot der Endursachen)에 반대한다.[37] 그래서 요나스는 근본적으로 목적론인 아리스토텔레스적 혼돈의 약한 형식으로 되돌아 간다.[38]

아리스토텔레스 이론의 긍정적 측면을 살리기 위하여 요나스는 19세기의 후기관념론 철학의 부정적 측면, 반이원론적 특성에 반대한다. "숨어 계시는 하나님"(deus absconditus)은 권력의지의 모습과 허무주의의 모습에서 "숨겨진 인간"(homo absconditus)을 남겼다. 이 세상은 지식 부정의 화육화(Verkörperung der Negation des Wissens)가 된다.[39] 최종적으로 정위된 생명의 세계는 "밝혀지지 아니하고 따라서 악한 종류의 권력"[40]일 수 없다. 하나님이 세상에서 사라지고 실제적인 허무주의가 보편적 무의미성(universale Sinnlosigkeit)을 주장해서, 단지 발가벗은 생물학적 잔존의지만이 남아 있다면, 전체의 연관을 돌보는 자연만이 구원의 여신(eine fur den Zusammenhang des ganzen sorgende Natur as Retterin)으로 도입될 수 있다.

요나스는 옛 형이상학을 추종하면서 그의 프로젝트를 기획한다. 요나스의 신생명력론적 착상(neovitalistischer Ansatz)은 되물음(Ruckfragen)을 촉발한다. 이 되물음이란 그가 항상 다시 현대사회에 대한 도덕적 요구를 제기하는 것이다. 그것은 생명적인 것으로부터 유기체를 설명하는 시도에 반대하는 것이다.[41] 이러한 유기체 설명은 생명적인 것이 부당하게 하버드-정의(Harvard-Definition)의 도움으로 죽었다고 선언하게 된다.[42] 하버드의 죽음정의는 회복될 수 없는 뇌사(irreversibles Komma)를 죽음으로 인정함으로써 장기이식을 가능하도록 하는 실용주의적 사고에 기인해 있다.

요나스의 이러한 입장은 인공지능학적 생명체계이론이 갖는 정신과 내면성에 대한 기계론적 설명에 대한 반박에서 나타난다. 기계론적 설명은 "동기로 촉발된 행동"(motiviertes Verhalten), 의지, 관심, 성향들의 심리적 내면적 조건들을 제대로 설명해 주지 못한다. 기계론적 설명은 생명을 단지 물리적인 정보의 피드백 매커니즘으로 축소시키기 때문이다.[43)]

아리스토텔레스의 자연개념은 정태적이나 요나스가 기술하는 삶의 개념은 진화(Evolution)의 역동성을 특징으로 한다. 되어질 수 있는 것은 가능태(Potenz)에 놓여 있다. 되고 있는 것은 비존재와 존재 사이의 중간적인 것(ein Mittleres zwischen Nichtsein und Sein)이다.

생명적인 것의 창발성이론(Die Emergenztheorie des Lebendigen)은 새로운 것이 자발적으로 순식간에 나타난다고 본다. 체계의 새로운 복합성은 새로운 법칙과 새로운 체계특성을 산출한다.

생태체계는 복합성의 증가(Steigerung der Komplexität)의 의미에서 정향되어질 수 있다. 우주적 물리적 진화는 무엇보다도 지구상에서 생명의 돌발사고(Zwischenfall)의 모든 의미를 의문스럽게 만든다. 요나스의 신생명력론은 이러한 사건에 직면하여 절망적이다.[44)] 잠정적인 생물영역 안(intermistische Biosphäre)의 생명체는 이미 자신으로부터 자기의 고유한 가능성을 갖고 자기의 상태를 돌본다. 그리하여 생명체는 생명존재의 새로운 세대에 이르기까지 그리고 모든 것을 파멸시킬 수 있는 인간의 출현에 이르기까지 자기의 상태를 돌본다. 그리하여 요나스의 착상은 별안간 물리중심적 착상으로부터 인간중심적 윤리가 된다. 주관과 인격됨은 역사적 유일성에 정위된다.

(4) 피조물에 의존하는, 되어가는 신

요나스의 신생명력론 사상에도 그의 신관이 함축되어 있다. 그의 저서 『유기체와 자유』에서 요나스는 유기체의 집합을 가리키는 수학자 신(Mathematikergott)을 거부한다.[45)] 그는 수학자 신에 대면하여 "살아 있는 신체"(lebendiger Leib), 실존, 지속과 동일성을 갖는 존재론적 개체(ontologisches Individuum)의 증언을 중요시한다.[46] 개체의 상승형식인 "인격적인 자아성"(persönliche Ichheiten)은 "영원한 것의 수행"(Einsatze des Ewigen)이어야 한다. 그렇다 할지라도 이 존재론적 개체는 단지 일반적이고, 목적지향적 삶의 개념을 통해서 정초되지 못한다.[47] 이 개체는 물리적인 우주적 진화에서 우연한 것으로서 출현하였기 때문이다.

요나스가 제시하는, 생명 현상으로 이행하도록 하는 원질료에 적용되는 경향성인 "우주 발생적 에로스" 개념은 물질이 가지고 있는 물리적인 속성 외에 초월적인 차원을 내포하고 있다. 원질료에 우주발생적 에로스(kosmogonischer Eros)를 부여한 제일 원인은 누구인가라는 질문이 남아 있다. 이 질문 앞에 자연과학이 우주 자연에서 찾아낸 자료도 침묵할 수 밖에 없다.[48] 요나스는 우주 자연의 제1원인이 영적 존재이며, 사유하고 초시간적 존재인 신이라고 본다. 우주 자연을 창조할 때의 신은 깨어 있고 능동적으로 활동하는 영(wacher und aktueller Geist)이다.[49]

유대인인 요나스는 유대교의 물질 세계 창조론을 수용하면서 이것을 현대의 자연과학과 조화시키고자 한다. 그는 루리안적 카발라(Lurianische Kabbala)에서 전승되어 오는 짐줌(Zimzum)이론을 오늘날의 자연과학과 접맥시킨다. 짐줌은 우주발생을 설명해 주는 유대교신비주의 카발라학파의 중심개념으로 "뒤로 물러섬"(Ruckzug) 또는 "자기 제한"(Selbsteinschränkung)을 뜻한다. 최초에 무한자 "앤쏘프"(En-Ssof, das Unendliche)는 세계에 어떤 융통성을 마련해 주기 위해서 자기 스스로 응축되어(zusammenziehen) 들어갔다. 그 결과 무(das Nichts) 내지 공허(das Leere)가 생겨나게 되었다. 그후 무한자는 그 무로부터 우주를 창조하였다. 그 무한자는 우주가 자신의 조건에 따라 진화되어 가도록 자율에 내맡기고, 또 언제가는 그 속에서 생명이 출현하도록 해 주었다.

이는 전능했던 신이 우주를 창조한 이후로는 전능하지 않은 신이 되는 사건이다. 이는 신은 되어가는 신(werdender Gott)이 되는 사건이다. 신은 창조 이후로 세계를 지켜보며 세계의 악과 고통에 대하여 고통하고 근심하는 신이다. 이러한 요나스의 신은 과정신학의 신과 합치한다. 양자물리학자 폴킹혼(J. Polkinghorne)은 절대적인 하나님을 거부하고 창조의 세계에서 하나님과 세계의 상호작용을 통해서 예측할 수 없는 역사의 과정을 말한다. 그는 다음같이 피력한다. "미래는 아직 형성되지 않았으며, 하나님조차도 아직 알지 못한다."[50] 폴킹혼과 마찬가지로 요나스 또한 전능한 신을 피조물에 의존하도록 만든다. 여기서 전능신의 개념은 상실된다.

그의 저서 『아우슈비츠 이후의 신』(*Der Gottesbegriff nach Auschwitz*)에서 신학적 프로그램이 요나스의 사고의 배경을 형성한다는 사실이 명료해진다.[51] 전능한 신은 아우슈비츠 이후에는 어디서도 있을 수 없다. 그는 그의 자신의 현존재를 그의 피조물 속에서 수행하고 그들의 삶 속에서 결국 자기의 고유한 삶을 형성한다는 전능자 신은 더 이상 생각할 수 없게 되었다. 삶 자체가 위험에 처해 있기 때문에 도덕 신의 존재는 살아 있는 것의 특정한 방식에 내맡겨진다. 그러나 성경적 개혁신학적 사고는 다음같이 질문한다. 신은 생물적인 삶과 책임지는 삶의 모순에 의존할 수 있는가? 그럴 수 없다.

(5) 요나스 윤리의 당면 문제

크리스토프 프라이(Christofer Frey)는 요나스의 윤리가 당면한 문제를 다음같이 지적하고 있다.[52]

첫째, 유기체논리적 기획(organologischer Entwurf von Jonas)을 직접적으로 윤리에 적용하는 요나스의 시도는 논증적으로 위험하다. 그는 인간 문화를 범생명력론의 관점에서 설명하고자 한다. 이러한 시도는 생물 진화의 지속으로 관찰하려는 진화론의 형식에서부터 소위 순수 학문적 윤리를 연역하고자 하는 위험시도와 같다. 요나스의 삶(생명)관은 사회생물학의 결론보다 더 확실하지 않다.

둘째, 요나스는 옛 본질주의적인 표상들을 진화론적이고 역동적인 형식에 다시 갖다 놓는다. 그러나 그는 새로운 윤리를 통해서 기술적 진화로부터 나오는 가속도(die Akzeleration uas der technishcen Evolution)를 추방하고자 한다. 그의 신생명력론 착상은 범생명력의 테두리 안에 있기 때문에, 과연 기술사회의 문제에 대한 해답이 될 수 있는가?

셋째, 인간 생명의 미래, 생명 일반이 중요하다면 요나스는 진화의 범례(das Paradigma der Evolution)를 대체해야 한다. 자연이 어떻게 자체에게 불리하게 대립할 수 있는 존재를 산출할 수 있는가? 이 질문 속의 심연은 도덕적인 상정(moralische Postulation)으로 덮어진다. 그래서 새로운 형식의 이원론이 다가오며 인간은 모든 삶의 연관 속에 있으며 또한 삶에 대항하여 있다. 서구의 근대적 사고의 인간중심학에 우둔한 논쟁학은 신의 섭리를 유업으로 받은 인간의 책임적인 위치에서 좌초된다.

3. 트루츠 렌토르프의 삶(생명) 개념

(1) 기독교적 에토스로서의 삶

본회퍼 사후 거의 40년 만에 다른 시대사적 상황 아래서 트루츠 렌토르프(Trutz Rendtorff)의 윤리학에서 삶(생명)의 개념이 제시되었다. 그는 로테, 트뢸취 등이 대표하는 계몽주의에 연결되면서 기독교 에토스(christliches Ethos)가 세속사회에서 작용하는 것으로 본다. 렌토르프는 자유의 근본가치(der Grundwert der Freiheit)가 세속화된 사회에 유입되면서 기독교 에토스가 세속화된 사회 안에서 이미 실현된 것으로 본다. 그는 시민종교(civil religion), 즉 세속적 민주사회 속에서 개인을 위한 종교적 의미정립(religiöse Sinnstiftung fur die Individuen)을 지지한다. 그리고 근대사를 기독교 역사의 잠정적인 정점, 즉 완성으로 이해한다.[53] 근대에 있어서 윤리학은 윤리적 시대에 들어 왔다. 근대기독교에 있어서 자율적 주관의 공동체는 교의학적 질문이 아니라 가능한 최대 자유의 실현을 위한 책임있는 삶의 실현의 형성(die Gestaltung einer verantwortlichen Lebensführung zur Verwirklichung von möglichst groβer Freiheit)을 취급한다.[54]

렌토르프는 자유주의 신학과 자유의 근본가치를 선호한다. 삶(생명)의 현실은 고유한 목적과 목표를 통해서 주어진 의미 안에서 열리지 않는다.[55] 그런데 렌토르프는 절대화된 자기목적성이나 수단 성격에 있어서도 삶(생명)의 위험을 직시하지는 않는다. 그래서 삶(생명)의 규정을 위한 기독론적 범주도 삶(생명)의 구체성과 전체성에 있어서 무조건적으로 요구되지 않는 것처럼 보인다. 그에게 있어서 윤리적 신학이란 삶의 주어짐, 삶의 줌, 삶의 반성성격을 의미하는 신학의 근본질문을 자율적으로 전개하는 윤리적 삶의 현실에 정향된 방식이다.

(2) 윤리학의 에토스

그는 윤리학을 신학의 근본차원(eine Grunddimension der Theologie)으로 파악한다. 윤리이론에의 다양한 접근이란 윤리에 타당한 다른 현실해석과의 논쟁에서 나온다. 이것은 윤리신학에 수용되어야 한다.[56] "윤리학은 윤리신학(ethische Theologie)으로서 특수한 신학적 현실이해와의 연관에서 인간 삶의 현실의 근본개요를 설명한다."[57]

렌토르프는 인간의 책임(die Verantwortung des Menschen)을 윤리학의 주

제와 대상으로 만든다. 인간은 삶의 수행과 실천과 함께 서로 지시되어 있고 의존적이다. 삶의 수행의 주체로서의 인간은 자기 스스로에게만이 아니라 서로 간에 책임이 있다. "책임은 그가 동료세계와 주변세계로서 필요로 하는 인간 세계로 확산될 뿐 아니라 인간은 모든 것에 있어서 궁극적으로 신(神)에 대하여 빚지고 있다."[58] 윤리신학은 삶의 주어짐에서 윤리를 정초한다, 그래서 윤리학은 그것의 처소를 태도설정을 요구하는 삶 현실의 구체성 안에 갖는다.[59] 렌토르프는 윤리학의 에토스(ein Ethos der Ethik)를 말한다. 그것은 삶의 구체적인 수행과 관련하여 윤리이론의 봉사하는 기능이다. 그리고 윤리학의 에토스란 "직접적인 행위상황의 규범압력에 대하여 자유의 직설법(das Indikative der Freiheit)에 실천적- 타당한 형식(relevant-praktische Form)을 부여하는 것" 이다.[60]

렌토르프에 의하면 윤리학은 교의학으로부터 독립적이다. 윤리신학은 개인의 삶의 수행에 대한 질문을 취급한다. 기독교인은 칭의에서 깊은 해방을 경험한다. 이것은 다시 동일한 방향으로 나아가는 모든 정치적 관계를 뒷받쳐준다. 그리고 체계이론의 근거에서 논증하는 일반적 사회윤리를 뒷받침한다.[61]

(3) 윤리학의 선결단

그의 윤리학은 다음의 선결단(Vorentscheidungen)을 시도한다.[62]

첫째, 윤리학은 교의학적 상위 명제에서 연역되지 않는다. 이것은 렌토르프의 근대기독교이론(Theorie des neuzeitlichen Christentums)과 연관된다. 근대기독교 이론은 행복과 구원의 긴장관계를 개인적인 신앙(individueller Glaube)으로 옮겨간다. "조직신학에 있어서 윤리학은 현대의 조건에 대한 신학의 정향에 대한 표제가 된다."[63]

둘째, 그의 윤리학은 트릴하스(Wolfgang Trillhaas)와 함께 인간성(Humanum)에 착안한다. 머리말에서 렌토르프는 "인간은 스스로를 과제로 이해한다는 것과 함께 모든 윤리학은 시작한다."는 트릴하스의 문장을 인용한다.[64] 인간은 자기 스스로 형성의 과제이다. 그러므로 렌토르프는 먼저 모든 것의 책임자 인간을 내세운다. 윤리란 기독교의 특수사항이 아니다. 윤리는 다른 무엇보다도 "개인윤리"(Individualethik)이다.[65] 그리고 윤리는 "삶의 수행"(Lebensführung)을 다룬다. 윤리학은 신론에서 출발하지 않고 신학적 인간학에서 출발한다.[66] 윤리학이란 인간을 의존성으로부터 해방하는 것이 아니라, 인간의 자기규정(Selbstbestimmung des Menschen)을 목표로 한다.[67]

셋째, 렌토르프는 좌파의 이데올로기인 유토피아주의를 싫어하고, 우파의 이데올로기인 계몽적 보수주의(aufgeklärter Konservatismus)의 노선을 대변한다. 자유는 먼저 주어진다. 자유는 사회의 체계 바깥 인격 안에서, 그리고 그 다음에 자유사회에서 실현된다. 전통이 아니라 변혁이 증명의 짐을 짊어진다.[68]

넷째, 자유는 이성적인 현대사회에서 이미 실현되었다. 헤겔의 두 가지 개념 "삶"(Leben)과 "현실"(Wirklichkeit)이 단조롭게 모든 면에서 나타나고 있다. 윤리학은 근대 기독교와 더불어 실현된 이 두 가지 개념을 전개하는 것이다.

다섯째, 성경적 진술과 교의학적 형식이 종속적인 역할을 한다. 렌토르프는 근대적인 결단과 동기를 주기 위하여 성경적 진술과 교의학적 진술을 사용한다. 그래서 의인진술(Rechtfertigungsaussagen)은 그 암호가 풀려진다. 인격으로서 개인은 정치적으로 실현될 수 없는 자유의 근거를 얻는다. 이 근거는 하나님에 의하여 허락된 선소여(Vorgabe)이다. 이러한 그의 자유주의적 입장을 강화하기 위하여 루터와 루터의 자유진술을 가져온다.

(4) 윤리적 삶 현실의 세 가지 근본요소

렌토르프가 제시하는 윤리적 삶의 현실의 세 가지 근본요소란 삶(생명)의 주어짐(Gegebensein), 삶(생명)의 줌(Geben), 삶(생명)의 반성성격(Reflexivität des Lebens)이다.[69] 세 걸음(Dreischritt)은 삼위일체론을 간접적으로 기억한다. "삶(생명)의 주어짐은 모든 행위에 항상 이미 요구(Anspruch)되어지는 것이다. 삶(생명)을 주는 요구는 모든 행위에 있어서 근본구조로서 항상 이미 만나는 요청(die Forderug)이다. 삶(생명)의 반성성격이란 윤리의식을 규정하고 움직이는 것(das das etische Bewusstsein bewegende)이다."[70] 그러므로 윤리신학(die ethische Theologie)은 삶의 주어짐으로부터 윤리학(die Ethik)을 정초한다. 그래서 윤리학은 렌토르프에 의하면 그것의 처소를 태도설정을 요구하는 삶의 현실의 구체성에서 갖는다.

1) 삶(생명)의 주어짐: 윤리의 근본상황

렌토르프는 삶의 소여를 윤리학의 근본상황으로 다음같이 나타낸다. "윤리적 과제의 지각의 첫 걸음은 행동가능성에 대한 임의적인 구성의 걸음이 아니라 행위상황으로 들어감과 행위 전제의 의식화이다."[71] 삶의 수행의 문제와 과제는 이미 오래동안 주어진 삶에 기초해있다.

"어느 누구도 삶 자체를 스스로 줄 수 없기 때문이다." "인간은 삶을 받아야만 한다(empfangen)." 이 문장은 인간은 바로 윤리적 주체(ethisches Subjekt)로서 주어진다는 것이다. 받은 삶은 생물적 실존과 동일하지 않고 고유한 삶의 수행에서 실현되어지는 삶이다."[72] 인간에게 주어진 삶의 한계에서만 행위는 구체적인 책임으로서 그리고 일정한 수행으로서 형성되어질 수 있다. 거기로부터 삶의 수행의 윤리의 주제가 규정된다. "고유한 삶에 대한 태도설정은 삶이 고유한 정체성의 건축과 관계하는 기초적 윤리적 요구이다."[73]

렌토르프는 주어진 삶의 신학적 의미(theologischer Sinn gegebenen Lebens)를 말한다.

그는 삶의 주어짐을 "인간의 피조성"과 연관시킨다. 받은 삶은 인간에 의하여 역시 받아들여져야 한다. 이것은 신뢰와 받아들임이며 신앙이다. 책임져야 하는 삶의 현실은 인간을 담지하고 기초지우는 현실, 즉 하나님에 대한 질문의 처소이다. 신학적 의미에 있어서 렌토르프는 자유(Freiheit)를 신의 창조의미에 상응하는 고유한 삶의 현실(die dem Schopfersinn Gottes entsprechende Wirklichkeit des eigenen Lebens)로서 기술한다. 인격성(Persönlichkiet), 개별성(individualität), 사회성(Sozialität)은 신에 의해 창조된 인간에게 속한다. 인격의 자유는 인간을 하나님과의 관계 속에서 규정한다.[74] 인격성과 개별성은 피조성의 자유의미를 표현한다. 자유는 인간에 대한 인간의 처리의 한계(die Grenze einer Verfügung des Menschen über den Menschen)로서 규정될 수 있다. "개별성과 인격성으로서의 피조성은 그 자체로부터 사회적 구조를 갖는다."[75]

2) 삶(생명)의 줌: 행동하는 삶의 근본구조

윤리의 두 번째 근본요소의 첫 특징이란 타자 삶(생명)의 가능화(Ermöglichung anderen Lebens)이다. "자기 삶의 수행은 첫 특징으로서 타자들 위한 삶을 산다는 윤리적 요구이다. 이것은 선을 행함의 근본의미이다."[76] 여기서 질서(Ordnungen)의 기능이 언급된다. "질서의 기능적 성격이란 질서가 인간을 타자를 위한 삶으로 세운다는 것을 말한다."[77] "타자를 위한 삶"이란 근본 계명은 렌토르프에게 두 가지 형식으로 주어진다. "하나는 '내적 계명' (inneres Gebot)인데, 자기의 삶의 수행과 일치하는 것이며, 다른 하나는 '외적 계명' (äusseres Gebot)이다. 그것은 행위하는 자에게 바깥에서 제시되고 그에게 영향을 주는 것이다."[78]

행위의 구조는 삶에 주어져 있다. 이것은 삶의 활동성, 즉 삶을 주는 과제이다. 주어진 삶은 삶의 수행 속에서 타자의 삶을 만나고, 가능게 하거나 훼방한다. "어느 누구도 그 자신으로부터 살지 않기 때문에 누구도 그 자신을 위해서 살지 않는다, 고유한 삶은 그의 활동적 수행 속에서 항상 타자를 위한 삶을 규정하고 작용한다. 우리는 타자를 위하여 삶의 세계를 형성한다."[79] 스스로의 행위 속에 타자의 현존(das Präsenz der anderen im eignenen Handeln)이 하는 역할이란 타자에 대한 선에의 매임(die Bindung an das Gute für andere)을 스스로의 행위에 실천하는 것이다.

신뢰(Vertrauen)는 사회성의 내적 의미(innerer Sinn)로서 파악된다.[80] 신뢰는 인간 상호간의 근원적인 관계이다. 렌토르프는 모든 인간 관계 속의 신뢰를 타자를 통한 도움과 이용의 기대(die Erwartung von Hilfe und Nutzen durch den anderen)로서 이해한다. 그는 사랑(Liebe)을 자유의 삶 형성(Lebensgestalt der Freiheit)으로 이해한다. 그는 사랑의 계명에서 기독교 윤리의 고유특성(das Proprium der christlichen Ethik)을 본다.

자유는 기독론적으로 정초된다. "자유는 그리스도 때문에 하나님으로부터 주어진다. 신앙이란 의인(義認)의 자유에 대한 신뢰로서 그리스도에 대한 신뢰이다."[81] 이러한 연관에서 렌토르프는 말한다. "자유의 기독론적 정초란 자유가 하나님과의 연합의 현실을 내용으로 한다는 것이다. 이것이 사랑의 특수한 신학적 근본의미이다."[82] 여기서 사랑이란 자유의 근접규정(eine Näherbestimmung)이다. 렌토르프에 의하면 의인론은 윤리신학의 기준이다.

의인론은 인간의 하나님에 대한 관계 속에 신학적 인간학적 처소를 갖는다. 이런 의미에서 의인론은 기독론에 매여 있다.[83] 렌토르프는 인간의 자기실현을 도덕적 행위를 통하여 정초하고자 하는 칸트에 대립하여 신앙의 내용 위에 정초한다. 신앙은 한편으로는 삶의 수용인 수동성(die Passivität als Empfangen des Lebens)을 내용으로 하며, 다른 편으로는 사랑의 결과에서의 능동성(die Aktivität in der Konsequenz der Liebe)을 내용으로 한다. "진정한 현실과 그것에 고유한 윤리적 구속성에 대한 신학적 이해는 의인의 관계구조가 해석되어지는 존재론적 기초를 형성한다."[84]

렌토르프가 말하는 삶(생명)의 주어짐은 본회퍼의 윤리에 의존하고 있다. 선(善)에 대한 질문은 이미 우리에게 항상 주어져 있다.[85] 본회퍼는 선과 생명이 결단코 정신과 자연의 대립설정처럼 평행적이어서는 안 된다는 것을 지적한다. 구체적인 삶(생명)을 지나쳐 버리는 이론적 계기가 영과 함께 세상 속으로 이입될 수 있기 때문이다.[86] 렌토르프에게 있어서 삶(생명)의 주어짐은 명료한 기독론적 정향없이 이미 피조물성의 표현(Ausdruck der Geschöpflichkeit)이다.[87] 삶(생명)의 줌은 타자를 위한 삶(생명)을 사는 윤리적 요구에서 나온다. 이러한 그의 윤리는 계몽주의적이고 문화개신교적인 윤리 사상에 정위되고 있다.[88]

이 처소에서 렌토르프는 율법에 대한 복음의 우위(Vorordnung des Evangelium vor das Gesetz)라는 바르트의 입장을 취한다. 그리하여 그는 기독론으로부터 도덕화(eine Moralisierung aus der Christologie)하는 시도에 반대한다.[89]

3) 삶(생명)의 반성의 성격

윤리적 삶의 세 번째 근본요소는 삶의 반성의 성격(die Reflexivitat des Lebens)이다. 이것은 책임에 대한 기초를 형성한다. 윤리적 반성의 성격은 이론가의 특권만이 아니라 항상 삶의 수행 자체의 연관 속에 있다. 렌토르프는 구체적인 삶 현실의 개방성과 미완결성에 주목하며 거기로부터 윤리적 이론형성의 가능성을 정초한다.

그는 삶(생명)의 충만(die Fülle des Lebens)과 관련하여 삶의 현실에 내재적인 반성의 성격에 관하여 언급한다. 여기에 역사성 개념이 역할을 한다. "역사의식은 인간적인 삶의 다양성을 현재화하기 때문에, 역사성의 경험은 삶의 충만의 경험이다."[90] 반성의 성격이란 삶의 주어짐이 구체화되는 일정한 소여에 대한 거리둠의 과정(ein Vorgang der Distanznahme)이다. "반성의 성격은 인간이 처분할 수 없는 그의 세계 속에서 인간의 주관설정을 의식화하는 것이다."[91]

삶의 반성의 성격은 현존하는 것 속에서 현존하는 것을 초월하는 세계와의 관계를 주제화한다. "삶의 반성의 성격을 야기시키는 실재성으로서의 삶의 충만은 삶의 종교적 차원으로서 타당할 수 있다. 그것 속에서 모든 현실의 주관인 신에 관한 모든 현실의 관계에 대한 지식조차도 타당화 될 수 있기 때문이다."[92]

렌토르프는 삶의 정향 필요성(die Orientierungsbedürftigkeit des Lebens)을 언급한다. 이것은 삶의 언어성(die Sprachlichkeit des Lebens)에서 현재한다. 렌토르프는 의사소통적 초월(kommunikative Transzendenz)을 말한다. 윤리적 반성의 성격이란 의사소통능력의 정립과 발전으로 실현되어지는 공동체의 예기, 사회성의 차원으로 나타난다. 의사소통의 초월의 타당성은 언어로서 표현된다. "타자의 눈으로 본다는 것은 스스로의 삶의 수행에 있어서 초월의 기초적 현재로서 타당될 수 있다. '신 앞의 삶'(Leben 'coram deo')에 관하여 말하여지면 이 의사소통적 초월은 신학적 정의에서 넓어진다."[93]

이 반성의 성격은 루만(Luhmann)의 사회학적 이론형성이 나타내는 체계화의 자기주제화(Selbstthematisierung des Systeme)를 기억하게 한다. 이러한 렌토르프의 이론기반이란 루만 사회학의 체계이론에 근거하는 구분이다. 사회성이란 전적으로 기능적이다. 정치적인 것이 여기에 속한다. 각 체계, 그리고 사회적인 것은 환경을 갖는다. 사회체계의 환경은 인격(Person)이다. 루만에 따르면 개인(Individuum)이란 유기체적인 토대(organisches Substrat)이다. 도덕의 체계이론적 정초란 신학적인 동의어(der theologische Aquivalent)[94]이다. 말하자면, 렌토르프는 도덕의 신학적 정초를 사회체계론으로 대체한다. 이러한 의미에서 렌토르프는 하나님의 두 가지 통치에 관한 루터의 진술을 타당화 시키고자 한다. 하나님은 개별적 사람에게 자유를 주신다. 그러나 하나님은 개별적 주관이 그의 의지를 실행하지 않는 곳, 정치적 관계에서도 작용하신다. 그러므로 기독교 사회윤리란 직접적으로 존재하지 않는다고 본다.

(5) 자유주의적 보수적 삶의 기획

렌토르프에 있어서 삶(생명)의 확실한 명료성은 그의 소박한 수행 속에 포함되어 있다. 여기서 렌토르프의 기획은 이미 본회퍼의 기획과 구분된다. 렌토르프에 의하면 역사란 삶이 자기 주제화에 도달하는 자유를 향한 명료한 운동(eine eindeutige Bewegung zu jener Freiheit, in der das Leben seine Selbstthcmatisierung erreicht)이다. 렌토르프는 개별 자유의 실재(die Realität individueller Freiheit)[95]인 삶의 현실성을 강조한다. 여기서 렌토르프는 헤겔의 이성주의이고 낙관주의적 역사관을 따르고 있다. 이에 대해 본회퍼는 역사진행의 애매성을 말하고 있으며 신앙의 말씀으로부터 역사의 정향을 말할 수 있는 것으로 본다.

렌토르프의 삶(생명)관은 자유주의적 윤리를 설정한다. 삶(생명)의 주어짐(das Gegebensein des Lebens)은 자체로부터 도덕적 명증과 책임을 개방하지 않는다, 주어짐은 창조로서 먼저 발견되고 생물적인 관점과는 다른 관점에서 책임져야 하는 것으로 기술된다. 그러므로 렌토르프가 지나치고 있는 계시에 대한 질문이 제시되어야 한다. 어떻게 인간에게 현실적인 것의 총체연관 속에서 목적이 드러나는가? 무엇보다도 자체로부터 어떤 신학적 구조를 개방하지 않으려는 자연 속에서 목적이 드러나는가? 모든 것이 그것으로 나아가는 것, 즉 선이란 무엇인가? 이러한 질문은 렌토르프가 생각하는 바 같이 삶(생명) 자체에서 해답되지 않는다. 선이란 하나님의 계시의 말씀에 의하여 규정되지 칸트적 인간의 선의지에 의하여 규정되지 않는다.

렌토르프의 윤리학은 도덕적 선을 추구하는 인간의 죄성과 부패에 관하여 침묵하고 계몽주의적 인간 행위의 낙관주의에 기초하고 있다. 렌토르프의 윤리학은 항상 보이는 것은 아니지마는 19세기 슐라이어마허의 문화개신교주의의 중요한 사고를 통합시킨다. 그의 윤리학은 아주 강력하게 리터(J. Ritter)학파를 통한 헤겔의 해석에 영향을 준다. 렌토프르는 근대적 자유의식에 대한 기독교 신앙, 즉 의인론의 기능적 적법성을 강조하면서 윤리의 신학적 및 철학적 정초를 도외시하고 있다. 렌토르프는 근대성을 인권의 지평으로 고려함으로써 유대교적이고 기독교적인 전통의 비판적인 가능성을 충분히 고려하고 있지 않다.[96] 더군다나 렌토르프의 윤리학은 계몽주의적 낙관주의에 기초하면서 서구의 이성과 자유의 역사에 있었던 재난적인 역사적인 비행(geschichtliche Untaten), 더욱이 나치에 의해 행해졌던 600만 유대인의 잔인한 처형 등에 대하여 질문을 설정하고 있지 않다.[97]

창조질서 윤리(die Schöpfungsordnungsethik)는 삶의 소여로부터 일반적으로 타당한 인간윤리를 이끌어 내고자 한다. 따라서 그것은 현실 속의 목적구조를 인정하고 있다. 사실로 창조질서 윤리는 루터교나 개혁교회의 윤리거나를 막론하고 특별한 계시를 필요로 하지 않으나 신학적으로 채색된 현실이해를 전제로 한다. 그러나 이 이해는 자연신학의 포괄적이고, 모든 인간에 해당하는 합의(Konsens)를 도출하지는 않는다. 윤리규범이 타당성을 갖는 현실적인 것에 관한 모든 신학적 관점들은 우연적으로(kontingent) 도입된다. 그러나 그것은 우리가 행위하면서 책임을 져야 하는 현실연관에 대한 적합한 해석 속에서 검증되어야 한다. 이미 생명의 이해 속에 논의되어야 할 가장 난해한 신학(meist kryptische Theologie)이 놓여 있다.[98] 렌토르프의 근대기독교이론에 근거한 자유주의적 보수주의 윤리 역시 삶 내지 생명에 관한 구체적인 현실검증에서 실패하고 있다. 근대시민사회에서 실현된 자유의 개념에 근거한 그의 삶 내지 생명관은 제1차 및 2차 세계대전을 경험했으며, 냉전이 무너진 21세기에는 '테러와의 전쟁' 이라는 눈이 보이지 않는, 도처에서 시시각각 벌어지는 새로운 형태의 전쟁 현실을 제대로 설명하지 못하고 있다.

4. 디트리히 본회퍼의 삶 개념

(1) 최종 현실로서의 삶의 두 가지 의미

본회퍼는 그의 『윤리학』(*Ethik*)에서 삶을 "자연적인 것"(das Natürliche)의 범주 아래서[99] 이해하고자 하였다. 이 자연적인 것의 범주는 천주교의 도덕신학과의 만남에서 온 것이다. 개신교윤리는 궁극적인 것(das Letzte)과 궁극 이전의 것(das Vor-letzte)의 바른 관계를 인식하지 못하고 극단적으로 생각되는 종말의 면전에서 현재적으로 경험되는 세계를 단지 죄적인 것(das sundige)으로 간주한다면 이 윤리학은 삶의 가치를 이 이상 알지 못한다.[100]

본회퍼는 의인(Rechtfertigung)의 주제로부터 행동의 정향을 전개하기 위하여 현실을 신학적으로 규정하고자 한다.[101] 그는 오로지 은혜로부터의 죄인의 의인(義認) 속에서 모든 기독교적 삶의 근원과 본질을 인식한다. 이 삶은 어떤 인간적인 존재, 행동이나 고통에 의해서도 작용될 수 없는, 최종의 사건이다.[102] 하나님의 말씀으로서 그리고 은총으로서 이 삶은 두 가지 의미에서 최종의 현실(die letzte Wirklichkeit)이다. 하나는 그것은 궁극 이전의 사물과 질에 대한 심판을 의미하는 한에 있어서 질적으로 궁극적(das Letzte)이다. 그것은 하나님의 허락의 시간, "기다림의 시간"을 전제하기 때문에,[103] 그것은 시간적으로 궁극적이다. 다른 하나는 궁극 이전의 것이다. 궁극 이전의 것으로서의 우리의 삶과 우리에게 개시된 세계는 평가절하 되지 않는다. 그것은 궁극적인 것, 즉 하나님의 심판하시고 규정하시는 말씀에 의하여 심판되고 그렇게 잠정적인 타당성에 주어지기 때문이다. 이것은 윤리학의 과제가 된다.

본회퍼는 궁극적인 것과 궁극 이전의 것에 대한 두 가지 관계규정을 거부한다. 하나는 극단한 해결(die radikale Lösung)이며, 다른 하나는 타협(Kompromiβ)이다. 극단한 해결이란 궁극적인 것과 궁극 이전의 것을 배타적인 대립으로 본다.[104] 모든 궁극 이전 것은 죄와 부인으로 나타나고, 그리스도는 모든 궁극 이전의 파괴자요 적으로 나타난다. 이러한 견해로부터 현존적인 것에 대한 증오, 세계이탈적인 내지 세계개신적인 영광주의 내지 인간과 세계에 대한 무시가 나온다. 타협이란 양자를 대립적으로 분리시키나 현존하는 것을 합법화시키고, 궁극적인 것을 일상적인 것으로부터 격리시킨다.[105] 여기서부터 궁극적인 것에 대한 증오, 세상과 세상적 수단에 대한 미화, 적응과 체념이 나온다.

본회퍼는 이 문제에 대한 기독론적 해법을 제시한다. 기독교적인 삶(생명)에 대한 질문은 예수 그리스도 자신에게서만 결단될 수 있다. 예수 그리스도 안에서 궁극적인 것과 궁극 이전의 것이라는 두 영역은 제거된다. 성육신하시고, 십자가에 달리시고, 부활하신 자 그분에게서 세상을 향한 하나님의 사랑과 세상을 향한 하나님의 심판, 새로운 생명을 위한 하나님의 의지가 인식되어진다. 기독교적 삶이란 궁극 이전의 것의 파괴나 신성화도 아니라, 세상을 향한 그리스도의 만남에 참여하는 것이다.[106] 본회퍼는 이 참여를 "길의 예비"(Wegbereitung)[107]라는 개념 아래서 파악한다. 궁극 이전의 것 속의 삶은 궁극적인 것으로의 길을 준비하는 과제 아래 있다. 그것은 단지 내적인 사건으로서만이 아니라 세상 속에서 형성하는 행동(gestaltendes Handeln in der Welt)으로서 준비된다. 그는 피력한다. "그리스도와 그의 은혜에 대한 장애물인 표준, 힘, 부와 지식의 표준이 있다."[108] 그러나 궁극 이전의 행동은 그리스도의 오심을 촉진시키거나 해방하거나 하지 않는다. 왜냐하면 그것은 오로지 궁극적인 것으로부터 그것의 의미와 약속을 갖기 때문이다. 그럼에도 불구하고 우리는 그리스도의 오심에 대항하여 설 수 있다. 본회퍼는 피력한다. "특별한 방식으로 은혜 받음을 방해하는 말하자면, 신앙할 수 있음을 마지막으로 어렵게 하는 마음과 삶과 세상의 상태가 있다."[109]

길을 예비함의 과제란 "그리스도의 오심을 아는 모든 자에 대한 엄청난 책임의 과제이다. 배고픈 자는 빵을 필요로 한다. 거처 없는 자는 기처를, 권리박탈 당한 자는 권리를, 고독한자는 권리를, 무절제한 자는 질서를, 노예는 자유를 필요로 한다. 배고픈 자들을 굶주리게 하는 것은 하나님과 이웃에 대한 모독이다. 하나님은 이웃의 어려움에 가장 가까이 있기 때문이다." 그러나 "주님의 오심은 인간됨과 선함의 충족을 가져온다. 그러나 오시는 주님으로부터 이미 바른 준비와 기대로 요구되어지는 인간됨과 선함에 대한 빛이 비추인다."[110] 궁극 이전의 것을 궁극적인 것에서 정초하고 본회퍼는 두 영역의 진지함과 고유한 의미를 보유하고 궁극적인 것으로 나아가는 길의 예비를 넘어서 양자를 연결시키는 것에 성공한다. 여기서부터 본회퍼는 개신교 윤리에 있어서 불신받은 자연적인 것(das Natürliche)의 개념에 대한 새로운 이해를 얻는다.[111]

(2) 자연적인 삶: 전 인류를 포괄하는 삶

본회퍼는 복음으로부터 자연적인 것의 이해를 되찾고 동시에 자연적인 것(das Natürliche)을 피조물적인 것(das Geschöpfische)과 구분하려고 한다.[112] 피조물적인 것과 구분해서 자연적인 것은 타락 이후에 착안해서 예수 그리스도의 오심에 정위된다. 무엇보다도 자연적인 것은 단지 전 단계만을 형성하는 것이 아니다. 그리스도 자신이 자연적인 삶(das natürliche Leben)에 들어오신다.[113] "자연적인 것은 타락 이후 예수 그리스도의 오심에 정위된 것이다."[114] 자연적인 것의 형식적인 규정이란 세계를 보존하려는 하나님의 의지와 그리스도의 정위에 놓여 있다. 인간적인 측면에서 이 형식적인 규정에 자연적인 것을 긍정하는 보존된 삶의 근본의지가 상응한다. 내용적으로는 자연적인 것은 "전 인류를 포괄하는 보존된 삶 자체의 형상"(die Gestalt des erhaltenen Leben selbst)[115]을 나타낸다. 이 형상에 자연적인 것의 기관으로서의 인간 이성도 상응한다. 삶의 보존을 위한 투쟁에서 본회퍼는 하나님의 보존의지(Erhaltungswille Gottes)에 상응하는 자연적인 행위를 인식한다. 그리스도의 통치영역의 넓이는 자연적인 행동의 방식에서도 표출된다.

자연은 창조가 아니라 궁극 이전의 것이다. 자연적인 것에서 곧 바로 선하고 내재적 목적이 발견되어지지 않는다. 그 뜻이 예수 그리스도 안에서 명료화된 하나님에 대한 신앙 속에서만 유일하게 궁극 이전의 것 속에서 자연적인 것이고 선한 삶이 발견된다. 이 궁극 이전의 것은 신앙 안에서 희망된 새 창조, 즉 궁극적인 것에 의하여 규정되기 때문이다.[116] 하나님에 의하여 보존되고, 형성된 삶(생명)만이 중요하기 때문에 삶(생명)을 형성하려는 본회퍼의 시도는 결코 생명 자체를 절대화하지 않는다. 생명이 유한성을 넘어서는 그 자체의 목적(ein Selbstzweck)이라면 생명력론(Vitalismus)이 옳을 것이다.[117] 이에 반해서 생명이 목적의 수단으로 전락된다면, 삶의 기계화(die Mechanisierung des Lebens)가 초래될 것이다.[118]

본회퍼가 수용하는 삶의 자기 목적성(die Selbstzwecklichkeit des Lebens)이란 자연신학의 의미에서 삶의 현상들 자체에서 나오는 것이 아니다. 삶의 자기 목적성은 계시신학의 의미에서 나온다. 그것은 예수 그리스도로부터 계시된다.[119] 여기서 삶은 자기목적이며 또한 수단성격을 갖는다. 자기목적적인 삶으로서 삶은 피조물적인 삶이며 자기 권리를 갖는다. 목적을 위한 수단으로서 삶은 하나님 나라에 참여하며 삶의 의무를 안다. 삶이 권리를 안다면 의무도 따른다. 자연이란 단지 피조적인 것에 머물지 않고 궁극적인 것과 궁극 이전의 것의 끊임없는 교통 속에 있으며, 궁극적인 것, 그리스도 안에서 다가오는 하나님 나라를 정향한다. 본회퍼는 기독론에 창조가 무엇인가를 아는 데 결정적인 역할을 부여한다.

본회퍼는 사회정치적 보수주의란 권리와 의무를 동일시하는 경향을 갖는다고 통찰한다. 삶은 인간 안에서 주관이 되기 때문에, 삶은 책임있게 수행되어질 수 있다. 이 생명은 자기의 고유한 주관만이 아니라 자체로부터 대상(ein Gegenüber)으로서 안다. 그래서 본회퍼는 삶의 선(das Gute des Lebens)을 자연에 대립하는 영과 동일시하기를 거절한다.[120] 이것은 선을 율법적으로 이해하고 삶의 인격형상을 놓치기 때문이다. 삶의 인격형상(Persongestalt des Lebens)은 그리스도로부터 명료해진다. 그리스도로부터 삶이 인격[121]이라는 사실이 확고히 드러나며, 책임의 본래적인 근거(eigentlicher Grund der Verantwortung)가 드러난다. 그리스도의 생명에 대한 응답으로서의 생명은 책임이다. 책임은 생명의 전체성(die Ganzheit des Lebens)을 나타낸다.[122] 헤겔이나 렌토르프가 역사의 정향이란 명료하다고(eindeutig) 주장한 데 반해서, 본회퍼는 역사란 아직도 바깥에 서 있는 하나님의 최종말씀의 면전에서 애매하다(zweideutig)고 본다. 그래서 본회퍼는 신앙된 말씀으로부터만 궁극 이전의 것에서 그 정향을 찾을 수 있다고 강조한다.

(3) 삶: 궁극 이전의 책임 공간

본회퍼는 다른 처소에서 추상적 규범에 종속되지 않은 비근본적이고 구체적인 삶에 관하여 언급한다. 그러면서 그는 삶에 절대성의 성격을 부여하는 모든 주장에 대하여 그리고 규범체험과 총체성 요구에 대하여 이의를 제기한다. 생명의 피조물적인 전체는 구체성에 있어서 경험되어진다. 이 근거에서 본회퍼는 나치의 국가사회주의가 삶의 기초적 관계를 공격한 데 저항하면서 삶의 기초적 관계의 자기 신성화를 강조하였다. 본회퍼의 윤리는 명료히 신학적이고, 기독론적 규정을 따른다.[123] 이 규정들과 함께 본회퍼는 목적과 목표의 논란된 질문을 작업하고, 목적론(Teleologie)의 문제를 작업한다.

본회퍼가 자연적인 것을 궁극적인 관점에서 타락에 의하여 나타난 세계의 궁극 이전의 것으로 인식하고자 한다면, 경험과학이 중시하는 모든 것에 있어서 잠정적인 일치화의 발견이 필요하다. 이 발견은 개별적인 현상들을 더 큰 연관 속에 놓는 시도를 통해서 보완되어야 한다. 삶(생명)의 도덕적인 규정이란 사회적 절제가 차이 조차도 충족시키는 삶(생명)의 계산하는 이해를 전제한다. 이러한 이해란 삶(생명)으로 하여금 궁극적인 것에 대면하여 궁극이전의 것(das Vorletzte)이고자 하는 것이다. 생명에 대한 단순한 의지는 이러한 이해를 돌볼 수 없다. 왜냐하면 모든 윤리는 주어짐을 넘어서는 약속된 삶의 관점을 필요로 하기 때문이다. 이러한 처소에서 계시에 관하여 의미있게 언급되어진다. 계시의 도입이란 논리적으로 필연적이 아니다. 그러나 그것은 단지 자의가 아니다. 왜냐하면 계시는 필연적인 종합을 목표로 하기 때문이다. 이 종합이란 우리의 인식을 단지 단편작품으로 나타나게 하는 전체에 관한 시야이다. 고유한 삶의 의미있는 유한성이란 이러한 전제 없이는 이해되어지지 않는다.[124)]

본회퍼는 궁극 이전의 영역에서 책임의 공간을 말한다. 그는 하나님의 계명과 네가지 위임을 통해서 책임의 공간을 보고자 한다. 그것은 일(문화), 결혼(가정), 국가와 교회이다. 책임의 공간은 직업을 통해서 그리고 자유로이 맡은 책임을 통해서 구성된다. 위임론(die Mandatenlehre)이 창조질서 말하자면, 보존질서(Erhaltungsordnung)를 대체한다. 이러한 본회퍼의 책임윤리는 궁극적인 것을 궁극 이전의 것에서 발견하고자 하는 해방신학적 내지 자유주의적 급진신학에 대한 종교개혁적 신학의 대안을 제시한다.

(4) 대리와 현실적합성: 책임적 삶의 표준

그의 『옥중서신』(*Widerstand und Ergebung*)에서 본회퍼는 궁극 이전의 세계에 대한 책임을 강조한다. 이것은 현재의 생에 대한 책임을 극단적으로 강조한다. 기독교 윤리는 신앙의 전적 차안성의 연습으로 설명되어진다. 하나님은 피안에 연장된 세계(ins Jenseits prolongierte Welt)로 생각되어서는 안 되고 "우리 생의 한 가운데서 저편"(ist mitten in unserem Leben jenseits)[125)]에 있다. 하나님은 그리스도 안에서 타자를 위한 인간으로 다가온다. 신앙하는 자는 타자를 위한 이러한 존재에 참여하기 때문에 교회는 단지 타자를 위한 교회로서만 교회이다. 그리스도의 존재에 참여한다는 것은 구약적인 의미에서 하나님의 축복을 삶의 한 가운데서 경험하고 세계상 하나님의 고난을 짊어지는 것이다.

본회퍼는 의식윤리나 덕 윤리 또는 의무윤리에 대립하여 행위의 결과를 의식적으로 윤리적 판단에 포함하려고 세상과 미래에 관하여 질문하는 책임윤리(Verantwortungsethik)를 제시한다. 이 책임윤리는 바로 궁극적인 것의 비판적인 표준 아래 하나님을 통한 의인의 배경 앞에서 움직이는 현재의 삶, 즉 궁극 이전의 것에 대한 책임의 과제를 말한다.[126] 대리와 현실적합성은 신자의 책임적 삶에 있어서 결정적 역할을 한다.[127] 대리 속에서 신자는 예수의 삶에 매달리며, 예수의 삶을 대리에 대한 책임있는 대답으로 이해한다. 그러므로 대리는 기독론적으로 정초된다. 이 기독론적 정초는 현실적합성에 영향을 미친다. 모든 영역나눔 이편에 인간되신 하나님의 안에서 화해를 통해 규정된 단 하나의 하나님 현실이 있다.

책임적인 삶의 구조는 대리(Stellvertretung)와 현실적합성(Wirklichkeitsgemäβheit)속에서 삶의 결속(Bindung des Lebens)으로 뿐 아니라 삶의 자유 속에서도 상보적으로(komplementär) 보여진다. 삶의 자유는 기독론적으로 의인신학적으로 정초되고 종말론적 관점 속에서 자기 행동과 삶의 자기책임부담(Selbstzurechnung des eignen Tuns und Lebens)으로서 하나님이 바로 주시는 구체적인 결단의 모험(Wagnis der konketen Entscheidung)으로서 이해되어진다.

5. 헬무트 틸리케의 생명개념

(1) 죽음과 생명

틸리케는 그의 1946년의 저서 『죽음과 생명』(*Tod und Leben*)에서 죽음을 영생의 대립개념으로 이해한다. 여기서 그는 생물적 죽음개념과 연관해서 "생물적 생명"(vitale leben)을 언급한다. 틸리케는 피력한다. "인간 죽음에 관한 성경적 이해거나 세속적 이해거나 간에 생물적 생명은 상반되는 대립으로 죽음을 규정하기에는 충분하지 않다, 두 가지 이해의 어느 것에서도 죽음은 단순히 생명의 반대가 아니다."[128]

세속적 이해에서 죽음이란 생명리듬 자체의 부분이다. 그것은 영혼불가사성의 신화에 따르면 죽음이란 한 생명형태에서 다른 생명형태로 과도형태에 불과하다. 성경적 이해에 있어서도 생물적 생명(der bios)는 인간 죽음의 반대가 아니다. 생물적 생명이란 생물적 생명법칙의 매개 속에서 일어난다. 틸리케는 여기서 "인간 죽음의 인격적 성격이 최종의 예리함 속에서 드러날 수 있기 때문에 죽음의 성경적 개념에 대한 엄격한 대립을 발견한다."[129]

틸리케는 인격적 죽음에 인격적 조에(ζωή, Zoe, Leben)을 상응시킨다. 조에는 하나님이 인간과 함께 가시는 역사 속에서 이해된다. 조에는 신약성경에서 "영원한 생명"(ewiges Leben)으로 표현되고 "프쉬케"(영혼, ψυΧή, Psyche), 또는 "지금의 생명"(ζωή τῆs νῦν, jetziges Leben), "현세적 생명"(ζωη ταύτη, dieses Leben) 그리고 "육신의 생명"(ζήν ένσαρκί, Leben in Fleisch)으로 나타내어지는 "생물적 생동성"(biologische Lebendigkeit)과 구별된다. 틸리케는 피력한다. "이러한 방식의 생명(조에)은 단지 비본래적 생명의 연관만을 지니고 있으며 결단코 하나님의 생명 그리고 하나님과의 영원한 연합에서의 생명과 혼동될 수 없다."[130] "육신의 생명", "지금의 생명", "현세적 생명"은 하나님과의 교제 밖에 살아서 실족되고 잃어버릴 수도 있다.

육체를 위하여 씨를 뿌리고 심는 만큼 육체로부터 파멸을 거두어야 한다. 불경건한 생물적 생동성은 "매료시키는 가면화 아래서"(unterhlab ihrer bestechenden Maskierung)[131] 죽어 있다. 그러므로 죽음은 이러한 류(類)의 생명과 대립으로 파악될 수 없다. 이러한 류의 생명은 스스로 죽음에 의하여 특징지어지기 때문이다. 틸리케는 창조질서의 성급한 일치화로부터 구분하면서 하나님의 잠정적인 보존행위(interimzeitliches Erhaltungshandeln)와 자유의 놀이공간(gewisse Spielraume der Freiheit)을 강조한다.

틸리케는 죽음과 생명과 관련한 진정한 대립을 제시한다. 그것은 하나님의 심판(die ira Dei)과 하나님과의 생명의 연합(die Lebensgemeinschaft mit Gott)이다. "한편에는 우리의 죽음, 우리의 한계, 하나님의 심판이 있다. 다른 편에는 하나님과의 연합으로 들어감이다."[132] 비록 육신으로는 죽을지라도 "살 수 있음"(Leben-dürfen), 하나님과의 연합으로 들어감은 "개인적인 죽음, 말하자면 하나님과 인간 사이에 있는 진노의 한계(Zornesgrenze)에 대한 진정한 대립"이다. 불칼을 가진 스랍이 낙원경계로부터 소환명령을 받고, 사망의 그늘에 앉은 자들을 위한 하나님의 생명에의 새로운 접근이 열린다.

여기서 "죽음의 대립은 물리적 생명이 아니라 영원한 생명이며, 제거된 경계"이다. 경계의 제거자는 예수 그리스도이다. "경계가 세워지고 훼파되는 곳에 항상 다시 예수 그리스도의 모습이 서 있다. 그는 나를 죽음의 창을 통해서 나를 인도하신 생명의 주이시다."[133]

경계의 극복은 아래서 시작하는 인간의 힘이 아닌 위에서 시작하는 하나님의 능력에 의하여 이루어진다. "경계의 극복은 아래부터 위로가 아니라 위로부터 아래로 이루어진다."[134] 인간이 교만하여 그의 경계를 깨뜨리는 운동을 통해서 경계가 설정되고 죽음은 힘을 가지게 되었다. 아래에서 위로 향하는 어떤 운동도 죽음의 경계를 깨뜨릴 수 없고 이 경계를 더 깊이, 더 크게, 더 극복할 수 없도록 만든다. 이 극복은 단지 위로부터 아래로 향하여만 일어난다. 이것은 하강에서만, 말씀의 성육신에서만, 십자가에서 예수의 죽음의 동료애에서만 일어난다. "경계의 비밀은 신격화(Apotheose)에 놓여 있다. 경계극복의 비밀은 성육신(Inkarnation)에 놓여 있다."[135] 틸리케는 죽음이란 인간 생명의 경계설정인데 이것은 인간의 신격화에 비롯되었고 생명이란 하나님 아들의 성육신에 의하여 가능하게 되었다고 해석한다.

(2) 죽음을 지닌 생명

틸리케는 그의 1980년의 저서 『죽음을 지닌 생명』(*Leben mit dem Tod*)에서 그가 이미 34년 전에 제시한 사상을 그대로 개진한다. 그는 생명을 하나님과의 관계(Bezug auf Gott)에서 설명한다.[136] 그는 생명과 죽음을 인격적으로 설명한다. 그리고 생명(Bios)과 죽음을 대립시켜서 설명한다. 이 대립을 설명하기 위하여 틸리케는 "인격적으로 이해된 죽음에 역시 인격적으로 이해된 생명 개념이 상응해야만 한다."[137]는 가정에서 출발한다.

여기서 틸리케는 인간 생명을 나타내는 희랍어 "조에"(*ζωή*, Zoé)를 사용한다. 이 개념은 하나님이 인간과 함께 하시는 역사와 밀접히 연관되어 있다. "조에"는 인간적인 생명으로서 물리적인 생명(bios)과는 구별된다. 이 "조에"는 특별한 방식으로 "영생"(ewiges Leben)으로 이해된다. 영생은 죽음의 궁극적인 끝을 의미하는 "생물적인 생명성"(biologische Lebendigkeit)과는 구분된다.

이러한 영적 생명은 물리적 생명을 넘어선다. 그래서 "죽음이 이러한 생명의 대립으로 이해될 수 없다."[138] 비록 물리적으로 살아 있으나 하나님과 교제가 없는 영적 생명은 죽은 것으로 간주되기 때문이다. 본래적인 생명과의 관계(하나님에 대한 부정)는 소멸되지 않는다. 그러므로 무신론은 불가능하다고 본다. 하나님을 부정하는 자들은 하나님에 대항하는 생명(das Leben wider Gott)을 산다. 물리적 생명의 조건은 빵이지만, 영적 생명의 조건은 하나님의 말씀이다. 틸리케는 피력한다. "인간적인 생명, 조에는 그래서 동물적인 동료 피조물들과 나누는 물리적 생명(physische Bios)을 초월한다."[139] 영적 생명은 생명의 떡인 그리스도를 먹음으로써, 즉 그의 말씀을 받고 실천함으로써 그 생명을 유지한다.

틸리케는 이러한 영적 생명의 독특성을 말한다. "조에의 의미에서 인간 생명은 인간적인 죽음과 마찬가지로 물리적인 죽음에 들어가지 않는다."[140] 죽음이란 하나님의 심판에 의해 내려진 무한계성의 제한이요, 하나님의 생명으로부터의 배제됨(Aus-schluβ)으로 이해되어진다. 이에 반해서 "조에"는 본질적으로 하나님으로부터 온다. 하나님의 생명에서 떨어져서 그리스도 없이 자기 자신에게만 집중된 생명은 잃어버린(verloren) 생명이다. 이러한 생명은 물리적 종말 이전에 이미 죽어 있다.[141]

죽음에 내던져지고 죽음을 넘어 지시하는 육체 속의 생명은 따라서 본래적 생명(das eigentliche Leben)이 아니다. "본래적인 생명이란 죽음을 자기 뒤로 하고 그래서 진실로 영원한 생명인 미래적 생명이다."[142] 그러면서도 틸리케는 이러한 생명을 희랍적 영혼불멸과는 구분하고 몸의 부활을 말한다. "여기서 논의의 핵심은 영혼이 죽지 않음이 아니라 그리스도 부활에의 참여이다."[143]

틸리케가 생명과 죽음을 이해하는 데 있어서 그리스도의 십자가 죽음과 부활은 결정적이다. 틸리케는 죽음을 넘어서 영원한 생명을 말한다. 영원한 생명은 예수 그리스도의 부활을 통해서 개통되었다. "그리스도의 부활을 통해서 영원한 생명의 개통은 과거 현재, 미래시간에 새로운 질을 부여한다."[144] 그리스도의 부활에서 결정적인 사건이 일어났다. 그것은 미래가 역설적으로 우리 앞에만 놓여 있지 않고 과거로서 우리 뒤에 있다. 그리하여 "영원한 생명이 그리스도 사건 안에서 이미 일어났다. 그것은 이미 우리 가운데 있으며, 우리의 현재다."[145] 희망은 다가오는 생명의 표시이며 그 생명의 현재의 방식이다.

*

슈바이처의 생명관은 19세기의 세계관이 무너지는 상황에서 생명에의 외경과 의지를 강조하였다. 그의 생명 사상은 물질주의 세계관에 의하여 실용화 되고 공리주의화 되고 있는 현대사회의 인간관에 대하여 생명의 존엄성을 강조하였다. 이 점에 있어서 그의 생명관은 생명존엄성의 선구자적 역할을 하였다. 그럼에도 불구하고 슈바이처의 생명사상은 신학에서 출발한 그의 기독교 사상과는 거리가 먼 것처럼 보인다. 그의 생명사상은 범생명력에 사로잡혀 있으며, 신학적으로 정초되고 있지 않다.

요나스의 생명개념은 물질과 정신의 전통적 이원론을 극복하고자 하였다. 생명이란 물질의 자기 조직화의 개방체계로서 물질에서 나온다. 그러나 요나스는 물질과는 다른 정신이라는 생명현상의 자기 목적과 동기 및 가치의 측면을 명료히 하고 있다. 요나스는 유대교의 창조신을 인정하고 있으나 창조이후 신은 전능자가 아니라 세계 속에서 되어가고 있는 신이며 피조물의 고통과 죽음을 내려다 보고 고통을 느끼는 유한한 신으로 그리고 있다.

렌토르프는 기독교 에토스가 세속화된 사회 안에서 이미 실현된 것으로 본다. 기독교적 에토스란 세속화된 사회에 들어오면서 자유의 근본가치(der Grundwert der Freiheit)에 대한 각성이다. 렌토르프는 시민종교(civil religion), 즉 세속적 민주사회 속에서 개인을 위한 종교적 의미정립(religiöse Sinnstiftung fur die Individuen)을 지지한다. 렌토르프에게 있어서 삶(생명)의 주어짐은 명료한 기독론적 정향없이 이미 피조물성의 표현(Ausdruck der

Geschopflichkeit)이다. 삶(생명)의 줌은 타자를 위한 삶(생명)을 사는 윤리적 요구에서 나온다. 이러한 그의 윤리는 계몽주의적이고 문화개신교적인 윤리 사상에 정위되고 있다. 렌토르프는 근대성을 인권의 지평으로 고려함으로써 유대교적이고 기독교적인 전통의 비판적인 가능성을 충분히 고려하고 있지 않다.

본회퍼의 생명(삶)관은 기독론적이고 종말론적이다. 하나님의 나라는 궁극적인 것이며, 우리의 삶은 궁극 이전의 것이다. 궁극 이전의 것은 궁극적인 것의 빛 속에서 그 의미를 가진다. 삶의 의미는 요나스가 말하는 것처럼 자기 목적인 생명자체의 충동에서 나오는 것이 아니라 역사와 인류에게 새 생명을 부여하신 예수 그리스도로부터 온다. 생명의 윤리도 요나스가 말하는 것처럼 생명자체의 자기 목적의 충동에서 나오는 것이 아니라 다가오는 하나님 왕국이라는 약속의 관점에서 나온다. 본회퍼의 생명관은 철저히 기독론적이고 종말론적 정초를 가지고 있다.

틸리케는 현대신학자 가운데 가장 분명히 성경적이고 기독교적인 생명 개념을 제시하고 있다. 생물적 생명(der bios)는 인간적 죽음의 반대가 아니다. 불경건한 생물적 생동성은 영적으로 죽어 있다. 틸리케는 죽음과 생명과 관련한 진정한 대립은 하나님의 심판(die ira Dei)과 하나님과의 생명의 연합(die Lebensgemeinschaft mit Gott) 여부에 따라서 정해진다. 죽음이란 하나님의 심판이요, 생명이란 하나님과의 생명연합이다. 죽음에 내던져지고 죽음을 너머 지시하는 육체 속의 생명은 따라서 본래적 생명(das eigentliche Leben)이 아니다. 본래적 생명은 하나님과의 연합 속에 있는 생명이다. 틸리케는 죽음을 넘어서 영원한 생명을 말한다. 영원한 생명은 예수 그리스도의 부활을 통해서 개통되었다. 틸리케는 본회퍼와 같이 죽음과 생명을 기독론적으로 종말론적으로 이해하고 있다.

chapter 9
생태와 생명에 관한 개혁신학적 이해

오늘날 21세기 인류가 당면한 생태계의 위기는 환경적대적인 개발로 인한 환경(물, 공기, 땅)오염과 파괴, 지구온난화로 인한 기후변화(엘리뇨, 라니냐 현상), 오존층 파괴, 지구 사막화, 생태 교란, 희귀종 멸종 등으로 나타나고 있다. 빈도가 잦아진 황사현상, 북반구 기후의 아열대성화, 북극과 남극지역 빙하의 해빙, 성층권의 오존층 파괴, 해수면의 올라감 등으로 구체적으로 나타나고 있다. 생태계의 위기는 인간의 몸 안에서도 진행되고 있다. 유전자 조작과 생명복제기술은 인간 몸 안에 있는 창조질서를 조작하고 몸의 생태를 훼손시키고 있다. 독일의 철학자요 과학자인 폰 바이체커(C. F. von Weizacker)는 다음같이 말한다. "우리는 미래를 알지 못한다." 이 세계의 "마지막은 멸망뿐이라는 비관주의 견해"와 허무주의가 "현대세계의 가장 정직한 자기판단일 것이다."[1] 위기의식으로 인해 각종 환경 및 생명운동이 일어나고 있다. 그런데 이러한 운동은 과학기술중심적 생태관 또는 자연중심적 생태관 내지 생명관에 의하여 주도되고 있다. 생명공학의 발전으로 인한 배아줄기세포 연구와 이로 인한 윤리적 문제는 2005년 한국사회를 뜨겁게 달구었다. 이에 대하여 교회는 생태에 대한 성경적 이해를 각성하고 생명에 대한 신학적 이해를 제시해야 할 것이다.

*

1. 창조세계로서의 생태에 대한 이해

오늘날 생태계 위기를 야기한 사상적 배경을 이해하기 위하여 우리는 근대의 데카르트에서 나타난 이분법적인 세계상을 비판적으로 고찰하고, 창세기에 나타난 창조 사상을 주제화 하면서 근대 과학기술사상이 상실한 성경적인 창조론적 생태계 사상을 복권시키고자 한다.

(1) 데카르트적 이원론적 사고의 극복

근대의 데카르트는 『명상록』에서 인간을 "자연의 주인과 소유자"(maitre et possesseur de la nature)라고 규정하였다. 그는 사유의 명증성 위에서 모든 세계에 대한 지식을 정초하고자 하였다. 근대적 데카르트적 사고는 맹목적 진보신앙(blinder Fortschrittsglaube)에 의하여 지배되었다. 진보신앙은 무제한한 생산, 절대적인 자유와 무제한적 행복의 3요소에 의하여 주도되었다. 그것은 인간의 지배요구를 자연에 대한 더 나은 지식의 근거 위에서 정당화하기 위해 자연에 대한 새로운 해석의 길을 찾고자 했다.[2] 18세기의 기계론적 세계상에 대하여 근대적 사고는 하나님의 사역을 세계창조에만 제한시키는 이신론(Deismus)을 제시했다. 이신론은 자연과 세계에 대한 인간의 지배와 착취를 가능하도록 했다. 진보신앙은 20세기 후반에 들어와 한계에 직면하고 있다. 독일의 양자 물리학자 하이젠베르그(Werner Heisenberg)는 다음같이 이 한계상황을 묘사한다. "인간의 물질적 힘과 정신적 힘의 확대가 진보라는 희망은 … 한계에 부딪치고 있다. 진보신앙에 담지된 낙관주의의 파도가 이 한계에 강하게 부딪칠수록 위험성은 더 커진다."[3] 그러므로 이제 현대의 기계기술적 세계상을 가진 인간에 의하여 초래된 자연의 파괴에 직면해서 기독교신학은 성경적인 창조신앙과 사상을 활성화하도록 도전받고 있다.

몰트만은 그의 『창조 속에 계시는 하나님』(*Gott in der Schopfung*)에서 생태학적 사고를 제시하였다. "인간은 지배하기 위하여 더 이상 인식하지 않고 재구성하기 위하여 분석하거나 환원하지 않는다. 인간은 오히려 참여하고 생명있는 것과의 상호관계 속에 들어가기 위하여 인식하고자 한다".[4] 생태학적 사고는 하늘과 땅이 오로지 인간만을 위하여 만들어졌다는 데카르트적 세계상을 극복해야 한다. 창조공동체(Schöpfungsgemeinschaft), 전체성(Ganzheitlichkeit) 또는 연대성(Solidarität)의 표상은 인간주도적 세계상을 극복하는 데 첫걸음이다. 근세 이래 여태까지의 역사는 공작(工作) 인간의 세계상징(das Weltsymbol des homo faber)이었다.

근대가 설정한 지식의 길은 생태학적 사고가 제시하는 지혜의 길로 대체되어야 한다. 지식이 힘의 획득과 지배를 추구한다면, 지혜는 세계의 실재성의 압박 아래 그리고 사실의 양심 아래 오늘날 병들고 어려움 속에 있는 것을 밝히고 드러낸다. 지혜는 명상적 인식(meditative Erkenntnis)의 새 형식을 추구한다. 지혜는 세계를 하나님의 창조로서 파악하며 세계를 더 이상 관조사의 소원(疏遠)으로부터, 다시 말하면, 외부로부터가 아니라 점차적으로 내면으로부터 세계와의 참여적인 관계 속에서 파악하고자 한다.

생태학적 인식에서 자연이해란 자연[5]을 우리의 소유로 갖는 것이 아니다. 그것은 자연을 중립적인 세계로 알지 않는다. 생태학적 인식은 세계의 존재(das Sein der Welt)보다는 세계의 되어감(das Werden der Welt)을 질문한다. 다시 말하면, 세계가 하나님의 창조 명령에 일치하는가 아니면 모순되는가 질문한다. 그것은 자연을 역사적인 시간의 지평 속에서 지각한다. 그것은 인간을 주관으로서 대상에 마주 세우는 가능성을 거부한다. 인식하는 자로서 인간은 근대과학이 주장하는 바 같이 세계사건의 단순히 중립적이고 비참여적인 관조자가 아니라 자연과 세계과정 속에 참여해 있다. 생태학적 사고란 인간은 현실이해에 있어서 세계놀이에 참여한다는 것이다. 생태학적 현실이해는 창조의 연대공동체(solidarische Gemeinschaft)에 우리 인간이 불가피하게 귀속하고 연결되어 있다는 것이다. 세계는 생태학적 관점에서는 공동세계(Mitwelt) 내지 환경(Umwelt)이다. 자연과 인간의 만남을 통하여 자연은 공동자연이 되며 이 만남은 시간 속에서 이루어진다.

(2) 창조: 근본사건

우리는 생태를 하나님의 창조사건으로 재발견하기 위하여 하이델베르그의 구약학자 글라우스 베스터만(Claus Westermann)의 창조이해를 오늘날 생태계 이해에 가져올 필요가 있다. 베스터만은 창조를 삶의 근본사건으로서 이해하였다. 그는 창세기 주석에서 창조가 모든 사건에 항상 전제되어 있는 지속적인 것, 원사건(Urgeschehen)이라는 것을 밝히고 있다. 그는 창세기 1-11장은 원역사이며 창세기 12-50장은 하나의 과정이며 전체적으로 원역사적이라고 해석한다. 창세기 1-11장은 역사와 자연이 가능한 공간을 설정한다. 그런 의미에서 원역사를 제시하고 있다. 나의 개별적 출생과 죽음이란 '거대한 삶의 과정' 이라는 역사 속에서 일어나는 자연적 사건들이다. 이것은 역사적이고 일회적이다. 그러나 인간과 생물이 태어나고 죽는 것은 기초적인 현상으로서 그것 없이는 자연과 역사도 불가능하다.

아브라함의 출생과 죽음과 오늘날 신자의 출생과 죽음이란 시대적으로 문화적으로 다르지만 여기에는 시대와 문화를 초월해서 공통적인 것이 있다. 그것은 역사 속에서 지속적인 것(das Konstante in der Geschichte)이다. 그것이 바로 원사건이다. 그것은 바로 지속적인 창조의 사건이다. 이 원사건은 바로 근본사건(Grundgeschehen)이다.[6] 이 근본사건은 인간의 역사 경험 속에서, 모든 문화적이고 정치적인 변화 가운데서 불변하는 인간과 자연의 지속적인 삶의 형식으로 경험되는 것이다.

원사건에서는 분리된 종교적 현존재영역이 따로 없다. 거룩한 것과 속된 것의 분리가 없다. 계시의 현상이 없다. 하나님과 인간은 서로 떨어져 있지 않고 가까이 마주 서 있다. 창세기 2장은 하나님이 아담에게 동산의 각종 나무실과를 임의로 먹되 선악을 알게 하는 나무의 실과는 먹지 말라고 명하신다(창 2:16-17). 하나님이 아담을 위하여 배필을 지으시고자 하는 계획을 말씀하시고 아담을 깊이 잠들게 하시고 아담의 갈비뼈로 여자를 만드신다(창 2:18, 21-25). 하나님은 각종 들짐승을 지으시고 아담에게로 이끌고 와서 아담이 그들에게 이름을 짓도록 하신다(창 2:19-20). 인간은 창조의 모든 영역과 분리되지 않고 연계되어 있다.

원사건에서는 선택과 언약이 없다. 노아 언약이란 시내산 언약과 같지 않고 단지 축제적인 약속이요 창조론적인 축복이다. 인간의 신(神)의 관계는 신앙으로서 나타나지 않는다. 원역사에 있어서는 다른 신들을 경배의 타락으로 인한 신관계의 깨뜨림은 가능하지 않다. 왜냐하면 단지 한 신만 계시기 때문이다. 원역사가 말하는 인간의 패역과 잘못은 그의 백성에 대한 하나님의 특별한 언약의 표명이 아니다. 이러한 인간의 반역과 패역은 "인류에 있어서 어디서나 일어날 수 있으며 일어나는 인간에게 항상 고유한 것이다."[7]

창세기 1-11장의 원역사에 있어서 다양한 사건에도 불구하고 지속적인 것이 나타나 있다. 이 지속적인 것은 정태적인 것이 아니라 동력과 변화로 가득 차 있다. 모든 변양에도 불구하고 일정한 근본구조가 동일하게 있다. 노아홍수 후에도 창조의 질서는 변함이 없다. 하나님은 홍수 후 노아의 가족들에게 창조질서의 보존을 확정하신다. "땅이 있을 동안에는 심음과 거둠과 추위와 더위와 여름과 겨울과 낮과 밤이 쉬지 아니하리라"(창 8:22). 매일 아침 태양은 떠오르고 저녁에 진다. 각 계절은 각기 다르나 파종과 수확, 여름과 겨울의 리듬은 여전하다. 재앙이 세상에 닥쳐오나 이 세상은 파멸하지는 않는다. 인간들은 태어나고 죽으며 남자와 여자로 살고 아버지, 어머니, 형제, 누이로 가족 속에서 산다. 인간은 양식(糧食)과 공동체를 필요로 한다. 인간은 오류를 범하며 자기한계를 넘어선다. 인간은 역사 속에서 살고 자기의 문화적 유산을 후세에 전한다. 이러한 자연과 역사의 무한정의 변화에도 불구하고 지속적인 것이 바로 창조의 질서이며 원사건이다.[8) 원사건(Urgeschehen)은 일회적이 아니고 항상 경험할 수 있으며 역사적 경험의 근거이다. 그것은 기초적 경험의 가능성 공간을 결합시킨다. 원사건은 각 경험 속에서, 각 경험과 함께, 각 경험 아래서 함께 체험되는 것이다. 이 창조 이야기는 창조를 원사건으로 규정하면서 창조세계의 모든 것은 "하나님의 소유"라고 선언한다. 이 원사건은 인간이 이리저리 바꿀 수 있는 것이 아닌 인간 삶이 지속되는 창조의 질서이다. 이 원사건에서 일어나는 창조의 질서는 하나님의 섭리에 의하여 지배되고 있다는 것을 선언한다. 원사건으로서의 창조는 하나님의 은혜, 즉 "생명의 은총" 또는 "자연은총"[9) 이라고 말할 수 있다.

(3) 창조신앙의 각성과 생태학적 이해

세계는 그 자체적으로 하나님의 창조로 인식되지는 않는다. 세계를 하나님의 창조로 경험하는 것은 이스라엘 역사에 나타난 창조자 하나님의 계시에 대한 신앙을 통하여 가능하다.[10) 세계의 창조자, 유지자, 구원자로서의 자기계시를 통하여 하나님은 세계를 그의 창조로서 드러내신다. 주(主) 되신 하나님의 자기계시에 근거한 하나님에 대한 특별한 경험, 곧 구속경험은 세계에 대한 보편적 경험, 창조의 경험을 하도록 하였다. 구원의 사건과 창조의 경험은 상호 간에 규정하는 관계를 가지고 있다. 창조경험은 이스라엘의 하나님을 온 세계의 주와 창조자로 증명하고 하나님의 보편성을 드러낸다. 온 세계와 민족들과 사람들은 이스라엘이 희망하는 구원의 역사에 포괄된다. 창조는 이스라엘의 역사적 경험의 우주적 지평이다.

창조는 태초의 창조와 종말의 창조를 포괄하고 있다. 태초의 창조란 우주의 시작에 있어서 하늘과 땅의 시작이라는 의미에서 창조이다. 종말의 창조란 우주의 마지막에 있어서 새 하늘과 새 땅의 시작이라는 의미에서의 창조이다. 전자는 따라서 창조에 대한 시원(始原)적 이해(protologisches Verständnis)이며 후자는 창조에 대한 종말론적 이해(eschatologisches Verständnis)이다. 이 두 가지 창조이해는 창조사역에 대한 구원론적 이해 속에 필연적으로 함께 정립되어 있다. 이 양자는 모두 성경적인 자연신학의 영역에 속한다.[11]

생태학적인 관점에서 창조신앙은 세계의 근원에 대한 신앙으로 축소되어서는 안 된다. 일반적으로 창조라는 말은 "태초의 창조"라는 말로서 세계의 생성을 이미 끝난 상태로 표상한다. 그리하여 낙원, 원상태, 무죄, 에덴동산 등으로 표상하여 왔다. 그러나 성경적 창조이해는 과거지향적일 뿐 아니라 현재와 미래에 대한 이해도 설정되어 있다. 성경적으로 창조에 대해 말할 때는 본래적 창조(creatio originalis), 지속적 창조(creatio continua), 새 창조(cratio nova)가 언급된다.[12] 본래적 창조란 태초의 창조로서 시간의 시작이다. 태초의 창조는 거기에서 끝나지 않고 역사에 연관되면서 지속적으로 전개되고 있다.

린 화이트(Lynn White)는 그의 논쟁적 논문 「생태학적 위기의 역사적 뿌리」(*On the Historical Roots of our Ecological Crisis*)[13]에서 생태학적 위기의 주

된 책임은 기독교의 창조명령에 있다고 보았다. 화이트는 기독교의 창조신학을 인간중심의 세계관이라고 본다. 그리고 그는 기독교의 창조신학이 인간과 세계의 대립이라는 이원론을 야기하고 오늘날 생태계 위기의 주범이 되었다고 보고 있다. 화이트는 기독교를 "세계에 유래없는 가장 인간중심적인 종교"로 보고 있다. 그러나 필자의 견해에 의하면 실상은 반대다. 기독교는 가장 신 중심적인 종교이다. 화이트의 견해는 분명히 기독교 창조신학에 대한 오해이다. 창세기가 말하는 하나님의 형상(imago dei)과 땅의 통치(dominium terrae) 사상이란 인간 중심이 아니라 하나님 중심성을 기초로 하고 있다. 성경은 창조의 목적이 인간이 아니라 하나님의 안식과 영광이라고 가르친다. 하나님의 안식은 창조의 목적이었다. 이 안식일에 하나님은 그의 창조의 영광을 보시고 기뻐하셨다. 우리는 창세기의 창조명령을 인간중심이 아닌 신주권적인 것으로 이해해야 한다.

태초의 창조는 또한 몰트만이 주장하는 것처럼 처음부터 구원의 역사를 향하여 열려 있는 것이 아니다. 태초의 창조는 완성된 하나님의 영광의 나라이다. 그러나 이 영광의 나라는 인간의 불순종으로 그 원래적인 창조관계의 조화에서 깨어졌다. 그래서 그것은 그 자신을 넘어서 메시아를 가리키고 있으며 그 역사적 실현을 위하여 아브라함과 이삭과 야곱의 약속의 역사를 가르키고 있다. 이 약속의 역사는 그리스도 복음의 메시아 역사를 가리키고 있다. 이 약속의 역사가 지속적 창조요 역사적 창조이다. 이 메시아 역사는 다가오는 새로운 창조인 하나님의 왕국을 가리키고 있다. 이 하나님의 왕국에서, 깨어진 창조는 비로소 완성되고 본래적 창조의 영광을 회복한다.

(4) 창조의 성만찬 공동체

생태(계)의 위기에 직면해서 창조질서의 회복이란 세계를 하나님의 창조로 인식하고 세계를 하나님의 숨어있는 현재의 성례전(das Sakrament der verborgenen Gegenwart Gottes)으로 이해하며 하나님과의 사귐의 처소로 파악하는 것이다. 창조를 성만찬의 공동체로 받아들이는 것은 인간이 성만찬적 존재(das eucharistische Lebewesen)라는 데 기인한다.[14] 인간은 다른 생물처럼 단순히 이 세계 안에 살지 않으며 그리고 세계를 단지 지배하거나 소유하지 않고 하나님의 창조에 대해 감사드리고 찬양하며, 하나님께 헌신하는 존재이기 때문이다.

하나님의 모든 피조물은 그의 은사로서 근본적으로 성만찬적 존재이다. 자연은 말 없이 하나님께 영광을 돌린다. 그러나 인간은 그의 언어와 사고를 가지고 있기 때문에 고차원적인 언어와 감정으로 피조물을 대신하여 하나님을 찬양한다. 이런 의미에서 인간은 성례전적 행위에 있어서 피조물을 대리한다. 여기에 인간의 제사장적인 차원이 있다. 구약성서의 "창조의 시편들"(시편 8편, 19편, 104편)이 해와 빛, 하늘과 땅의 수확에 대하여 감사드릴 때, 인간은 자기자신에 대해서가 아니라 이들의 해와 빛, 하늘과 땅의 수확의 이름으로 하나님께 감사를 드린다. 여기서 해와 달과 하늘과 땅, 동물과 식물은 인간을 통하여 창조자를 경배한다. 창조를 찬양하는 인간은 우주적 예배의식가(kosmische Liturgie)를 부르며 우주는 인간을 통하여 창조의 영원한 노래를 부른다.[15]

여기서 인간은 만물의 청지기이지 지배자가 아니다. 만물은 인간 없이도 하나님의 영광을 자연의 원언어로써 선포하기 때문이다. 시편 19편은 자연이 하나님의 영광을 찬양하고 노래하는 존재론적 언어를 말하고 있다. 이 존재론적 언어는 "언어도 없고 말씀도 없으며 들리는 소리도 없으나 그의 소리가 온 땅에 통하고"(시 19:3-4). 여기서 창조의 성만찬 공동체가 이루어진다. 이 창조 사귐은 창조자 앞에서 이루어진다. 이러한 창조의 성만찬 공동체에서 인간은 더 이상 자연을 지배하거나 소유하지 않는다. 여기서 인간은 자연과 진정한 교통을 하고자 한다. 여기서 자연은 하나님의 창조로서 인식되고 인간은 자연에 대한 책임성을 인지하게 된다.

(5) 창조에 대한 새로운 관계: 공감적 세계상

미래학자 루츠(Rudiger Lutz)는 "부드러운 전향"(sanfte Wende)에 관하여 말한다. "발전하는 인류는 그의 유일한 생명근거인 항성(恒星) 지구에 대한 관계를 천명해야 한다. 문화 간의 엮임은 나라의 한계를 깨뜨린다. 오염과 자원문제의 생태학적인 상호작용은 연결된 경계를 넘어서는 행동을 요구한다. 새로운 공감적 세계상(neus konsensuales Weltbild)이 전제이다."[16]

공감적 세계상이란 여태까지 우리에게 낯설었던 것과 공감(Mitgefühl)을 갖는 세계상을 말한다. 우리 인간 사이 그리고 비인간인 자연에 대한 우리의 관계에 있어서 공감을 회복해야 한다. "부드러운 전향"이란 태도의 변화를 말한다. 그것은 미래를 보지 않는 근본태도를 바꿈이며 인간의 힘과 소망에서 솟아나는 미래신뢰를 말한다.

부드러운 전향이란 소극적으로는 산업주의자들의 개발사고와 기계기술주의자들의 팽창사고로부터의 전향을 말한다. 이 전향은 적극적으로는 창조세계에 대한 신뢰적인 개방을 말한다. 그것은 근대과학적인 자연개념의 변화를 의미한다. 근대적인 세계상에 있어서 자연은 단지 물질, 사물, 객관으로서 계산할 수 있고 이용할 수 있는 것이었다. 이러한 자연개념에서 근대 서구적 사고에 깊이 스며든 자연에 대한 착취사고(Ausbeutungsmentalität)가 유래하였다.

공감적 세계상이란 이러한 지배적이고 객관적인 세계상에서 결별하는 것이다. 그러나 이러한 결별이란 문명도피나 석기시대로의 퇴각이 아니라 내면의 변화를 통하여 파괴적인 행위강요의 해소를 말한다. 그것은 기술, 산업과 소비의 생태학적인 전향을 말한다. 그리고 피조물과 인간의 필요 사이의 조심스런 일치를 말한다. 자연과의 공감을 갖는다는 것은 새로운 기술, 근본적으로 변화된 산업, 다른 삶의 방식, 변화된 국제 정치, 그리고 새로운 다른 모랄을 의미한다. 새로운 모랄은 옛 지배와 착취이상(理想)의 포기를 위험한 소유강요로부터의 해방으로 느끼며, 이웃사랑을 넘어서서 동료창조물성(Mitkreatürlichkeit)으로 나아가는 공감에의 능력(Befähigung zu einer Sympathie)으로 느끼는 것이다.[17]

이 새로운 모랄은 인간의 원죄성에 속하는 교만(hybris)을 인정하고 이것을 경계하는 것이다. 이 교만이란 우리 인간을 자연에 대한 청지기로 부르신 하나님의 부르심을 망각하고 자연에 대한 지배자가 되고 우주에 대한 지배자가 되려는 원죄를 말한다. 이러한 근대이성의 신(神)콤프렉스(Gotteskomplex)가 자연을 총체적으로 착취함으로써 생태계의 총체적 파괴와 위기를 산출하기에 이른 것이다. 새로운 생태학적 모랄은 자연에 대한 지배가 아니라 자연에 대한 책임을 말한다. 이 책임이란 수용에서 오며 공감과 나눔에의 능력을 말한다. 그리고 자연과의 일치를 추구한다. 그러나 이 일치나 공감은 범신론적인 융합이 아니라 창조자와의 관계 안에서 자연을 하나님의 선물이요 창조로 수용하는 것을 말한다.

(6) 하나님의 세계 내재와 세계 초월의 균형

생태계와 공감에 있어서 우리는 하나님의 세계 내재와 세계 초월을 균형있게 파악하여야 한다. 이러한 하나님의 세계관계는 두 가지의 위험성에서 구분되도록 규정되어야 한다.

첫째, 범신론적 생태관과 구분된다. 범신론은 만물을 신과 동일시한다. 범신론은 "모든 것이 단일 실재의 양식이며 현상"이라고 본다.[18] 그래서 "자연과 신은 동일하다"고 본다. 그리고 모든 것을 균일하게 만든다. 그리고 단지 영원한 신적 현존만을 보고자 한다.[19] 범신론은 우주를 하나님의 몸으로 봄으로써 우주 안에서 일어나는 모든 것, 심지어는 악과 죄까지도 하나님과 동일시되는 위험성에 빠지고 있다.

둘째, 만유재신론적 생태관과 구분된다. 우리는 여기서 성경적 창조론을, 몰트만이 대표적으로 제기하는 만유재신론(pan-en-theismus)과 구분하여야 한다. 범신론은 모든 것이 신이라는 혼돈에 빠지고 있다. 이에 반해서 만유재신론[20]은 모든 것이 신 안에 있다고 본다. 몰트만은 양자를 구분하면서 범신론을 비판하고 만유재신론을 제안한다. 만유재신론은 "미래초월과 진화와 지향성"을 지향한다.[21] 여기서 만유재신론은 모든 것이 신 안에 있다고 주장함으로써 신의 초월을 만물 내재 속으로 상실하는 위험성을 동반하고 있다. 몰트만은 『창조 안에 계시는 신』에서 만유재신론을 주장하면서 만유가 신 안에 있으며, 신이 창조 안에 있다고 주장함으로써 만유와 신의 상호간의 내재를 강조함으로써 종교개혁전통이 강조하는 바 하나님의 세계 내재와 세계 초월을 균형있게 다루지 못하고 있다.[22] 여기서 하나님의 전적 타자성과 세계 초월성은 신의 세계 내재성과 세계의 신 내재성에 함몰되는 위험성을 지니고 있다. 몰트만의 만유재신론에서는 하나님의 초월적 내재성(transcendent immanence)과 내재적 초월성(immanent transcendence)이 균형있게 취급되고 있지 않다. 몰트만은 만유재신론을 주징하면서 하나님의 세계 내재성, 창조 내재성에 강조를 두고 있다. 김균진도 그의 스승 몰트만의 견해를 수용하면서 만유재신론이 유일신론과 범신론을 긴장관계 속에서 통일하는 것으로 본다.

김균진이 해석하다시피 하나님이 물질적으로 세계의 모든 것 안에 계시는 것이 아니라 영적 임재 또는 현존, 영적 함께 계심으로 이해하는 것은 옳다.[23] 그렇다면, 그러한 신의 임재는 만유재신이 아니라 신(Gott)-재(in)-만유(Allem)이다. 하나님은 만유 가운데 영적으로 임재해 계시며 동시에 만유가 신 안에 있다. 만유가 신 안에 있는 것은 물질적으로 있는 것이 아니라 편재하시는 생명의 영이신 신의 주관 아래 있는 것이다. 에베소서에서 바울은 말한다. "하나님도 한 분이시니 곧 만유의 아버지시라 만유 위에 계시고 만유를 통일하시고 만유 가운데 계시도다"(엡 4:6). 그런데 만유재신론은 만유의 과정과 신의 존재를 동일시 한다. 만유재신론에서 신의 존재는 만유의 물질적 과정의 영향을 받는다. 더욱이 만유재신론은 신의 경험을 세계의 물질과정과 연관시키고 있다. 그리하여 신의 존재를 물질적인 세계의 과정 속에서 형성하는 것으로 본다.

만유재신론에 의하면 신은 세상을 포함하기 때문에, 하나님의 경험은 세상과 관계한다. 신의 경험은 세상 속의 변화에 의하여 달라진다. 하나님의 경험은 시간에 개입하며, 세상에서 일어나는 것에 의존한다.[24] 김균진은 과정신학의 신관을 받아들이면서 하나님조차도 미래의 과정을 알지 못한다고 본다. 김균진은 양자물리학자 폴킹혼(J. Polkinghorne)의 견해[25]를 수용하면서 다음같이 피력한다. "하나님과 세계의 상호작용을 통해 예측할 수 없는 변수들 가진 창조의 세계에서 '미래는 아직도 형성되지 않았으며, 하나님조차도 아직 알지 못한다.' 하나님 자신도 그의 피조물에 대해 개방되어 있다. 그는 자신의 역사 속으로 자연의 모든 피조물들을 이끌어들인다."[26] 이러한 하나님은 미래의 과정에 의존할 뿐 아니라 미래의 과정을 알지 못한다. 그리하여 하나님의 이러한 만유재신론의 주장은 하나님의 경험을 세상의 과정에 의존시킴으로써 그의 초월적 개입을 불가능하게 하고 하나님의 예정과 결정을 이 세상의 경험에 의존하도록 한다. 미래의 과정에 의존하고 미래를 알지 못하는 하나님은 더 이상 이스라엘의 하나님도 개혁신앙이 말하는 주권적 하나님도 아니다. 구약의 예언자 이사야를 통해서 하나님은 말씀하신다. "내가 시초부터 종말을 알리며 아직 이루지 아니한 일을 옛적부터 보이고 이르기를 나의 뜻이 설 것이니 내가 나의 모든 기뻐하는 것을 이루리라 하였노라."(사 46:10), 바울은 하나님의 영원하신 예정에 관하여 말한다. "그 뜻의 비밀을 우리에게 알리신 것이요 그의 기뻐하심을 따라 그리스도 안에서 때가 찬 경륜을 위하여 예정하신 것이니"(엡 1:9). 하나님은 역사에 간섭하시면서도 역사에 의존하시지 않으시며, 역사의 미래를 이미 그의 영원하신 예정에 따라서 작정하신다.

만유재신론에 의하면 이 세상에서 일어나는 것은 신의 경험에 공헌한다. 신의 경험은 그것의 통일성에 있어서 질적으로 양적으로 세계의 공헌을 초월한다. 하나님의 결정은 심오하게 영향을 준다. 그러나 세상에서 일어나는 것을 완전히 결정하지는 않는다. 만유재신론을 수용하는 김균진은 "하나님이 영원히 확정되어 있는 절대적 존재가 아니라, 피조물의 역사 속에서 스스로 변화될 수 있는 존재로 본다."[27] 이러한 김균진의 신관은 하나님을 피조물의 차원으로 끌어내림으로써 신의 불변성과 초월성을 희생하고 있다. 성경적 개혁신학 전통이 말하는 하나님은 역사 속에서 일하시는 분이시나 역사 속에서 피조물처럼 변화하는 존재일 수 없다. 그는 역사 속에서 일하시나 역사를 초월하시고 역사의 과정에 영향을 미치시나 스스로는 아무런 영향을 받지 아니하신다. 따라서 만유재신론은 신의 경험을 세상의 과정에 종속시킴으로서 신의 절대적 주권과 초월성을 상실하고 있다.

따라서 우리는 신과 세계와의 관계를 규정함에 있어서 신의 세계 내재성과 동시에 신의 세계 초월성을 동시에 강조하고 양자를 균형있게 다루어야 한다.

2. 생명에 대한 이해

생명을 우리는 두 가지로 말할 수 있다. 하나는 살아있는 모든 유기체를 가리키는 만물이요, 여기에는 인간도 들어간다. 다른 하나는 만물의 영장이요 하나님의 형상으로 지음을 받은 인간의 생명이다.

(1) 만물의 생명

인간은 생태계에 속하고 인간의 생명은 만물의 생명 가운데서만 존재한다. 신체를 지닌 인간은 생태계를 떠나서 그 생명을 유지할 수 없다. 인간의 생명은 더 큰 생태계라는 만물로서의 생명체에 귀속한다. 산과 들, 나무와 숲, 하늘을 나르는 새들과 땅과 바다에 다니는 모든 생물들은 인간의 친족성을 지닌다. 욥은 자기가 환난과 재난을 만나고 병들어 생명의 위경에 도달하면서 자기가 야생 동물과의 신체적 친족의 관계에 있음을 발견한다. "나는 이리의 형제요 타조의 벗이로구나"(욥 30:29). 앞서 베스터만(Westermann)이 창조를 원사건으로 피력한 바 같이 창세기 1장은 피조물들이 하나로 연결되어 있음을 보여준다.[28] 오늘날 여성생태학(ecofeminism)은 "만물의 상호연결 및 상호의존성"을 강조한다. "만물의 상호연관성을 표현하는 만물의 혈족 관계의 인식은 인간 몸뿐만 아니라 모든 존재들의 몸을 구성하는 기본요소가 은하수로부터 유래한 우주진(stardust)이라는 사실을 확인한다."[29] 피조물들의 연결에서 어느 한 부분이 파괴될 때 다른 피조물의 생명이 위협을 받는다. 세계는 모든 사물들이 상호작용 속에 있는 전일적 유기체 내지 생명체이다.[30]

여기서 우리는 생명에 관하여 다음같이 성경적 개혁신학적으로 말할 수 있다.

첫째, 창조세계 속에 있는 모든 생물들은 하나님의 창조에 의하여 이 세상에 태어났고 존재한다. 이들은 동일한 근원을 지닌다. 하나님은 이들을 흙에서 만드셨다. "흙, 곧 땅은 인간을 비롯한 모든 생명체의 본향이다."[31)]

둘째, 이들은 하나님의 영에 의하여 태어나고 살아간다. "주의 영을 보내어 그들을 창조하사 지면을 새롭게 하시나이다"(시 104:30).

셋째, 그리스도는 만물의 근거이다. 만물은 그리스도 안에서, 그리스도로 말미암아 그리스도를 위하여 창조되었다(골 1:16).

넷째, 만물은 상호상조하면서 생명을 보존한다. 짐승들은 군집생활을 하고, 식물들도 군집을 통하여 살아간다. 인간도 마찬가지로 군집생활을 넘어서 사회생활을 통해서 그 생명을 보존하고 그 영향력을 확대한다.

다섯째, 모든 생명은 죽음에 직면한다. 모든 피조물은 죽음의 필연성 앞에 있다. 모든 생명은 유한한 존재로 지음을 받았기 때문이다.

여섯째, 만물은 그리스도의 종말론적 구원을 바라본다. 그러나 만물은 썩어짐 속에서도 그리스도의 나타나심을 기다리고 있다. 바울은 다음같이 피조물의 종말론적 소망을 말한다. "피조물이 고대하는 바는 하나님의 아들들이 나타나는 것이니 … 그 바라는 것은 피조물도 썩어짐의 종 노릇한 데서 해방되어 하나님의 자녀들의 영광의 자유에 이르는 것이니라"(롬 8:19, 21). 여기서 생명에의 외경(Ehrfurcht vor dem Leben) 사상이 나온다. 모든 생명의 살고자 하는 욕망자체는 신성하고 거룩한 것이다. 하나님은 모든 생명(만물)을 창조하셨고 그 생명이 그가 "보셨기에 좋았다"(창 1:4, 10, 12, 18, 21, 25, 31)고 말씀하였다. 하나님의 창조는 선한 것이었고 이것은 본문 그대로 미래의 종말론적인 약속이 아니라 현재의 창조에 대한 그의 선하신 평가요 윤리적 결정을 말한다.[32)] 이것은 창조물에 대한 창조자 하나님의 긍정이다. 모든 생명은 그 자체로서 존재할 권리를 지니며, 이 권리와 가치는 인간에 의하여 파괴될 수 없다. 창조된 모든 것은 "부차적인 것"(Nebensächlichkeit)이 아니다. "하나님이 긍정하신 모든 것은 그 자신의 존엄성과 그 자신의 존재권리를 가진다."[33)] 생명의 훼손과 파괴는 하나님의 뜻에 위배되며 결국은 자신의 생명을 훼손하기에 이른다. 모든 생명은 관계의 그물망 속에 있기 때문이다. 창조세계에 대한 하나님의 긍정의 지속성은 "하나님의 사랑의 신실함에 근거한다."[34] 오늘날 생태계의 위기 속에서도 창조에 대한 하나님의 신실함은 변함이 없다. 그것은 피조물에 대한 창조자의 사랑에 근거하기 때문이다.

(2) 인간 생명

만물의 생명 가운데서 인간의 생명은 더욱 귀하다. 그것은 하나님이 인간을 하나님의 형상대로 지으셨고, 인간의 구속을 위하여 하나님의 독생자가 죽으셨기 때문이다. 그리하여 인간의 생명을 그의 피값으로 사셨기 때문이다. 인간의 생명은 천하보다 귀중하다고 예수는 말씀하셨다. "사람이 만일 온 천하를 얻고도 제 목숨을 잃으면 무엇이 유익하리오. 사람이 무엇을 주고 제 목숨과 바꾸겠느냐"(마 16:26).

여기서 우리는 인간 생명의 거처, 몸과 영혼의 통일성, 영, 부활로서의 기독교적인 생명에 관하여 논구하고자 한다.

1) 생명의 거처

사람의 생명이 호흡에 있다고 보았던 시대에서는 사람은 호흡의 리듬 속에서 살고 있으며, 숨을 마지막으로 내쉬면서 그의 생명을 보낸다고 보았다. 여기서 호흡기관은 사람을 대변하는 기관이 된다. 여기서는 사람과 자연환경의 호흡하는 사귐이 이루어진다.

사람의 생명이 심장에 있다고 보는 시대에서는 사람들은 생명의 중심이 심장의 고동, 마음의 신뢰와 진실한 사랑에 있다고 보았다. 심장의 고동이 멈추면 사람은 죽는다고 보았다. 여기서는 심장이 사람을 대변하는 기관이 된다. 여기서는 사람과 자연과의 심정적 사귐이 이루어진다.

사람의 생명이 뇌에 있다고 보는 시대에서는 사람들은 자연과 몸에 대한 정신 우위성이 생성되고 이에 상응하는 과학기술적 문명의 탈감성화(Entsinnlichung)가 형성되었다. 자아의 생동성이 뇌에 있다고 보았다. 뇌의 죽음이 오늘날 사람의 죽음에 대한 실제적 상징이 되었다. 여기서는 뇌가 사람을 대변하는 기관이 된다. 여기서는 사람과 자연환경의 지적인 관계가 형성된다. 여기서는 사귐이라기 보다는 지배하는 사유와 의욕의 관계가 형성된다.

성경적 견해는 사람의 생명의 거처가 호흡과 심장에 있다고 보고 있다. 근대의 견해는 인간 생명의 거처를 뇌의 활동에 있다고 봄으로써 정신우위의 생명관을 대변하였다. 그리하여 성경적인 견해에서 이탈하였다.

2) 몸과 영혼의 통일성으로서의 삶으로서의 생명

삶의 형태는 사람이 사는 장(場, Feld) 안에서 생성한다.[35] 이 장은 사람이 태어난 자연의 차원이며, 그가 자라나고 교육받은 사회와 문화의 차원이다. 그리고 종족적 및 문화적 유래를 형성하고 그의 미래를 규정하는 역사이며, 그리고 종교와 가치체계가 나타나는 초월의 차원이다. 이 장 안에서 사람은 그의 개체성과 사회성을 형성한다. 이것이 그의 인격성이다. 삶의 형태는 외적 환경과의 교통을 통하여 자기를 동일화 한다. 그리고 이 동일화 속에서 사람은 몸과 영혼, 의식적인 것과 무의식적인 것, 중심과 주변이라고 묘사되는 내적 구조를 발전시킨다. 이것이 그의 인격성이다. 사람의 인격성에는 이 양자, 몸과 영혼, 의식적인 것과 무의식적인 것, 의지적인 것과 무의지적인 것이 상호 교환하며 침투되어 있다.

사람의 생명은 항상 구체적으로 관심된 삶이요 참여된 삶이다. 몸만의 사람이나 영만의 사람이 아니라 영과 몸의 통합된 중심화 된 삶이다. 그래서 개인의 인격도 추상적인 것이 아니라 형성과 해체라는 삶의 역사 속에 있으며 구체적인 인격을 드러낸다. 구체적인 인격은 타자에 대한 성실과 신뢰의 과정이다. 사람은 타자와의 신뢰 관계 속에서 자기의 정체성을 형성한다.

오늘날 생명공학은 배아(胚芽)나 수정난을 세포덩어리로만 보고, 생명으로 인정하지 않는다. 그리하여 배아줄기세포를 만들기 위하여 배아를 무참하게 죽이고 있다. 배아복제는 성숙한 난자에서 핵을 제거해 내고 복제하려는 체세포(생식세포가 아닌 일반 세포)에서 떼어낸 핵을 대신 집어넣는 것을 말한다. 이것은 모든 유전정보를 갖고 있는 핵을 바꿔치기 하는 것이다. 그 후에 전기충격과 난자 활성화 물질을 투여하면 이 세포는 정자와 난자가 만난 수정란이 성체로 자라는 것과 똑같이 배아단계로 된다. 배아란 수정된 지 14일이 안 된 세포덩어리로서 각종 세포와 조직 등으로 분화되기 시작하는 초기단계의 태아를 말한다.[36] 인간배아는 4-5일 후에는 세포 안에 내부 세포덩어리가 형성된다. 내부 세포덩어리는 나중에 심장, 근육, 신경 등 인체 모든 세포와 조직으로 성장할 잠재력을 갖고 있다. 이 내부 세포덩어리를 미세조각으로 떼어내 실험실에서 키운 것이 줄기세포이다.

오늘날 세계 각국은 대체로 수정 후 14일까지의 전배아(前胚芽)에 대한 연구를 허용하고 있다.[37] 그 이유는 인간의 개체성은 착상과 더불어 시작한다는 주장에 근거하여 착상 전 배아는 도덕적 지위를 지니지 않는다고 보기 때문이다. 보통 수정 후 14일 착상 때 원시선(primitive streak)이 나타나야 비로소 하나의 개체가 형성되는데 전 배아(pre-embryo)는 미결정의 단계로서 여러 개체로 발전할 수 있는 가능성을 지니고 있다고 진보주의자들은 보고 있다.[38] 두 개체로부터 유전자를 물려받아 전혀 새로운 유전자를 지닌 전 배아조차 도덕적 지위를 지니지 못한다면, 유전적 독립성조차 지니지 못하는 복제된 배아는 말할 것 없이 도덕적 지위가 없다고 진보주의자들은 보고 있다. 이러한 견해에서는 전배아를 통한 장기생산이 윤리적으로는 합리화되므로 허용될 수 있다.

이것은 잘못된 생명관에서 나온다. 성경에 의하면 배아나 태아도 하나님 앞에서는 엄연한 생명체이다. 예레미아 1장 4절에는 "내가 너를 태에서 나오기 전에 너를 알았고, 네가 태에서 나오기 전에 구별하였고"라고 여호와께서 예레미아에게 말씀하시고 계신다. 이사야 43장 1절에서도 "야곱아 너를 창조하신 여호와께서 이제 말씀하시느니라. 이스라엘아 너를 조성한 자가 이제 말씀하시느니라. 너는 두려워말라. 내가 너를 구속하였고 너를 지명하여 불렀나니 너는 내 것이라"라고 하나님은 이사야에게 말씀하신다. 이 말씀은 하나님께서는 인간이 이 세상에 나오기 이전에 이미 인격과 생명으로 보시고 섭리하시는 것을 알려준다. 이런 의미에서 성경적으로 볼 때 배아는 단순한 세포덩어리가 아니라 하나님의 주권적 섭리에 속한 존재이며, 인간이 함부로 할 수 없는 존엄한 생명체이다.[39]

3) 영으로서의 생명

사람은 영-영혼(Geist-Seele)이다. 몸과 영혼이 그 속에서 하나가 되어 있다. 그는 생명의 형태이다. 사람은 "영-형태"(Geist-Gestalt)를 지니고 있다. 하나님의 영에 의하여 형성된 생명의 형태이다. 바울은 고린도교회를 향하여 말한다. "몸은 … 오직 주를 위하여 있으며 주는 몸을 위하여 계시느니라 너희 몸은 너희가 하나님께로부터 받은 바 너희 가운데 계신 성령의 전인 줄을 알지 못하느냐"(고전 6:13, 19). 여기서 몸은 영의 형태를 지니고 있다. 성령은 몸 안에서 거처를 가지고 계신다. 예수는 겨자씨 비유에서 말씀하신다. "한 알의 밀알이 땅에 떨어져 죽지 않으면 혼자 남게 된다. 그러나 죽으면 많은 열매를 맺는다." 예수는 다음같이 말한다. "누구든지 자기 목숨을 살리려는 사람은 잃을 것이며 제 목숨을 잃는 사람은 얻을 것이다."(눅

17:33) 여기서 주님이 가르치는 목숨은 영으로서의 생명을 말한다.

4) 부활로서의 생명

희랍사상은 영혼불멸을 가르치나 성경은 몸의 부활을 약속한다. 영혼불멸이 인간 안에 있는 불멸의 영혼에 대한 신뢰를 말하지만, 몸의 부활은 죽은 자들을 살리는 하나님에 대한 신뢰에 기초해 있다.

구약의 예언서는 생명의 주님을 기다림에 있어서 죽음의 한계를 넘어서서 영원한 생명의 부활을 기대하고 있다. 이사야는 그의 책 24-26장에서 이스라엘의 죽은 자들에 대하여 부활을 약속하고 있다. "그런 주의 백성들 가운데서 죽은 사람들은 다시 살아날 것이며, 그들의 시체는 다시 일어날 것이다. 무덤 속에 잠자던 사람들이 깨어나서 즐겁게 소리칠 것이다."(사 26:19). 그리고 이사야는 시온에서 열릴 많은 민족들의 위대한 잔치를 모든 사람들에게 약속한다. "주께서 죽음을 영원히 멸하신다. 주 하나님께서 모든 사람의 얼굴에서 눈물을 말끔히 닦아 주신다"(사 25:8) 다니엘의 인자-묵시록에서는 죽은 자의 부활과 하나님의 보편적 최후심판을 예언하고 있다. "그리고 땅 속 티끌 가운데서 잠자는 사람 가운데서 많은 사람이 깨어날 것이다. 그들 가운데서 어떤 사람은 영원한 생명을 얻을 것이며, 또 어떤 사람은 수치와 함께 영원한 수치를 받을 것이다."(단 12장)

기독교의 부활신앙은 그리스도의 십자가에 죽으심과 몸의 부활을 통하여 형성되었다. 그리스도는 "죽은 사람들 가운데서 맨 먼저 살아나신 분"(행 26:23)이시다. 죽은 그리스도가 몸으로 부활하신 것처럼 죽은 자의 부활도 전 인류에게 일어나는 신체적 사건이다. 바울은 우리 몸에 있는 부활의 생명에 관하여 말한다. "우리는 언제나 예수의 죽음을 우리 몸으로 경험하고 있으나 결국 드러나는 것은 예수의 생명이 우리 몸 안에 살고 있다는 사실이다"(고후 4:10). 생명을 창조하시는 하나님에 대한 신뢰 속에서 우리는

"죽음이 더 이상 있지 않는"(계 21:4) 영원한 삶을 기다린다. "죽음을 삼키고서 승리를 얻었다."(고전 15:54). 몸의 부활에 대한 소망은 신체적 삶과 감각적 경험을 멸시하고 비속화(卑俗化) 시키도록 하지 않고 오히려 이것들을 깊이 인정하고 비참하게 된 몸에게 그것의 가장 높은 영광을 부여한다. 바울은 현재의 삶과 죽은 자의 부활의 관계를 씨앗의 상으로 표현하고 있다. "썩을 것으로 심고 썩지 아니할 것으로 다시 살아가며 욕된 것으로 심고 영광스러운 것으로 다시 살아나며 약한 것으로 심고 강한 것으로 다시 살아나며 육의 몸으로 심고 신령한 몸으로 다시 살아나나니"(고전 15:42-44). 영원한 생명이란 영혼과 몸을 가진 전체로서의 인간을 가리킨다. 죽은 자의 부활은 모든 사물과 상황의 우주적 새 창조에 대한 시작이다. 예수님은 부활한 사람이 천사와 같을 것으로 말한다. "장가가는 일도 없고 시집가는 일도 없다. 이들은 천사와 같아서 죽는 일도 없다."(눅 20:35-6)

(3) 물질주의적 생명관에 대한 대안

기독교적 생명관은 인본주의적 내지 물질주의적 생명관에 대한 대안이 된다. 오늘날 생명복제 기술 내지 유전자 조작 기술은 인간 개체를 복제하고자 할 뿐 아니라 맞춤 아기(지능, 체력, 용모 등)를 부모의 선호에 맞추어서 주문하고자 하는 경향으로 나아가고 있다.[40] 특히 생명복제 기술이나 유전자조작 기술은 공상과학 영화에서 볼 수 있는 것처럼 기형인간이 양산될 가능성을 가지고 없으며, 인간 사회에 상상을 넘어서는 재난을 초래할 수도 있다. 이에 대해 기독교적 생명관은 인간 생명의 신적 존엄성, 천부적 존엄성을 선언한다. 인간의 생명은 그처럼 존엄하기 때문에 인간의 의도에 따라서 생명과학기술로 복제하거나 조작하거나 처리할 수 없다는 것이다. 인간의 생명은 자연의 사물이나 물건처럼 인간이 마음대로 조작하고 사고 팔 수 있는 것이 아니다. 인간 생명은 천하보다 중요하며, 죽음으로 없어지는 것이 아니라 부활하는 존엄을 지닌다.

*

오늘날 인류가 당면한 생태학적 위기에 직면하여 생태계와 생명에 대한 성경적 기독교적 반성을 하는 것이 요청된다. 성경적 생태학적 사고는 근대 과학기술이 근거한 데카르트적 이원론적 세계상을 극복하도록 한다. 자연은 인간의 활동의 대상이나 인간의 소유물이 아니라 인간은 생태의 일부요, 생태계의 한 부분이요 생태계의 청지기라는 것이다. 새로운 공감적 세계상(neus konsensuales Weltbild)이 요청된다. 공감적 세계상이란 지배적이고 객관적인 세계상에서 결별하는 것이다. 부드러운 전향이 요청된다. 새로운 모랄은 옛 지배와 착취이상(理想)의 포기를 위험한 소유강요로부터의 해방으로 느끼고 그리고 이웃사랑을 넘어서서 동료창조물성(Mitkreatürlichkeit)으로 나아가는 공감에의 능력(Befähigung zu einer Sympathie)으로 느끼는 것이다.

생명은 만물로서의 생명과, 인간의 생명 두 가지가 있다. 인간의 생명은 만물의 생명에 귀속한다. 그러므로 생태로서의 유기체적 만물의 보존과 훼손은 인간 생명보존 및 훼손과 직접적으로 연결된다. 그러면서도 인간 생명은 만물의 생명보다 귀하다.

오늘날 생명공학은 자연론적 세계관에 입각한 생명관에 의하여 주도됨으로써 수정난이나 배아에 생명의 지위를 부여하지 않고 있다. 이것은 생명의 존엄을 훼손하는 생명관이다. 성경적 견해는 태아도 분명히 생명으로 보고 있다. 수정난이나 태아는 염연한 생명의 지위를 가지고 있다. 성경은 사람의 생명의 거처가 호흡과 심장에 있다고 보고 있다. 근대의 견해는 인간 생명의 거처를 뇌의 활동에 있다고 봄으로써 정신우위의 생명관을 대변하였다. 이러한 근대적 생명관은 생명에 대한 자연론적 견해에 의하여 지배되었다.

생명에 대한 성경적인 견해는 다음과 같다. 첫째, 몸과 영혼의 통일성으로서의 삶으로서의 생명이다. 둘째, 영으로서의 생명이다. 사람은 영-영혼(Geist-Seele)이다. 몸과 영혼이 그 속에서 하나가 되어 있다. 그는 생명의 형태이다. 셋째, 부활로서의 생명이다. 희랍사상은 영혼불멸을 가르치나 성경은 몸의 부활을 약속한다. 이러한 성경적-개혁신학적 생명관은 오늘날 발전하는 생명공학에 의하여 인간의 생명을 하나의 유전자 상품처럼 취급하는 인본적인 생명관에 대한 대안이 된다.

chapter 10
생명공학에 대한 신학적 이해

미국 매사추세츠주의 생명공학회사인 고등세포기술사(Advanced Cell Technology, ACT)가 2001년 11월 25일 인간배아 복제 성공을 알리는 뉴스를 발표했다.[1] 난자(卵子)에서 유전물질인 DNA를 제거해 거기에 성체(成體)(adult) 세포에서 채취한 DNA를 주입하는 고전적 복제방법을 사용하여 인간 배아복제에 성공하였다였는 것이다. 한국에서도 지난 2001년 8월 28일 클로나이드사의 창설자이자 라엘리안 무브먼트(Raelian Movement)의 창시자인 클로드 라엘(Claude Rael)이 서울에 와서 인간복제를 시도하겠다고 공공연하게 밝혀 물의를 빚은 적이 있었다.[2] 그를 비롯한 인간복제 지지자들은 "인간복제를 통해 부분적으로나마 영원한 삶을 얻을 수 있다.", "인간복제는 종교적 자유이기도 하다. 인간복제란 완전히 죽을 필요가 없다는 것을 의미한다."[3]고 사이비 종교의 교주처럼 황당무계(荒唐無稽)한 주장을 폈다. 이러한 복제인간 프로젝트를 공공연히 밝혀왔던 미국 클로네이드(Clonaid)사가 복제 여아(女兒) '이브'(Eve) 출생 사실을 발표하였다. 2002년 12월 26일 첫 복제 여아가 태어났으며 2003년 4월까지 4명이 더 출생될 것이라는 것이다. 인간복제 시대가 현실로 다가왔다는 것은 충격이 아닐 수 없다.[4] 2005년 5월 20일 서울대 수의과 교수 황우석이 "세계최초로 환자의 체세포 복제 배아에서 줄기세포를 만드는 데 성공했다."는 보도가 있고 난 후 한국과 세계가 황우석 신드롬에 싸였었다.[5]

필자는 이 장에서 오늘날 생명복제를 주도해 나가는 생명공학기술이 상업주의의 논리가 아니라 인도주의의 길을 걸어야 하고, 그것은 윤리적 지침을 가져야 하며 이 윤리는 신본적 윤리에 기반해야 할 것을 제언하고자 한다.

*

1. 생명공학기술과 인도주의: 난치병 치료

(1) 세포 구조의 신비

인간의 몸은 약 60조 개의 세포들로 구성되어 있다. 세포는 세포막으로 둘러싸여 있으며 핵과 세포질로 구성되어 있다. 핵(核) 안에는 인(燐)이 중심에 들어 있고 인 주위를 염색체(chromosome)가 이중 나선모양으로 엮어져 둘러싸고 있다. 인간에게는 46개의 염색체가 2개씩 짝을 이루어서 23쌍으로 핵 안에 들어 있다. 23쌍 중에서 22쌍은 상(常)염색체라 부르고, 1쌍은 성(性)염색체라고 부른다. 1889년 스위스의 화학자인 요한 미셔(Johann Mischer)가 염색체(chromosome)의 성분이 디옥시리보 핵산(deoxyribo nucleic acid)이라는 사실을 발견한 후 머리글자를 따서 DNA라고 불렀다. 1944년 미국의 오스왈드 에이버리(Oswald Avery)는 DNA 안에는 생명체의 특징을 결정하는 유전물질이 들어 있다고 확신했다. 1953년 영국 케임브리지 대학의 생물학자 제임스 왓슨(James Watson)과 프란시스 크릭(Francis Crick)이

DNA의 구조가 난마(亂麻)처럼 꼬인 이중 나선(螺線)이라는 사실과 함께 세계최초로 DNA의 성분과 구조를 밝혀냈다.[6)]

DNA는 당(糖)의 일종인 디옥시리보스(deoxyribose, S)와 인산(pentose, P), 그리고 구아닌(G), 티민(T), 아데닌(A), 시토닌(C)이라는 네 가지 염기(鹽基)들로 구성된다. 디옥시리보스(S)와 인산(燐酸)(P)은 번갈아가면서 배열되어 있으며, 두 줄의 긴 가닥을 이룬다. 이 두 가닥은 상동(相同)적이며 대칭이다. 이들 염기들은 일종의 나선형 계단의 모양을 하고 있다. 이 계단의 양쪽 손잡이는 S와 P로 이루어져 있고, 발판은 A와 T, 또는 G와 C의 연결구조로 되어 있다. 이 구조에서 S와 P에 한 개의 염기가 붙어 있는 단위를 뉴클레오티드(nucleotide)라고 부른다. 인간의 염색체를 모두 합치면 약 30억 개의 뉴클레오티드가 들어 있는 것으로 추정된다.

모든 생명체는 두 가지 기능을 한다. 하나는 자기복제요, 다른 하나는 단백질 생성이다. 이 두 가지 기능은 DNA의 기능이다. 첫째, DNA는 수소결합으로 연결된 두 가닥이 풀리면서 풀린 양 가닥에 각각 짝을 이루는 염기가 들러붙어 있어서 당과 인산이 들러붙으면서 떨어져 나간 가닥과 동일한 가닥이 생성된다. 이것이 DNA의 자기 복제이다. 둘째, DNA는 자기복제만으로 생명체를 만들 수 없고 유전정보에 따라서 단백질을 만들어 낼 때 생명체가 생성된다. 핵 안에는 이중나선 구조인 DNA와 외가닥 염기사슬인 리보핵산(ribonucleic acid, RNA)이 있다. DNA를 구성하는 30억 개의 뉴클레오티드 가운데 단백질을 만드는 기능을 담당하는 것은 3-5%인데, 이 뉴클레오티드들이 핵 안에 있는 RNA에 전사(轉寫)된다. DNA로부터 단백질 생성기능을 전사받은 RNA를 m(messenger)RNA라 명명한다. mRNA는 핵 밖으로 나와 세포질 속에 있는 단백질 합성공장인 리보솜(ribosome)에 들어간다. 리보솜 안에도 RNA가 있다. 이것은 전환이라는 이름을 붙여

t(transfer)RNA라고 명한다. tRNA는 mRNA가 전달한 유전정보를 받아들여 해독한 뒤에 해독된 정보에 따라서 단백질을 합성한다. 단백질이 합성됨으로써 유전정보의 전달이 완료된다.

이처럼 생명체의 구조는 너무나 복합적이며 신비롭다. 생명공학의 영역은 극미(極微)의 영역이다. 이 영역의 탐색은 고배율의 현미경과 천문학적 규모의 자료와 연산을 처리할 수 있는 컴퓨터의 개발과 더불어 가능하게 된 것이다. 그리하여 인간 게놈프로젝트(Human Genome project)가 실현된 것이다. 바늘 끝보다 더 작은 공간 안에 있는 더 작은 핵 속에 30억 개의 뉴클레오티드들이 동일한 간격을 유지하면서 수소(水素)결합에 의하여 나선형으로 질서정연하게 들어 있다. 이 안에 수만 가지의 단백질을 생성할 수 있는 유전정보가 들어 있다는 것은 극미의 세포구조가 갖는 신비로움이라고 할 수 있다.[7] 이 생명체가 우연한 진화로써 생성되었다고는 도무지 설명할 수 없으며 무한한 지성을 지닌 인격적 존재이신 하나님의 창조하신 것을 믿지 아니할 수 없게 한다.

(2) 유전자 치료

생명공학의 혁명이란 어떤 유전자를 삽입, 재조합, 삭제하여 자기(自己) 자신과 후손을 수정, 변형, 조작하는 기술적 처방이다. 이것은 예술이 아니라 교묘한 기술이다. 무제한한 소비자의 선택에 의거한다.[8] 그것의 대표적인 예가 유전자 공학(genetic engineering)이다. 그것은 한편으로는 생명의 치유에 공헌할 수 있다. 인간이 가진 23쌍의 염색체 중 개개의 쌍에 이상이 생길 경우 심각한 유전적 질병에 노출된다. 21번 염색체가 두 개로 이루어진 쌍동 염색체(染色體)일 경우에는 정상인간이 출생되나, 염색체가 하나 더 생겨 세 개가 될 경우에는 다운증후군(Down症候群)이라는 병에 걸리게 된다.

다운증후군에 걸린 아이는 지능지수가 70정도에서 정지하기 때문에 정상적인 사회생활이 불가능하게 된다. 그리고 염색체 2번에 이상(異常)이 생기면 파킨슨 병(parkinson' s disease)에 걸려 뇌의 기능이 저하되고, 염색체 5번에 이상에 생기면 조로(早老)병에 걸리며, 염색체 9번에 이상이 생기면 백혈병(白血病)에 걸린다, 염색체 10번에 이상이 생기면 근육(筋肉)무력증에 걸리며, 14번이 이상이 생기면 알츠하이머 병(Alzheimer' s disease)에 걸리게 된다. 생명공학은 이러한 유전자 결함으로 인해 생긴 불치병에 대하여 유전자를 치료함으로써 인간에게 건강한 생명을 부여하는 큰 문명의 이기이다. 이런 의미에서 생명공학은 21세기에 하나님이 인류의 건강한 생명을 위하여 주시는 일반 은총이라고 할 수 있다.

ACT사의 마이클 웨스트(M. West) 사장은 배아복제를 사용하여 다양한 질병의 치료에 활용하기를 바란다고 말하고 있다. 인간배아 복제를 이용한 치료개념도는 다음 네 단계이다. 첫째, 기증자의 난자에 환자의 체세포에서 추출한 핵을 이식한다. 둘째, 인간 배아복제 후에 줄기세포를 배양한다. 셋째, 줄기세포는 신경세포, 신장세포, 혈구세포, 당뇨세포, 간장세포 등으로 분화한다. 넷째, 환자에게 이식한다.

배아복제는 성숙한 난자에서 핵을 제거해 내고 복제하려는 체세포(생식세포가 아닌 일반 세포)에서 떼어낸 핵을 대신 집어넣는 것 말한다. 이것은 모든 유전정보를 갖고 있는 핵을 바꿔치기 하는 것이다. 그 후에 전기충격과 난자 활성화 물질을 투여하면 이 세포는 정자와 난자가 만난 수정란이 성체로 자라는 것과 똑같이 배아단계로 된다. 배아(胚芽)란 수정된 지 14일이 안 된 세포덩어리로서 각종 세포와 조직 등으로 분화되기 시작하는 초기단계의 태아를 말한다.[9] 4-5일 후에 인간배아는 세포 안에 내부 세포덩어리가 형성된다. 내부 세포덩어리는 나중에 심장, 근육, 신경 등 인체 모든 세포와 조직으로 성장할 잠재력을 갖고 있다. 이 내부 세포덩어리를 미세조각으로 떼어내 실험실에서 키운 것이 줄기세포이다. 반면 내부 세포덩어리를 떼어내지 않고 배아상태를 그대로 자궁(子宮)에 이식하면 인간복제가 이루어진다. 정자와 난자의 수정을 거쳐 태어난 아이가 부모의 유전자를 반씩 가지는 반면, 복제아는 복제된 사람의 유전자만 고스란히 건네받게 된다. 이러한 복제기술을 "체세포 핵이식(somatic cell nuclear transfer) 복제술"이라고 부른다.

최근 영국정부가, 체세포 핵이식 과정을 거친 후 배양된 융합 난자를 가리키는 '배아(胚芽)복제' (embryo cloning)를 허용한 사실이 보도되었다. 의료용 줄기(幹)세포(stem cell)를 만들기 위한 것이다. 줄기세포는 심장이나 신장, 간, 혈액, 신경, 근육, 뼈 등 200여 가지 인간의 세포와 온갖 장기와 신체조직으로 분화 발전할 가능성을 갖고 있는 초기 배아세포를 말한다. 이것은 '줄기세포' 내지 '만능세포' 라고 불리운다. 배아복제가 가능하게 되면 배아줄기세포(embryonic stem cell)의 분화과정을 미리 통제 배양할 수 있다. 그래서 환자가 필요한 세포를 언제든지 환자에게 이식할 수 있기 때문에 어떤 난치병이든 치료할 수 있게 되는 것이다. 환자의 체세포를 복제해서 만들기 때문에 줄기세포는 유전학적인 형질이 환자의 것과 동일하다. 따라서 줄기세포를 이용해 만든 세포를 환자가 이식받아도 거부반응이 전혀 없다.

이러한 배아복제를 이용한 줄기세포 배양은 불임치료를 위해 만들었던 수정란 중 냉동보관한 수정란을 이용하는 방법보다 탁월하다. 냉동보관한 수정란을 다시 해동(解凍)시키면 실험실에서 배아(胚芽)로 키울 수 있으나 이 방법은 타인의 체세포를 이용하기 때문에 환자에게 이식할 경우 거부반응을 해결해야 할 숙제가 남는다. 또 수정란을 제공했던 불임부부의 동의

가 필요한 것도 제한점이다. 그래서 미래의학을 이끄는 새로운 치료법으로 불리운다. 예를 들면, 백혈병 환자라면 자신의 피부세포를 채취해 줄기세포를 복제한 뒤 이를 이식용 골수세포로 만들 수 있다. 그래서 배아복제가 갖는 의학적 잠재력은 무한하다고 생명공학자들은 말하고 있다.[10)]

생명공학은 각종 암이나 당뇨, 심장질환 등 선천적 유전질병, 후천적 면역결핍증으로 죽어가는 인간들을 죽음에서 지켜내고자 한다. 이러한 인도주의적 목적은 생명의 공학이 지니는 인도주의적 미래이다. 생명공학은 소수의 부유한 이들의 특정한 상업적인 욕심을 충족시키려는 방향에서 발전되어서는 안 된다. 그것은 재래의학 방법에서는 치유될 수 없는 난치병으로부터 고통당하고 죽어가는 인류를 질병에서 구출하기 위한 방향, 저들에게 생명을 주기 위한 인도주의적 동기에서 발전되어야 한다.

영국의 물리학자 스티브 호킹은 로봇에 의해 인간이 정복당하는 것을 막으려면 인간의 유전자를 개조해야 한다고 말했다. 이것은 사람이 만든 로봇이 사람을 정복할 수 있다는 기술의 자율성을 인정하는 것이다. 기술의 자율성이란 기술이 비록 인도주의적 선한 동기를 가지고 있음에도 불구하고 기술이 인간에게 큰 재앙이 될 수 있다는 것이다. 다시 말하면, 생명공학이 선한 동기를 지녔음에도 불구하고 미래에 인간이 규제할 수 없는 재앙을 가져올 수 있다는 것이다. 그러므로 생명공학의 발전에 걸맞는 법령과 제도적인 허가와 규제조처가 엄격하게 시행되어야 할 것이다. 배아연구 기획과 불임 클리닉(fertility clinics)에 대한 허가를 필수요건으로 하고, 난자와 정자의 사용화에 대한 규제(restrictions on the commodification of eggs and sperm), 그리고 생명공학 기술 개발에 민간 자본이 독점하는 것을 막는 조치들을 강구해야 한다.[11)]

2. 생명공학의 윤리적 문제

(1) 배아복제의 윤리적 문제

생명공학은 인류에게 필요한 기술이면서도 많은 문제를 안고 있다. 이 기술은 비도덕적으로 유전자를 조작할 가능성이 있고, 개인의 유전적 고유성을 해칠 가능성이 있고, 우생학적으로 오용됨으로써 인권을 침해할 소지가 많다. 사람의 유전자 정보를 이용해 특정 질병에 걸릴 우려가 높은 사람을 부적격자로 판정하는 유전자 차별이 사회적인 증후군으로 나타날 것이다.

오늘날 생명공학은 유전자 공학을 거쳐 생명체를 복제하는 방향으로 발전되면서 기술의 재앙이라는 우려를 면치 못하고 있다. 배아줄기세포를 이용한 치료법은 배아(胚芽)를 복제하는 과정이 필수적이기 때문에 윤리적인 문제가 뒤따른다. 현재의 의학기술로 배아복제를 통해 줄기세포를 만들 수 있는 확률은 10-20% 수준이기 때문에 이 과정에서 무수한 배아가 희생된다는 것이다.

오늘날 세계 각국은 대체로 수정후 14일까지의 전배아(前胚芽)에 대한 연구를 허용하고 있는 실정이다.[12] 그 이유는 인간의 개체성은 착상과 더불어 시작한다는 주장에 근거하여 착상 전 배아는 도덕적 지위를 지니지 못한다고 보기 때문이다. 보통 수정 후 14일 착상 때 원시선(primitive streak)이 나타나야 비로소 하나의 개체가 형성되는 데 전배아(pre-embryo)는 미결정의 단계로서 여러 개체로 발전할 수 있는 가능성을 지니고 있다고 진보주의자들은 보고 있다.[13] 두 개체로부터 유전자를 물려받아 전혀 새로운 유전자를 지닌 전배아 조차 도덕적 지위를 지니지 못한다면, 유전적 독립성조차 지니지 못하는 복제된 배아는 말할 것 없이 도덕적 지위가 없다고 진보주의자들은 보고 있다. 이러한 견해에서는 전배아를 통한 장기생산이 윤리적으로는 합리화되므로 허용될 수 있다.

그러나 우리는 이러한 배아복제 시도가 가진 공리적인 동기에도 불구하고 배아줄기세포 연구는 비윤리적이라는 사실을 지적하지 않을 수 없다. 하나의 인간이 될 수 있는 배아를 파괴해야 하는 것이기 때문이다. 원시선(primitive streak)이 나타나기 전까지의 배아에서 줄기세포를 추출한다는 것은 그 배아를 파괴하는 것이므로 생명 존엄성에 관한 윤리적 문제가 발생한다.[14] 성경은 생명의 시작이란 정자와 난자가 만나 수정란(배아)이 되는 순간 이루어지는 것으로 보기 때문이다. 치료를 목적으로 배아를 분할하거나 실험용으로 배아를 이용하는 (전)배아복제는 전면적으로 금지되어야 한다. 치료를 목적으로 하는 줄기세포의 추출은 난자와 결합시키지 않은 상태에서 세포 그 자체를 복제하는 성체줄기세포 추출방식이 윤리적으로 문제가 없다.[15]

(2) 배아복제의 대안: 성체줄기세포 연구

인간배아 연구실험에 대한 대안의 하나는 성체줄기세포 연구이다. 줄기세포란 끊임없는 자가 생산능력과 신체 내의 모든 조직으로 분화할 수 있는 능력을 가진 세포를 말한다. 파충류인 도마뱀은 꼬리가 잘려도 수일 이내에 곧 같은 모양과 기능을 가진 조직으로 재생(regeneration)되는 특징이 있다. 도마뱀의 생체 내에서 벌어지는 재생(再生)의 신비는 도마뱀의 피부와 조직 내에 존재하는 줄기세포 때문이다. 인체 내의 줄기세포의 기능이 점차 알려지면서 손상된 뇌, 간, 심장, 췌장 등을 원래조직으로 재건 또는 복구하는 재생학에 대한 관심이 높아지고 있다. 줄기세포를 만들기 위해서 치료목적의 배아복제를 시도하고 있다.

배아복제에는 여성 난자(卵子)가 이용되어야 한다. 그런데 난자는 손쉽게 구할 수 없다. 그래서 소의 난자가 여성 난자의 대안으로 생각되어지고 있다. 그러나 여기에는 소의 병원성 바이러스가 사람의 유전자로 이행될 수 있는 안전성 문제가 야기한다. 더군다나 사람과 동물의 교잡에 의한 잡종(雜種) 출현의 가능성이 있어서 대부분의 나라에서 금지하고 있다. 결국 여성의 난자를 구입해야 하는데 난자 구입이 쉽지 않아서 이에 대한 경제적 대가를 지불해야 한다. 그리하여 치료목적의 배아복제 이용은 부유층 내지 부유한 국가에게만 한정될 가능성이 있다. 이러한 배아복제를 통한 줄기세포 추출은 배아의 생명을 파괴하는 것이기 때문에 생명존엄성 파괴라는 윤리적 문제에 직면한다.

배아줄기세포 연구에 대한 대안이 바로 성체줄기세포 연구이다.[16] 성체줄기세포 연구는 배아가 아니라 성인의 골수, 신경, 지방 등 신체의 일부나 제대혈(탯줄 혈액)에서 줄기세포를 추출하는 것이다. 성체줄기세포 연구는 생명윤리적 문제가 없다. 그리고 의료기술적으로 다음의 장점을 지니고 있다.

첫째, 성체줄기세포 연구 결과는 국내외에서 이미 임상적으로 적용되어 좋은 효과를 보이고 있다. 둘째, 성체줄기세포는 배아줄기세포보다 다양한 공급원을 가지고 있다. 셋째, 성체줄기세포는 안정적으로 이용이 가능하다. 이것을 이용하게 될 때 분화능력이 무한한 배아줄기세포를 이용할 때 발생할 수 있는 예상 외의 기형종과 같은 종양이나 유전자 발현의 불안정성이 없다. 넷째, 특히 제대혈로부터 추출되는 줄기세포는 뼈, 연골, 지방, 신경, 근육세포 등으로 분화할 수 있어 다양한 분화능력이 확인된다.[17]

성체줄기세포는 연령이 높아짐에 따라 줄기세포의 수가 감소하고 분화능력이나 증식능력이 저하하는 단점이 있다. 그러나 제대혈을 통하여서나, 젊을 때 미리 줄기세포를 확보하는 방법으로 그 단점을 극복할 수 있다.

(3) 개체복제의 윤리적 문제

인간개체복제는 판에 박힌 붕어빵처럼 핵 제공자의 복사판으로 개인의 자아정체성을 상실케 하고, 무성생식으로서 자녀출산의 의미를 상실케 하고, 인간에 의한 인간의 지배 등의 윤리적 문제를 야기한다.[18] 그러므로 허용되어서는 안 된다.

미국 조지아대 복제전문가인 스티븐 스타시(Steven Stice) 박사에 의하면 동물복제 성공률에 비춰볼 때 인간복제는 실패로 끝날 가능성이 크다. 예컨대, 양과 소에서 배아복제 성공률은 50%이며 이 배아들이 정상출산으로 이어질 확률은 기껏해야 4-8%밖에 안된다, 기초자료가 없는 인간복제의 경우 성공률은 더 희박하다.[19] 그리고 동물복제의 경우 유산으로 끝나거나 기형아로 태어나는 비율이 높은 데다, 겉보기에는 정상이더라도 호흡계 및 순환계에 속병을 안고 있어 오래 살지 못한다.

미국 MIT대 화이트헤드 생화학연구소의 루돌프 제니시(Rudolf Jaenisch) 등은 2001년 과학잡지 《사이언스》에서 복제된 쥐의 유전자 중 일부가 단백질을 만드는 기능을 잃어버린 것을 확인했다고 발표했다.[20] 이를테면, 물려받은 유전자 100개 중 여러 개가 빈 껍데기일 수도 있다는 것이다. 연구팀은 쥐의 배아줄기세포에서 DNA를 채취, 일반적 체세포 복제과정을 거쳤으나 이렇게 만들어진 배아들의 성장을 관찰한 결과 이들이 동일한 유전자를 갖고 있음에도 불구하고 단백질을 만드는 능력은 제 각각이었다. 이는 줄기세포가 머지않아 손상된 장기를 복구해 주리라는 기대와는 달리 몹시 불안정하다는 것을 시사한다.

복제양 돌리를 탄생시킨 영국 로슬린 연구소의 이언 윌멋(Ian Wilmut) 박사는 복제의 가장 큰 장애물은 리프로그래밍(reprogramming)이라고 한다.[21] 리프로그래밍이란 "곤히 잠든 유전자를 깨우는 것"에 비유할 수 있다. 예컨대, 핵을 제거한 난자에 성인 피부세포의 DNA를 주입했다고 가정해 보자. 이 난자가 보통 수정란과 같은 성장곡선을 그리기 위해서는 수많은 유전자들이 빠르고 정확히 발현되어야 한다. 그러나 이미 성장을 마친 세포로부터 건네받은 유전자들 일부는 아무리 흔들어도 깨어나지 않는다. 따라서 결함이 생겨서 복제는 대부분 실패로 끝날 수 밖에 없다.

제레미 리프킨(Jeremy Rifkin)이 말하는 바 같이 생명공학의 세기는 세속의 명예와 쾌락을 얻는 대가로 악마 메페스토펠레스에게 영혼을 내어주는 파우스트의 거래와 같은 형태로 우리 인류에게 다가오고 있다.[22] 유전공학은 부모가 자기의 선택에 따라서 자녀의 특성 - 성별, 눈 색깔, 지적인 속성, 체육특기, 음악적 재능 - 을 선택하는 욕망을 실현시켜준다. 그리하여 유전공학은 부모로 하여금 더 이상 아이를 신이 주신 은총으로 이해하지 않고 자기 소유 내지 의지의 기획, 행복의 수단으로 간주하도록 한다. 그리하여 "신비와 한계가 가득찬 은총으로서의 생명이란 존엄성이 공격받고 있으며"[23], 공리주의(功利主義)화 되고 있다. 생명을 특허의 대상으로 삼는 것은 생명의 신성함과 본질적 가치를 부정하는 것이다. 아기들은 주문하는 대로 유전적으로 디자인하여 만들어지고 사람들은 유전자형을 기준으로 신원이 확인되고 분류되어 차별을 받는 세계에서 인간의 존엄성은 위험에 직면한다.

후쿠야마는 1999년의 저서 『인간 퓨처』(*Our Human Future*)에서 인간복제 같은 고삐 풀린 생명공학 기술로 인해 나치의 공포를 연상시키는 우생학(eugenics)의 망령이 재등장할 것을 경고하고 있다.[24] 1989년의 저서 『역사의 종언』(*The End of History*)에서 그는 "역사는 끝났다"는 유명한 명제로써 공산주의 붕괴로 이제 더 이상 "자유 민주주의"에 맞설 이념적 대안(alternative)이 없어졌다고 하는 자유 민주주의의 승리를 선언하였다. 그 후 10년만에 출판된 이 저서에서 그는 "역사는 끝나지 않았다", "과학의 종말이 없으면 역사의 종말도 없다." 고 선언하면서 그는 이데올로기가 아닌 과학기술을 그의 논구의 주제로 삼고 있다. 그는 "인간 게놈프로젝트" 와 "인간복제" 로 대표되는 생명공학의 혁명이 인간의 역사를 전혀 새로운 단계로 진입시킬 것으로 전망하고 있다. 그러나 생명공학 혁명의 역사는 더 이상 인간의 역사(Human history)가 아니라 "인간이후의 역사" (Posthuman history)이다. 후쿠야마는 생명공학이 상업적으로 악용되면, "인간의 본성" 을 포기하고, 그에 기초한 인간사회를 무너뜨릴 것이라고 예견한다. "인간이후" (Posthuman)란 바로 "탈(脫) 인간" 내지 "몰(沒) 인간" 인 것이다.

고삐 풀린 생명공학의 기술은 부잣집 아이들의 지식과 권력 독점을 반영구화하고 부자의 유전자와 가난한 자의 유전자 질서를 고착할 것이다. 그 결과 사회는 반(反)자유주의로 전락할 것을 경고한다. 후쿠야마가 우려하는 바 같이 생명공학의 발전이 초래하는 것은 인간 본성의 파괴이다. 신경약리학의 발전으로 프로작과 리탈린 같은 약물은 이미 인간을 조작하고 통제하기 시작했다. 배아줄기세포(embryonic stem cell)를 이용해 과학자들은 인체의 모든 조직을 재생할 수 있게 될 것이다. 이에 따른 수명연장은 엄청난 사회혼란을 예고한다. 인간 유전자를 너무나 많은 다른 종의 유전자와 섞어 인간 본성이 침해당한다. 그래서 생명에 대한 고유한 주권을 지닌 하나님의 영역은 침해당하고 인간의 존엄성은 상실하게 된다.

(4) 유전적 개량과 우생학의 문제

유전적 개량이란 "인간 본성을 포함한 자연을 재제작하여 인간의 목적에 기여하도록 하고, 우리의 욕망을 만족시키고자 하는 프로메테우스적 열망(a Promethean aspiration)이다." [25)]

유전적 개량공학은 인간의 존재를 인간의 욕구에 의하여 통제하고자 하는 인간의 자율성의 시도이다. 이러한 시도는 생명을 신의 은총으로 주어진 것으로 받아들이는 태도를 거부한다. 그러나 실제에 있어서 인간은 피조물이기 때문에 모든 것을 하나님의 은총으로 받고 감사할 뿐이지 자신이 선택하여 갖는 것은 아니다. 자신의 성격이나 지성이나 감성이나 의지나 신체의 크기나 주위환경도 자신이 선택한 것이 아니라 이미 태어나기 전 은총적으로 주어지는 것이다. 이것이 바로 윌리험 매이(William F. May)가 말하듯이 "조작(操作)되지 않음에 열려 있음"(openness to the unbidden)이다.[26] 이러한 우리의 존재의 특징을 이해하는 것은 우리에게 있는 프로메테우스적 열망을 통제하고 제한하는 것이다.

유전적 개량은 이러한 은총으로서의 선물(膳物)윤리를 잠식하고 있다. 은총의 선물윤리란 부모들이 아이들을 설계의 대상이나 의지의 산물이나 야망의 도구로서가 아니라 생긴 그대로의 존재로서 받아들이는 태도이다. 그리고 부모의 사랑은 아이가 지니게 될 재능이나 특성에 달려 있지 않다. 그런데 유전적 개량기술에 의해 아이의 재능과 성격, 신체적 특성을 맞추게 될 때 부모와 자식과의 관계는 더 이상 존재의 관계에 의하여 지배되기보다는 조작과 통제에 의하여 지배된다. 여기서 부모는 한편으로는 유전적 질병의 치료나 예방, 불치병의 치료의 도움을 얻을 수 있다. 이것은 긍정적인 면이다. 그런데 다른 면으로는 유전적 개량은 여기서 끝나지 않고 인간의 "과다양육" 의지에 의하여 단순히 아이들의 재능을 향상하고 능력을 계발하라는 창조의 명령을 넘어서서 인간의 욕심을 개입시킨다. 그리하여 아이에 대한 지나친 통제에 의하여 은총으로서의 생명의 의미를 놓치는 위험에 직면하게 된다.

유전자 개량은 따라서 우생학(eugenics)과 밀접한 관계를 갖는다. 우생학의 경우 나치처럼 국가권력의 강제에 따른 것이 아닌 개인의 자유로운 결정에 따른 유전적 개량의 경우를 인정할 수 있다. 이 경우, 동성애나 암 같은 선천적 질병을 가진 유전자를 제거하기 위한 유전적 개량은 인정할 수 있다. 그러므로 우생학적 선호가 모두 잘못되었다고 말할 수 없다. 미국의 자유주의 윤리학자인 롤즈(John Rawls)도 그의 고전적 저서, 『정의론』(*A Theory of Justice*, 1971)에서 비강압적인 합의적인 우생학을 승인하였다.[27] 그러나 이러한 자유주의적 우생학(liberal eugenics)도 은총으로서의 주어짐(the givenness)이라는 생명의 의미를 해체시키는 위험성을 지니고 있다. 이것은 자칫 인간이 모든 것의 창조자가 되려는 인간 신격화(神格化)의 위험성에 도달하게 된다. 우생학의 허용은 결국 은총으로서의 주어짐이라는 생명의 신비를 더 이상 초월적인 신이 아니라 인간이 차지하려는 프로메테우스적 반란(The Promethean revolt)의 정신에 가깝다.

2005년 가을 제9회 다산 기념 철학강좌로 한국에 온 미 하버드대 윤리학 교수 샌들(Michael J. Sandel)은 이러한 우생학의 시도가 전통적인 도덕적 특징인 겸손함과 책임감, 연대감을 허물어뜨릴 것을 경고한다.[28] 자녀의 유전적 특질이 인간의 선택이 아니라 주어진 존재의 선물이라는 데서 인간은 그만큼 존재의 신비로운 질서에 대한 외경을 배우고 겸손해질 수 있다. 그러나 자녀의 특성을 부모가 유전적으로 선택하는 유전적 개량사회에서는 존재의 신비에 대한 인간의 통제 욕망은 그만큼 높아지게 된다. 아이의 유전적 결정에 있어서 존재의 신비가 민감하게 수용되면 될수록 그만큼 인간의 책임감은 줄어드는 반면, 자녀의 유전적 특성에 대하여 부모의 선택이 많아질수록 그만큼 인간의 책임은 늘어나게 된다. 그리고 존재의 신비에 대하여 민감할수록 우리의 운명을 다른 사람과 공유해야 한다는 의식이 커진다. 그러나 인간이 스스로의 유전적 특성을 결정하면 할수록 그만큼 인간의 연대감은 느슨해지고 능력중심의 사회(meritocratic society)로 나아가게 된다. 그리고 우생학적 유전개량의 생명공학은 세계관을 태양계중심의 세계관에서 다시 인간중심의 세계관으로 변형시키게 될 것이다.[29] 그러나 이것은 인간세계의 종말로 나아가는 전주곡이 될 것이다. 유전자의 각종 변형에 따른 부산물로서 각종 생물학적 교란이 일어나 인류는 심각한 종말론적 재난에 휩싸일 것이다.

3. 생명공학의 가이드 라인: 신본적 윤리

1996년 세계 최초의 복제양 돌리도 227번의 시도 끝에 성공한 것이다. 동물 복제성공률은 그 종류에 관계없이 일반적으로 매우 낮다. 월멋은 2001년 7월 5일 《조선일보》와의 이메일 인터뷰에서 인간복제를 반대하는 두 가지 이유를 말하고 있다.[30] 첫째, 복제는 100개의 배아 중 고작 1개만 태어날 만큼 성공률이 낮다. 그 만큼 유산되는 비율이 높고 정상적으로 출생한다고 해도 얼마 못 살고 죽어버린다. 배아의 성장에 필요한 유전자들이 신속히 발현하는 것을 리프로그래밍(reprogramming)이라고 부른다. 그러나 일부 유전자는 깨어나지 않기 때문에 복제는 과학적으로도 위험한 시도이다. 둘째, 인간복제는 복제된 아이에게 부당한 짐을 떠안긴다. 그것은 가족관계마저 허물어뜨릴 수 있다. 자신의 삶이 설계도에 따라 지어진 셈이기 때문에 복제된 아이는 자기 고유한 정체성을 잃어버릴 위험성에 처한다.

인간복제는 실패율을 아무리 낮추어도 윤리적인 비난을 피할 수 없다. 유산과 기형아 출산에 대한 부담은 부모만이 아니라 사회전체가 짊어질 수밖에 없다. 복제아의 입장에서 보면 복제란 너무나 무서운 도박이다. 나와 나를 복제한 복제인간의 유전자가 같다는 사실은 복제된 개인의 정체성까지 무너뜨린다. 보다 예쁘고 지능지수가 높은 아이를 갖기 위한 유전자 조작이 무분별하게 자행될 가능성이 높다.

생명공학은 신본적 윤리에 따라야 한다. 하나님이 모든 생명의 창조자이신만큼 그분의 뜻에 순응하는 과학기술이 필요하다. 다음의 가이드 라인이 필요하다.

(1) 창조질서에 따라야

생명공학은 창조의 질서에 따라야 한다. 인간복제란 하나님의 창조행위에 대한 명백한 도전행위이다. 그것은 하나님이 주신 생식의 질서인 성(性)을 통한 번식을 거부하는 것이며 인간의 생물적 체계를 뒤흔들어 놓는 것이다. 이제까지 인간생명은 부모로부터 각각의 유전자를 물려받았으나, 복제인간은 난자(卵子)의 도움을 받기는 하나 오로지 핵을 제공한 자, 원본인간의 유전자를 물려받게 된다. 인간복제는 장기생산에 한정시킨다고 하더라도, 그것은 인간수명을 무진장 연장하고자 하는 인간의 욕망에 의하여 지배된다. 그리고 장기생산에 사용되는 복제배아(胚芽)의 존엄성은 여지없이 유린된다.

(2) 생명은 조작될 수 없다

생명은 인본적으로 조작될 수 없다. 생명공학은 유전병(파킨슨 병, 알츠하이머 병 등)을 고치는 목적 등 인간유익을 위하여 사용될 수는 있다. 그러나 인간의 호기심이나 이기심이나 상업적인 목적을 충족하는 방향으로 나아가서는 안 된다. 돌리의 경우 윌멋 박사가 277개의 수정란을 만드는 시도 중에서 오직 한 경우만 생명발생에 성공을 거두었다는 것은 결국 생명발생 확률이 0.361%에 그친다는 것이다. 더욱이 인간의 생명을 복제한다는 것은 인간 생명이 수정과 성장 과정에서 일어날 수 있는 기형과 변이 그리고 죽음이 초래되는 잔인한 실험이 되는 것이다. 체세포 복제를 통하여 출생하는 아기의 경우에는 유전학적으로 체세포를 받아 온 모체와 동일한 유전자들을 가지고 있다는 점에서 시차(時差)를 둔 일란성 쌍둥이와 흡사하다는 주장이 나온다.

창조질서에 따른 부모의 유전자가 결합하여 출생한 아이의 경우에는 두 가지 특성을 지닌다.

첫째는 유전적 고유성이다. 부모로부터 태어난 아이는 고유한 유전자를 지니며 이 유전자는 부모로부터 물려받으나 부모와는 다르다. 이 세상에 존재하는 그 어떤 인간도 나와 유전자가 다르다는 점에서 나는 이 세상에서 고유한 존재이다. 둘째는 나의 유전자에 대한 타인의 간섭 및 조작불가능성이다. 나는 부모로부터 태어났으나 나의 부모조차도 나의 유전자를 선택하거나 조작할 수 없었다. 그러므로 나는 인격적 독립성을 갖는다. 그러므로 인간복제란 이러한 유전적 고유성 침해요 그리고 유전자 불가조작성에 대한 침해이다.[31] 여기서 인간은 생명체가 아니라 공학적으로 조작되는 사물로 전락되며, 작품에서 제품으로 전락된다.

(3) 인위적인 것과 자연적인 것을 구별

생명공학은 자신의 한계를 인정하고 인위적인 것과 자연적인 것을 명료히 밝혀야 한다. 유전자 조작식품과 천연식품은 구별되어야 한다. 그럼으로써 양자가 혼돈됨으로써 인간과 자연생명의 질서에 혼란이 초래되어서는 안 된다. 더욱이 체세포를 이용한 복제기술은 그동안 조기노화 및 진행성 폐질환을 앓아오던 복제 양 돌리가 6년만에 안락사 함으로써 그 한계에 직면하고 있다.[32] 돌리는 6년 된 양의 체세포에서 복제된 양이기 때문에 돌리의 세포핵은 이미 6년이나 노화되었다. 그래서 돌리는 6년을 살므로써 보통 12년인 양(羊)의 자연적 수명을 다한 것이다. 돌리는 노화의 지표로 알려진 유전선(遺傳線, Telomere)이 태어날 때부터 정상보다 짧았던 것으로 유전자 검사 결과 나타났다. 복제된 생명은 노화된 유전자를 물려받게 되어 생명의 질이 저하된 취약점을 가지게 된다는 사실을 돌리가 확인해 준 셈이다. 그러므로 40세 성인의 체세포를 가지고 똑같은 인간을 복제할 경우 그 복제인간은 40세 때의 세포연령을 갖고 태어난다는 추론이 가능하다. 결국 40세의 체세포를 가지고 만들어진 복제인간도 노화현상 및 퇴행성질환이 빨리 나타나 돌리처럼 오래 살지 못할 것이라는 추론이 나온다.[33)]

(4) 생명기술의 법적 가이드라인 설정

생명공학분야의 분명한 가이드 라인이 설정되는 것이 필요하다. 인간복제에 관한 연구는 엄격한 정부차원의 법령 하에 규제해야 한다. 체(體)세포 복제기술을 통한 난치병 치료차원의 배아의 줄기(幹)세포 배양 등의 연구문제는 공개적인 논의를 거침으로써 기독교 윤리적인 차원에서 그 가이드라인을 제시해야 할 것이다.

4. 생명복제에 대한 신학적 견해

(1) 창조주에 대한 반역

인간복제는 창조주에 대한 인간의 반역이다. 생명의 복제는 현대의 생명기술이 시도하는 제이의 선악과를 따 먹고 하나님과 동일시되려는 인신화(人神化)(deification)기도(企圖)이다. 생명의 고유한 권한은 창조자에게 있는데 생명의 암호(暗號)라는 염색체 지도를 알아낸 인간이 급기야는 각종 동식물의 생명만이 아니라 인간생명까지도 창조하려고 시도하고 있다. 이것은 창조자에 대한 피조물의 반역이다. 생명의 신비를 넘보는 인간의 교만에서 나온 것이다. 생명조작은 하나님의 창조섭리를 부정하는 위험한 발상이요 행위이다. 인간 개체복제는 하나님의 주권에 대한 도전이며 신성한 가족관계를 파괴하는 행위이다. 인간복제는 하나님이 창조질서로 주신 생식의 고유한 창조질서를 변질시키는 것이다. 그리하여 복제과정 자체가 하나님 창조의 신성한 생식질서를 상업생산의 논리로 변질시키고 있다. 그리하여 개체복제는 친자관계, 친족관계, 혈족관계 등 인간의 기본적인 관계를 혼란시키고 파괴하고 있다.

(2) 인간 존엄성 침해

인간복제는 인간 존엄성의 침해이다. 인간은 하나님의 형상으로 지음을 받았으며 인간 생명은 천하를 주고도 바꿀 수 없는 일회적이고 유일한 실존이다. 인간이 이러한 개체를 복제한다는 것은 자기의 정체성을 훼손하고 파괴하는 것이다. 복제행위 자체는 죄악이나, 복제된 인간이 죄인이라고 할 수는 없다. 복제된 인간은 엄연히 한 인격을 가지 인간이며 예수 그리스도의 구원이 필요한 영혼을 가진 존재로서 인정되어야 한다. 단지 복제아이는 생물학적으로도 유전자의 훼손이나 변형으로 인해 치명적인 질병을 앓을 수도 있다. 복제인간은 각종 기형아, 성비(性比)의 불균형 등 끔찍한 인간 생태의 교란을 가져올 가능성이 크다. 기형아나 괴물인간이 태어나더라도 법적으로 책임을 물을 수 없다. 이들을 어떻게 처리할 것인가? 이들을 죽이는 것은 살인이다. 더 나아가 복제된 아이가 자기가 복제된 사실을 알게 될 때 그 아이의 정체성은 어떻게 될까를 생각해 보아야 한다. 부모의 입장에서 아기를 갖고 싶다는 차원에서만 생각하지 말고 복제된 아이의 입장에서 부모와 자신을 어떻게 생각할 것인가를 깊이 사려해야 한다.

산부인과 전문의에 의하면 "시험관 아기 시술로도 임신이 안 되는 부부들이 체세포 복제를 해 줄 수 없느냐고 은밀히 문의해 오고 있다."고 한다. "무슨 수를 써서라도 내 아기를 갖고 싶다."라는 불임부부의 집착은 복제유혹을 불러 일으킨다.[34] 이러한 부부들은 자기중심적 인생관에 사로잡혀 있는 자들이다. 이 세상에는 자기 아이가 아니더라도 입양을 기다리는 많은 아기들이 있다. 하나님이 생명을 주시는 분이시고 그분이 자기에게 아기를 허락하지 아니하실 때 다른 아이를 키우라는 하나님의 음성을 들을 수 있어야 한다.

(3) 생명과 죽음은 창조주의 뜻: 자연 질서

인간은 생명과 더불어 죽음도 창조자의 뜻에 따라서 겸허하게 받아들여야 한다. 인간복제는 생명을 주신 하나님을 부정하고 생명체를 스스로 조작하고 주관하려는 인간의 끝없는 탐욕의 행위요 무한한 육신의 재생을 통해 영생을 추구하는 인간 신격화 행위이다. 모든 인간과 동식물에 있어서 생명과 죽음은 창조주께서 주신 우주만물의 질서이다. 인간에게 생명을 주신 창조주는 그의 뜻대로 인간으로부터 그 생명을 거두어 가신다. 죽음이란 기독교적 관점에서 볼 때 없어지는 것이 아니라 하나님의 창조질서의 다른 자원으로 되돌아가는 것이다. 죽음이란 새로운 생명, 영원한 삶의 관문이다. 죽음은 신앙 안에서는 하나님이 베푸시는 복이요 은혜가 되는 것이다. 피조물인 인간은 생명공학이 시도하는 복제를 통한 영생이나 자기개체 보존이 아니라 창조주의 섭리에 따른 그리스도를 믿는 신앙 안에서 영생을 바라보아야 한다. 이것이 창조의 질서에 순응하는 것이다.

생명공학 기술이 인간의 생명을 풍성하게 하는 기술이 되기 위해서는 생명공학은 더 이상 무모한 호기심이나 허망한 꿈을 가지고 프랑켄슈타인 박사의 같은 무모한 과학기술적 불장난을 하지 말아야 한다. 인간은 창조주께서 만드신 생명의 신성함과 신비 앞에 겸허하게 머리를 숙이고 그분의 창조의 뜻을 발견해야 할 것이다. 생명공학 기술은 더 이상 인간 유전자의 조작이나 통제에 대한 관심보다는 인간의 생명을 천부적인 것으로 일차적으로 생각하고 그것을 생명의 존엄성에 봉사하는 것으로 발전해 나가야 할 것이다.[35)]

그 구체적인 예가 요사히 유행하는 광우병 파동이다. 이 병은 무서운 질병으로 한번 걸리면 죽을 수밖에 없고 그 시체를 소각처리해야 하는 무서운 질병이다. 이 질병은 우리 인간이 하나님의 창조질서를 교란시키면 반드시 그 죄과는 인간에게 되돌아 온다는 것을 알려준다. 풀만 먹는 초식동물인 소에게 자신의 동족의 뼈와 도축 후 남은 부산물을 사료로 만들어 주었더니 풀만 준 것 보다 소들이 더 잘 자라고, 경제적으로 이익이 되었다. 그러나 단순히 합리적이고 경제적으로 이익이 되는 것만을 생각하고 소들을 키웠을 때 "광우병" 이란 무서운 질병이 발생하여 소와 우리 인간의 생존을 위협하게 된 것이다. "광우병" 이란 자연재해가 아니라 인재(人災)이다.

(4) 영혼만이 아니라 신체도 하나님의 형상

생명윤리는 인간이 "하나님의 형상" 이라는 사실을 단순히 인간 영혼의 측면에서만이 아니라 인간의 신체까지 포함한 전인적인 의미에서 해석하여야 한다. 창세기 1장 26-27절 "하나님이 이르시되 우리의 형상을 따라 우리의 모양대로 우리가 사람을 만들고 그들로 바다의 물고기와 하늘의 새와 가축과 온 땅과 땅에 기는 모든 것을 다스리게 하자 하시고 하나님이 자기 형상, 곧 하나님의 형상대로 사람을 창조하시되 남자와 여자를 창조하시고" 는 사람 가운데 어느 특정한 부분이나 요소가 하나님의 형상이 아니라 전인(全人)으로서의 사람이 하나님의 형상이라는 것이다. 영혼만이 아니라 몸도 하나님의 형상이다.

이 말씀은 타락 이후의 인간에게도 적용된다. 창세기 9장 6절의 말씀이다. "다른 사람의 피를 흘리면 그 사람의 피도 흘릴 것이니 이는 하나님이 자기 형상대로 사람을 지었음이니라." 이 본문은 사람의 피를 흘리는 자, 곧 사람을 죽이는 자는 사형 당해 마땅한데, 그 이유는 그가 하나님의 형상이기 때문이다. 인간의 신체도 하나님의 형상이다. 오늘날 생물학적 연구를 통해서 특히 유전공학의 발전을 통해서 인체가 얼마나 정교하고 신비로운 구조로 되어 있는지 드러나고 있다. 바늘 끝보다 더 작은 세포 안에서 전개되는 DNA를 중심으로 한 극히 정교하고 신비로운 소우주(小宇宙)의 세계는 무한한 지혜의 소유자이신 창조주 하나님의 작품으로 해석되지 않고는 해석할 길이 없다.

인간의 몸을 포함한 "전(全) 인간이 하나님의 형상"이라는 사실은 오늘날 생명공학의 시대에 있어서 생명윤리에 대한 방향을 제시해 준다. 그것은 "건강한 성인이든, 혼수상태에 있는 환자, 치매에 걸린 노인, 정신질환자, 배 속에 있는 태아나 시험관 안에 있는 수정란" 모두가 하나님의 형상이라는 말이다.[36] 그러므로 안락사는 하나님 형상을 파괴하는 것이므로 금지된다. 그리고 배아도 하나님의 형상이다. 수정 후 약 14일이 지나면 원시선이 나타나고 이후에 각 세포들이 구체적인 신체기관으로 성장하기 시작한다. 오늘날 생명공학은 원시선이 나타나기 전까지의 배아에서 신체기관으로도 성장할 수 있는 줄기세포를 추출 배양하여 필요한 신체기관을 원하는 대로 만들려고 기대하고 있다. 그리하여 오늘날 생명공학은 이 배아를 난치병(유전병, 치매, 암 등)치료를 위한 매력적인 실험의 차원으로 보고 있다. 그러나 생명윤리는 배아에서 줄기세포를 추출하는 것은 그 배아를 파괴하는 것이며 이것은 곧 하나님의 형상을 파괴하는 것으로 본다.

(5) 생명은 실용주의 아닌 목적론적으로 다루어야

인간 생명은 실용주의가 아니라 목적론적으로 다루어야 한다. 인간을 제외한 모든 창조물들은 청지기적 다스림과 경작의 대상이지만, 만물의 영장인 인간은 서로 서로에게 사랑과 섬김의 대상이지 다스림과 경작의 대상이 아니다. 인간 그 자체는 존엄하며 결코 타인을 위한 수단이 되어서는 안 된다. 현대 과학기술이 성(性)감별을 통해서 선택적 분만을 한다거나 인공유산을 행하다거나, 인간과 원숭이를 교배실험을 하는 것은 인간을 조작할 수 있다는 과학기술의 이데올로기에 의하여 지배받는 것이다.

인간 존엄성의 윤리를 상실한 과학기술은 마치 브레이크 없이 비탈길을 질주해 내려가는 덤프트럭과 같다. 이미 전국 100여 곳에서 대리모에 인공수정된 배아를 이식하는 시술이 이루어지고 있다고 한다.[37] 오늘날의 공리주의적 생명공학 기술은 인간 배아를 이용하여 질병치료를 위한 줄기세포를 추출하고자 한다. 암과 같은 인간의 질병을 치료하기 위한 의술을 개발하고자 하며, 수요에 미치지 못하는 장기공급을 기다리는 이식분야에 획기적인 해결책을 제시하고자 한다. 그러나 당장의 눈 앞의 편의와 유익을 추구하다가 인간의 존엄성, 생명의 고귀함이 하나의 수단과 도구로 전락되어 버린다. 이러한 공리주의적 과학기술의 사고방식은 인간을 목적적 존재가 아니라 도구적 존재로 전락시키는 것이다.

*

생명공학 기술은 유전자 결함으로 인해 생긴 불치병에 대하여, 유전자를 치료함으로써 인간에게 건강한 생명을 부여하는 큰 문명의 이기이다. 이런 의미에서 생명공학 기술은 21세기에 하나님이 인류의 건강한 생명을 위하여 주시는 일반 은총이라고 할 수 있다.

각종 암이나 당뇨, 심장질환 등 선천적 유전질병, 후천적 면역결핍증으로 죽어가는 인간들을 죽음에서 건져내는 일은 생명의 공학이 지니는 인도주의적 미래이다. 생명공학은 소수의 부유한 이들의 특정한 상업적인 욕심을 충족시키려는 방향에서 발전되어서는 안 된다. 그것은 재래의학 방법에서는 치유될 수 없는 난치병으로부터 고통당하고 죽어가는 인류를 질병에서 구출하기 위한 방향, 저들에게 생명을 주기 위한 인도주의적 동기에서 발전되어야 한다.

배아복제 시도가 가진 공리적인 동기에도 불구하고 배아줄기세포 연구는 하나의 인간이 될 수 있는 배아를 파괴해야 한다. 때문에 모든 배아 줄기세포에 대한 연구는 비윤리적이라는 사실을 지적하지 않을 수 없다. 성경은 생명의 시작이란 정자와 난자가 만나 수정란(배아)이 되는 순간 이루어지는 것으로 보기 때문이다. 치료를 목적으로 배아를 분할하거나 실험용으로 배아를 이용하는 (전)배아복제는 전면적으로 금지되어야 한다.

인간개체복제는 판에 박힌 붕어빵처럼 핵 제공자의 복사판으로 개인의 자아정체성을 상실케 하고, 무성생식으로써 자녀출산의 의미를 상실케 하고, 인간에 의한 인간의 지배 등의 윤리적 문제를 야기하기 때문에 허용되어서는 안 된다.

오늘날의 생명공학 시대에 인간은 하나님으로부터 다시 한 번 생명의 길(생명과)과 죽음의 길(선악과) 둘 중 하나를 선택할 것을 요구받고 있다. 생명의 길이란 생명을 지키고 보존하며 생명을 경외하는 길이다. 그것은 생명과를 먹는 길이다. 죽음의 길이란 생명을 죽이고 파괴하는 일이다. 그것은 선악과를 따 먹는 길이다. 생명의 길이란 생명의 주인은 하나님임을 인정하고 하나님의 창조섭리를 지키고 보존하는 것이다. 죽음의 길이란 인간이 스스로를 생명의 주인으로 보고 인간의 공리성(功利性)에 따라서 생명을 인위적으로 조작하고 유린하는 것이다.

생명 길은 생명과를 따 먹는 일이며 하나님이 원하시는 길이다. 죽음 길은 선악과를 따 먹는 일이며 하나님이 금하시는 길이다. 인간복제란 하나님이 금지하신 선악과를 따 먹는 반역과 불순종의 길이다. 하나님은 선악과를 따 먹지 말고 생명의 실과를 먹으라고 명령하신다. 우리는 이 명령에 순종해야 한다. 이러한 신본적 윤리가 바로 생명공학 윤리의 정신이 되어야 한다. 생명공학은 신본적 윤리에 따라야 한다. 하나님이 모든 생명의 창조자이신 만큼 그분의 뜻에 순응하는 과학기술이 필요하다.

chapter 11
배아줄기세포 연구와 생명윤리

2005년 5월 20일 서울대 수의과 황우석 교수가 "세계최초로 환자의 체세포에서 복제된 배아에서 줄기세포를 만드는 데 성공했다"는 보도가 있고 난 후 한국과 세계는 황우석 신드롬에 휩싸였다. "환자의 체세포를 이용한 줄기세포의 복제 성공"이 매스컴에 보도되면서 세계가 놀라고, 한국은 생명공학에 있어서 선두주자로 부각되면서 매스컴과 보는 국민들도 흥분에 싸였다. 그의 연구는 난치병(파킨슨 병, 알츠하이머 병, 암) 환자들에게 희망을 안겨주었다. 그 후 그의 "연구성과에 대한 조작"이 고발되고 "배아줄기세포가 없었다"는 판정이 나옴에 따라 우리 사회는 큰 충격에 사로잡혔다. 필자는 생명공학이 추진하는 배아줄기세포 연구가 함축하는 윤리적 문제에 대하여 기독교 생명윤리의 입장에서 비판적으로 논의하고자 한다.

*

1. 물질주의적 생명관: 배아는 세포에 불과

배아줄기세포 연구팀은 여성 난자에서 유전정보가 담겨 있는 핵(N)을 제거하고 그 공간에 줄기세포(stem cell, 근육, 뼈, 뇌 등 모든 신체 기관으로 전환할 수 있는 세포)를 얻고자 하는 사람의 체세포핵(2N)을 집어넣는다. 이것을 난자핵과 체세포의 핵을 치환한다고 해서 '핵치환'(核置換)이라고 한다.[1] 이렇게 생성된 세포는 유전정보의 차원에서 정자와 난자가 수정된 수정란과 같다. 이런 과정을 거쳐 만들어진 세포가 14일이 지나면 신체의 모든 조직으로 분화할 수 있는 능력을 갖게 된다. 수정된 시점에서 분화직전 단계에 접어든 14일 정도까지의 세포를 일반적으로 배아(胚芽, embryo)라고 부른다. 이 배아는 각종 장기로 분화하는 줄기세포를 가지고 있다. 배아줄기세포는 "인공적으로 수정된 수정란을 시험관 내에 배양시킨 12-16 세포기(細胞期)로 분화된 배양액 내 수정란"[2]이며, 분열은 활발하나 아직 분화하지 않은 세포이다. 줄기세포는 인체 내 각종 장기의 재생능력을 갖고 있다. 수정 후 14일에 나타나는 원시선 모양은 수정란에 있던 유전정보가 형상화 된 것이다.

연구팀은 배아에 있는 줄기세포를 얻기 위해 배아를 파괴한다. 연구팀은 "우리가 연구하고 있는 줄기세포는 체세포 복제에서 얻어진 배아에서 추출된 것으로 정자와 난자의 결합이라는 수정과정을 거치지 않았으며, 착상 가능성이 전혀 없어 생명으로 발전할 과학적 근거가 전혀 없다."고 말했다. 황우석의 주장은 사실이다. 배아줄기세포는 당연히 배아가 아니기 때문에 착상할 수 없으며 생명으로 발전할 수 없다. 그의 연구팀은 배아를 생명체로 보지 않는다. 연구팀은 배아의 지위를 단지 세포덩어리에 불과하다고 본다. 연구팀은 자궁에 착상된 후의 배아를 생명으로 간주한다. 이들에게 배아줄기세포는 단순한 세포덩어리에 불과하다. 따라서 세포덩어리에서 또 다른 세포덩어리를 추출해 내는 행위는 윤리적으로 문제가 없다. 이러한 배아연구는 난치병(위암, 파킨슨 병, 고혈압) 등으로 고통받는 환자와 그 가족을 위한 미래의 중요한 의학적 행위이다.

이러한 배아복제 방법은 이미 동물연구에서 실행되고 있다. 복제양 돌리는 물론 고양이, 돼지, 말 등이 이 방법에 의해 복제되고 있다.[3] 2005년 8월 3일 황우석팀은 체세포 핵치환법으로 세계 최초로 복제 개(스누피)를 만드는 데 성공했다.[4] 개는 배란될 때 미성숙 난자가 나와 복제가 어려운데 "미성숙 난자가 몸 안에서 성숙되는 장소와 시기를 정확히 추출해 복제에 적합한 난자를 추출하는 데 성공했다."고 황우석은 밝혔다.[5]

배아복제팀은 생명의 최소 단위인 세포를 통해 거대한 세포 덩어리인 인간을 살리는 생명의 윤회라는 불교적인 생명관을 가지고 있다. 배아가 세포덩어리에 불과하다는 주장은 성인(成人)도 세포덩어리에 불과하다는 유물론으로 확장될 가능성이 높다. 배아복제팀은 세포덩어리가 하나의 개체성을 확보할 시점부터를 인간의 시작점으로 본다. 14일 이전의 수정란은 그 개체성이 결정되지 않았기 때문에 만능세포이지, 아직 인간으로는 볼 수 없다[6]는 것이다. 그리하여 인간 생명기점에 대하여 "개체화 전(前) 또는 착상 전(前)의 존재는 아직 태아가 가진 하나의 완전한 성체로서의 윤리적인 입장을 가지지 못한다."[7]고 본다. 그러나 인간생명의 시작에 대하여 수정란이라는 명백한 기준을 버리고 수정 후 14일이라는 모호한 기준을 택한다면, 앞으로 인간 출발점에 대한 기준이 수정 후 한 달, 심장이 생긴 후, 두뇌가 생긴 후 등으로 바꾸어질 가능성이 있다.[8] 이러한 기준은 열등한 조건을 가진 인간의 예로서 식물인간, 태아, 무뇌아, 장애인 등에 대한 차별의식을 조장한다. 14일설을 주장하는 미국의 페터슨(James C. Peterson)은 이러한 비판에 대하여 "착상(6-9일), 개체화(14일), 또는 형상화(28일)에 근거하여 사람됨을 인정하는 것은 사람이 되는 과정에 계급적인 특성이 있어서 인간이 일정한 기능을 습득함에 따라 점점 더 사람으로 완성되어 감을 제시하는 것은 아님을 상기시키고 싶다."[9]고 변명한다. 그러나 14일설을 주장함으로써 그는 사실상 사람에 대한 등급을 매기고 있다.

2. 난자 확보과정의 윤리적 문제

배아를 만들기 위해서는 반드시 난자가 필요하다. 그런데 이 난자 확보과정에 윤리적 어려움이 있다. 여성으로부터 얻을 수 있는 난자는 한 달에 1개 이하이다. 이 난자 제공자를 구한다는 것은 결코 쉽지 않다. 외국의 경우 난자를 구하기가 힘들어 사실상 체세포복제에 따른 수정란 탄생이 벽에 부딪혀 있는 실정이다.[10] 이런 의미에서 난자 제공에 대한 윤리적 문제가 뒤따른다. 배아생산과 배아복제를 위해서는 난자확보가 기본이다. 이를 위해 많은 여성들은 난자를 제공하는 도구로 전락하게 될 위험성이 있다. 세포 생명은 실험을 통해 유지된다. 질병치료라는 명분으로 결국 배아 파괴, 인간 존엄성 훼손 내지 파괴로 이어질 수 밖에 없다.

인간 생명은 존재 그 자체가 목적이며 어떠한 경우에서도 도구화 될 수 없다. 이것은 인간 존엄성을 훼손하는 것이다. 의학은 인간을 질병에서부터 자유롭게 하려고 한다, 질병을 치료하거나 예방하기 위하여 생명의 신비를 벗기고자 한다. 일반성 쌍둥이의 경우를 제외하면 유전형질은 사람마다 독특하다. 인간의 형성은 일회적인 사건이다. 종(種)은 지속적이지만 개체는 일회적인 사건으로 종말을 맞이한다.[11] 그러나 인간복제 기술은 인간이 더 이상 일회적이 아니고 개체가 영원히 지속될 수 있음을 보여주고 있다. 이러한 사실은 사회윤리적인 규범이 파괴되는 큰 혼란을 야기시키는 일이다.

3. 성경적 생명관: 배아는 생명체

여기에 윤리적 문제가 생긴다. 그것은 줄기세포가 추출되는 과정에서 그 줄기세포를 지니고 있는 배아가 희생되기 때문이다. 배아줄기세포는 단순히 배아로부터 추출한 세포덩어리일 뿐이다. 배아줄기세포를 자궁에 착상시킨다고 하더라도 그것이 수정란처럼 분화하지는 않는다. 배아줄기세포는 배아 속의 줄기세포를 말하는 것이다. 그것은 각종 희귀병과 난치병 치료에 사용된다. 배아는 수정란이 14일 정도 분화한 것이다. 꽃나무로 말하면 꽃나무는 씨앗에서 출발하는데 씨앗의 발아 직전 상태가 곧 배아와 같다. 배아는 생명의 가능성이 아니라 생명자체이다. 배아는 원시적인 인간 생명이다.[12] 인간은 수정란 → 배아 → 태아 → 신생아 → 청소년 → 성인으로 성장한다. 생명의 연속성을 감안하면[13] 성인의 마지막 생물학적 과거는 수정란이다.

수정란이 14일 정도 시점에 오면 배아가 된다. 이 배아를 생명체로 여기지 않는다면 인간의 생물학적 과거 자신을 부정하는 것이다.[14] 우리는 과거에 수정란이었고 배아였고 태아였다가 신생아로 태어났다는 사실을 부인하는 사람은 아무도 없다. 이것은 하나님의 생명 법칙이기 때문이다. 이 과정 없이 우리는 생명이 될 수 없다. 인간 존재는 잠재성과 현실성의 통일이다. 배아(胚芽)는 현실 인간의 잠재성을 지니고 있으며, 성인(成人)은 이 잠재성의 실현이다. 그러므로 인간은 되어감의 존재이다.[15] 이 인간의 현실성은 이미 잠재성에 있어서 인간 존재의 되어감의 실현이다. 성인으로서의 인간은 이미 배아로서의 인간 존재의 실현이다. 그는 성인으로서만 인간이 아니라 수정란으로서 그리고 배아로서 이미 인간 존재이다. 되어감의 존재로서의 인간은 수정란에서 성인으로 되어감에 있어서 존재의 연속성, 지위의 잠재성, 동일한 윤리적 지위를 갖고 있다.[16] 지금 우리는 과거에 모두 수정란이었고, 배아였고 태아였다.

오늘날 세속 과학자들은 생명윤리적 질문을 회피하기 위하여 생명발생의 단계를 나누어 14일설(說)을 주장하기도 한다. 이들은 비록 자연의 수정란이라 하더라도 생명의 지각성과 개체성을 갖출 시점인 14일 이전은 단지 세포덩어리일 뿐 독자성을 가진 생명체라고 보기 어렵다는 견해를 표명한다. 혹시 생명체라고 하더라도 이미 태어난 인간과 견줄 수 없는 상대적으로 '적은 존재'로 본다. 일단 수정란이나 배아나 태아가 잠재성의 인간이라는 사실을 부인하기 시작하면 결국은 "미끄러운 경사길" 논증(slippery slopes)의 위험에 빠져들어갈 수밖에 없다.[17] 그리하여 배아는 기존의 생명을 위하여 희생시켜도 될 생명이라고 생각한다. 그리하여 이들은 실용주의적으로 '생명의 서열화'를 조장하고 생명의 본원적 의미를 외면한다.[18] 그뿐만 아니라 실험실에서 수행되는 핵치환 체세포복제 행위는 "인간에 의한 비자연적이며 그러므로 조직적인 인간생명 창조행위"이다. 이 배아가 줄기세포 추출을 위하여 죽임을 당하는 것이다. 이 추출과정에서 배아가 가진 초월적이고 존재론적 생명가치는 부정되고 실험실 의사는 생명생성과 파괴의 전권을 행사하는 신적 존재가 되어버린다.

그러나 성경은 분명히 배아가 생명체라는 사실을 증언해 준다.[19] "내가 너를 모태에 짓기 전에 너를 알았고 네가 배에서 나오기 전에 너를 성별하였고…"(렘 1:5). "내 형질이 이루어지기 전에 주의 눈이 보셨으며 나를 위하여 정한 날이 하루도 되기 전에 주의 책에 다 기록이 되었나이다"(시 139:16). 이 말씀에 의하면 인간은 하나님께서 어머니의 뱃속에 있기 전부터 이미 알았고, 창조의 틀 안에 존재하는 신성한 존재요, 다양한 장기가 만들어지기 전단계인 배아도 보고 계신다는 것이다.[20] 체세포 복제기술로 만든 복제배아라 할지라도 유전학적으로 성인이 될 수 있는 완전한 DNA를 보유하고 자궁에 착상시키면 우리와 똑같은 성인으로 성장이 가능하다. 따라서 복제배아도 정자와 난자가 결합해서 이룬 배아와 동일한 존엄성을 지닌 인간 생명이다. 성경은 발생적인 인간생명의 중요성(significance of nacent human life)을 인정한다. 이처럼 성경은 배아의 도덕적 지위를 온전한 생명을 지닌 잠재태로 간주한다. 이러한 견해는 일반적으로 의무론적 윤리(deontological ethics)를 창시한 경건주의에 영향받은 독일 철학자 칸트(immanuel Kant)가 천명하는 "도덕적 지위 동등론"(equal moral status view)의 사상이다.[21]

배아가 생명이라는 이러한 사실에 근거하여 우리는 연구팀이 줄기세포를 추출하기 위해 배아란 생명체를 무차별 파괴하는 행위는 난치병 환자를 치료하기 위해서라는 목적을 위해서도 정당화 될 수 없다고 본다. 배아의 지위는 인간 존엄성을 지니기 때문이다. 배아는 생명체이기 때문에 인간과 동등한 지위를 갖고, 그 권리 또한 보장받아야 한다. 따라서 각종 난치병과 희귀병 치료를 위해 배아에서 줄기세포를 추출하는 모든 행위는 용납되어서는 안 된다. 이것은 생명을 파괴하는 행위이기 때문이다. 그러므로 하나님의 섭리를 거스르는 복제 배아줄기세포 연구는 보다 신중하게 검토되고 진행되어야 한다.

4. 대안: 성체줄기세포 연구

그 대안은 성체줄기세포 연구이다. 유전자 치료에 필요한 줄기세포를 얻어낼 통로는 크게 두 가지다. 하나는 성체(成體)에서 추출하는 성체줄기세포(근육, 뼈, 뇌 등 구체적인 장기세포로 분화되기 직전의 원시세포)이고 다른 하나는 14일 이전단계의 배아를 분할하여 추출한 배아 줄기세포이다. 그리고 배아줄기세포를 추출하기 위해서는 배아복제라는 과정이 필요하다. 황우석은 성체줄기세포를 이용하지 않고 배아줄기세포를 이용한 것이다.

성체줄기세포는 성체에서 얻어질 수 있는 자기재생 가능한 세포를 말한다. 성체줄기세포는 세포의 분화능력이 뛰어난 곳에 주로 많다. 성체줄기세포는 제대혈, 골수, 지방 등에 주로 분포돼 있다. '제대'란 태아와 산모의 유일한 통로인 탯줄을 말하고 '혈'이란 혈액을 말한다. 제대혈(탯줄혈액)에는 많은 양의 조혈모 세포가 함양되어 있다. 제대혈에 다량의 줄기세포가 들어 있다는 것이 최근 밝혀진 이후 제대혈이야말로 하나님이 주신 '세포치료의 선물'이라고 평가되고 있다.[22]

성체줄기세포를 이용하면 배아를 만들 필요가 없고 곧바로 줄기세포를 얻을 수 있다. 그래서 배아 파괴 또는 인간 복제 위험이라는 윤리적 문제를 해결할 수 있게 한다. 성체줄기세포는 연령이 높아감에 따라 그 수가 감소한다. 신생아의 경우 1만 개 세포 중 1개꼴로 성체줄기세포가 있다. 그러나 10대가 되면 10만 개 중 1개, 50대가 되면 40만 개 중 1개꼴로 감소한다. 성체줄기세포는 특히 탯줄혈액에 풍부하게 들어 있으나 연간 50만 명의 어린이 탯줄 가운데 불과 10% 정도 밖에 이용하지 못하고 나머지는 폐기처분되고 있다.[23]

성체줄기세포 연구는 시간이 더 걸리고 어려움이 있더라도 반드시 생명공학이 가야할 길이다. 성체 줄기세포는 "뇌암, 유방암, 임파선암 등에 사용될 수 있으며, 류마티스, 관절염 같은 자기면역 질환에도 사용될 수 있다."[24] "배아줄기세포로 구체적인 치료사례가 없으나, 성체줄기세포로 여러 난치병에 대한 치료가능성이 의학적으로 확인되고 있다. 윤리성은 물론이고 안정성, 활용성, 경제성 면에서 성체줄기세포가 훨씬 탁월하고, 실제적인 난치병 치료에 근접해 있다."[25] 배아줄기세포는 무한대 증식하고 이 때문에 암이 생길 위험성이 있는 반면, 성체 줄기세포는 증식이 잘 안 돼 치료에 충분한 양을 얻기 어려우나 분화와 재생이 무리없이 이루어지기 때문에 이상증식현상이 없는 장점이 있다. 배아줄기세포는 환자의 세포이기 때문에 면역거부 반응이 없는 반면에, 성체줄기세포는 타인의 세포에 쓸 경우 면역거부 반응이 있을 수 있다. 임상적용에 있어서 배아줄기세포는 아직도 실험실 연구단계이나, 성체줄기세포는 백혈병, 뇌졸중, 심근경색, 족부궤양 치료에 쓰이고 있다. 극복과제로는 배아줄기세포는 완치효과를 기대할 수 있으나 난자기증이 필수인 반면, 성체줄기세포는 치료대상 폭이 좁고 완치효과를 볼 수 있을지 미지수이다. 윤리논란에 있어서 배아줄기세포는 배아 희생과 인간복제 가능성이 우려되나 성체줄기세포는 윤리적 논란이 없다.[26)]

그런데 이 분야의 권위자인 서울대 수의학과 교수 김경선은 "정부 지원이 인간 배아줄기세포 연구에만 치우쳐 성체줄기세포연구를 진행하는 데 어려움이 있다."고 안타까움을 호소한다.[27)] 골수이식 수술의 근본은 성체줄기 세포의 이용에 있는데 한국에서 골수이식 수술은 1970년대 가톨릭의대에서 선구적으로 실시하여 우리 한국도 선진국 수준의 시술방식을 가지고 있다.[28)] 미국에서는 2002년 미네소타대학교의 캐서린 벌 페일리 교수팀이 성인의 골수로부터 인간의 몸을 구성하는 220개 다른 종류의 세포로 분화될 수 있는 성체줄기세포들을 발견했다. 서울대 생명과학부 김선영 교수는 줄기세포치료의 선진국이 되려면 다음요건을 갖추어야 한다고 제안한다.[29)] 첫째, 철저한 기초연구로 초석을 다져야 한다. 특히 즐기세포는 밝혀지지 않은 부분들이 많아 성급히 치료제로 쓸 수 없다고 한다. 수준높은 기초연구, 철저한 안정성 시험을 거쳐야 한다. 따라서 '3년 내 척추마비 환자 치료'라는 목표나 슬로건을 거는 것은 위험한 발상이라고 한다. 둘째, 인·허가부문이 정비되어 모든 임상시험이 제대로 된 시설에서 적법한 절차를 거쳐 수행되어야 한다. 세포치료제에 대한 품질관리 및 규격 시스템이 제대로 갖춰져야 한다. 일반 의약품과는 달리 살아 있는 세포를 치료제로 쓰는 것이니 새로운 개념의 표준화가 이루어져 한다. 이에 대한 연구는 2005년 현재 아직도 한국은 초보수준이다. 정부는 윤리성의 문제를 야기시키는 배아줄기세포 연구 보다는 윤리성의 문제가 없는 성체줄기세포 연구에 적극적인 지원을 해야 할 것이다.

5. 과학기술주의의 세계관

(1) 공리주의에 지배: 난치병 치료 구실 아래 생명조작의 위험

핵치환 체세포 복제배아 연구는 한편으로는 난치병 치료를 위한 희망을 안겨주나, 다른 편으로는 인간 생명에 대한 경외의 근거를 조작하고 파괴하고 있다. 이 연구는 기술적으로 개체인간의 복제 가능성의 길을 열어 줌으로써 탈종교이고 무신론적 과학주의의 개가이다. 이 연구는 개체복제와 명확한 구획이 없는 초기단계의 인간 복제[30]라는 점에서 윤리적으로 큰 우려를 낳고 있다. 이러한 연구는 "과학기술을 빌미로 생명에 대한 조작을 비롯해 생명의 수단화 그리고 부속품화는 생명산업을 그릇되게 이끌어갈 위험이 있다." 이런 의미에서 복제배아줄기세포 배양이란 "현대판 바벨탑 사건"[31]에 접어들 위험을 안고 있다고 말할 수 있다. 하나님의 절대적 생명주권을 재확인하고 생명존엄과 인권 등 공동체적 가치에 대한 올바른 비전을 심는 것이 중요하다.

오늘날 과학기술주의(scienticism)는 윤리적 명분으로 공리주의를 앞세우고 있다. 환자의 체세포를 이용한 줄기세포 배양은 척추마비, 중풍, 치매 등 난치병 환자를 위한 치료를 가능케 한다는 것이다. 그러나 이 줄기세포는 생명체인 배아에서 추출되어야 하고 줄기세포 배양과 추출에서 많은 배아들이 무참히 희생되어야 하는 생명윤리적 잔인성이 숨어 있다. 명분은 인간생명에 기여한다는 목적을 가지고 있으나 이 목적에 이르는 과정은 인간 생명을 파괴하는 비인간적인 행위가 내포되어 있다. 이러한 과학지상주의 세계관은 생명의 주인을 인간으로 보고 있으며 창조주 하나님을 인정하지 않는다. 생명의 주체는 하나님이지 인간이 될 수 없다. 체세포 핵이식이라는 일종의 무성생식이 인간복제 가능성의 길을 열고 유성생식이라는 하나님이 만드신 창조섭리를 역행하며, 원초적 인간 생명체의 존엄성을 유린하는 것이다.

이러한 과학기술주의는 상업주의와 긴밀한 관계를 갖는다. 난치병을 치료하는 배아줄기세포 연구는 이러한 기술을 이용하여 상업적 이윤을 추구하는 많은 기업을 산출해 낸다. 이미 대한항공은 황우석에게 10년간 1등석 무료 항공탑승권을 제공하였다. 이것은 배아복제 연구가 엄청난 상업적 부가가치를 창출하여 황금알을 낳는 거위가 될 것이라는 기대를 보여주는 것이다. 이제 세계는 이 생명기술이 상품화 될 날을 기대하고 있다. 선진기술이 개발되고 그것이 상품화 될 수 있는 가능성에 따라서 국운이 달라진다는 압박감 때문에 세계 여러나라가 줄기세포 연구에 박차를 가하고 있다.

시험관 아기의 경우 불임부부들의 요구를 이용한 상업적 의료행위가 이 분야의 기술을 허용하고 장려하도록 하였다. 인간 장기이식 시술도 공리주의와 환자의 실수요에 힘입어 오늘날 점점 보편화되고 있는 추세이다. 난치병 환자들의 실수요가 있는 한 과학자들의 배아줄기세포 연구는 엄청난 상업주의(commercialism)로 나아갈 가능성을 갖고 있다. 이제 우리는 인간 생명이 공산품처럼 생산되고 상품으로 전락되는 상황에 직면하게 될 것이다. 오늘날 인류가 생명공학이 가져 올 천문학적 부가가치에만 관심을 집중시킨다면 돈으로 환산할 수 없는 인간의 존엄성과 가치는 그만큼 상실하게 되는 것이다.

(2) 자유주의 우생학의 공상

"자유주의 우생학(liberal eugenics)을 옹호하는 자들은 아이들이 누릴 삶의 전망을 향상시키기 위하여 부모는 아이들의 유전적 특질을 향상시킬 자유가 있다고 주장한다. 예를 들면, 로날드 드워킨(Ronald Dworkin)은 "미래 세대의 삶이 더 길어지고 더 많은 재능으로 그래서 더 많은 성취로 가득 차게 하려는" 야망에 어떤 잘못도 없다고 본다.[32] 자기를 신격화하는 과학기술주의는 상업주의와 공리주의에 편승하면서 2050년경에는 인간의 영혼까지 다운로드(download)하여 인간이 영원히 살 수 있는 길이 열릴 것이라고 보도하고 있다. 세포수명을 조절하는 DNA를 찾아 조절하고 인간의 노화를 방지함으로써 인간에게 영생을 가져다 준다는 것이다. 죽음을 미루거나 아예 죽음을 제거한다는 것이다. 이러한 과학기술주의는 철저히 무신론적이며 공리주의와 상업주의에 편승함으로써 창조주가 인간에게 주신 자연적이고 순리적인 창조의 질서를 역행하는 것이다. "맞춤 아기를 만들어내는 인간 복제는 은총으로서의 생명에 대한 존경심을 상실했음을 나타내는 극단적 오만함의 표현이다."[33] 유한한 인간이 무한한 창조주께서 만드신 생명질서를 교란시킴으로써 발생하는 생명의 무질서는 상상도 할 수 없는 것이다. 윤리없는 과학기술은 생명을 조작, 유전자의 안정성을 해치는 괴물(chimera)을 만들어 낼 가능성을 지니고 있다.

(3) 과학기술의 불완전성

인간의 과학기술주의는 완전할 수 없다. 완전을 지향하나 인간은 신이 아니며 인간이 하는 것에는 단계적인 진보는 있으나 완전함이 있을 수 없다. 복제배아줄기세포 기술도 완전한 것이 아니다. 치료목적이라고 하더라도 넘어야 할 산은 첩첩산중이다. 황우석은 줄기세포가 인체에 들어갔을 때 무한정 분열되어 암세포로 돌변할 가능성을 언급했다. 그리고 환자의 체세포로 만든 줄기세포는 환자가 갖고 있는 질병을 다시 일으킬 가능성이 있어 이 문제를 해결하는 것도 과제라고 했다. 체세포 이식으로 인해 유발될 다른 위험성도 그만큼 크다. 치료보다 위험성에 더 노출될 수 있다. 합병증으로 인해 오히려 더 큰 고통, 지금은 예견할 수 없는 고통에 시달릴 수 있다. 배아복제가 곧 난치병 치료의 모든 문제를 한꺼번에 다 해결해 주는 것이 아니다. 복제 양 돌리가 277회 실험으로 탄생하기까지 276회의 실패가 있었다는 것을 잊어서는 안 된다.

6. 유전자 공학의 이중성

1863년 멘델이 완두콩을 통해 유전의 법칙을 발견하였다. 그 후 유전학의 연구는 현대적 의미에서 생명공학(Biotechnology)이라는 이름이 붙을 정도로 눈부신 발전을 거듭해 왔다. 1953년에 왓슨(J. D. Watson)과 크리크(F. H. C. Crick)가 염색체의 이중나선 구조를 발견하였다. 1970년대 DNA 절단효소와 종합효소를 이용한 분자의 변형 및 복제기술이 등장한 이후 정보과학의 기술에 힘입어 경이로운 결과들이 나타나고 있다. 1997년에 영국 에딘버러의 로슬린 연구소가 복제양 돌리를 출생시켰다. 6년생 암양의 체세포에서 채취한 유전자를 난자와 결합한 후 자궁에 착상시켜 유전적으로 동일한 새끼 양을 출생시킨 것이다. 그리고 1985년에는 미국에서 인간 게놈연구(Human Genome Project)가 시작되어 2001년에 이 인간 게놈지도가 완성되었다.

그러나 분자생물학의 발전이 이루어 낸 유전공학(genetic engineering)의 단기적이고 가시적 성과는 이중성을 내포하고 있다. 긍정적으로는 난치병을 치료하고 인간에게 암이나 당뇨같은 유전병을 치료해 준다는 희망을 준다. 부정적으로는 유전자 조작으로 인해 생명의 안정성과 미래를 불투명하게 한다는 것이다. 유전자 치료(gene therapy)는 한편으로는 난치병으로 인해 고통을 받고 있는 인류에게 소망을 주는 것임에 틀림없다. 다른 한편으로는 이러한 유전자 치료가 상업적 목적으로 남용되거나 부도덕한 집단에 의해 오용될 가능성도 배제할 수 없다. 유전공학에 비판적인 독일학계의 하버마스(Jurgen Habermas) 등은 자유주의 우생학(liberal eugenics) 자체를 엄격하게 반대한다.[34] 그는 찬성할만한 유전적 개량(genetic enhancements)조차도 아이들이 특정 삶을 선택하도록 함으로써, 삶의 계획을 스스로 선택할 권리를 침해한다는 것이다. 그리하여 아이들의 자율성과 개성을 해치게 된다고 우려한다.

생명과학의 발전은 컴퓨터공학의 발전과 결합하여 21세기에는 두 종류의 신인류 출현이 예견된다.[35] 하나는 인공지능의 발달로 인한 로봇 인간(robot human)의 출현이고, 다른 하나는 배아연구 발달로 인한 복제인간(cloned human)의 출현이다. 로봇 인간의 경우 인간처럼 생각하고 행동하는 인간을 만들어 내는 데 여러가지 한계상황(우주 비행, 심해탐사, 테러범 대결 등)의 작업을 인간을 대신해서 하도록 한다는 데 목적이 있다. 영화 "AI" 은 인간처럼 눈물을 흘리며 감정에 반응하는 로봇이 그려지고 있다. 영화 "i로봇" 의 경우 인간을 위해 봉사하는 측면도 있지만 프로그램이 잘못되어 있어 인간에 대적하는 로봇으로도 등장한다. 이 영화들은 로봇인간의 출현이 임박하고 그로 인한 예기치 못한 문제가 발생할 가능성을 보여주고 있다.

인간복제의 경우 복제인간이 단지 불치병의 환자에게 요긴한 장기를 제공할 뿐 아니라 인간이 영원히 살 수 있는 길이 있다는 기대가 작용하고 있다. 복제연구팀은 자신의 연구가 치료용 줄기세포 연구일 뿐 인간 복제와는 아무런 상관이 없다고 선언하고 있지만 그 결과는 복제인간으로 귀결할 수 밖에 없다. 배아를 자궁에 착상시킬 경우 복제인간이 탄생하기 때문이다. "미끄러운 경사길 논증"(slippery slopes)[36] 혹은 "타성의 원리"가 적용되고 있는 것이다. 황우석팀은 기술적으로는 이것이 가능하다고 말하고 있다.

미국의 일본계 미래학 교수 후쿠야마(Hukuyama)는 포스트휴먼(post-human)으로서 복제인간의 출현을 기정사실로 상정한다. 그래서 그는 이로 인해 인류에게 미칠 악영향을 고려해 국가가 이를 적극 막아야 한다고 주장한다. 복제인간은 부부인 남녀가 성적 교류를 통해서 자손을 낳는 창조의 질서인 유성생식방식을 뒤엎는 무성생식 방식을 도출시킨다. 그리하여 전통적인 창조질서의 가족관계에 혼란을 초래시킨다. 그리하여 인간의 정체성 혼란은 물론 가족해체를 가져온다. 결국 족보의 파괴, 친족관계의 해체를 야기시킴으로써 사회의 질서를 혼란시키기에 이른다.

7. 행복주의 사고의 한계

행복주의(eudaemonism) 사고는 결단코 인간에게 행복을 가져다주지 못할 것이다. 배아줄기세포 연구가 최고조에 달하면 세포의 노화를 중지시키고 인간 세포를 지속적으로 젊고 건강하게 유지하게 함으로써 인간을 영원히 젊고 건강하게 사는 존재로 만들고자 할 것이다. 이것이 죽지 않으려는 인간의 욕망이기 때문이다. 철학자 칸트가 말한 바 같이, 그 본성에 있어서 경향성에 좌우되는 근본악성(the radical evil)에 사로잡혀 있는 인간이 인위적으로 죽지 않는다면 과연 행복할 수 있을까? 인간들은 더욱더 과학기술을 도구로 삼으면서 인간 신격화를 도모할 것이며 참으로 인간을 창조하시고 인간의 생사화복을 주장하시는 하나님을 잊어버릴 것이다. 창세기 11장에 나타난 바벨탑 사건에서 말하는 인류의 조상들의 심사(心思)는 오늘날 현대인들의 심사를 그대로 드러내 준다. "또 말하되 자, 성과 탑를 건설하여 그 탑 꼭대기를 하늘에 닿게 하여 우리 이름을 내고 온 지면에 흩어짐을 면하자 하였더니"(창 11:4).

호머는 그의 작품「일리아드와 오디세이」를 통해 영원히 살려고 하는 인간의 허황한 꿈을 버리라고 말한다. 트로이전쟁의 영웅 오디세이가 2주만에 돌아 올 수 있는 길을 10년만에 돌아오면서 그가 잊지 못했던 것은 고향 이타카의 가족이었다. 불멸의 여신은 오디세이를 7년 동안이나 성(城)에 붙잡으며 자신과 영원히 함께 살고자 했다. 오디세이는 그 여신과 육체적 쾌락을 맛보면서 즐겁게 세월을 보낸다. 그는 죽지 않고 불멸의 여신과 영원히 살 수 있다. 그러나 오디세이는 죽지않고 쾌락 속에서 영원히 사는 것 보다 가족의 품으로 돌아가는 길을 선택한다. 호머는 그의 작품에서 영원히 살고 싶어하는 인간에게 자연의 존재가 되라고 권한다.[37] 이것이 바로 하나님의 뜻에 불순종한 대가로 받은 죽음을 본성적으로 갖고 태어난 인간에게 주어진 자연스러운 도리다. 창세기는 인간에게 "너는 흙이니 흙으로 돌아갈 것이니라"(창 3:19하)고 말하고 있다. 인간의 영생은 선악과나 복제기술을 통하여 얻어지지 않는다.

8. 공리주의와 포퓰리즘에 편승한 국가의 생명정책

2005년 3월 유엔총회는 법률위원회에서, 배아줄기세포 연구까지도 반대하는 "인간복제에 대한 유엔선언"을 찬성 84표, 반대 34표, 기권 37표로 통과시켰다. 상당한 생명과학 기술을 지닌 국가들은 이 선언에 거의 반대하였다. 그러나 선진국 중 미국, 호주, 독일, 이탈리아, 스위스, 오스트리아가 이 선언에 찬성하였다. 미국 부시 대통령은 기독교 신앙에 입각하여 체세포 복제배아 연구에 분명한 반대를 표명하였다. 그러나 미국하원이 2005년 5월 24일 "줄기세포 연구증진 법안"을 승인함으로써 미국도 체세포 복제배아 연구를 지원하는 쪽으로 돌아서게 되었다.[38] 생명공학 분야의 기술을 가진 나라들 중, 국가정책적 입장과 경제적 입장에서 이 배아복제 연구를 실제로 포기할 국가는 거의 없는 것으로 나타나고 있다.

그러나 기독교 전통에 있는 유럽의 국가들은 배아의 생산과 파괴를 금지하고 있다.[39] 이들 국가들은 국가의 경제력보다도 생명이 존엄하다는 생명경외사상을 가지고 있기 때문이다.[40] 독일의 경우 인공수정하는 과정에서조차 불필요한 잉여 배아(excess embryos)를 만들지 못하도록 하고 있다. 잉여 배아는 자궁에 착상하지 못할 경우 필경 그 생명권이 부정되는 이유이다. 이들 나라들은 1990년 초부터 인간 생명 경외와 존엄성의 윤리적 가치를 지킬 목적으로 인간 생명과 배아보호법을 제정하고 배아복제나 복제배아줄기세포 연구를 법으로 금지해 왔다. 예를 들자면, 독일, 프랑스, 캐나다, 이탈리아, 노르웨이 등의 나라 중에는 자국의 치료용 배아생산을 금지한 법 규정을 위반한 사람에게는 징역 5년까지 구형하는 형법의 형태를 가지고 있다.[41] '잉여 배아'란 말의 사용은 부도덕하다. 배아를 물건취급하고 배아생명의 존엄성을 훼손하기 때문이다.[42]

한국 등 신흥 아시아 개발국에서는 사회적 관행을 통해 배아복제 문제를 용인하고 있다. 이들 나라에서 낙태와 시험관 아기는 보편화 되어 있는 의학적 시술이다. 낙태는 초기 배아의 단계를 훨씬 벗어난 어린 생명을 살해하는 행위이며 시험관 아기시술도 역시 배아에 대한 상당한 조작을 포함하고 있다. 이러한 사회적 관행 속에서 치료목적으로 배아복제 연구와 시술은 일반적으로 용이하게 받아들일 수 있게 된다.

유전자 연구는 이제 실험실 연구나 의료용 시도의 영역을 넘어 정보통신

기술(IT, Information Technology)과 함께 국가경쟁력을 마크하는 중요한 원동력으로 떠오르고 있다. 《조선일보》 등 일간신문과 각종 공영방송들은 황우석연구팀의 성과에 대하여 찬사일변도로 보도하며, 이것이 지니고 있는 윤리적 문제에 대하여는 눈을 감고 있다. 정부도 국력신장이라는 국가경쟁력의 차원에서 공리주의적으로만 정책을 끌고 나가고 있다. 이러한 실태는 다시 고려해 보아야 할 중요한 문제이다. 이안 바버(Ian Barber)는 과학을 국수주의적 이해관계에 결부시켜 그 효용성을 극대화하려는 노력이란 "제국주의적 과학주의"(imperialistic scienticism)[43]라고 비판하였다.

한국은 정부가 배아줄기세포 연구를 장려함으로써 불임병원에서 보관하고 있는 냉동 잉여배아를 사용하는 데서 직접 여성들로부터 기증받은 난자를 이용하는 것으로 바뀌었다. 배아 줄기세포 연구가 실용화 되기 위해서는 앞으로 수많은 여성들의 난자기증이 필요한 상황이 되었다. 그리하여 여성들은 배아줄기세포 연구시대에 있어서 어머니라는 정체성보다는 난자소유자라는 정체성이 각인되고 있다.[44] 구체적으로 배아줄기세포로 50만 명의 당뇨병 환자를 치료해야 한다면 50만 명의 여성 혹은 50만 번의 난자채출(採出)이 필요하다. 이 같은 난자에 대대적 사용은 난자 거래를 현실화하고, 난자를 상품화 하려는 여성들의 등장시킬 수 있다.

정부는 유전자 연구의 세계적 성과에 대하여 찬사만 할 것이 아니라 앞으로 이러한 기술이 가져올 각종 부작용과 문제를 사전에 충분히 검토하여 이에 대한 효과적인 규제와 법률적 지침을 세워야 할 것이다. 배아복제, 난자와 접합체의 실용화는 미끄러운 경사길 논증(slippery slopes)으로 나아갈 우려가 있다. 그러나 현재 실제로 진행되고 있는 배아줄기세포의 현실을 무시하고 이것을 무조건 금지할 수만은 없다. 배아줄기세포가 인간 생명의 신비와 존엄을 구체화 한 법률의 통제를 받으면서 진행할 수 있도록 해야 한다. "이러한 법률은 배아연구 기획과 불임 클리닉(fertility clinics)에 대한 허가를 필수요건으로 하고, 난자와 정자의 사용화에 대한 규제(restrictions on the commodification of eggs and sperm)와 줄기세포선(stem cell streak)에 대한 접근을 민간 자본이 독점하는 것을 막는 조치들을 포함해야 한다."[45] 그리고 정부는 종교계에서 논의하고 있는 윤리적 문제점을 음미하면서 여러 단체들로 하여금 충분히 논의하도록 하고 사회적 합의를 가능한 대로 이끌어 내도록 하여 결과를 정책에 반영하도록 한다.

9. 생명 살리기 운동: 한국교회의 역할

배아에 대한 무책임하고 상업적인 조작과 인간복제의 위험성에 대해 국가기관은 법적으로 금지하는 법률을 만들어야 한다. 이미 배아연구가 과학자들의 공명심과 공리주의, 그리고 황금알을 낳는 거위로 여기는 상업성에 의해 물들고 있다. 그리하여 인간 복제가능성과 배아 남용가능성이 많아지고 있다. 그러므로 국가기관은 의료적 시술의 긍정적 측면에 대한 개가나 공명심에 눈이 멀 것이 아니라 이러한 연구결과가 가져올 부정적 측면을 고려하여 배아를 보호하고 인간복제를 막는 법률을 제정해야 할 것이다.[46]

2005년부터 시행되고 있는 「생명윤리 및 안전에 관한 법률」 제53조는 이를 위반한 자들에 대해서 1년 이하의 징역 또는 2,000만 원 이하의 벌금 정도의 가벼운 처벌을 명시하고 있다. 이러한 가벼운 처벌로는 생명윤리 위반이 실효를 거두기는 어려운 실정이다. 여기에 사회의 빛과 등대로서 윤리와 도덕의 지침을 주어야 할 한국교회의 역할이 있다.

(1) 생명윤리 각성

공리주의와 상업주의 동기에 의하여 점점 가속도를 내는 과학기술에 대하여 한국교회는 생명윤리를 각성시키고 실천하는 생명윤리운동을 전개해야 한다. 오늘날 확산되고 있는 물질주의 그리고 건강위주의 삶, 장수지향 풍조 등은 현대인의 삶을 천박한 물질주의나 안락주의 내지 행복주의에 편승하게 만들고 있다. 교회는 이를 반성하도록 하고 생명에 대한 보다 깊은 이해, 창조주 앞에서 책임지는 신성한 차원을 발견하도록 해야 할 것이다. 인간의 생명은 단지 유전정보나 세포의 결합물이 아니라 하나님과 교통하는 영성을 가지며 이웃 인간과 교통하는 인격성을 지닌 존재라는 것을 주지시켜야 한다. 인간의 인격에 구성에는 내적 가치관, 영적 습관, 사회적 관계들이 모두 작용한다.[47]

교회와 기독교적 시민단체들은 배아줄기세포 연구에 대하여 비록 많은 경제적 효과와 효용이 있지만 인간 존엄성을 침해한다는 윤리성 문제와 인간 존엄성과 정체성 문제를 지속적으로 제기해야 한다. 그럼으로써 복제배아줄기세포 연구가 그 방향을 바꿀 수 있도록 노력해야 할 것이다. 2005년 10월 5일 천주교 서울대교구가 배아줄기세포 연구의 대안인 성체줄기세포 연구에 100억 원을 지원키로 공식선언하고, 생명운동을 위하여 생명학술원을 건립하기로 한 것은 시의적절하고 책임있는 행동이다.[48]

한국기독교생명윤리협회나 등 한국기독교기관이 황우석팀의 인간체세포 복제실험을 반대한 것은 창조질서, 즉 생명의 존엄성을 지키기 위한 것이다. 그러나 체세포 복제배아연구를 반대한다고 해서 교회나 기독교기관이 난치병으로 고통당하는 환자들의 아픔을 외면하는 것은 아니다. 단지 한 생명을 살리기 위해 또 다른 생명을 인위적으로 희생시키는 방법에 동의

하지 않을 뿐이다. 의료적으로는 앞서 언급한 바 같이 성체줄기세포 연구를 통한 우회길을 모색하도록 해야 할 것이다. 행위의 목표가 선하다면 그 수단도 선해야 한다는 것이 성경의 가르침이다.

(2) 성체줄기세포 연구 발전 필요

생명공학자들은 배아생명체의 파괴 없는 성체줄기세포 연구를 발전시키고 의사들은 고통받는 환자들에게 이것을 시술하도록 노력해야 한다. 그러나 궁극적으로 환자를 치료하시는 이는 인간이 아니라 하나님이시다. 인간의 과학적 발견이나 의학적 시술 그자체가 환자를 낫게 해 주는 것이 아니라 그 과학적 발견이나 의학적 시술이 창조주 하나님의 자연질서의 구조에 상응할 때 치료의 성과를 올리는 것이다. 생명공학자들이나 의학자들이 자시의 연구나 치료에 성공했다고 우쭐해서는 안 된다. 오히려 인체의 그 오묘한 메커니즘을 만드신 창조주의 섭리에 겸허한 자세를 갖고, 그분에게 영광을 돌려야 할 것이다.

(3) 유전공학에 걸맞는 생명윤리 정립

기독교는 이러한 유전공학에 걸맞는 생명윤리를 정립하고 이것을 윤리적 대안으로 과학자들과 의학자들에게 제시해야 한다. 한국교회는 유전자 공학의 과학적 발전에 걸맞는 예언자적 의식을 각성하고 생명에 대한 균형잡힌 이해와 윤리의식을 제시해야 한다. 창세기 1장 26절 "우리의 형상을 따라 우리의 모양대로 우리가 사람을 만들고"는 뒤에 나오는 창세기 9장 6절 "다른 사람의 피를 흘리면 그 사람의 피도 흘릴 것이니 이는 하나님이 자기 형상대로 사람을 지으셨음이니라" 이 두 구절의 의미는 인간의 생명을 취하는 자는 사형을 받아야 하는데 그 이유는 인간이 하나님의 형상대로 만들어졌기 때문이다. 인간의 생명은 창조주이신 하나님 자신과 긴밀하게 연결되어 있다. 그러므로 인간 생명은 거룩하며 침해될 수 없다.[49]

공리주의 의료문화와 윤리가 지배하는 오늘날 우리는 인류의 정신문화 유산인 히포크라테스 선서[50]를 다시 한번 되새길 필요가 있다. 낙태와 자살, 안락사에 대하여 일반적으로 고대 그리스도 사회는 승인하였으나 히포크라테스 선서는 금지하고 있다.[51] 히포크라테스 선서는 희랍 의료 엘리트들이 채택한 것으로 비록 헬라신들에게 선서한 것이기는 하나 기독교적인 정신과 일치하고 있다. 이 정신은 첫째, 인간 생명의 신성함, 둘째, 생명에 대한 비조작(非操作, nonmanipulative)을 내포하고 있다. 일반 은총의 차원에서 히포크라테스의 정신은 기독교의 십계명에 상응하는 생명윤리를 가르쳐주고 있다.

*

오늘날 생명공학의 눈부신 발전을 계기로 한국과 세계는 생명에 대한 조작을 비롯하여 생명의 수단화 내지는 부속품화의 위험에 직면해 있다. 인간 생명본질인 유전자를 조작하는 생명의 난개발은 엄청난 비가역적(非可逆的) 파괴를 가져올 것이다. 이것은 21세기 바벨탑 건설 시도로서 인류의 멸망과 같은 결과를 초래할 수 있다. 인간 생명을 다루는 과학자는 생명에 대한 윤리적 · 도덕적 책임의식을 가져야 하고 사회의 합의에 성실히 임하는 태도를 가져야 한다. 기독교는 이러한 때 하나님의 절대적인 생명주권을 재확인하고 생명존중과 인권 등 공동체적 가치에 대한 올바른 비전을 심어주어야 한다.

chapter 12
복음과 청년문화

21세기는 문화의 시대이다. 21세기는 이데올로기의 지배가 지나가고 문화가 인간의 삶을 지배하는 시대가 될 것이다. 현대인의 삶을 지배하는 이 문화의 영역에 누가 주도권을 쥐느냐에 따라서 21세기의 영적 싸움은 그 대세가 결정될 것이다. 기독교 문화인가 아니면 세속 문화인가? 이것은 선교 전략에 있어서도 중요한 주제가 아닐 수 없다.

첨단 미디어를 타고 안방까지 들어오는 세속 문화에 대하여 오늘날 기독교 청년들은 무방비적으로 노출되어 있다. 그들의 영혼이 상처를 받아 교회에 손을 내밀 때 교회는 저들에게 설득력 있는 문화적 언어와 프로그램을 제시해 주지 못하고 있다. 가출한 십대는 부모님의 말이나 목사님의 말씀이 아니라 서태지의 "집으로 돌아가"(Come Back Home)라는 노래를 듣고 눈물을 흘리며 집으로 돌아온다. 그들은 서태지가 세상을 바꾼다고 한다. 서태지가 그들의 선지자요 위로자다.

오늘날 기독교 청년들도 우리의 의지와 상관 없이 눈과 귀를 통해 들어온 세속 대중문화와 그 속에 함축된 이데올로기에 세뇌가 되어 그 영혼이 점차 병들어 간다. 한국 사회에서 20-30대 젊은이들이 차지하는 비율은 57%이다. 젊은이가 살아야 교회가 산다. 한국교회는 젊은이들에게 관심을 가져야 한다.

*

1. 복음과 문화의 관계

한국교회가 문화에 대한 복음적 접근을 하는 데 있어서 복음과 문화에 대한 올바른 신학적 태도를 점검하는 것은 필요하다. 복음과 문화의 관계를 설정하는 데에는 세 가지 태도의 유형이 있다. 그것은 반문화적 태도, 문화와 일치의 태도, 문화변혁적 태도이다.

(1) 반(反)문화적 태도

교회가 가지는 반문화적 태도는 대중문화를 부정하는 태도이다. 이러한 태도는 바울이 고린도 교회를 향하여 쓴 글 중 "너희는 그들 중에서 나와서 따로 있고 부정한 것을 만지지 말라"(고후 6:17)라는 구절을 인용한다. 대중문화 속에 비윤리적이고 비성경적인 요소들이 있는 것은 사실이다. 그렇다고 세속 문화를 사단적이라고 매도할 수는 없다. 세상은 여전히 하나님의 구속을 받아야 하는 하나님 사랑의 대상이기 때문이다.

우리 신자들은 이 세상의 불신자들이 가지고 있는 생각과 사상을 전혀 무시하거나 그들과의 접촉을 완전히 끊을 수는 없다. 그렇다면 우리는 이 세상 밖으로 나가서 살아야 할 것이다(고전 5:10). 그러나 이것은 하나님의 뜻이 아니다. 불신자들 가운데도 윤리적이고 양심적인 생각을 가지고 사는 자들이 있다. 우리는 이들과 접촉하고 관계를 가질 수 있는 것이다. 그러나 바울이 고린도전서 5장에서 말하고 있듯이 불신자들과 비윤리적이고 불신앙적인 생각과 행동을 같이 해서는 안 된다.

(2) 문화와 일치의 태도

이러한 태도는 교회가 문화를 복음과 일치시키는 태도이다. 일치주의자는 "하나님이 세상을 이 처럼 사랑하사"(요 3:16)라는 구절을 강조한다. 복음의 의미란 세상의 가치와 인간의 존엄성을 실현하는 데 있다고 본다. 이 시대의 문화인 인간주의, 대중문화를 수용하고자 한다. 교회의 과제는 이러한 세상 문화에 복음의 의미를 일치시키는 것이다. 사회복지의 실현, 과학기술의 발전, 자연의 개발, 환경의 보존 등이 복음의 시대적 의미라고 본다. 그러나 이러한 태도가 무시하고 있는 것은 문화가 가지고 있는 무신성과 부패성이다. 세속 문화는 하나님을 부인하고 있으며 부패한 인간에 의하여 조종되고 있기 때문에 각종 비윤리성과 비도덕성을 내포하고 있다.

대중문화는 상업주의와 영합하여 올바른 가치와 도덕보다는 상업적 이윤을 추구하고 그것을 더 내세우기 때문에 각종 불의와 부도덕의 온상이 되고 있다. 인터넷은 포르노물이 국제적으로 연결되는 접촉 채널이 되고 있다. 그러므로 일치하는 태도는 교회의 정체성을 상실하는 것이 된다.

(3) 문화변혁적 태도

이 태도는 교회가 문화에 대하여 복음의 정신을 가지고 대결하고 변화시키려는 태도이다. 문화에 대하여 그 존재 가치를 인정하고, 동시에 문화가 지니는 부패성을 인정하면서 문화를 변혁시키려는 태도이다.

1) 문화에 대한 다양성 인정

바울은 고린도전서 8장에서 고린도 교회 신자를 향하여 시장에서 파는 제물은 양심을 위하여 무엇이든지 먹을 수 있음을 말한다. 그 제물이 우상에게 봉헌되었다고 하더라도 신자가 그 사실을 모르고 먹었을 경우에는 아무런 부정이나 해가 없음을 말하고 있다. 그러나 그 사실을 나중에 알고 난 후에는 신자 자신의 양심을 위하여 음식을 먹지 말라고 가르치고 있다. 그리고 우상 숭배는 절대로 금하고 있다. 바울은 여기서 고린도 교회 신자들이 처한 문화적 상황을 인정하고 있으며 우상 제물이 신자의 양심과 신앙을 훼손할 수 없음을 가르쳐주고 있다.

바울은 복음을 전하기 위하여 유대인에게는 유대인과 같이 되고, 율법 아래 있는 자들에게는 율법 아래 있는 자 같이 되고, 율법이 없는 자에게는 율법 없는 자 같이 되고 약한 자들에게는 약한 자 같이 되어 "여러 사람에게 내가 여러 모양이 되었다"(고전 9:20-22)고 말하고 있다. 이것은 바울이 복음을 전하는 대상들이 갖는 문화적 다양성을 인정하고 있는 것이다. 그 목적은 단순히 세상과 영합하는 데 있는 것이 아니라 "더 많은 사람을 얻고자 하기" 위함이다(고전 9:22).

2) 문화에 대한 비판적 태도

현장에서 붙잡혀 온 간음한 여인에 대하여 예수님은 "죄 없는 자가 먼저 돌로 치라"(요 8:7)고 말씀하셨다. 하나님은 그 여인의 죄를 인정하시면서 죄없는 자가 먼저 돌로 쳐라고 명하신 것이다. "죄 없는 자"란 계명을 한 번도 범하지 아니한 의인을 가르킨다. 이러한 의인은 없다. 참소자들은 양심의 가책을 받아 모두 물러가고 예수님과 여인만이 남았다. 예수님도 여인에게 말씀하신다. "나도 너를 정죄하지 아니하노니 가서 다시는 죄를 범하지 말라"(요 8:11). 예수님은 유대인의 문화를 인정하시고 간음한 여인을 유대적인 방식으로 교훈하신 것이다. 그러면서도 예수님은 "죄 없는 자"라는 조건을 붙이면서 자기 죄는 덮어두고 다른 사람의 죄를 정죄하는 유대인의 문화에 대하여 비판적인 태도를 보여주시고 계신다.

사도 요한은 한편으로는 하나님이 독생자를 이 세상에 보내신 사랑을 말하면서(요일 4:9), 다른 한편으로는 이 세상의 문화에 대하여 비판적인 태도를 보여주고 있다. "이 세상이나 세상에 있는 것들을 사랑하지 말라 … 이는 세상에 있는 모든 것이 육신의 정욕과 안목의 정욕과 이생의 자랑이니" (요일 2:15-16). 이 구절의 의미는 반문화적 사상을 나타내기 보다는 이 세상 문화의 부패한 측면을 나타내고 있다.

3) 문화에 대한 변혁적 태도

교회가 문화에 대하여 가져야 할 입장은 변혁적 태도이다. 사도 바울은 로마서 12장에서 문화변혁에 대한 명료한 입장을 말하고 있다. "너희는 이 세대를 본받지 말고 오직 마음을 새롭게 함으로 변화를 받아 하나님의 선하시고 기뻐하시고 온전하신 뜻이 무엇인지 분별하도록 하라"(롬 12:2). 문화변혁의 기본적인 자세는 세상의 문화를 변화시키기 전에 먼저 신자의 마음이 변화받아야 한다는 것이다. 세상 문화는 불신적이고 패역한 풍조를 따라가고 있다. 예레미아 선지자는 만물보다 거짓되고 부패한 것이 사람의 마음(렘 17:9)이라고 하였다. 따라서 그 마음이 변화를 받아야 한다. 여기서 기독교 신자는 이러한 거짓되고 부패한 마음을 일깨우고 소생시키는 사명을 부여받고 있다.

(4) 변혁적인 자세의 전제

1) 세계관의 변화

마음의 변화는 단지 종교성이나 도덕성의 변화만을 말하지 않는다. 마음의 변화는 가치관과 세계관의 변화를 말한다. 그것은 따라서 영적 변화요 전인적 변화, 인격의 변화를 말한다. 그 예를 우리는 바울에게서 찾아볼 수 있다. 바울은 그리스도를 발견한 후에 자기가 이전에 가졌던 문화적 재산을 그리스도를 아는 데 장애물로 여기고 그리스도를 아는 지식을 지고의 가치로 삼았다. "그러나 무엇이든지 내게 유익하던 것을 내가 그리스도를 위하여 다 해로 여길뿐더러 또한 모든 것을 해로 여김은 내 주 그리스도 예수를 아는 지식이 가장 고상하기 때문이라"(빌 3:7-8상).

2) 그리스도에 대한 헌신의 태도

바울은 자기가 젊은 시절 열심히 공부해서 얻었던 율법에 대한 지식을 배설물로 여기고 그리스도 안에서 자기의 새로운 자아 발견을 향하여 나아갔다. "내가 그를 위하여 모든 것을 잃어버리고 배설물로 여김은 그리스도를 얻고 그 안에서 발견되려 함이니"(빌 3:8하-9). 바울의 삶의 중심에는 그리스도가 계셨다. "내게 사는 것이 그리스도니 죽는 것도 유익함이라"(빌 1:21). 이 얼마나 놀라운 헌신의 태도인가!

3) 지성인의 신앙적 헌신이 갖는 문화적 중요성

유대교의 지성인인 바울 한 사람의 회심은 유대교가 기독교로 전환하는 데 결정적인 공헌을 하게된다. 바울 한 사람의 회심 사건은 소아시아와 로마가 복음으로 전환하는 데 결정적인 계기가 된다. 바울은 세 차례의 순회전도를 통하여 아시아 문화권에 그리스도의 복음을 전한다. 어거스틴도 마찬가지로 마니교에서 방황하다가 그리스도를 발견한 후에 그는 한 평생을 그리스도를 위하여 헌신했다. 어거스틴 한 사람의 참회는 바로 고대 사회의 회심을 의미하는 문화적 의의를 가지고 있다.

2. 한국교회의 청년문화 진단

(1) 민주화 운동

진보적인 교회 청년이 주도한 민주화 운동은 1960년대에서 1980년대에 이르는 군사 정부의 권위주의적인 통치 속에서 정치사회의 개방화와 인권과 자유를 역설하고 투옥되기까지 하면서 하나님의 정의 구현에 기여하였다. 그러나 이 운동은 복음의 정치사회적 측면만을 강조하는 편협성에 머물렀다. 이 운동은 정치와 사회의 민주화와 사회정의 차원을 각성시키고 정치 권력의 탈권위화에 기여했다. 그러나 사회적 정의 실현에만 강조하면서 복음운동이라고 하기보다는 민중운동 내지 계급투쟁 운동으로 나아가는 경향성이 강하게 드러났다.

1980년 후반부터는 복음주의 청년 학생들 가운데 정치의식이 각성된 자들이 모여서 사회 참여를 하기 시작했다. 1986년 4 · 13 호헌조치를 계기로 복음주의 복음주의 청년협의회(복청)가 결성되었다. 1987년 당시 군부 6 · 29선언을 끌어내면서 대통령직선제가 관철되었다. 1987년 공정선거 감시단 활동을 계기로 복음주의 청년학생협의회가 결성되었다. 이것이 복음주의 청년 학생운동이 비로소 사회운동에 참여한 사건이었다. 1987년 이후 연합정신에 기초해 복음주의 학생운동은 성서한국, 통일한국, 선교한국의 공감대를 형성하였다. 그런데 1990년대 중후반기부터 복음주의 학생운동들은 굉장히 긴장감을 상실하기에 이르렀다.[1)]

(2) 현실도피

이에 반해서 1960-80년대 민주화과정 속에서 보수교회의 청년들은 현실과 사회에 대하여 정치 경제 문제와 신앙은 무관하다고 주장하면서 독재 정권을 묵인했다. 그리고 기존 체제에 순응했다. 교회라는 경건 속에서 안주하고, 주어진 체제에 무비판적으로 안주하며 자기만족에 빠져 있었다. 그리하여 교회가 몸담고 있는 주어진 사회 · 정치적 현실에 대하여 무비판적인 태도를 지녔다. 그러나 1980년대 후반부터 보수교회 청년 학생들도 공명선거 감시운동에 참여하는 등 사회참여에 적극적이었다. 2000년대 접어들어서는 보수적 교회의 청년들에게 교회와 문화를 이분법적으로 분리시키는 근본주의 사고가 있음을 부인할 수 없다.

(3) 신앙 도피와 갈등

대한기독교여자절제회에 의하면 우리나라 성인 가운데 알코올 사용에 문제가 있는 이들은 221만여 명으로 성인 3명 중 1명은 고위험 음주자로 분류되고 있다. 이러한 한국사회의 심각한 음주는 가정폭력, 가정파괴를 낳고 막대한 질병비용과 14조 원의 사회적 비용을 낭비하는 국가경제의 손실을 가져오고 있다고 주장했다.[2] 또 청소년 시기의 음주는 뇌와 간을 파괴하며 알코올중독의 피폐한 삶을 가져오기 때문에 이를 예방하는 것은 매우 시급하고 중요하다 교회청년들의 주초(酒草)문제는 일반 청년들이 자유스럽게 하는 음주와 흡연 때문에 더욱 심각하다. 음주나 흡연을 하지 말라는 성경적 구절은 없다. 이것은 우리 유교 문화에서 나온 것이다. 당시 술이나 아편을 복용함으로써 많은 사람들이 패가망신했기 때문이다. 그리하여 선교사는 주초를 교인들에게 금지했다. 이것이 오늘도 한국교회의 전통이 된 것이다. 이것은 한국교회의 아름다운 문화다. 더욱이 흡연은 근래 미국에서도 마약의 일종으로 간주되고 있을 정도다. 음주 또한 난폭 운전, 음주 운전 등 많은 실수를 하게 만들 수 있다.

그러나 음주나 흡연을 하는 것이 죄를 짓는 것이라고 생각하는 것은 율법적 사고이다. 구속함을 받은 성도로서 하나님과 사람 앞에서 보다 깨끗한 생활을 하는 것이 마땅하기 때문에 금주와 금연은 자발적인 것이 되어야 한다. 독일이나 미국에서는 음주나 흡연의 금지가 교인의 문화는 아니다. 그러나 신자의 금주와 금연은 한국 교회의 아름다운 문화다. 우리 청년들은 이러한 문화를 보다 긍정적으로 계승할 수 있어야 한다.

우리를 율법의 굴레에서 자유롭게 하신 주님을 믿는 가운데 주초 문제가 청년의 양심과 신앙을 얽어매어서는 안된다. 주초(酒草) 문제에는 그렇게 율법적으로 예민하게 고민하는 청년들이 도덕적으로 약속을 어겼다거나 신의를 저버리는 것에 대하여서는 아무런 책임 의식을 가지지 않는 것은 분명히 우리의 신앙사고가 유교적 형식주의에 사로잡혀 있다는 것을 나타낸다.

이것은 한국 교회 장년들의 신앙윤리의 영향이다. 장년들은 주일 성수와 주초 문제를 독실한 기독교인의 판별 기준으로 삼지만 신자의 사회적 윤리성과 책임성과 도덕성에 대하여서는 그렇게 예민하게 생각하지 않는 데 문제가 있다. 이것도 유교적 형식주의가 우리 신앙 의식에 깊이 자리잡고 있음을 보여준다.

(4) 밝은 문화 운동

1) 문화 쉼터

창천교회는 신촌지역 대학생과 지역주민들을 위한 "열린마당"을 표방하고 상업주의 문화에 지친 젊은이들을 위한 진정한 영혼의 휴식처를 제공하고 있다. 그리고 '문화 쉼터'는 기독교 문화의 갈증 속에서 좋은 작품을 만들기 위하여 '조코재미' 프로덕션을 설립했다. 이 프로덕션은 "교회에 설탕을 주기보다 세상에 소금을 뿌린다"라는 정신으로 영화 기획자, 무대 연출가, 카메라맨, 시나리오 작가, 분장사 등 각 분야의 전문가들이 모여 좋은 작품을 기획하고 있다.

이 열린 쉼터 역시 문화 선교에 관심이 많은 감리교(기독교 대한 감리회와 중앙교회)에서 세운 것이다. 종로 2가라는 세속의 거리에 위치한 이 문화의 집도 젊은 샐러리맨들과 젊은이들에게 은은한 복음성가(Gospel Song)를 들려주며 커피와 음료를 제공한다. 40명 수용 가능한 제이시 하우스는 120명이 들어갈 수 있는 별도 공연장도 가지고 있다. 이 공연장은 매주 화요일 저녁 복음 가수들이 콘서트가 열려, 젊은이들에게 복음성가를 보급하기도 한다. 제이시 하우스는 젊은이의 고민을 들어주고 즉석에서 위로의 시를 써서 액자에 담아주는 '거리의 위로자' 프로그램으로 문화적 접근을 하고 있다.[3) 2005년 4월로 문화쉼터를 10년째 운영하고 있는 박춘하 목사는 "신앙은 보수적으로, 목회는 개방적으로"라는 철학을 가지고 록콘서트와 영화상영을 과감하게 도입하고, 문화공연을 통해서 '앞풀이 마당'을 제공하고자 한다. 이를 통해 창천교회는 젊은이들을 껴안기에 나섰고 교인의 3분의 1이 청년일 만큼 상당한 성과를 거두고 있다.[4)]

서울 신림동 예광 감리교회 예빛 선교단도 매주 화요일 중·고등학생 등 청소년들에게 매주 '화요 쉼터' 행사를 개최한다. 화요 쉼터는 쾌락만을 쫓는 세상 문화에 빠져 신앙을 멀리하는 청소년들을 다시 교회로 끌어들이기 위해 마련되었다. 매주 복음성가 가수들의 찬양 콘서트, 드라마 및 영화 상영 등 다양한 문화 행사를 하는데 현직 교사들을 초대, 대화의 시간도 갖는다. 영어 특강이 준비되기도 한다. 방과 후 마땅히 갈 곳이 없어 오락실, 비디오방 등을 기웃거리는 청소년들에게 건전한 문화공간을 만들어 주자고 마련한 것이다.

일산 신도시 백마 카페촌에 일반 고급 카페의 시설을 갖춘 기독교 문화공간이 있다. 특히 기독교인 청소년들이나 목회자들의 건강한 휴식처와 문화 쉼터가 될 전망이다. 이름은 "사랑이 머무는 곳 - 백마당"이다. 서울 근교 일산 백마에 위치해 청소년들의 문화 공연은 물론 어머니 합창 교실, 결혼식까지 진행되고 있다. 사장부터 말단 종업원까지 모두 독실한 기독교인들이다. 이 곳은 세 개의 공간으로 나누어져 있다. 첫 곳은 넓은 야외 잔디밭이다. 야외 결혼식이나 야외 문화공연을 위한 장소이다. 두 번째 곳은 1층 "사랑이 머무는 곳"이다. 이 곳은 바로 문화 공연의 주무대다. 이곳은 젊은 기독인들이 찾는 장소로, 피아노와 기타의 선율이 자연스럽게 어우러지는 곳이다. 문학의 이야기를 나눌 수 있는 곳이다. 여기서 매주 목요일 오후 2시 중년 여성들이 통기타를 치고 피아노를 치며 화음을 맞춰 노래를 부를 수 있는 "어머니 합창 교실"이 진행된다. 세 번째 곳은 목회자들이 부담없이 동기들, 교회 임원들과 함께 모임을 가질 수 있는 만남의 장소 백악관이다. 이 일산 백악관은 목회자들이나 기독교인들의 모임과 사교(社交) 장소로 각광을 받고 있으며, 이곳은 음악을 중심으로 한 문화 공간이 기독교적 아늑함을 물씬 풍기고 있다. 또한 상시적으로 고객들의 합창 발표회와 복음성가 연주회를 할 수 있는 공간을 제공해 주고 있다.

2007년 창천교회 문화 쉼터 프로그램 중 매달 1회는 공개강연으로 진행한다. 문화 쉼터는 이 강연을 통해서 교회와 사회의 소통을 화두로 삼아 기독청년들의 시대적 역할과 사명을 고민해 볼 수 있는 기회들을 모색하고 있다. 광주사태가 있었던 5월에는 "오늘, 다시 광주를 기억하다"를 주제로, 한국전쟁이 있었던 6월에는 "전쟁에서 화해로, 다시 평화와 생명과 인간으로"(부제: 탈냉전과 세계화 시대의 한국전쟁 이해)라는 제목으로 공개강연을 개최했으며, 농촌봉사철인 7월에는 '한국의 농촌사회의 현실과 창조질서의 회복'을 주제로 삼아 뜻깊은 대화의 자리를 마련하고 있다.[5] 12년째 운영되면서 문화 쉼터는 한국교회 청년들을 위한 하나의 중요한 문화 콘텐츠로 자리잡고 있다.

2) 밝은 문화 세미나

교회에서는 사경회나 부흥회 외에 봄이나 가을에는 청년들을 위하여 '문화 세미나'를 열고 있다. 두레마을에서 하고 있는 '말씀과 노동학교' 그리고 '공동체 생활 훈련 프로그램'이 있다. 두레마을은 성경적 삶을 실현하려는 공동체 마을이다. "성서, 노동, 봉사, 학문"을 생활 신조로 삼아, 성경의 깨달음을 깊게 하고, 땀 흘려 일하며, 한 알의 밀알이 되어 봉사하는 삶을 살고 백성과 교회를 섬기는 데 필요한 학문을 발전시키려 애쓰고 있다.

공동체 생활 훈련은 3개월 기간으로 예수 공동체 두레마을에서 함께 살며, 성경 연구, 공동체 관계 훈련, 유기 농업 체험, 자연과 함께 하는 노동, 태백산 두레마을 탐방, 등산, 독서 등으로 공동체적 삶을 체험하는 프로그램이다. 이 훈련은 말씀과 노동과 사귐과 봉사를 통하여 건전한 신앙관 확립과 성경적 세계관의 수립 및 인격 성숙을 목표로 한다.

서울 수유리에 위치한 43년의 역사를 지닌 예장 통합측 번동제일교회도 2대 김정호 목사의 부임(1996년) 이래 10년째 문화세미나 등 각종 프로그램을 진행하고 있다. 교회성장의 새로운 패러다임으로 정기적인 문화선교대회를 정기적으로 개최하고 있다. 2007년 4월 16-17일 문화선교 컨퍼런스를 개최하였다. 문화사역은 카페, 강좌, 공연, 봉사의 4가지 영역으로 실행하는 것이 특징적이다. 강북열린문화센터를 지역주민들에 봉사하기 위하여 운영하고 있다.

강북열린문화센터는 21세기 문화의 세기와 주 5일 근무로 인한 여가문화의 확산에 대비하여 다양한 기독교 문화선교를 위한 프로그램적인 대안과 구체적인 전략을 기획 추진하여 기독교 문화를 창달하여 신앙 성장과 선교에 기여하는 것을 목적으로 한다. 즉 문화선교를 위한 장(場)으로 어린이부터 노인까지 교회의 모든 세대들이 다양하게 사용할 수 있는 코이노니아를 제공하고 다양한 기독교 문화선교를 위한 프로그램을 통해 교인들의

'문화적 영성' 을 증진시킨다.

아울러 성장 일변도의 양적 확산이 가져온 질적인 미성숙에 대한 염려와 지난 1세기의 기독교가 한국 문화에 미친 영향력의 미진함을 우려하는 성찰을 반영하고, 지역사회를 위해 다양하면서도 차별적인 문화선교 역할을 통해 지역사회선교를 적극적으로 모색하는 데 있다.[6]

① 문화를 통한 선교 효과 기대와 지역사회선교 계기 마련

② 문화적인 공간과 프로그램을 제공함으로 교회 분위기 개선과 영적 수준 향상

③ 코이노니아 공간 제공으로 교회를 자주 찾고 교회 밖의 모임을 교회로 유치

④ 새신자나 불신자를 초대함으로 교회선교에 간접효과 기대

⑤ 모든 세대를 위한 다양한 문화 프로그램 실시로 기독교문화 창출

각 기독교 대학에서도 부설 기독교문화연구소를 중심으로 문화에 관한 세미나가 정기적으로 개최되고 있다. 숭실대 한국기독교문화연구소에서는 벌써 한국기독교문화연구 세미나와 연구논총이 13차례나 나오고 있다. 2007년에 들어와서는 백석대학교(구 천안대학교)가 방배동이라는 위치를 이용하여 젊은이들을 위한 문화콘텐츠 세미나 등 문화에 대한 구체적인 세미나를 열고 있다.

(5) 경배와 찬양 운동

'경배와 찬양' 모임은 1980년대 후반 제도 교회의 경직성과 의식화된 예배 문화의 침체를 뚫고 일어난 젊은이들 중심의 신앙 부흥 운동이다. 이들은 종교개혁 정신을 본받아 영적 각성의 물결을 소망하며 참된 예배의 회복을 위하여 일어났다. 그리고 '두란노 경배와 찬양' 도 젊은이들에게 복음송

가를 통해 신앙적 열정을 발산하도록 하고, 젊은 신앙인들 사이에 유대를 돈독히 하는 계기를 마련하고 있다.

이 모임은 신자들 사이의 영적 성장에 많은 기여를 하고 있다. 하나님의 하나님 되심을 강조하여 경배받기 합당하신 하나님을 마음껏 찬양할 수 있도록 하는 운동이다. 기존 교회의 예배가 전통적이고 교리적인 예전 의식에 기초를 두고 있다면 경배와 찬양 모임은 기존의 예배 형식을 탈피하여 찬양을 통한 하나님과의 사귐을 강조하고, 신앙적 만남의 체험을 강조하는 점에서 젊은이들에게 유익한 예배 회복 및 영성운동이다. 찬양과 경배 모임은 그리스도께서 이루신 구속과 칭의와 화해의 사역을 체험하고 이에 대한 응답의 표현이다. 이러한 모임은 인습적인 예배의 틀 안에서 관계와 영적 치유가 결여된 예배문화에 젖어왔던 젊은이들이 하나님과의 인격적인 관계를 체험하고 그의 영적 구속과 치유를 마음껏 표현하는 기회를 제공한다. 이런 점에 있어서 경배와 찬양 모임은 오늘날 대중문화가 가져다주는 열광에 대하여 기독교적 영성 문화로써 대응하는 하나의 대안이라고 할 수 있다. 이러한 운동을 통하여 많은 청소년들이 하나님의 임재를 체험하고 하나님 앞으로 돌아오는 것은 크나큰 영적 결실이다.

여기에 제언은 다음 두 가지다. 첫째, 경배와 찬양이 전시효과적으로 운영되는 것은 바람직하지 않다. 이것은 전도회나 강연회가 아니기 때문이다. 그러므로 야외에서 하는 것보다 옥외에서 신자나 신앙에 깊은 관심을 가진 자들만이 여기에 참여하도록 해야 할 것이다. 둘째, 기존 교회 예배와 찬양에 이바지하는 방향으로 나아가야 할 것이다. 교회의 예배에 활력을 불어넣고 교회 찬양에 생동력을 불어넣는 교회 갱신의 차원으로 나아가야 할 것이다. 기성교회의 예배와 찬양이 어느 정도 의식적이고 인습적인 것에 사로잡혀 있다고 해서 그것을 부정하고 자기들의 새로운 형식만을 강조한다면 그것은 또다시 새로운 틀을 만들게 된다.

(6) 기독교윤리 실천운동

기독교윤리 실천운동은 다음 몇 가지로 구체적으로 전개되었다.

첫째, 올바른 선거 문화를 만드는 운동이다. 1980년대에 있었던 각종 선거가 공명하게 치루어지는 것을 감시하기 위한 공명선거감시운동에 보수계 기독교청년들이 대거 참여했다. 그리하여 올바른 선거문화가 형성되도록 계몽하고 감시 활동을 하는 것이었다.

둘째, 올바른 문화소비자가 되는 운동이다. 올바른 문화가 사회 속에 뿌리 나리도록 문화소비자 운동을 전개하고 있다.[7)] 이 운동은 문화를 소비하는 대중들의 자각과 의식을 일깨우고 진정한 즐김과 만족을 얻기 위하여 문화소비를 하도록 하는 운동이다. 기독교적 시각에서 문화에 대하여 더 이상 가치중립적인 태도를 취하지 않고 가치평가를 내린다. 이 운동은 문화의 옳고 그름, 좋은 것과 나쁨, 바람직한 것과 바람직하지 못한 것이라는 평가를 문화의 생산, 유통, 소비의 전 과정에서 내린다. 이러한 평가 작업은 텔레비전 프로그램과 광고, 영화와 음악 등을 그 구체적인 평가대상으로 하고 있다.

문화소비자 운동은 성윤리 회복을 핵심 과제로 한다. 홍수처럼 쏟아지는 문화상품 주변의 성개방 이데올로기를 비판한다. 결혼이라는 사랑의 테두리 안에서 성의 올바른 사용을 역설하고 있다. 또한 문화의 생산과 소비에 윤리적 책임을 부여하는 운동이다. 텔레비전 프로그램, 신문 연재소설, 광고, 영화, 음악 등 문화상품 전반에 있어서 불량품을 감시하고 고발한다. 이들은 문화상품에 대한 브레이크 운동을 한다. 스포츠 신문들이 음란하고 폭력적인 애용으로 경쟁하고 있을 때 이들 신문사에 대하여 제동을 건다. 그리고 비도덕적 해악을 지적하고 광고주에게 편지를 보내어 광고를 주지 않도록 호소한다. 문화상품을 바르게 생산하고 소비하도록 청소년과 주부층에게 교육을 실시하기도 한다. 5개의 모니터 팀을 훈련시켜 텔레비전과 광고와 인쇄 매체의 모니터 비평활동을 한다. 그리고 이것을 일반 소비자들에게 문화소비에 대한 교육 자료로 사용한다.

셋째, 잡지 발간 등 저널을 통한 문화 사상을 형성한다. 《빛과 소금》은 중산층 청년평신도들에게 열려 있으며, 《복음과 상황》 등은 사회적 관심을 가지고 있는 청년들을 위하여 로잔언약을 신앙고백으로 창간되었다. 이들 잡지는 복음주의적 입장에서 기독교문화와 윤리의 실천을 위하여 노력하고 있는 월간지들이다. 그리고 월간 《낮은 울타리》 등은 청소년층을 독자층으로 하며 문화론을 전문적으로 다루는 잡지이다.

(7) 기독교 학문연구 운동

학문도 신앙을 바탕으로 이루어져야 한다는 신념 아래 기독교 학문 연구가 이루어지고 있다. 1984년에 결성된 '기독교 학문연구회', 그리고 1970년 창립된 '숭실대 한국기독교문화연구소' 등 각 기독교대학 부설 기독교문화연구소들이 이 일을 열심히 수행하고 있다. 세계관 세미나, 일반학문연구, 한국 기독교문화 연구, 대중문화 연구 등이 그 분야이다.

세계관 세미나는 성경적 세계관에 대립되는 현대의 세계관의 흐름을 이해하기 위하여 "기독교철학입문", "기독교적 역사 이해", "자연과학과 기술 이해", "성경적 경제관과 기업경영" 등을 연구한다. 일반학문연구는 "기독교세계관과 학문", "제학문에 대한 기독교적 접근", "민족통일과 기독교" 등을 다루고 있다. 한국기독교문화연구시리즈는 "한국근대화와 기독교", "기독교의 존재 이유", "한국사회와 기독교", "기독교와 예술", "기독교와 문화", "기독교와 마르크시즘", "한국기독교와 신앙", "한국기독교와 생태계의 위기", "2,000년대를 바라보는 한국기독교", "한국 교회 성장둔화 요인분석", "21세기와 창조의 미래", "21세기와 포스트모더니즘과 기독교", "21세기 기독교와 타종교"(숭실대 한국기독교문화연구소 발간) 등을 다루고 있다. 대중문화 연구 시리즈로는 "사이버문화와 기독교문화전략", "생명문화와 기독교문화", "생명전환과 기독교", "문화상품과 기독교적 문화읽기" 등이 있다. 기독교 문화연구시리즈는 성경적 원리에 입각한 전통문화와 시민문화, 기술문화와 기독교 역할, 기독교와 대중문화 등을 연구한다.

3. 한국 교회의 청년문화 평가

(1) 장년 위주의 교회

교회는 장년들 뿐만 아니라 장년을 이어 교회를 맡게 될 청년을 위해서도 존재하는 것이다. 교회는 청소년들이 교회의 다음 세대를 이어갈 재목이라는 점을 진지하게 자각하고, 교회가 장년만을 위한 것이 아니라 청년을 위하여 깊은 배려를 가지고 예배와 프로그램을 진행해야 한다. 그리고 청년들과 대화해야 한다. 청년들의 갈등과 신앙의 고민을 경청할 수 있어야 한다. 한국사회에서 20-30대 청년이 차지하는 비율이 57%이다. 그렇다면 교회 안에서 청년이 차지하는 비율도 57%가 되어야 정상적인 교회라고 할 수 있다. 그러나 지금 한국교회는 역피라미드형도, 호리병형도 아닌 T자형 구조로 이루어져 있다. 장년층은 많고 젊은이들은의 숫자는 턱없이 모자란다. 이것은 교회의 프로그램이 장년층 위주로 진행되기 때문이다. 여기에는 가족의 계획에 따른 '가정의 서구화'라는 사회의 합리화의 요인도 있다. 그리하여 사회구조적으로 주일학교의 어린이층과 청소년층이 날로 줄어가고 있다.

(2) 젊은이가 안주하기 어려운 교회 분위기

오늘날 젊은이들이 교회를 등지고 떠나는 것을 단순히 청년들이 믿음이 부족하기 때문이라고만 할 수는 없다. 이들은 교회에 머물만한 근거를 발견한다면 떠나지 아니할 것이다. 교회에서 자기들의 갈등과 고민을 해결할 수 있는 아무런 대안도 발견할 수 없기 때문에 떠나는 경우도 많다. 오늘날 보수교회의 젊은이들은 자기들의 신앙성장을 위한 프로그램이나 영적 성장을 위한 교육 프로그램이 없고, 교리와 종교적 전통만을 강조하면서 자기들을 미래의 일꾼으로 키우려는 의지가 결여된 교회에 대해 회의를 지니고 있다.

오늘날 깨어 있는 청년들은 영적 기갈로 방황하고 있으며, 세속사회의 도전에 직면할 수 있는 좀더 체계적인 훈련을 받기를 원하고 있다. 청년들은 공동체 훈련, 소그룹 활동, 제자 훈련, 일대일 양육 등 인격적이고 역동적 프로그램을 필요로 한다. 이러한 청년들은 이러한 역동적 프로그램을 통하여 도전과 자극을 받고 영적으로 훈련을 받는 한 교회를 떠나지 않는다. 삼일교회 청년대학부의 경우 수평이동보다 전도를 통한 새신자 등록이 훨씬 많다고 한다. 삼일교회는 서울과 수도권에 있는 거의 모든 대학에서 전도를 한다. 청년들이 주중에도 나가서 '사영리' 책자로 전도하고 이 교회 청년부를 소개할 뿐 아니라 자신이 다니는 학교 후배와도 관계를 맺어 전도한다. 또 매년 1,500명 정도가 국내 · 외 단기선교에 참가하고 새벽기도회에도 300여 명이 참석한다. 사랑의교회(오정현 목사)는 주일예배 인원 3만여 명 중 대학 · 청년부 인원이 5,000여 명으로 15% 정도 된다. 주일예배에 2,500여 명이 모이는 높은뜻숭의교회(김동호 목사)는 교인 수의 3분의 1에 가까운 800여 명이 청년이다. 교회를 세운 지 3년이 갓 지났고 청년 · 대학부 사역에 특히 중점을 두지 않는 점을 감안하면 매우 많은 숫자다. 이 외에 동안교회(김형준 목사) 온누리교회(하용조 목사) 등이 청년들에게 인기 있는 교회로 알려져 있다. 사랑의교회와 온누리교회는 새신자 교육, 소그룹 성경공부, 리더 훈련 등의 체계화된 제자훈련 프로그램이 정착돼 있다. 높은뜻숭의교회는 청년·대학부를 양육, 선교, 예배봉사, 사회봉사, 시민사회선교, 직장인 등의 부서로 나눠 각각의 뷔페식 사역 프로그램을 마련해놓고 있다. 높은뜻숭의교회가 새로 마련한 교육관 청어람은 인근 명동 지역을 찾는 젊은이들의 감각을 고려한 것이다. 이곳은 평일에는 문화공연이나 세미나 등을 위해 개방한다.[8] 이들 성장하는 청년 대학부는 청년들에게 적합한 예배의 갱신, 메시지의 차별, 제자훈련, 어학훈련, 조직의 정비, 철저한 현장 사역을 시키고 이 모든 프로그램을 기도로 시작하고 있다. 이곳의 모든 프로그램이 진행되는 데는 담임목회자의 투철한 목회방침과 철저한 기도 훈련이 있다.

(3) 청년문화에 대한 의식 결여

한국교회는 젊은이들이 교회에서나 사회에서 기독교적인 문화를 적극적으로 누릴 수 있도록 건전한 대중문화의 프로그램을 발굴하는 데 힘을 써야 한다. 한국교회는 젊은이를 통제와 규제라는 틀에 얽어매는 데에서 벗어나, 도전을 주고 신앙적·문화적 욕구를 표출하고 긍정적으로 발산할 수 있는 프로그램을 개발해야 한다. 그러면 청년들은 이러한 건전한 기독교적 대중문화 프로그램을 신앙생활의 일부분으로 느끼고 소유하게 된다. 또한 비기독교 청년들도 교회에 들어올 수 있는 접촉점을 발견할 수 있다.

삼일교회(전병욱 목사)에는 전체 교인 중 젊은이들이 차지하는 비율이 80%나 된다. 삼일교회는 1994년 세워질 당시 12명이던 청년 수가 2년반 후에는 500명이 되었고, 11년 후인 2005년에 5,000여 명으로 급증했다. 그것은 담임목사가 1994년 부임후에 지속적으로 젊은 일꾼을 양육하고 성장시키는 프로그램을 실시한 결과이다. 그는 "특별한 프로그램을 개발하기 보다는" "단지 젊은이 개개인들이 가진 달란트를 개발하고 그 달란트를 최대한 활용하도록 사역의 장을 마련" 해 주었다는 것이다. 이것은 청년 문화에 대한 목회자의 의식이 깊다는 것을 말해주는 것이다.

(4) 교회-세속 이분법적 사고

청년들이 교회 안에서 안주하고 마음껏 활동하기 어렵게 되는 이유는 아직도 한국교회가 교회와 세속을 이분법적으로 대립시키고, 세속을 사단과 악으로 간주하는 반문화적 사고에 매여 있기 때문이다. 한국교회는 세속문화를 죄악시하고 개인적인 회개와 경건생활만을 기독교적인 것으로 간주하는 경향이 있다. 더욱이 우리의 토착적인 것은 모두 미신적인 것으로 간주하는 경향이 있다. 아직도 우리의식은 전통북을 치면 무당같다고 치기를 꺼려하고, 회갑연이나 결혼식 때 날라리 불며 장구와 북을 치면 무당같다고 치기를 꺼려 한다. 그리하여 서양의 피아노 음율에 맞추려고 애를 쓰며 그 음에 맞추지 못하면 열등감에 사로잡히는 것이 우리 청년들의 사고방식이다. 그러나 전통음악 자체가 이교적인 것이 아니라 그것의 발전이 당시의 한국의 종교인 무교와 불교와 유교의 세계관의 맥락에서 이루어졌기 때문이다. 전통적인 음악가락을 사용하여 우리는 얼마든지 기독교적 음률을 표현할 수 있다. 예컨대 나운영 작곡의 "여호와는 나의 목자시니"는 특히 신자들이 애송하는 우리곡조의 음악이다. 우리 곡조를 창작적으로 짓고 애송하는 노력이 필요하다.

우리의 토착적인 것이 무교나 불교나 유교와 결합한 무교적인 것이긴 하나 그 가운데 무교적 정신의 영향을 가장 적게 받은 표현문화들(한글, 색상, 의상, 건축기법, 음악가락, 미풍양속 등)은 교회문화와 갈등을 일으키지 않는다. 전통적인 양식의 교회건축과 교회음악과 교회미술 등이 가능하고 그렇게 표현하고 있기 때문이다. 김기창의 삿갓을 쓴 예수전, 김동진의 판소리 예수전, 한국건축양식으로 지어진 장석교회 등이 그 대표적인 경우다.

아직도 기독교문화관이 우리 한국교회 안에 온전히 뿌리내리지 않았다. 이제 한국교회는 믿고 중생하는 칭의(稱義)의 단계에서 한 단계 더 나아가 성화(聖化)의 단계로 나아가야 할 것이다. 이 성화의 단계는 우리의 일상적이고 사회적인 문화생활 속에서 그리스도를 따르고 증언하는 변화된 삶을 사는 단계이다.

(5) 자유분방한 세속문화와 정형화된 교회문화 속의 괴리

오늘날 기독교 청소년들은 인터넷 문화에 노출되어 있다. 청소년들은 컴퓨터의 가상 현실에 들어가 그 속에서 현실에서 누리지 못하는 욕구를 가상적으로 충족하고자 하고 있다. 정보사회의 신세대를 사이버 펑크(cyberpunk)라고 부른다. 이 용어는 사이버네틱스(cybernetics)와 펑크(punk)의 합성어로서 컴퓨터 세대를 지칭하고 있다. 이들은 컴퓨터가 만든 가상현실에 탐닉하여 실재세계를 떠나 가상현실 속에서 기존가치와 권위를 부정하면서 살아가고 있다. 문명의 발전과 인간성의 발전은 정비례하지 않고 오히려 역비례하고 있다. "악한 사람들과 속이는 자들은 더욱 악하여져서 속이기도 하고 속기도 하나니"(딤후 3:13).

이것은 하나님을 떠난 현실적 인간의 자기 본성에 모순된 모습이다. 오늘날의 소위 신세대인 X 세대의 특징은 "PANTS 신드롬"으로 나타내진다.[9] 이들은 개인적(personal)이며, 흥미본위(amusement)로 살며, 자연스러움(natural)을 좋아하고, 성별구분의 모호하고(trans-border), 극단한 자기 사랑(self-loving)으로 살아간다. 이들은 아기를 갖지 않고 맞벌이하면서 각자의 통장을 별도로 갖고 별도로 관리하면서 둘만의 행복을 추구한다. 이러한 신세대를 "딩크(Dink: Double Income No Kids)족"이라고 한다.

기독교 청소년들은 이러한 사이버 펑크 세대로서 사이버교회와 복음에 접하면서 전통적 교회의 영향력을 감소하거나 떨어져 나갈 수 있는 문화적 환경에 노출되어 있다.

(6) 뉴에이지 운동이나 가이아 문화에 노출

인터넷 문화의 대중적 확산과 더불어 교회는 청소년들을 쉽사리 뉴이에지 운동이나 가이아 이론에 노출시키고 있다. 오늘날 우리 주변에 인간 의식을 신격화 시키는 "뉴에이지 운동"(the new age movement)이 일어나고 있다. 뉴에이지 운동은 기독교와 동방의 신비종교를 결합시킨 비의 종교이다. 마인드 컨트롤에 의하여 인간을 자기 속에 있는 신성을 개발할 수 있다고 믿는다. 기독교 청소년들은 이러한 뉴에이지 운동에 노출되어 있다. 뉴에이지 운동은 "모든 것은 하나", "모든 것은 신", "모든 종교는 하나"라고 주장하면서, "정신이 실체를 지배하면 누구나 병에 걸리지 않고 건강할 수 있으며", "죽음은 의식이 다른 상태로 전이하는 것"으로 보며, "인간의식에 잠재되어 있는 신성을 일깨우는" 인간신격화의 운동이요 반기독교 운동이다.[10] 뉴에이지 운동은 신은 비인격적 에너지, 세력이나 의식, 그것(it)으로 본다. 힌두교에 기초를 두고 있는 이 새로운 세계관 운동은 전인 치유, 영적 힘과 황홀경을 약속하면서 많은 신앙이 약한 청소년들을 매혹시키고 있다.

그리고 청소년들은 환경 파괴의 염려 속에서 자연을 신격화하고 인간을 자연의 일부분으로 보는 가이아 이론(Gaia theory)이 영향을 받고 있다. 가이아 이론도 자연을 스스로 정화와 오염을 극복하는 능력을 지니고 있는 살아있는 신적인 존재로 보고 있다. 그러므로 이것은 인격적인 창조자를 인정하지 않는 자연을 신으로 보는 범신론적 세계관을 가지고 있다.

4. 복음적인 청년문화의 이념적 방향

(1) 복음적 정치의식

기독청년들은 복음적 정치의식을 가져야 한다. 복음적 정치의식은 정치신학적 의식을 말한다. 정치신학이란 교회나 신학이 정치나 권력기관의 시녀가 되는 것을 말하지 않는다. 그것은 교회가 정치화 되거나 신학이 어용화 되는 것이 아니다. 또한 그것은 기독교적 교리를 가지고 정치적 문제를 해결하자는 것도 아니다. 오히려 정치신학은 정치적 의식을 일깨우는 신학이다. 정치신학은 기독자의 양심에 근거하여 사회에서 일어나고 있는 불의와 불행과 부조리의 상황에 직면하여 고통을 겪고 거기에 대항해 투쟁하는 기독자의 신학적 반성이다.[11)]

정치신학적 사고는 십자가 신학적 사고로서 전개된다. 개혁신학적 정치신학의 사고는 우리의 종교적 삶과 정치적 행위가 바르게 일어나는 곳에 위치한다. “이 처소는 십자가에 달린 분에 의하여 단 한번 그가 버림받은, 병든, 주린, 옥에 갇힌, 멸시받은, 고난받은 자들의 친구가 되심으로써 이름지어진 것이다.”[12)] 이 처소가 십자가이다.

정치신학적 사고의 출발점은 정치권력의 장악이나 정치권력의 편에 서는 것이 아니라 예수 그리스도의 십자가의 편에 서는 것이다. 정치권력의 편에 서게 될 때 정치권력의 부조리와 불의와 폭력에 대해 투쟁할 수 없게 된다. 왜냐하면 이미 기존체제의 혜택과 특혜를 받고 있기 때문이다. 예수 그리스도의 십자가 처형은 당시 로마 황제의 신성을 거부하고 하나님만을 섬기라는 그의 반로마황제적 선포 때문에 야기되었다. 예수 그리스도 자신은 스스로를 결단코 정치적 메시아로 이해하지 아니했다. 그는 정치적 왕국을 선포하지 아니했다. 그는 하나님의 왕국을 선포했다. 그는 자신을 하나님의 아들이라고 증거했다. 그는 유대인 종교세력에 의해서는 하나님 모독자로 정죄 되었으나 유대교의 종교법에 의해 투석형을 받지 않았다. 그리스도는 오히려 로마 총독 빌라도에 의해서 로마 제국에 대항해서 민중을 선동한 정치적 반란죄로 로마의 사형방법인 십자가의 형에 처해졌다. 여기에 십자가신학적 사고의 핵심이 있다.

한국적 상황 속에서 지난 1980년대까지 보수교회 내지 복음주의 교회는 사회적 상황에 대하여 무관심했거나 정치적으로는 친정부적인 성향을 띤 것을 부인할 수 없다. 지난 27년 동안의 군부독재에 대하여 보수교회와 복음주의 교회가 일반적으로 이에 대해 묵시적으로 동조하거나 정치적 독재를 종교적으로 이용하기도 했던 것도 사실이다.

여기서 중요한 것은 복음주의 교회의 신학적 태도이다. 그것은 복음주의 교회의 신학적 의식이 진실로 정치적으로 각성하고 있는가 하는 것이다. 정치신학은 신앙을 정치에 해소시킨다거나 교회를 정치운동에 해소시키려고 하지 않는다. 오히려 그것은 종교와 신학의 어용화나 정치적 변질화를 비판하고 기독자, 교회와 신학을 바른 처소에 가져다 놓는 것이다.[13] 복음주의적 사고는 정치신학을 통하여 교회와 신학이 가지고 있는 복음의 말씀을 정치적 영역을 향하여 해석하고 그 속에서 역사하시는 하나님의 정치적 사역을 예시하며, 이를 세례요한처럼 예비하고 증언한다. 복음주의 신학은 정치신학의 과제를 수행하기 위하여 개혁신학적 전통에서 정치신학적 사고와 십자가 신학적 사고 그리고 평화의 신학을 배운다.

(2) 세속 속의 문화 향유

오늘날의 대중매체는 그 자체가 나쁜 것이 아니다. 라디오, 텔레비전, 위성방송, 비디오, 컴퓨터, 이동통신, 영화, 연극, 록음악, 자동차 등은 오늘날 시대에 산출한 문화적 산물이다. 컴퓨터는 오늘날 젊은이들이 향유하면서 건전하게 발전시켜야 필수품이다. 우리는 그것을 떠나서는 이 세상에서 살 수 없다. 그것은 인간의 발명품이요 문명의 이기(利器)이다. 인간이 그것을 어떻게 사용하느냐에 따라서 그 가치가 결정된다. 오늘날 대중매체는 상업주의에 편승해서 윤리와 가치와 도덕에 대한 관심 없이 오로지 상품을 파는 데만 치중하여 외설과 폭력이라는 퇴폐주의적 향락문화를 만들어 내고 있다. 이에 대하여 기독청년들은 오히려 대중매체를 이용하여 윤리와 기본가치를 존중하고 사회의 기본질서를 지키는 예수 문화운동을 펴가야 할 것이다. CCM이나 경배와 찬양 운동, 인터넷 선교는 기독청년들이 개척해나가야 할 새로운 영역이다.

(3) 세계내적 영성의 개발

야고보 사도는 진정한 경건이란 "세계내적 경건"(innerweltliche Askese)이라고 말하고 있다. "하나님 아버지 앞에서 정결하고 더러움이 없는 경건은 곧 고아와 과부를 그 환난 중에 돌보고 또 자기를 지켜 세속에 물들지 아니하는 그것이니라"(약 1:27). 기독청년은 단지 교회 안에서 세속에 물들지 않도록 경계하는 데 그치는 것이 아니라, 교회 밖의 고아와 과부를 그 어려운 상황 가운데서 돌보는 데 힘써야 한다. 기독청년은 복음이 지니는 사회적이고 문화적인 측면인 정의와 인권과 자유의 측면을 사회정치적으로도 실현하도록 노력해야 한다.

(4) 기독교 문화의식의 함양

기독청년들은 대중문화의 홍수 속에서 빠져 들어가 영적 감각이나 윤리적 판단력을 상실해 버리고 세속화되어서는 안 된다. 사도 바울은 우리에게 원대한 기독교적 세계관을 가르쳐주고 있다. "만물이 다 너희 것임이라

… 세계나 생명이나 사망이나 지금 것이나 장래 것이나 다 너희의 것이요" (고전 3:21-23). "만물이 너희의 것이라" 라는 말에는 만물이 다 하나님의 것이라는 의미이다. 그리고 이 만물은 성도들에게 그 사용이 위임되어 있다라는 뜻이 내포되어 있다. 바울의 이 말은 기독청년의 문화적 사명에 대한 핵심적인 사상을 제시하고 있다. 만물, 세계나 생명이나 사망이나 지금이나 미래는 모두 인간의 것이요 우리 인간은 그리스도에게 소속되어 있고 그리스도는 하나님에게 속해 있다. 그러므로 기독청년은 이 세상을 불신적인 세속인들에게 위임해서는 안 된다. 이 세속의 영역이 비록 불신적이라 하더라도 하나님이 주권적으로 관장하시는 하나님의 영역이기 때문이다. 이 영역에서도 역시 숨어 있는 그리스도의 주권이 명시적으로 선포되도록 노력해야 한다.

(5) 21세기를 내실있게 채우는 문화

21세기는 바로 하나님이 우리 기독청년을 사용하시는 중요한 시간적 계기이다. 우리 세대는 단지 백 년이 교차되는 시점이 아니라 천 년이 교차하는 중요한 시간적 계기에 직면해 살고 있다. 21세기는 하나님의 나라가 역사 속에서 이루어지는 시기가 될 것이다. 여기에 하나님은 우리 청년들을 부르고 계신다. 하나님의 나라는 하나님의 주권적 섭리에 의하여 이루어지나 우리의 사역을 통하지 않고서는 하나님께서 이루시지 않으시기 때문이다. 우리 청년들은 진행되고 있는 21세기의 문화적 특성을 연구하고 이 사회의 주역이 될 수 있는 실력을 기르면서, 진행되고 있는 21세기를 내실 있게 채워야 한다.

5. 복음적 청년문화의 구체적인 현안

(1) 세속문화 영합 아닌 문화변혁

기독청년들은 우리의 갈등과 소외 속에 있는 사회에 하나님의 복음으로 변혁된 문화를 창조하기 위하여 선교적 관심을 가져야 한다. 바울은 이방인과 유대인에게 복음을 전하기 위하여 저들의 입장에 서서 생각해 보는 방법적 포용주의를 사용했다. "내가 모든 사람에게서 자유로우나 스스로 모든 사람에게 종이 된 것은 더 많은 사람을 얻고자 함이라 … 약한 자들에게 내가 약한 자와 같이 된 것은 약한 자들을 얻고자 함이요 내가 여러 사람에게 여러 모습이 된 것은 아무쪼록 몇 사람이라도 구원하고자 함이니"(고전 9:19-23) 바울은 불신자들을 적대시하지 않고 가능하면 저들의 처지에서 이해하는 입장에서 저들에게 나아가고자 한 것이다. 이것이 방법적 포용주의다.

오늘날 복음주의 선교학도 선교하는 데 있어서 서구적 질서우위의 사고를 가지고 현지문화를 열등한 것으로 보지 말고 인도 및 아시아의 현지문화가 가지고 있는 관계우위적 사고를 가져야 할 것을 권면하고 있다.[14] "교회의 선교를 위해 질서는 필요한 것이다. 그러나 그것이 결코 관계보다 우위에 있지는 않다. 단지 우리가 이 교훈을 배울 때에만 우리는 우리가 섬기는 사람들의 관점에서의 신뢰를 쌓게 될 것이다."[15] 이것이 영합주의는 아니다. 이것은 오늘날 선교학이 식민주의적 사고에서 벗어나 진정한 토착화의 사고를 가지려는 태도라고 말할 수 있다.

진정한 토착화란 세속화 내지 현지문화에의 영합이 아니다. 영합주의는 복음의 정체성을 상실해버리는 것이다. 교회문화가 현지 문화 내지 세속문화의 공세에 눌려 교회가 세속화되는 일을 막아야 할 것이다. 교회가 세속

문화에 영합해 버리게 된다면 교회의 존재이유와 심지어는 성경의 권위까지도 도전받게 될 것이다. 예컨대, 교회가 한국에서는 술, 담배를 마음대로 허용하고 유교식 조상제사를 그대로 허용한다면, 인도에서는 카스트제도나 아랍국가들에서는 축첩제도를 허용해버린다면, 복음은 세속화되고 교회의 정체성은 상실될 것이다. 그리하여 세속문화의 특징인 상대주의와 허무주의가 기독교신앙과 교회 안으로 들어오게 될 것이다.

(2) 성경적 영성 문화 전파: 뉴에이지와 환생 문화 극복

뉴에이지 영화는 성경이 가르쳐 주는 세계관과 구원의 진리를 완전히 왜곡하는 위험한 영화이다. 이 영화에서는 성경이 금하고 있는 영매(靈媒)가 주요 역할을 하며, 죽은 자의 영혼이 샤머니즘에서 말하는 바 같이 이 세상에 돌아다닌다. 영화는 영매를 통하여 산 자와 대담(對談)하는 주술적인 내용을 그리고 있다. 그리고 환생을 가르치는 영화들이 많이 나돌고 있다.

이러한 환생 사상은 첫째, 기독교 창조 사상에 근본적으로 배치된다. 창조 사상은 인격적이고 주권적인 하나님이 이 세상만사를 주장하신다고 가르친다. 죽은 자가 마음대로 이 세상에 돌아다닌다고 주장하는 환생 사상은 이러한 하나님의 주권적 세상통치 사상에 위배된다. 둘째, 부활신앙에 배치된다. 환생사상은 부활을 부정한다. 셋째, 사람이 한 번 태어나 죽으면 심판을 받게 된다는 성경적 생사의 세계관을 부정하고 있다. 넷째, 변화하는 일상생활에 삶의 의미를 느끼지 못하는 현대인들이 현실에서 충족할 수 없는 것을 만족시키려 하는 상업문화에 맞물려 환생문화가 일어나고 있다. 다섯째, 전생 · 환생이란 개념에 물들면 현실적 적응력이 약해질 뿐만 아니라 어려움을 극복하지 못하고 쉽게 체념해 버린다. 운명론에 빠져버린다. 여섯째, 환생설은 모든 문제를 전생이나 환생과 관련시켜 안일하게 해결하려는 현실도피적 뉴에이지 사고에서 나온 것이다. 성경은 단 한번뿐인 삶을 최선을 다해 살라고 가르친다.

(3) 건전한 기독교 대중문화 형성

대중문화는 하나의 소비상품이다. 그것은 소비자들의 수용에 의하여 공급되어진다. 만일 소비자들이 건전한 윤리의식을 가지고 대중문화의 소비에 응한다면 대중문화는 건전한 소비자들에 의하여 그 공급의 질이 달라질 수 있다. 이러한 공급에 창의적으로 참여함으로써 청년들은 또한 건전한 문화를 창조하고 생산할 수도 있다. 청년은 이러한 의미에서 대중문화의 단순한 객체나 소비자만이 아니라 문화의 주체요 생산자이다.

1) 문화 쉼터를 통한 청소년 접근

창천교회가 마련한 '목요 쉼터'는 비신자인 청년들에게 기독교를 알 수 있게 하는 접촉점이 된다. 예배드리는 곳이라고만 생각했던 예배당이 이러한 문화 쉼터가 됨으로 청년들이 쉽게 접근할 수 있다. 이러한 접근은 교회가 세속화 되었다고 하기보다는 성육신의 방법이라고 생각된다. 예수님 자신이 죄로 타락한 이 세상에 들어오시고 세리와 창녀와 죄인들과 대화를 하시고 저들의 친구가 되신 것이다. 그러나 예수님은 그들과 동화되지 않으시고 그들에게 새로운 삶과 구원을 가져다 주신 것이다. 문화 쉼터는 예수의 십자가의 메시지를 직접 전하지 않고 프로그램과 음악과 대화를 통하여 간접적으로 전달한다. 은근히 지속적으로 메시지를 전달하는 가운데 그들의 마음 밭이 차츰 변하게 되는 것이다. 믿지 않는 많은 청소년들이 문화 쉼터를 통해 교회에 나오고 있다. 교회를 떠나 있다가 다시 오는 경우가 많고 친구를 통해 문화 쉼터에 왔다가 이곳의 정서에 마음이 움직여 교회로 나오는 경우도 적지 않다. 노래를 부르러 온 일반 대중가요 가수들도 몇 개월 동안 복음성가를 들으면서 교회를 향한 마음이 열리기도 한다.

2) 질 높은 기독교 공연문화 필요

대중문화의 스타로 부상하는 대중가수들이 청소년들의 유일한 문화적 대상이 되고 있는 상황 속에서 기독교도 질 높은 문화공연을 하는 것이 요청된다. 기독교 공연문화가 올바로 정착하고 수준 높은 교회문화공연이 실현될 때 청소년들이 교회 내에서 올바른 문화관을 갖고 대중문화와 교회문화 사이에 괴리감을 극복할 수 있을 것이다.

기독교 예술기획의 실무자들이 지적하는 바 "현란한 조명과 화려한 무대에 익숙해 있는 청소년들에게 아직도 찬송가만을 고집하는 것은 매우 어리석은 일"이라는 말은 타당하다. 기독교 문화공연이 진부한 교회프로그램에 싫증이 난 청소년들에게 단순히 볼거리를 제공하기 위한 것이 되어서는 안 된다. 우리 시대에 적합한 수준 높은 기독교적인 문화예술을 개발하는 것이 필요하다. 그런데 기독교 문화기획사 가운데 가장 오래된 기업 중의 하나라고 할 수 있는 예문기획도 음반기획과 영업총판을 통해 회사의 자금을 회전하고 회수하는 자금으로 공연을 유치해 나가고 있다. 이 경우도 음반과 관련된 복음성가 콘서트의 범주를 벗어나지 못하고 뮤지컬 공연을 할 수 있는 규모가 되지 못하고 있다.

3) 이웃의 고통에 참여: 섬김과 나눔 문화 형성

쾌락지향적 문화가 아닌 약자와 고통받는 자의 고통을 줄이는 공동체적 문화를 만드는 데 기독교청년들이 앞장서야 한다. 오늘날 대중문화는 즐길거리를 찾는 사람들의 쾌락을 충족시키는 상품이 되고 있다. 대중매체의 발달로 대중문화는 현대인의 생활의 일부 내지 전부가 되어가고 있다. 그리하여 교회도 대중문화를 끌어들여 청소년을 교회에 붙잡아 두려고 하고 있다. 이것은 자칫 교회의 세속화 내지 세속적 동화를 의미하게 된다. 진보적인 교회는 청년들에게 주초를 허용하고 각종 놀이와 게임을 허용하고 있다.

그러나 성경은 쾌락을 즐기기 보다 절제와 섬김과 나눔을 가르치고 있다. 성경은 우리보다 어려운 처지에 있는 불우한 자들에 대한 관심과 이들 고통받는 자들의 짐을 줄이는 데 관심을 갖도록 요청하고 있다. 기독청년들이 형성해야 할 문화는 세속문화를 따르는 쾌락과 즐김의 문화가 아니라 절제와 나눔의 공동체적 문화이다. 기독청년들은 우리 주위의 가난하고 고통받는 약자와 소외된 자들을 돌아보고, 이들의 고통을 줄이고 이들과 짐을 나누어지는 섬김과 나눔의 문화를 만들어 나가야 한다. 여기서 진정한 공동체적 문화가 만들어진다. 대중문화가 자기중심적인 쾌락 추구의 문화라면 교회의 문화는 진정한 사랑과 즐거움을 서로 나누는 섬김과 나눔의 문화이다.

(4) 전문적인 문화사역자 양성 프로그램 개발

기독교청년문화운동 사역을 위해 일선에서 뛰어다니는 사역자들은 "젊은이들을 위한 건전한 대중문화 형성을 위해서 교회가 투자하고 전문 문화사역자들을 많이 양성하는 것이 필요하다."고 피력하고 있다. 기독교 청소년들이 엄청난 힘으로 다가오는 세속문화의 광야에서 그 마음과 영을 쉴 수 있도록 하는 기독교문화의 오아시스를 마련하는 것이 필요하다는 것이다.

오늘날 세속문화 - 폭력영화나 에로영화나 뉴에이지성 영화 - 는 그 재미나 구성면에서 갈수록 더 정교하고 섬세해지고 있는데 교회는 청년들에게 이러한 것들을 보지 말라고만 해서는 안 된다. 교회가 적극적으로 이러한 세속문화보다 더 재미있고 의미를 주는 작품을 만드는 것이 요청된다. 인간의 구원과 신앙을 오늘날 우리가 처해 있는 실존의 문제, 사랑과 죽음, 우정, 추억, 자연의 아름다움, 미, 예술의 세계, 시의 세계 등 우리 삶의 전 영역 속에서 조명하는 영화와 예술을 개발하는 것이 요청된다. 보다 바람직한 문화작품을 만들기 위해서는 교회가 전문 문화사역자들을 길러내는 것이 중요하다. 기독교문화 기획사들의 활동영역은 아직도 콘서트공연을 위주로 이어지고 있으며 뮤지컬 등 다른 장르의 공연은 아직도 역량이 부족한 실정이다. 재정문제와 전문인 부재라는 문제의 심각성이 있다.

(5) 전통문화를 알고 복음적으로 소화

청년들은 우리의 전통문화를 알아야 한다. 전통문화가 이교적인 것과 결합된 것은 사실이나 자세히 들여다 보면 표현문화 가운데는 아직도 기독교적으로 세례를 주어 그 형식을 살려야 할 것이 너무나 많다. 청년들은 전통문화의 형식에 복음적 내용을 부여할 줄 알아야 한다.

우리의 전통 악기인 꽹과리는 천둥과 번개를 상징하고, 북은 둥실 뜬 구름을 상징하고, 장구는 소나기 오는 쇠를 상징하며, 징은 바람소리를 싱징한다. 이러한 꽹과리와 북과 장구와 징이 어우러진 사물놀이는 하나님의 창조질서를 노래하기에 안성맞춤이다. 이러한 사물놀이는 우리의 추수감사절에 천지신명에게 드린 전통적인 축제이다. 우리의 추석은 조상이 드려온 감사제이다. 한국교회는 11월 셋째 주 서양식으로 추수감사절을 지킬 필요는 없다. 이때는 이미 초겨울이며 한국정서에는 맞지 않다. 추수감사절기를 우리 민족의 추석과 연결시킬 뿐 아니라 이 축제 때에 우리의 전통 악기를 함께 사용하면서 우리에게 적합한 감사절기의 축제를 만드는 것이 요청된다.

(6) 첨단문화를 익히고 기독교적으로 표현

오늘날 기독교 청년들은 현대의 첨단문화를 잘 소화해야 한다. 인터넷 등 각종 첨단문화를 바로 소화해서 그것을 기독교적으로 소화, 발전시켜 나가야 한다. 폭발적으로 쏟아지는 현대의 소비문화에 대하여 문화를 평가하는 눈을 가지고, 그것을 신앙의 자유 안에서 소화하며, 이 첨단 문화를 통하여 그리스도를 증거하고 표현하는 일을 해야 할 것이다. 인터넷, 컴퓨터 그래픽 등은 첨단적인 문화요 이것은 신세대들의 문화정서에 어필하고 있다. 이러한 첨단 문화가 지니는 실험성과 역동성에서 도피하기 보다는 이것을 창조적으로 수용하는 자세를 가져야 할 것이다.

이러한 새로운 시대에 기독청년들은 올바른 놀이문화와 쉼의 문화를 창조해야 할 것이다. 첨단 기술사회 속에서 기독청년들은 올바른 직업을 가져야 한다. 그리고 올바른 놀이와 쉼의 문화를 창조해야 한다. 우리의 놀이나 휴식이 비생산적이며 소모적이지 않는지 반성해야 한다. "내일을 위하여 쉴 줄 아는 문화"를 만들어야 한다. 대학생의 신입생 환영회에서 술을 억지로 마시도록 해서 급기야는 치사케 하는 것이 오늘날의 대학문화 중의 한 현상이다. 기독청년들은 이러한 잘못된 문화를 변혁시켜 나가야 한다.

(7) 환경운동을 일으켜야

창조신앙은 바로 창조세계 관리의 책임으로 이어져야 한다. "땅을 정복하라 바다의 물고기와 하늘의 새와 땅에 움직이는 모든 생물을 다스리라" (창 1:28). 이것은 바로 하나님이 인간에게 주신 문화적 명령이다. 이것은 결단코 린 화이트(Lynn White)가 비판하는 것처럼 세계정복 명령이 아니다. 기독교 역사 가운데 성경을 독단적으로 해석하여 창조명령을 정복명령으로 해석했던 보수주의자들이 있었던 것은 사실이나 이것이 기독교의 주류는 아니다. 종교개혁적 개신교 전통은 창조 생태계에 대한 인간의 책임을 강조하고 있다. 창세기 1장 28절의 문화명령은 창세기 2장 14절의 청지기 사명과 관련하여 균형적으로 이해되어야 한다. 창조명령은 창조보존의 명령이다. 하나님이 창조하신 만물을 그 창조의 질서에 따라서 보존하라는 것이다. 기독청년들은 하나님이 인간을 만물의 영장으로 만드시고 인간에게 청지기의 사명을 주신 창조세계를 깨끗하게 보전할 의무와 책임을 깨달아야 한다.

(8) 민족 분단의 상처를 짊어지고 통일을 향하여

통일을 위하여 한국교회는 기도해 왔다. 한국기독교 교회협의회의 통일선언 이후 복음주의 교회 내지 보수교회의 통일문제에 대한 정책적 연구가 진행되고 있다. 그리고 이에 대한 구체적인 대안마련을 위한 실제적인 일에 착수하고 있다. 그것은 남북나눔 운동, 탈북자돕기 운동이며, 북한 교회재건운동이며, 북한 주민인권운동이다. 기독교는 통일이념이 지배자 이념이나 반공 이념과 동일시되거나, 자본주의 이념이나 사회주의 이념과 동일시되는 것을 비판하고 방지한다. 하나님 말씀이 제시하는 제3의 길을 제시한다. 여기에 기독청년들은 민족 분단의 상처를 짊어지고 올바른 통일정책의 입안과 이러한 정책이 구체적으로 실현되는 데 열심히 호응하고 뛰어야 하겠다.

오늘날 남북 관계는 김대중 국민 정부의 대북 햇볕정책으로 획기적인 전기를 마련하였다. 2001년 6 · 15 남북 정상회담에 이은 합의문이 있었고 남북 고위 당국자 회담을 중심으로 금강산 관광사업, 남북 철도 연결 사업, 2003년에 들어서는 금강산 육로 관광이 이루어지고 있다. 북한은 경제특구를 선언하면서 경제적 개방의 징후를 보이고 있다. 그리고 북한은 미국과의 대화를 핵개발 포기에 연계시키고 있다. 2003년 북한은 핵확산금지조약에서 탈퇴를 선언하고 그동안 동결한 영변의 핵연료 처리시설을 재가동하면서 한국 및 주변국가를 향하여 핵위협을 하고 있다. 2006년 북한은 지하 핵실험을 하고 핵실험이 성공했다는 것을 천명하였다. 오늘날 일부 젊은 세대들은 북한의 핵 개발에 대한 두려움 없이, 통일이 되면 북핵이 우리의 것이 된다며 미군 철수까지 주장하는 어리석은 생각을 가지고 있다. 기독청년들은 이념적으로 혼란한 시기에 시대를 바로 볼 수 있는 명철을 가지고 한국이 누리는 정치종교의 자유와 사회경제의 번영을 빼앗기지 않도록 시대의 파수꾼 역할을 다해야 할 것이다.

(9) 평화운동에 앞장서야

아직도 세계에서 유일하게 분단되어 있는 한반도의 긴장상황 속에서 우리 청년들은 평화운동을 일으켜야 하겠다. 한국의 통일이란 무력에 의한 것이 아니라 평화로운 절차에 의한 것이어야 한다. 여기에도 십자가의 사고가 요청된다. 십자가신학적 사고는 정치적 왕국 건설자체를 목적으로 정치적 행동을 추구하는 것이 아니다. 그것은 정치적이고 사회적인 영역 속에서 하나님의 주권을 선포하고 하나님의 샬롬을 수립하기 위하여 정치적 행동에 참여하는 것이다. 참여의 방법은 정치권력의 쟁취가 아니라 십자가의 행동이다.

예수 그리스도의 십자가는 당시 정치적 우상숭배의 철폐요 가치체계를 전복(顚覆)시켰다. 십자가에 못박히고 죽은 자가 주(Kyrios)요 하나님이 보내신 메시아라는 것이었다. 바울은 고린도전서에서 이 십자가의 놀라운 가치전복의 힘을 선포하고 있다. 이러한 사고는 주체사상의 신격화에 대한 준엄한 비판이요 자본주의적 지배 이데올로기에 대한 비판이기도 한다. 평화운동은 한편이 다른 편을 지배하는 사고의 구조가 아니라 더불어 같이 사는 공존공영의 사고이다.

(10) 동남아와 세계를 향하여 정의, 사랑, 창조보전 실천

우리나라의 대외(對外) 원조 수준이 경제협력개발기구(OECD) 30개 회원국 가운데 28위인 것으로 나타났다. OECD가 2007년 2월 23일 발표한 「개발협력보고서」에 따르면 2005년 한국의 대외 원조액은 7억 5,200만 달러였다. 국민총소득(GNI) 대비 0.1% 수준이다.[16] OECD 회원국 중 공식 통계가 나오지 않은 멕시코를 제외하면 한국 아래는 폴란드밖에 없었다. 그나마 2004년 0.06%에서 늘어난 것이 이렇다. 유엔 권고 기준인 0.7%에는 한참 못 미치고 OECD 회원국 평균인 0.33%의 3분의 1도 안 된다. 경제 규모는 세계 12위권인 나라가 어려운 국가와 국민을 돕는 일에는 이토록 인색하다. 2004년 남아시아 지진해일(쓰나미) 때 세계 최하위권인 60만 달러 지원을 발표했다가 황급히 증액한 적도 있다.[17] 1950년대 한국전쟁의 폐허 가운데서 1955년 한국의 1인당 국민소득은 60달러였다. 그런 한국이 반 세기 만에 무역규모 6,000억 달러의 나라로 올라설 수 있었던 바탕엔 우리가 힘들었던 시절에 구원의 손길을 내밀었던 국제사회의 지원이 있었다. 남을 도울 형편이 된 지금의 우리에게 대외 원조는 미덕(美德)이 아니라 의무이고 도리다.

대외 원조는 국가 전략이다. 우리의 이웃 중국이 아프리카에 100억 달러 채무를 탕감해 준 것도 모자라서 아프리카 원조 액수를 앞으로 3년간 두 배로 늘리기로 한 것은 돈이 남아돌아서가 아니다. 그렇게 해서 중국이 아프리카에서 얻게 될 고마운 나라라는 평판은 머지않아 영향력과 발언권이 되어 돌아온다. 일본도 상당한 규모의 대외평화봉사단을 세계 각지로 보내고 있다. 일본대학생들과 청년들은 동남아 공영권의식을 가지고 있다. 이들의 시야가 그만큼 넓다는 것이다. 이제 우리도 시야를 넓게 열어 우리의 동남아 이웃을 바라보고 인권개선과 경제발전에 같이 참여할 수 있어야 하겠다. 우리는 분단의 짐을 지고 있다. 그러나 이제 우리는 경제적인 성공을 이룬

것을 바탕으로 아시아를 향하여 복음전파의 사명을 다하고 그 나라에 생태계의 보존과 인권이 보장되도록 지원을 해야 할 것이다. 동남아를 향한 청년학생평화봉사대에 참여하는 것이 바람직하다. 우리의 눈을 동남아로 돌리고 저들의 민주화와 경제발전에 도움이 되고 저들에게 복음을 전파하는 사명을 각성해야 한다. 옛날에는 그들에게 도움을 받았으나 이제는 우리가 도움을 주고 그들과 친구가 될 수 있어야 할 것이다.

OECD 보고서의 대외 원조액이 많은 나라 순서는 거의 선진국 순서 그대로이다. 선진국은 돈이 많은 나라도, 넓은 국토나 인구를 가진 나라도 아니다. 선진국은 국제사회에서 존경을 받는 나라들이다. 이대로 가면 대한민국은 돈푼이나 있다고 거들먹거리는 강퍅한 나라가 되고 말 것이다.

(11) 영적 투쟁을 싸우는 중생한 그리스도인

세속문화와 대결하면서 복음의 문화를 전파하는 것은 궁극적으로는 하나의 영적 전투이다. 여기에는 문화적 테크닉이 결코 결정적인 역할을 할 수 없다. 1970년대 통기타 문화와 교회 학생부의 문화행사의 산물로 등장한 1980년대 초반 이후의 기독교 대중문화 사역자들은 이들의 개인신앙의 진실성을 진단받기에 앞서 신앙대중에게 너무나 빨리 노출되었다. 이들을 지탱해 줄 사상적 기반과 신앙적 기반이 현격히 부족하였다. 이들에게 찬양사역자, 찬양사역자, 문화선교사라는 명칭이 부여되었다. 그러나 이들은 하나님나라를 위하여 헌신적인 영적 투쟁을 벌이기보다는 기독대중의 문화적 향유 수준을 높이기 위한 일에 주로 공헌을 했다. 그리하여 영적 차원이 결여되는 경우가 많았다.[18)]

2007년 7월 만 93세로 별세하신 숭실대 이효계 총장의 부친 이복량 장로는 오늘날 젊은 기독교인 가져야 할 영적 투쟁에 대한 귀감(龜鑑)이 된다. 그가 만 40세에 구례군수로 부임한 1954년 여름 가뭄이 극심하여 기우제를 지내야 한다는 말을 듣고 그는 마음에 하나님께 죄를 짓는 기분을 느꼈다. 이 장로는 지리산 기슭 해발 약 500미터 높이의 산성산에 올라가 4일간 금식기도를 드리기 시작하였다. 그는 자기 생명을 담보로 하나님께 기도했다. "하나님 명예가 세상 사람들에게 밝혀서야 되겠습니까! 비 아니면 이제 제 목숨을 거두어 가십시오. 하나님 하나님!"[19] 필사적인 하나님 영광을 구하는 그의 기도는 응답을 받았다. 남동쪽 대마도 쪽에서 구름이 올라오는 것이 보였다. 그런 얼마 후 하늘이 열리고 단비가 내리기 시작했다. 그는 다음같이 증언한다. "기도는 불가능을 가능케 하는 기적의 통로다." "기도를 받으시고 그대로 두시지 않는 하나님은 그야말로 외상이 없으시는 하나님이시다. 기도는 가장 확실한 투자요, 보증수표보다 더 확실하다."[20] "기도에는 외상이 없다."[21] 이 장로는 그의 신앙대로 공직자로서 뇌물을 받지 않고 국민들로부터 혜택을 받지 않았던 청백리의 삶을 실천한 신앙의 사표(師表)이다.[22] 1960년 5 · 16혁명이 일어나 공직자들에게 주일에도 모이라는 계엄사령관의 명령에 불복하고 사표를 써 지니고 다니면서 주일성수를 한 그의 신앙의 지조[23]는 오늘날 신자들이 본받을 훌륭한 모범이다.

이 세상의 사조(思潮)를 거스르며 하나님의 뜻을 실천하는 이 모든 일에는 하나의 영적인 투쟁이 수반되고 있다. 이것은 보이지는 않으나 필연적으로 수반하고 있는 실재적 투쟁이다. 이것은 하나님의 영과 세속의 영과의 투쟁이다. 아무리 형식이 좋은 문화라고 해도 그것을 표현하는 영성이 성령이 아니면 그것은 복음의 능력을 효과적으로 나타내지 못한다.

*

이상에서 오늘날 복음을 전파하기 위한 기독교 청년들의 문화 의식과 과제에 관하여 살펴보았다. 우리는 여기서 가장 중요한 기반을 빠뜨려서는 안된다. 기독교 문화의 알파와 오메가는 우리가 그리스도 안에서 그의 말씀으로 변화받고 새 사람이 됨으로써만 비로소 시작된다는 것이다. 내면의 영적 변화가 이루어져야만 비로소 우리 청년들은 교회에서 올바른 청년문화를 형성할 수 있고 더 나아가 사회의 문화를 기독교적으로 변혁시킬 수 있다. 문화의 실체는 종교요, 종교의 형식이 바로 문화이기 때문이다.

오늘날 청년문화의 문제는 바로 청년들의 변화받지 못한 죄악된 본성에서 나온다. 죄악된 본성이 극복되지 않고서는 진정한 기독교 청년문화란 실현될 수 없다. 기독교 청년문화의 방향과 그 과제는 그리스도 안에서 중생하여 영성이 변화된 기본적 기반 위에서만 비로소 그 역동적 힘을 발휘할 수 있다. 그리스도의 변화시키시는 성령의 능력이 전제되지 아니한다면 청년문화운동은 하나의 세속적인 문화 운동에 불과하거나 하나의 종교적인 문화운동에 불과하게 될 것이다. 변화받은 인간성 위에 수행되는 청년문화 운동만이 우리시대의 문화를 복음으로 변화시키는 창조적인 역동성을 발휘하게 될 것이다.

이러한 기반 위에서 중생한 청년들은 이 세상으로 되돌아 와서 이 세상의 문화형식을 깊이 연구해야 한다. 개혁신앙의 전통은 결단코 세속적 문화를 부정적으로만 보지 않는다. 그것은 일반 은총의 영역이기 때문이다. 과학, 기술, 예술, 미, 선, 문학 등의 영역은 하나님의 창조질서의 영역으로서 그것 나름대로 독자성을 지니고 있으며, 고유한 가치를 지니고 있다. 비록 그것은 부패한 요소를 지니고 있으나 창조의 영광을 상실하고 있지는 않다. 그러므로 기독청년들은 이러한 문화의 영역에 깊이 들어가 이 영역 안에 나타난 창조주의 오묘한 솜씨를 발견해야 한다. 이러한 영역의 질서를 익히는 데는 각고의 노력이 필요하다.

21세기는 어느 시대보다도 각 영역에 있어서 전문가의 시대이다. 전문가가 되어야만 이 사회에서 일자리가 있고 살아 남게 되어 있다. 전문가란 개혁신앙의 관점에서 하나님의 창조영역의 한 분야를 깊이 천착하고 그 속에 나타난 섭리와 구조를 헤아리는 것이다. 인간의 신체의 신비, 자연의 신비, 인간 심리의 신비, 인간 사회의 역동적 신비, 역사의 신비, 예술과 문학의 신비 등 우리 삶의 모든 영역이 하나님의 창조의 섭리가 두루 지배하는 영역이다. 우리들은 이 영역 가운데 한 분야를 알고 전공하도록 부름을 받는 것이다. 교회의 예배에서만이 아니라 이 세상의 가정과 직장에서 자기의 업을 성실히 다하는 것이 바로 하나님을 경배하는 것이다.

chapter 13
한국사회 청년문화의 조명

이 장에서는 오늘날 일반적으로 우리 사회에서 전개되고 있는 청년들의 일반적인 문화행태에 관하여 기술하고 이에 대한 기독교적 평가를 하고자 한다. 1975년엔 고교 졸업생의 대학진학률이 25.8%였다. 30년이 지난 2005년 그 비율이 82%에 이른다.[1] 이 가운데 여성의 대학진학률이 1970년대 20%대에서 2005년 80%로 증가하여 여성지위의 상승을 보이고 있다.[2] 그러므로 청년문화를 살피는 것은 곧 대학생들의 문화를 살피는 것과 직결될 수 있다. 학생운동은 1970년대에는 유신체제에 대한 강렬한 저항문화, 1980년대에는 신군부에 저항하는 계급의식의 실천, 1990년대에는 문민정부의 수립과 더불어 학생운동의 침체와 독서부재가 특징적이었고, 2000년대에는 화염병이나 쇠파이프가 사라지고 최루탄발사가 사라지는 보다 온건한 방향으로 나아가고 있다.[3] 2005년을 기점으로 쇠퇴하다가 2007년 현재 대학가에서 시국에 관련한 학생데모는 거의 사라졌다.

오늘날 대학가를 비롯한 우리 청년들에게 일반적으로 퍼져 있는 문화운동은 다음 네 가지 유형으로 나눌 수 있을 것으로 본다. 그것은 사회참여형(型), 대중적 향락형, 자기 추구형, 현실도피형이다. 사회참여형에는 경제

정의 실천운동 및 운동권 운동, 대중적 향락형에는 대중문화 운동 및 개방적 성문화 운동, 자기추구형에는 취업준비, 신세대운동, 현실도피형에는 뉴에이지, 환생신드롬 등이 있다. 2000년대 중반에 들어와서 서울대를 비롯하여 사회참여형의 운동권 학생운동은 점차 퇴조를 이루면서 자기추구형 내지 대중적 향락형으로 나아가고 있다. 2000년대 들어오면서 대학가의 이념추구형의 학생운동이 점차 퇴조하면서 고려대에서 처음으로 비운동권 총학생회가 탄생하면서 대부부의 대학에서 운동권보다는 비운동권이 학생들이 선전하고 있다. 2005년에는 비운동권 연세대총학생회가 '8·15 민족대축전'에 참가한 좌파단체의 학교시설 사용을 거부해서 화제가 되었다. 이화여대 총학생회가 공개적으로 북한인권을 거론하는 것도 최초의 일이다. 이러한 대학가의 움직임은 보다 학생운동이 이념추구형에서 현실직시형으로 바뀌고 있다고 말할 수 있다.[4] 2007년 대학가 학생운동은 탈정치적인 방향으로 나아가고 있다. 1960년대 일본의 극렬한 학생운동이 1970년대에 들어와 잠잠해진 것과 비교하면 우리의 대학가는 일본에 빈해 근 30년 뒤떨어진 것 같다.

*

1. 사회참여 유형

(1) 경제정의 실천운동

1980년대 후반 민주화가 이루어지고 난 뒤 청년들은 경제정의 실천을 위한 운동을 시작하였다. 이 운동은 경제정의 실천시민연합에 의하여 전개되고 있다. 경실련은 저소득층에서부터 중산층에 이르기까지 비교적 다양한 시민계층의 목소리에 귀를 기울이고 있으며 전문가들을 동원해 정책적인 접근을 하고 있다. 그리고 재개발문제, 외국인 노동자문제, 빈민문제 등 비교적 소외계층의 요구를 성실히 다루고 있으며 감성적 차원이 아닌 구체적인 정책에 반영하고 있다. 오래지 않은 활동기간에도 불구하고 다양한 요구를 수렴해 내면서 정부의 편보다는 시민과 민주의 편에 서고자 하며 정의로운 입장에 서기를 원하여, 시민적인 공감을 일으키고 있다. 2000년 들어와 경제정의 실천운동은 시민사회의 시민운동으로 자리를 잡아가고 있다. 2007년 현재 경제정의 실천운동에는 많은 기독자 청년 및 운동가 및 교계 지도자들, 교수들이 참여하고 있다.

(2) 운동권의 민중문화

1) 문화운동: 사회변혁의 도구

1980년대 운동권 청년학생들은 문화운동을 사회변혁의 도구로 여겼다. 이들은 민중문화운동을 주도했다. 군부 통치시대의 독재와 억압에 대항하여 투쟁의 명분을 가졌고, 우리 사회의 민주화에 기여하였다. 이들은 구소련에서 실체화 된 정치적 공산주의에 대한 비판으로 등장한 서구 유럽의 신마르크시즘의 문화 이론을 수용하고 있다. 이들은 문화를 가진 자와 가지지 않는 자라는 사회적 계층간의 이해가 충돌하는 전투의 장으로 본다. 이들은 문화를 사회와 역사변혁의 전략적 도구로 보고 있다.

1980년대 대학운동권에서 "강철" 이란 이름은 절대적 존재였다. "강철 시리즈" 는 운동권의 필독서 였고, 그의 행동지침은 운동권 전체를 좌지우지 했다. 80년대 중반 운동권의 대전환이라고 할 수 있는 주체사상을 받아들이는 데 결정적인 역할을 한 인물이 바로 "강철" 이란 필명으로 통하던 서울대 법대 82학번 김영환이었다. 독실한 가톨릭 신자이자 민족주의자였던 김영환이 이념서클에 가입해 마르크시즘으로 사상무장하고 이후 한국 사회의 최대 터부였던 북한의 주체사상을 수용한 과정은 386세대 전체의 초상화이기도 하였다. 김영환은 80년대 중반 운동권이 지리멸렬해가는 조짐을 보이자 주체사상을 지도이념으로 운동권의 천하통일을 이루었다.[5)]

1980년대 이후 광주 민주화운동을 계기로 미국에 대한 신뢰가 깨진 후, 종속이론(從屬理論)과 프랑크프루트 학파의 신마르크시즘(neo-marxism)이 소개되었다. 1985년 즈음해서 정통 마르크스-레닌주의가 보급되기 시작했다. 이러한 상황을 배경으로 1985년 말경에는 학생운동 일각에서 한국사회가 미국의 식민지라는 논리에 근거하여 반제와 반미투쟁을 중시하는 민족해방론(NL계(系))이 등장했다. 그리하여 1986년 이후 주체사상 연구와 보급은 본격화되었다. 1980년대 운동권이 표방한 민중은 주로 노동자 및 농민계층을 의미했다. 그리고 1990년대에 들어와 이러한 노동자 농민계층을 지향하는 이데올로기적 운동은 퇴조했으며, 대학이나 사회에서의 영향력도 극도로 감소하게 된다. 운동의 성격도 차츰 문화운동으로 나아가고 있다. 그리하여 민중개념도 도시 중산층으로 넓어지게 된다.

1987년 전대협(전국대학생협의회)이 결성된다. 1990년대 들어와 현재 학생운동은 주체사상파로 불리우는 민족해방(NL, National Liberation Peopele's Democracy Revolution, 민족해방 인민민주주의 혁명)계가 중심인 기존의 한총련 노선과 민중민주(PD, People's Democracy Revolution, 반제(反帝) 반파쇼 민중민주주의 혁명)계의 온건한 총학생 노선의 두 가지 형태를 가지게 된다. 주사(주체사상, NL)파는 한국사회를 미국의 식민지로 보고 미(美)제국주의(帝國主義)와 그 대리(代理)정권인 남한 정권이 남한 민중을 억압하고 분단을 고착화하는 사회라는 것이다. 이들은 혁명주력군인 노동자, 농민, 청년학생이 대동단결, 미제국주의와 남한 정권을 타도, 민족해방, 인민정권 수립을 목표로 하고 있다. 주사(NL)파도 통일투쟁방법론을 놓고 과감한 정치투쟁을 주장하는 "자주계열"과 일상적이고 생활적인 통일운동으로 대중성을 확보하자는 "사람사랑 학생회"로 양분되어 있다. 폭력, 과격화 양상을 띤 1996년 8·15 범민족대회를 주도한 세력이 이 가운데 "자주계열"이다.

민중민주(PD)계열은 한국사회를 기본적으로 자본가와 노동자가 대립하는 독점자본주의 사회로 보고 있다. 다만 한국자본주의는 국제 독점자본에 예속된 신식민지 국가독점 자본주의의 특징을 띤다고 본다. 이들은 노동자 계급의 정치적 조직화를 통한 자본가 계급 타도를 위해 노조 정치 활동, 자유쟁취 등 노동자 계급과 연대강화를 정치적 과제로 보고 있다. 민중민주(PD)계열은 정치조직과 대중운동 방법론을 놓고 "전국학생 정치연합(전학련)", "학생연대", "대장정", "21세기 진보학생연대" 등 4-5개로 나누어져 있다.[6] 민중민주파는 반자본 민중혁명노선을 추구하고 있다. 주사파는 89개 학생회를 장악하고 있으며 민중민주계는 23개 학생회(1996년 현황)를 장악하였다.

1993년 4월 전주 실내체육관, 전국 180여 개 대학 5,000여 운동권 학생들이 한총련 출범식과 1기 의장 선출대회를 가졌다. 1993년 한총련의 출범으로 전대협은 결성 6년만에 해산되고 세력판도에 있어서 절대적으로 우세한 NL계가 주도권을 잡게 된다. 문민정부에 들어와 주사(主思)강경파(NL계)들이 학생운동의 주도권을 잡게 된다. 최근에는 과격화, 폭력화, 그리고 노골적 좌경 통일운동으로 그 방향성을 잡아가고 있다. 그리하여 수그러들었던 쇠파이프와 화염병이 등장하고 학생들의 데모현장은 전장(戰場)을 방불케 하고 있다. 그리하여 1996년 8월 연세대 종합관 점거사태가 일어나게 된다.[7] 연세대 점거사태에서 나타난 무분별한 폭력행위로 인하여 이제 주사파운동이 시민으로부터 외면당하고 공권력에 의하여 조직적으로 와해되는 계기가 되고 있다. 이들은 국가가 종교문화, 교육문화, 가족문화, 법률문화, 정치문화, 커뮤니케이션 문화를 통해서 대중들의 행동과 사고를 조종하는 이데올로기적 장치에 대항하기 위해 대중적 문화역량을 강화하기 위해 문화투쟁을 전개하고 있다. 그 대표적인 것이 일간 신문《한겨레신문》, 월간 잡지《사회평론》등이다.

'강철'은 민혁당이란 지하당을 구축해 공산혁명을 시도하고, 1991년에 북한에 밀입국해 김일성을 만나기도 했다. 그러나 자신의 눈으로 북한의 실체를 목격한 이후, 그의 환상은 깨지기 시작했다. 남들보다 먼저 북한에 대한 금기를 털어버렸다. 그는 북한 체험을 통해 가장 먼저 북한에 대한 우상을 무너뜨린 것이다. 그는 2005년 현재 북한 민주화 네트워크와 '시대정신'을 통해 북한 민주화 운동을 벌이고 있다.[8)]

2) 00학번 세대들이 몰고 온 대학가의 변화

2006년 학내 단체들의 인터넷 게시판과 대자보 의견란 등에 올라온 학생들의 다음 '댓글'들은 학생들의 의견을 나타내준다. "자꾸 매스컴에 학교 이름 나오니까 창피하다. 총장실 점거 그만 하자.", "등록금 인상 나도 싫지만 매년 반복되는 '투쟁'은 지겹다. 총학생회는 등록금 문제를 해결할 정책적 대안을 고민해 봐라.", "투쟁이랍시고 과격 발언 서슴지 않는 학생회가 학교보다 더 싫다."[9)]

연세대 총학생회는 학교 측의 2006년 등록금 인상(12%)에 맞서 3월 29일부터 벌써 97일째 총장실 점거 투쟁을 벌였다. "총학 파이팅! 가능한 한 많이 돌려 받자." "학생을 '금고'로 여기는 학교에 레드 카드를 보내자." 등 지지글도 간혹 있지만, 총학생회를 바라보는 00학번 세대의 전반적 여론은 싸늘하기 그지없다.

'개인'과 '자유'를 중시하는 00학번 세대의 등장이 대학 사회에 몰고 온 가장 큰 변화는 대학 학생회에서 확인할 수 있다. 2005-2006년 숭실대의 경우 비운동권 학생회가 장악하는 관계로 등록금 문제가 큰 어려움 없이 타결되었다. 그리고 2007년의 경우 학생회는 총장실은 점거하지 않고 기획실

집기만 들어내고 등록금 인하 요구를 하였다. 줄다리기 끝에 학생회와 학교당국 간의 협상이 이루어져서 큰 어려움 없이 등록금 인하 요구가 마무리되었다.

2006년 4월 11일 총학생회 소속 학생들이 '총장실 낙서 파문' 을 일으켰던 중앙대 인터넷 게시판에도 "총장실에 난입해 페인트 낙서라니 총학 자질이 의심스럽다." "총학이 등록금 문제로 고생한다고 생각한 내가 부끄럽다."는 등 비난 글이 줄을 이었다. 중앙대 관계자는 "요즘 학생들은 특정 이슈에 대한 집단적 의견을 적극적으로 개진해 학생회의 변화를 요구하고 있다." 며 "이에 따른 학생회와 학생 간 의견 충돌이 새로운 학내 갈등으로 등장했다." 고 지적했다.

고려대 학생들이 2006년 4월 교수 억류 사태로 인해 출교(黜校) 징계를 당한 학생을 옹호하는 총학생회를 비난하고 나선 것이나, 서울대 학생들이 2006년 6월 12일 있었던 고려대 전 총학생회장에 대한 탄핵에 대해 '민주적 절차' 를 문제 삼은 것도 마찬가지 사례다.[10)]

특히 서울대 학내 포털 스누라이프 게시판에는 탄핵 1개월이 지난 지금까지도 논쟁이 이어지고 있다. 대화명 '오프라' 씨는 "전체 학생들의 의견 수렴보다 고려대 전 총학생회장의 도덕성 문제가 더 중요하다는 탄핵 찬성론자들의 논리는 2004년 노무현(盧武鉉) 대통령 탄핵 때 한나라당이 보였던 독선과 똑같다." 고 주장했다.

대학 문화의 꽃이라는 대학 축제(대동제)에서도 갈등은 계속된다. 서울대 동아리연합회의 이모(23)군은 "축제 예산을 꽉 쥐고 있는 총학생회가 제시하는 틀에 따라 단대학생회, 과학생회가 행사를 맞춰 내는 것이 대학 축제의 현실" 이라고 말했다. 학생회가 밀어주는 행사가 아니면 아무리 기획이 좋아도 실현하기 힘들다는 얘기다. 2006년 서울대, 연세대, 성균관대 등 일부 학교 총학생회가 회당 출연료가 수백만 원씩 하는 인기 연예인들을 학교 축제에 대거 초청하자 '그 돈으로 학생들 자체 기획 행사나 지원하라'는 학생들의 반발이 거세게 일어났다.[11]

이런 과정 속에서 학생회의 입지는 점점 대학 사회의 주변으로 밀려나고 있다. 서울대 학생회 출신 김 모(97학번)군은 "90년대 학생회가 교내 인간관계의 중심이자 모임의 장을 제공해 줌으로써 학생 대중과 '공생'을 했다면, 00학번 세대의 학생회는 학생들과 계속 부딪히면서 점점 배척당하는 것 같다."고 말했다. 고려대 총학생회 관계자 역시 "학생들의 반(反)학생회 정서가 학생회 활동에 지장을 준다."고 털어놨다.

대학 사회 일각에서는 학생회의 '붕괴 가능성'마저 이야기한다. 2006년 7월 월간 《말》지 기고를 통해 '총학생회 해체론'을 제기한 연세대 이모(03학번)군은 "대부분의 학생들이 학생회의 소통 없는 극한 투쟁에 신물을 느끼고 있다."며 "대학 내 진보 운동의 생존을 위해서는 대학 학생회가 '발전적 해체'를 겪어야 한다."고 주장했다. 그는 "학생회가 '개나리 투쟁' '달력 투쟁'이라는 비아냥을 들어가며 등록금 투쟁에 집착하는 것도 투쟁의 재생산을 통해 학생회의 유통기한을 늘리려는 시도"라며 "결국엔 (학생들이) 총학생회 선거를 보이콧(boycott)함으로써 학생회가 와해될 것"이라고 전망했다.[12]

3) 2006년 이후 운동권의 현저한 쇠퇴

2006년 11월 14일 오후 3시 서울대 50대 총학생회장 선거의 1차 공동유세가 열린 서울대 문화관 앞. 50여 명의 청중들이 후보 연설을 듣고 있었다. 후보의 이름이 찍힌 옷을 입은 '운동원'을 빼면 '유권자'는 절반 정도. 지나가는 학생들은 힐끗 연단을 쳐다볼 뿐 무심히 스쳐갔다. 서울대생들의 '탈(脫) 정치화'가 심화되고 있다. 단적인 예가 지난 6일 '반쪽 짜리'로 끝난 공동선거운동본부(공동선본) 발족식. 아크로폴리스 광장에서 개최됐던 당시 발족식에, 7개 선거운동본부(선본) 중 3곳이 불참했다. 전통적으로 공동선본 발족식은 총학생회장 선거의 개막을 알리는 가장 중요한 이벤트였다.

이들이 밝힌 불참 이유는 '장소가 도서관 바로 앞이라 공부 중인 학생들에게 영향을 미칠 수 있다는 것', '처음처럼'의 선거본부장 전 모(동물생명공학)군은 "학우들의 학습권을 해칠 수 있어 불참했다."고 말했다. 이들의 공통점은 모두 '비운동권'이라는 것이다.[13] 2006년 서울대 학생선거의 후보들은 4개 '운동권'과, 3개 '비(非) 운동권'으로 나뉜다. 4개 운동권 후보에는 NL(민족해방) 계열이 2곳, PD(민중민주) 계열이 2곳이다.

2006년 4월 서강대 학생회관, '한총련 합법화 실현과 국가보안법 철폐를 위한 창립기념의 밤'이 열렸다. 참석자는 한총련 전·현 집행부와 일부 시민단체 인사 60여 명이 전부였다. "학생들의 무관심에 한총련이 어려움을 겪고 있다. 한총련을 부활시켜야 한다."는 게 외부 인사의 축사였다.

2006년 주요 대학 학생회장 선거에서 운동권 후보들이 줄줄이 패하고 있다. 고려대 연세대를 비롯, 경희대, 광운대, 동국대, 명지대, 삼육대, 성균관대, 숙명여대, 숭실대, 외국어대, 이화여대, 중앙대 등이 비(非)운동권 학생회장을 선택했다. 서울대 총학생회는 지난달 세 차례나 투표 마감을 연장하고도 투표율이 50%에 못 미쳐 아예 회장 선출에 실패했다.[14]

서울대 대학본부와 도서관 사이 '아크로폴리스'는 80년대 민주화 시위와 집회들이 열렸던 상징적 공간이다. 이번 서울대 선거에서 7명의 후보들은 80년대 중반 학생회장 직선이 이뤄진 뒤 처음으로 유세 장소를 '아크로폴리스'에서 문화관 앞으로 옮겼다. 도서관에서 공부하는 학생들이 유세 소음에 방해받지 않게 하겠다는 것이었다. 그래도 학생들은 투표에 냉담했다.

운동권 총학이 외면당하는 것은 우선 총장실 점거 같은 강경 폭력 투쟁에 학생들이 넌더리를 내기 때문이다. "대학생들이 정권의 경제 · 사회적 실정(失政)에 대한 불만을 정권과 같은 성향의 운동권 총학에 표출하는 것"이라는 어느 비운동권 선거 캠프의 분석이 새롭다. '이태백'(20대 태반이 백수)이라는 말을 낳을 만큼 극심한 취업난을 안겨준 무능한 정권과 '학생 없는 학생회'를 운영해 온 독단적 운동권 총학을 같은 뿌리로 보고 심판했다는 얘기다.[15)]

(3) 비운동권의 학생복지 문화

새천년 들어와서 우리 정치의 민주화가 더욱 탄력을 받으면서 운동권의 입지가 좁아지면서 2002년에는 서울대와 연세대와 이화여대를 비롯한 중요대학에서 비 운동권이 학생회를 장악하기에 이르고 있다. 2003년에 들어와 총학을 출범시킨 전국 178개 대학 가운데 비운동권 총학생회가 당선된 곳은 모두 113곳으로, 운동권 총학생회가 당선된 65개 대학에 비해 배 가량 많다.[16)] 비운동권 총학생회가 들어 선 곳에서는 총학생회가 "복지센터"가 되었다.

서울대도 학교 역사상 두 번째로 비운동권 총학생회를 출범시키고 변화의 바람이 불었다. 출범 2개월이 지났지만 아직 교내외에서 정치투쟁이나 농성을 한 적이 없다. 총학생회는 대신 학생복지와 교수 강의평가에 관심을 쏟고 있다. 등록금 인상을 둘러싼 학교측과의 대립적 관계도 변화하고 있다. 중앙대 총학생회는 작년 학교측이 제시한 등록금 13.5% 인상안을 전격적으로 받아들였다. 그 대신 총학생회는 체육관과 기숙사 건립 등 교육환경 개선을 관철시켜 공사를 진행시켰다.

숭실대에서도 총학생회가 학교측의 등록금 인상안을 수용하는 대신 강의실 에어컨 설치, 책걸상 교체 및 화장실 개량 등 교육환경 개선으로 나아가고 있다. 비운동권 출신 학생들로 구성된 성균관대 총학생회는 "복지 1등 대학 만들기" 캠페인을 벌리고 있다. 그리하여 "대학 총학생회=데모"라는 공식이 깨지고 있다. 이제 학생운동은 과거의 사회의식 함양, 투쟁적 모습을 퇴조하고 대신 학생들의 다양한 욕구를 채우기 위한 "복지학생회" 활동이 확산되고 있다. 운동권이 당선된 대학에서도 과거와 같은 투쟁일변도의 모습은 찾아보기 어렵다. 운동권 출신 회장이 이끄는 고려대 총학생회는 대중적인 관심을 끌기 위해 입학식 때 록 음악공연, 연애상담 등 신선한 마당을 마련하고 있다.

"연세대의 '탈정치 총학' 이나 고려대의 '평화고대' 는 백낙준 동상 철거 주장이나 이건희 규탄 시위 등의 행동을 반대한다. 심지어는 '뉴라이트' 성향의 학생회도 출현할 것으로 내다본다."[17] 이들은 탈정치, 그리고 학내 사안과 학습권을 우선하는 것이다. 이들이 탈정치를 주장한 이유는 기존의 총학생회가 5월초에는 학교 측과 협약안을 도출하고 나면 그 이후 정치투쟁으로 돌입했고 학내 사안에 대해서는 책임지지 않았기 때문이었다.[18]

2006년 총학생회장 선거에 비(非) 운동권 3곳은 완전히 정치색을 뺐다. '자유로운 반(反) 운동권' 을 지향하는 '2L' 진영은 정 · 부 후보 구분을 없애고 공동후보를 냈다. 'Stand by Me' 의 후보는 조직 없이 거의 단기 출마했고 '처음처럼' 은 내심 비운동권도 조직화되어야 한다는 노선을 견지하고 있다. 학생들은 운동권 만이 아니라 "이제는 비운동권에도 관심 없다"는 반응이다. 2006년 11월 13일부터 15일까지 열린 서울대 자연대 학생회 선거의 투표율은 20%. 통상 3일 투표를 하면 40% 후반이 됐고 이틀 정도 연장투표를 하면 50%를 넘겼는데 이번은 특히 더 낮았다. 한 비운동권 후보자는 16일 "운동권에 실망한 사람들을 위해서 일해보고 싶었는데 이렇다면 오히려 선거가 무산되는 편이 낫겠다."는 글을 인터넷 게시판에 올리기도

했다.

학생들의 무관심 때문에 각 후보들은 "어떻게 학생들의 의견수렴을 할 것인가" 에 대한 공약을 쏟아냈다. 휴대전화로 학내 사안에 대해 학생들이 투표하게 하자는 '모바일 총투표', 정기적 설문조사 실시, 전체학생대표자 회의의 구성원을 추첨으로 선출하자는 안(현재는 단과대, 과학생회장이 당연직으로 맡고 있음) 등이 나오고 있다.[19]

비운동권 학생회장 당선자들은 대개 '탈(脫)정치, 탈이념, 복지 우선' 을 내세운다. 선거 캠프인 '선본(선거운동본부)' 이름부터가 '와우 연세' '고대 공감대' '신바람 PLUS' (명지대) '공감PLUS' (경희대) 식으로 경쾌하고 비정치적이다. 내세우는 공약도 취업박람회 개최, 도서관 공기청정기 설치, 휴게실에 온돌 놓기, 도서관 리모델링, 현금인출기 수수료 면제, 도서관 해충 없애기 등이다.[20]

(4) P세대의 새로운 사회참여

1) 자유분방한 가치관 세대

2003년에 들어와 참여(Participation), 열정(Passion), 잠재적 힘(Potential Power)으로 패러다임 변화주도(Paradigm-shifter)를 특징으로 하는 P세대가 10대에서 30대에 걸친 넓은 분포를 가지고 적극적인 사회참여의 대표로서 떠오르고 있다.[21]

P세대란 2002년 미군의 장갑차에 깔려 죽은 여중생을 추모하는 광화문 촛불시위, 대통령 선거 등에 앞장섰던 우리사회 젊은 층을 지칭하는 신조어다. 386세대가 1980년대에 나타난 세대로서 민주화 투쟁 경험을 바탕으로 하는 높은 사회의식을 가진 세대이며, X세대가 1990년대 나타난 세대로서 고도의 경제성장 속에서 높은 소비성향과 자유분방한 가치관을 가진 세

대이며, N세대가 2000년에 나타난 세대로서 인터넷으로 대표되는 네트워크 세대이며, W세대가 2002년에 나타난 세대로서 연령적으로 구분보다는 월드컵을 계기로 탄생한 세대로서 높은 가치실현을 위해 개인열정을 대중속에서 표출하는 세대이다. 2003년의 P세대는 386세대의 사회의식, X세대의 소비문화 특성, N세대의 인터넷 라이프 스타일, 그리고 W세대의 공동체의식이 모두 융합된 특성을 지닌 세대이다.

P세대는 17-39세에 이르는 넓은 연령층이 분포되어 있으며 사회 이슈를 만들고 주도할 수 있는 모든 세대가 포괄되어 있다. P세대는 대학생. 사회초년생(핵심층), 전문직, 사무직(의식층), 10대, 20대 초반(행동층), 30대 직장인. 주부(추종층)으로 분류된다. P세대는 90.6%가 인터넷을 사용하고 있으며, 이들의 소비와 여가는 물론 일상생활에서 인터넷은 보편적인 도구로 자리잡고 있다. P세대의 가치관은 다양성 추구, 탈권위주의, 적극적 자기표현, 인터넷을 통한 관계 형성, 수평적 토론문화 등으로 요약된다.

P세대의 특징은 기존질서에 대한 도전, 네트워크를 통한 관계, 다양성에 바탕을 둔 개인, 다양한 분야에 대한 경험, 재미와 즐거움을 추구하는 감성이다.[22] P세대의 긍정적인 특성이란 사회변화를 주도할 수 있다는 자신감이다. P세대는 "내가 우리 사회를 변화시킬 수 있다는 참여의식이 투철한 것이 가장 큰 특징으로 한다. P세대의 주요관심사항은 사회, 경제, 정치, 문화, 스포츠 순이고 이들은 2002년에 월드컵 거리응원, 촛불시위, 대통령 선거를 경험했다. P세대는 집단보다 개인의 이익을 중시하고, 미래보다도 현재의 행복을 추구하며, 문제발생의 원인을 남에게서 찾고 자기 삶에 직접적인 영향이 없는 분야에는 관심이 적은 등 부정적인 모습도 있다. 이들은 쉽게 생각하고 빠르게 행동하는 편이어서 의사결정이 즉흥적으로 이루어지며, 특정사항에 대해 옳고 그름보다는 좋고 싫음에 따라 가치를 판단하는 감성적인 측면을 갖고 있다.[23]

2) 반미(反美) 반대 및 북한인권 운동의 세대

2006년 인천 자유공원에 설치된 맥아더 장군 동상 철폐 운동과 평택 대추리 미국기지 이전 반대가 있은 다음 젊은 세대들 가운데 반미(反美)반대 및 북한 인권에 관심을 가지는 세대들이 생겨나고 있다. 이것은 아직도 반미 일변도 그리고 친(親)김정일이 정도(正道)인양 투쟁해 온 대학생들의 운동사에 있어서 새로운 전환점이기도 하다. 그리고 앞으로 한국의 자유통일과 선진사회 진입을 위하여도 다행한 일이다.

2006년 6월 2일 오후 전주 전북대학교 '최명희 홀' 에 모인 300여 명의 대학생들은 한국 학생운동 새로운 전환을 선언했다. 전국에서 모인 대학생들은 대형 스크린에 등장한 북한의 공개처형 동영상을 숨죽여 지켜봤다. 다시 조명이 켜지자 학생들은 한 목소리로 북한인권운동 노래 "유리병" 을 열창했다. 이어 두 손을 움켜진 학생들은 '청년의 열정으로 북한 주민들을 구해내자' 고 힘차게 구호를 외쳤다. "김정일 정권 타도하자" 는 구호도 이어졌다.

이 행사는 '북한민주화운동' 을 새로운 학생운동의 방향으로 설정하고 나선 전국의 대학생 핵심 활동가들이 한 자리에 모여 연대를 모색한 '북한인권과 민주화를 위한 대학생 전진대회' 였다. 이들은 "북한 민중의 고통과 불행의 근본 원인은 김정일 정권에 있음을 다시 한번 분명히 하고, 인간을 사랑하고 민주주의를 옹호하는 이 땅의 젊은이들과 함께 손 잡고 반(反)김정일 투쟁, 북한의 인권운동에 나설 것" 이라고 천명했다.[24)]

이들은 반미(反美)일변도 '수구 학생운동' 에 반기를 들고 이를 수정하고자 한다. 그동안 우리는 평택 미군기지 확장 저지 시위 등에 참가했던 대학생들을 소위 '운동권' 이라고 불러왔다. 폭력과 증오, 분노가 휩쓸고 간 평택 시위 현장에서 '운동권' 대학생들은 죽봉으로 무장하고 '반미' 를 외쳤다. 한총련으로 대표되는 이러한 대학가 친북세력들이 주류를 차지해 온 것이 한국 학생운동이었다. 그러나 여기에 변화의 물결이 일고 있다.

이들은 '反김정일 투쟁' 을 구호로 내걸고 있다. 천편일률적으로 진행돼 온 반미투쟁에 도전장을 내민 반김정일 투쟁이라는 구호가 신선하다. 반미투쟁이 더 이상 이 시대의 진보적 가치가 아니라는 점은 분명해지고 있다. 평택사태에서 보이는 것처럼 폭력적이고 극단적인 모습으로 변질되고 있는 반미투쟁에 대해 국민들과 대학생들은 무관심을 넘어 혐오의 대상으로까지 여기고 있다.

미국 교포 2세들로 구성된 LiNK(Liberty in North Korea) 회원 30여 명이 2006년 5월 한 달간 한국을 방문해 서울 지역 대학과 광화문 등지에서 북한인권 캠페인을 펼쳤지만 한국 대학생들의 반응은 싸늘했다. 이들은 "사람 하나 살지 않는 독도와 월드컵 축구 경기에는 광기에 가까운 열정을 불살랐던 한국 국민들이 지척에서 죽어가는 동포들에게 어떻게 이렇게 무관심할 수 있냐" 며 고개를 흔들었다고 한다. 한국의 대학가는 여전히 이해하기 어려울 정도로 북한인권문제에 대해 척박하다.

그러나 이날 행사장에는 젊은이다운 기개와 열정이 쏟아졌다. 전진대회를 주최한 '북한인권청년학생연대' 김익환 대표는 불과 1-2년 사이에 대학가에서 북한인권에 대한 목소리가 한층 커졌다며 희망적 전망을 내놓았다. 그는 희망이 있는 고통은 아름답다고 했다. 학생연대가 2006년 5월 한 달간 연세대, 고려대 등 서울지역 대학들을 돌며 개최한 강연회에는 매 회마다 50여 명의 학생들이 꾸준히 참가했었다. 비록 지금은 그 수가 많지 않지만, 해마다 북한인권에 관심을 갖고 있는 대학생들이 늘고 있다고 말하는 김 대표의 목소리에 힘이 실린다.[25)]

2005년과 2006년에 걸쳐 각 대학에서 열렸던 크고 작은 북한인권심포지엄과 홍보활동만 50여 회가 넘는다. 처음에는 썰렁한 빈 자리를 메꾸기 바빴던 북한인권강좌에도 이제는 홍보물을 보고 관심 있어서 찾아왔다는 학생들의 발길이 하나 둘씩 이어지고 있다. 북한인권문제에 대한 대학생들의 의식도 달라지고 있다. 이제는 대다수의 학생운동 그룹에서도 북한인권문제에 대한 해결방안은 다르지만 그 심각성에 대해서는 동의하는 분위기가 형성되고 있다. 또 어느 대학 설문조사에서는 우리나라가 유엔인권위 북한 인권결의안 투표에 찬성해야 한다는 의견이 과반수 이상 나오기도 했다.[26]

이러한 변화에는 북한인권에 대한 국제적 관심의 증가와 국내 시민단체들의 노력도 크게 작용했겠지만, 대학생들의 작지만 소중한 땀방울이 그 밑거름이 되었으리라고 생각된다. 2006년 5월 대학가에 울려퍼졌던 북한 인권에 대한 작지만 강한 목소리가 이후 한국학생운동의 대전환을 알리는 서곡이 될 것으로 기대된다.

2. 대중적 향략형

(1) 대중문화운동

1990년 들어와 정치의 민주화와 더불어 문화운동의 전략이 바뀌게 된다. 엘리트들이 누리는 고급문화와 하위문화인 대중문화의 구분이 무너지고 고급문화보다도 대중문화가 더 발달하는 상황이다. 대중소비문화의 확산이다. 1993년 문민정부 들어와 시작되어 가장 인기를 누리고 있는 "열린 음악회"는 청소년뿐 아니라 장년들까지도 참여하는 가장 대중적인 문화프로그램이 되고 있다. "열린 음악회"는 짓눌린 시민들의 감정을 음율 속에서 발산하고 옛 가요를 같이 부르면서 우리의 감정을 순화 시키는 면에 있어서 좋은 반응을 얻고 있다. 2007년 7월 17일 KBS는 열린음악회 700회를 맞아 특별공연을 기획하였다. 열린음악회가 아니면 만날 수 없는 패티김이 데뷔곡을 선보이며 조영남과 함께 "그대 그리고 나"를 듀엣곡으로 들려줬다. 국내 정상급 테너 임웅균도 오랜만에 출연해 700회에 걸맞는 "내 마음의 강물", "파이팅 대한민국"을 들려주며 대형무대를 선보였다.[27] 열린음악회는 국민의 음악회로 자리잡은 것이다.

그러나 이러한 음악회에는 클래식과 대중가요와 록음악이 한데 어울려지는 점에 있어서 포스트모더니즘의 영향이 나타나고 있다. 포스트모더니즘의 문화 이해란 문화란 삶의 다양한 국면들이 연관없이 임의적으로 집합된 것이다. 거기에는 어떤 통일된 정신구조나 방향성 또는 영성이 없다고 본다. 모더니즘이 주장한 이성이나 도덕이나 윤리를 거부하고 감성과 관능과 정열을 강조하기 때문에 젊은이들의 성적 정서적 해방과 탈선을 부추길 위험성도 없지 않다.

(2) 개방적 성문화

1980년대 후반까지만 해도 성(性)은 한국사회에서 어두운 밀실에서 행해지는 비밀스러운 일이었다. 그러나 1988년 올림픽을 기점으로 밀실의 성은 영화 및 비디오를 타고 영상으로 표출된다. 영상매체와 함께 연극은 성개방에 앞장섰다. "미란다" 등 동숭동의 연극가는 흥행을 목표로 벗기기 경쟁을 도입하였다. 그리고 소설과 광고의 영향으로 인해 신세대들의 성적 자유현상이 두드러지고 있다. 마광수의 "즐거운 사라" 등에서 등장하는 주인공에게 성이란 자연스러운 인간의 욕망 중 하나에 불과하며 억제할 필요가 없다. 사이버 시대에 컴퓨터를 통한 포르노 게임이 만연하고 있다. 우리의 청소년들 성문화는 심각한 지경에 와 있다. 학생들 사이에 서로 사랑하면 혼전 순결을 유지하지 않아도 좋다는 견해가 전체 젊은 세대의 70%를 넘어서고 있다고 한다. 이러한 성의 개방의식은 성을 상품화하는 대중매체의 영향이다. 대중매체를 통하여 성은 모든 상업광고에 등장하고 개방되었다. 성욕망은 바로 소비욕망과 연결되어 사회의 성윤리를 개방시킴으로써 가정과 결혼과 건전한 남녀관계가 훼손되고 깨뜨려진다.

1995년 10월 연세대에서 억압된 성의 해방을 주장하며 "날 강간하라"는 주제로 제1회 "성(性)정치(政治) 문화제"가 열렸다. 당시 의도는 성의 이면에 감춰진 정치적 사회적 폭력을 고발하고 사적 영역의 성을 공적 영역으로 끌어내 억압된 성을 해방하겠다는 것이다. 그러나 문화제 행사 도중에 "아담의 정조대는 아담에게로"라는 구호가 나붙고 동성연애자들의 목소리가 고조되는 등 일반인들에게 충격적인 주장이 제기되었다. 1997년 10월 제2회 "성정치 문화제"가 "이구동성 동성이몽"(異口同性 同性異夢)이란 주제로 가톨릭대학인 서강대에서 개최되었다. 이 주제는 모든 사람이 획일화된 성을 이야기하는 현실을 "이구동성"이라고 말하고, 획일화된 성문화에 반대해 다양성과 자유로운 성을 꿈꾸는 것을 "이성동몽"이라고 한다. 이 문화제는 첫날 "강간 속의 일상"이란 공개강좌를 통해 주변에 만연한 강간의 모습을 폭로한다. 성폭력 영화상영, 연세대 동성연애자 모임 "컴 투게더"를 이끌고 있는 서동진씨의 강연, 동성애 억압마당과 이성애 억압마당 사진전이 열린다.[28)]

1980년대 운동권 후배들은 사회계급적인 해방에서 인간의 궁극적인 자유와 해방을 성에서의 자유와 해방으로 부르짖고 있다. 1995년 서울 지역의 주요대학 총학생회 후보들은 동성애를 인권으로 보호하겠다는 공약을 내세웠다. 개교 50주년을 맞이하여 서울대 《대학신문》이 조사한 서울대인의 의식구조에 의하면 성경험 여부에 대해 남학생 28.4%, 여학생 12.9%가 "경험했다"고 응답했고, 혼전순결에 대해서도 남학생 46.5%, 여학생 45.4%가 "안지켜도 된다"고 답변해 개방적인 성의식을 보여주고 있다.[29)]

한국의 대학이 일반적으로 구미의 영향을 받아 개방적인 성풍조의 방향으로 나가는 데 반해서 이미 1960년대 성혁명을 경험한 미국에서는 오히려 보수적인 방향으로 선회하는 경향이 있다. 최근 아이비리그(미 동부 8개 명문 사립대)를 비롯한 미 명문대에 '진정한 사랑 혁명' 클럽 같은 순결운동 클럽이 속속 등장하고 있다고 《뉴욕타임스》가 2007년 7월 29일 보도했다. '연애=섹스' 라는 등식이 자연스럽게 성립하는 미국 대학 사회의 문화를 감안하면 결혼하기 전까지 섹스를 하지 말자는 순결클럽의 주장은 다소 이례적이다. 중고교생을 대상으로 한 종교단체 등의 순결운동은 많지만 대학에서의 순결운동은 흔치 않다.

"사랑을 축하하세요, 인생을 축하하세요, 그리고 당신 자신을 축하하세요. 그런데 왜 기다려야 하느냐고요? 당신은 그만큼 가치 있기 때문입니다." 하버드대 1학년에 재학 중인 여학생 800여 명은 2007년 2월 발렌타인데이를 앞두고 이 같은 내용이 적힌 카드를 받았다. 이 대학의 '진정한 사랑 혁명' 이라는 클럽이 보낸 카드였다.

2005년 프린스턴대에서 순결클럽이 출범하면서 아이비리그에도 뿌리를 내릴 수 있는 기반을 마련했다. 이어 매사추세츠공대(MIT)에도 순결클럽이 출범해 활발하게 활동 중이다. 회원 40여 명 중 절반이 순결서약에 서명했다. 예일대에서도 조만간 순결클럽이 결성될 예정이다. 하버드대에서는 지난해 '진정한 사랑 혁명' 클럽이 출범해 벌써 회원이 50여 명에 이를 정도로 연착륙했다.[30)]

한국기독교총연맹 산하의 복음주의 학생들도 순결지키기 운동을 하고 있다. 기독청소년들은 결혼전 동정(童貞)을 유지한다는 캠페인을 하고 있다. 여기에 선교단체 소속의 기독학생들이 이 캠페인에 참여하고 있다. 1993년 4월 미국 내쉬빌(Nashvill)의 한 침례교회에서 시작된 순결서약운동이 1994년부터 우리나라에도 파급되어 현재 2007년에 이르기까지 건전한 기독교 단체와 청소년 단체들에 의해 꾸준히 전개돼 오고 있고 앞으로도 지속될 것이다.

한국YFC(십대선교회)는 십대 청소년을 중심으로 순결서약운동을 전국적으로 벌이고 있다. 이 운동은 청소년들에게 ① 가정이 거룩한 결합에 의하여 이루어져야 함과 ② 순결을 지켜가며 이루는 가정의 가치를 깨우치고 ③ 상대를 소유하기보다 존중하고 인정하는 법을 배워 숭고한 사랑(인격적)을 간직할 수 있도록 하여 ④ 건강한 가정을 이루게 하려 한다. ⑤ 나아가 이 운동을 통해 청소년들에게 자신에 삶의 주인이 예수 그리스도라는 것을 가르치고 ⑥ 우리는 다만 관리자, 청지기라는 점을 깨닫도록 하므로 ⑦ 무분별한 성적 타락을 막고 자신의 몸과 마음을 소중히 다루고 관리하도록 돕고자 한다. 이 운동은 성(性)에 대한 성서적 청지기 의식과, 순결에 대한 유익을 객관적으로 교육함으로 이루어지는 것이다. 그렇기에 자신의 가치관과 자아의식을 키워가는 청소년시절에 이러한 교육을 통하여 인생 전체를 하나님께 드린다는 결단까지 가능하게 하는 중요한 의미를 갖는다 복음주의 학생 단체(CCC, IVF, JOY, UBF, Nevigator 등)들이 여기에 적극적으로 참여하고 있다. 2006년 5월 서울 송파동 잠실교회에서 십대 순결운동 서약식이 있었다.[31] 서울 대치동 소재 서울교회에서도 2000년 이래로 하던 대로 2007년 새해 신년예배시 순결서약식을 거행하였다.

3. 자기 추구형

(1) 취업준비

이들 청년 대학생들은 사회변혁이나 이상에 대한 추구를 위해 다양한 서적을 섭렵하고 세미나에 참여하는 대신에 오로지 취직에만 매달리고 있다. 그리하여 대학이 고시학원이 되고 있다. 과거에는 법학과, 행정학과 등 몇몇 학과 학생들에만 한정됐던 고시공부가 문과생은 물론 이과생들에게 까지 전공을 가리지 않고 확산되고 있다. 특히 사법개혁으로 사법고시 합격자수를 크게 늘리면서 사법고시 준비생들이 급증하고 있어 대학교육이 크게 멍들어가고 있다.

1996년 9월 10일 《조선일보》 사회면은 이 문제를 기사화 했다. "고시열풍이 가장 심한 대학은 서울대" 이다. "서울대 학부생 1만 8,000여 명 가운데 인문계열 학부생의 50%, 전체 학부생의 20%" 에 해당하는 "4,000명에 육박하는 학생이 고시에 매달리고 있으며 이 중 80%는 사법고시 준비생" 이다.

그리하여 서울대 중앙도서관 열람실의 70% 이상은 고시생들에게 점령당한 상태다.[32] 고시공부 시기도 빨라져 종전에는 3학년쯤부터 시작하는 편이었으나 요즈음은 1학년 2학기부터 준비를 시작하여 2학년부터 본격적인 고시에 들어간다. 서울대생들은 "고시준비생이 아니면 운동권" 이란 말이 나돌 정도로 학문연구 중심이어야 할 대학이 고시준비 학원화 되고 있다.

과거 고시에는 별다른 관심을 보이지 않았던 연세대도 1990년들어 '고시열풍' 이 불었다. 재학생과 졸업생 포함, 약 3,000여 명이 사법-행정-외무고시와 공인회계사 시험을 준비하고 있다. 고려대에서도 도서관에서 공부하는 학생 중 90% 정도가 사법고시나 공인회계사, 언론사 시험준비생들이다. 고시열풍이 번지면서 폭넓은 교양이나 학문연구는 아예 뒷전으로 밀려나고 있다.

10년이 지난 오늘날에도 취업의 어려움[33]과 더불어 공무원 시험준비 열기는 여전한 것으로 나타나고 있다. 대구 가톨릭대 학생상담센터(소장 이윤주)가 2005년 2월까지 1년 동안 재학생 7,414명을 대상으로 진로 관련 대학생활 실태와 인식을 조사한 연구보고서에 의하면 희망 취업분야의 경우 가장 취업하고 싶은 분야는 공무원(2,776명: 25.9%), 전문직(2,421명: 22.6%), 회

사원(2,158명: 20.1%)의 순으로 조사됐다.[34)]

《매일신문》 2005년 3월 21일자 신문에 의하면 대학생들의 35%가 2학년 때부터 취업준비를 하고 있는 것으로 나타난다. 2006년 현재 대학생 32.4%가 공무원 시험준비중이라고 한다.[35)] 2006년 취업난으로 고시를 준비하는 대학생이 더욱 늘면서 각 대학 또한 어떻게든 취업률 높이기가 대학의 사활이 걸린 문제로 대두되고 있는 가운데 공무원 · 고시 등을 준비하는 재학생에 대한 지원을 아끼지 않아 공직을 준비하는 학생들에게 사기를 북돋아 주고 있다. 이같은 추세는 사기업에 추천취업이나 공개경쟁취업이 어려워 지면서 대학들 사이에 자연스럽게 일어나고 있는 현상이다. 또 이같은 추세는 공개적으로는 학교외부에 알려지지는 않지만 서울을 비롯 지방 다수의 대학들에도 퍼져나가고 있는 현상이다. 최근 대학가에 따르면 각 대학의 사법 · 외무 · 행정 · 기술관련 고시실 · 고시반과 함께 새로운 시험관련 지원시스템인, 공무원 7 · 9급 고시반 개설은 물론 유명학원 강사진 초청 특강이나 동영상 강좌 지원, 자습실 제공으로 시험관련 고시실 지원자가 대거 늘어나며, 이로 인해 고시실 입실을 위한 경쟁률이 높아지고 있다는 것이다.[36)] 숭실대, 연세대, 고려대, 성균관대에서도 학교본부가 적극 지원하는 가운데 2007년부터 2학기 개강과 더불어 취업 박람회(Job Fair)가 열렸다.

2007년 요즘 대학 도서관에는 방학, 휴일이 따로 없다. 취업을 준비하거나 공무원시험, 고시를 위해 공부하는 대학생들이 밤낮없이 자리를 지키고 있기 때문이다.[37)] 정년이 보장되는 (준)공무원이나 상대적으로 안정적인 직업을 가질 수 있는 고시를 준비하는 학생들이 갈수록 늘어나고 있다. 입학과 동시에 각종 고시 준비를 시작하는 이들도 많아졌고, 도서관은 고시촌화 되어가고 있으며, 대학 측에서 먼저 이들을 위해 특별 열람실이나 고시에 합격한 선배들을 통한 스터디를 주선해 주기도 한다.

기업들이 졸업예정자를 더 선호하는 경향이 많아지면서 취업을 하지 못한 대학생들이 속속 졸업을 늦추고 있다. 한 취업포털의 조사에 따르면 1997-2005년 4년제 대졸자들의 대학재학기간은 평균 5년 11개월로 나타났다. 이런 현상은 IMF 이후 계속되어 온 것으로 취업이 될 때까지 졸업을 미루다 보니 대5생(대학 5학년)은 물론 대6생, 대7생, 대8생까지도 쉬 찾아볼 수 있게 되었다. 이들이 졸업을 미루고 하는 일들은 주로 어학연수 등의 언어 공부나 취업을 위한 자격증 준비, 또는 각종 고시 준비 등이 대부분이다.

2006년 조사에 의하면 4년제 대학에 재학중인 대학생 3명 중 1명은 현재 공무원 시험이나 행정고시, 사법고시, 임용고시 등 각종 국가고시를 준비하고 있는 것으로 나타났다. 대학생들의 공무원 시험 준비 열풍은 지방 소재 대학에서 더욱 뚜렷하게 나타났다. 온라인 취업전문업체 잡코리아와 대학생 지식포털 캠퍼스몬이 4년제 대학 재학생 1,158명을 대상으로 '대학생 공무원(고등고시 포함) 시험 준비 현황'을 조사한 결과, 응답자의 32.4%(375명)가 "현재 공무원 시험을 준비하고 있다."고 밝혔다.[38]

따라서 취업준비형이 앞으로 21세기 대학생의 기본형이라고 말할 수도 있겠다. 취업이란 모든 사회 경제활동의 기본이기 때문이다. 이들에게는 취업이 이념보다 앞선다. 그래서 신세대들에게는 탈이념형의 문화를 선호한다.

(2) 신세대 문화

1996년 10월 당시 대학생에 대한 기성세대의 글이 우리 사회에 적지 않은 파문을 일으켰다. 서울대 《대학신문》에 기고한 어느 학부모는 "공부도 제대로 하지 않으면서 장학금을 타 쓰는 안이한 생활에 젖은" "딸의 변신"을 꾸짖는가 하면, 어느 원로교수는 "교수가 강의실 문을 열면, 학생이 먼저 들어가고, 혹시 인사라도 하면 고개만 까딱해 오히려 상대방을 불쾌하게 만들고, 길을 막고 서서 누가 지나가도 비킬 줄 모르는" 대학생들의 풍조를 꾸짖고 있다.[39] 학생을 꾸짖는 교수의 멱살을 쥐고 대드는 학생들이 있는가 하면, 자기들 비위에 거슬리는 교수의 삭발을 하는 학생들이 있다.

신세대들은 책을 읽지 않고 버릇이 없고 편하게 살려고만 한다. 요즈음 대학생들은 "통금시절의 세대"와는 달리 "밤의 세계"에 보다 익숙한 야행성(夜行性) 습성을 지니고 있다. 새벽 1시, 2시에 귀가해 남의 집에 전화를 거는 것은 물론, 1시간 이상이나 긴 전화 이야기를 나누고 있다. 서로 만났다 하면 자정을 넘기는 술판은 이제 유행이다. 캠퍼스 안에서 막대한 양의 과제물과 수업준비용 독서로 시간을 보내고 아르바이트로 번 돈으로 생활비, 하숙비 학비까지 해결하는 대학생들도 없지는 않으나 요즈음 대학생들이 이러한 신세대적 사고에 사로잡혀 있다. 일회성 삶과 유행만을 쫓는 몰(沒)개성의 문화, 은어(隱語)와 반말로 통하는 대화, 음주와 흡연 문화 그리고 컴퓨터의 가상현실 등 저급한 즐거움의 향락 속에 빠지고 있다.

그러나 신세대가 모두 그런 것은 아니다. 신앙을 가진 신세대는 보다 창조적이고 건전한 청소년의 문화를 만들기 위하여 노력하고 있다. 이들은 기성세대가 만들어 놓은 제도와 사회구조 속에서 고민하는 젊은이들이다. 이들은 대학입시제도와 대학의 학제가 보다 청소년의 색깔을 존중하는 교육으로 변화되기를 바라고 있다. 환경오염에 대한 실태조사와 환경살리기 운동에 참여하고 있는 신세대들은 기성세대들의 환경의식 결여와 환경보전에 대한 실천의 결여를 지적하면서 미래의 일꾼인 청소년이 환경 살리기에 나서야 한다고 역설한다. 이러한 신세대들은 장애인 선교회 봉사원으로 장애인들과 함께 한 경험을 하면서 "불편한 몸에도 좌절하지 않고 열심히 살려는 모습에 오히려 많은 것을 배웠다"며 장애인을 위한 편의시설이 설치되고 그들에 대한 편견이 사라지는 세상이 오기를 희망하고 있다. 이러한 건전한 신세대들은 고민하며, 배우려는 자세를 지니고 있으며, 토론하기를 좋아하며, 봉사하는 생활을 가지며, 환경을 보호하며, 우리 것을 소중히 여기려는 마음을 가지고 있다.[40)]

《조선일보》가 한국갤럽에 의뢰해 1980년대에 출생한 신세대(16-25세)를 대상으로 실시한 2005년 민족의식조사에서 3가지의 특징이 나타났다.[41)]

첫째, 저항적 민족주의의 퇴조이다. 한국의 저항적 민족주의는 무엇보다 일본에 대한 적대적 태도에서 잘 나타나곤 했다. 이번 조사에서 이들은 이국에 나가 살게 되면 일본으로 가겠다는 응답이 호주, 미국에 이어 세 번째의 높은 비율을 차지했다. 미국과 일본이 축구시합을 한다면 일본을 응원하겠다는 자들도 적지 않았다. 식민지시대의 어두운 기억에서 상대적으로 자유롭다는 점이 주요한 원인이겠지만, 동시에 이들이 문화를 중시하는 세대라는 점을 감안하다면, 일본으로 파급된 한류 등 양국간 문화 교류로 인한 효과도 적지 않다.

숭실대 강원택 교수의 조사결과에 의하면 오늘날 신세대들의 이념적 성향은 "좌파(左派) 민족주의에서 우파(右派) 탈(脫)민족주의로 이동"하고 있다. 그리하여 1987년 민주주의 정권 이후 한국사회에 줄곧 이어져 왔던 "좌파와 민족주의 20년 동거가 끝난 것"[42)]으로 조사되었다. 그 이유로는 좌파 집권 10년(1997-2007)에 대한 국민의 실망과 영향력 상실되었다는 점이다. 그래서 반미친북에 대한 좌파들의 슬로건에 대중의 호응이 크게 줄어들었다는 것이다. 민족주의 유형은 "한민족 민족주의에서 대한민국 민족주의로 전환"[43)]하고 있다고 조사되었다. 한민족 민족주의는 남북한의 분단과 한국전쟁에 뿌리를 두고 있으며, 민족 국가 건설은 남북한의 통일에 의하여 완성된다고 보는 진보적 시각이다. 그래서 미국이 개입함으로써 한반도 분단이 고착화 되었고, 그로 인해 민족국가 건설이 지연되었다는 것이다.

그리하여 분단의 원인을 제공한 미국에 대하여는 저항적 민족주의가 형성되었고, 미국이라는 외세를 배격한 남북한의 자주적 관계를 강조한다. 대한민국 민족주의란 신세대들이 대한민국이라는 나라를 자랑하게 되었다는 것이다. "이들은 산업화의 수혜자로서 경제적으로 풍요로운 환경에서 성장했다. 정치적으로는 민주화된 사회에서 자유를 누리며 컸다. 이념적으로는 냉전과 반공 이데올로기로 고통받은 기억을 갖지 않은 세대들" 이다.[44] 이들은 1988년 서울 올림픽, 2002년 서울 월드컵의 성공적 개최를 경험하였고, 삼성, 현대, LG, SK 등 세계 속으로 진출한 우리 기업의 제품(자동차, 휴대전화, 컴퓨터 등)에 익숙할 뿐 아니라 박찬호, 박세리, 김연아, 박지성, 박태환 등 다양한 분야에서 세계정상급 스포츠 스타들의 활약을 경험한 세대들이다.

둘째, 신세대는 북한을 적(敵)도 우리도 아닌 존재로 보고 있다. 신세대(新世代)의 북한의식은 386세대와 또 다른 것으로 나타나고 있다. 이들은 386세대와는 전혀 다르게 이념에는 흥미가 없는 세대로 조사되고 있다. 북한에 대한 호감도는 '좋다' 가 62.9%, '싫다' 가 33.7%였다. 이것은 2004년 12월 갤럽조사에서 50대 이상 기성세대가 북한에 대해 '좋다' 16%, '싫다' 55%의 반응을 보인 것과는 대조적인 결과이다. 기성세대는 21.6%, 신세대의 6.6%가 북한을 "안전을 위협하는 적대적 대상" 으로 보고 있다. 신세대는 50대 이상 기성세대처럼 북한을 적(敵)으로 보고 있지 않고, 30대 중반-40대 중반인 386 세대처럼 북한을 "우리" 로 간주하지도 않는다. 신세대는 6·25 전쟁을 직접 간접으로 체험했던 기성(旣成)세대들이 "북한은 우리 안보에 대해 위협적인 존재" 라고 가르치려는데 대해 염증을 느낀다. 신세대는 또 남북한 민족 공조를 통해 반미(反美) 자주(自主)화를 실현해야 한다는 386세대의 1980년대식 의식화(意識化) 논리에 대해 흥미가 없다.[45] "감성적 민족주의와 실리적인 태도라는 이중적 입장이 북한과 통일에 대한 인식에서 발견되고 있다."[46)]

셋째, 신세대는 개인적이고, 문화적인 면에서는 매우 개방적이다. 외국인과의 결혼에 대해서는 거부감이 매우 낮고, 영어 공용화에 대해서도 비교적 긍정적인 많다. 그러나 우리 기업이 외국 자본에 의해 인수되는 일에 대해서는 거부감이 매우 높다. 반면 국내 기업이 외국기업을 인수하는 데 대해서는 찬성을 하는 신국가주의의 태도를 보인다. 신세대의 신 국가주의 태도는 외환위기를 겪은 경험 때문이기도 하겠지만 문화적이고 개인적인 수준에서의 개방적인 태도가 국가경제, 그리고 집단적 수준에서의 개방성으로 이어지는 것은 아니라는 것을 보여준다. 숭실대 교수 강원택, 배영의 광복 60주년을 기념하는 신세대 민족주의 조사의 결론은 다음과 같다. "신세대에서 찾아 볼 수 있는 민족주의는 긍정적이고, 문화적이며 실리적이다. 민족주의라는 관점에서 볼 때 기성세대와는 전혀 다른 '새로운 인간형'의 출현으로 보아야 할지도 모르겠다. 또 이들의 국가적 자부심은 우리나라의 현실적 위치보다 더 높았다. 신세대에게서 '민족주의' 라기보다는 국가주의' 라고 불러야 할 요소들이 발견된 것도 이번 조사의 한 특징이다."[47)]

넷째, 이들은 보수적이면서 합리적이고 실용적인 현실주의의 성향을 지니고 있다. 이들 가운데 특히 2007년 대선에 투표하게되는 새내기들은 1924(19-24세)세대로서 호돌이 호순이 세대이다. 1988년 서울 올림픽 당시에 태어난 호돌이 호순이 세대들은 "민주화 완성기인 1987년 체제와 본격적인 세계화의 진입을 알리는 1988년 서울 올림픽의 혜택 속에 자란 시대이다. 이들은 가난, 전쟁, 민주화 투쟁, 광주 민주화운동 등의 어두운 기억으로부터 완전히 자유로운 새로운 유형의 세대들이다.[48)]

이들은 현재 대학 고학년이거나 사회초년생들이다. 아직 사회에 뿌리내리지 못하거나 사회진입에 어려움을 느끼는 세대들로서 심각한 취업난을 겪으며 경제적으로 피폐한 연령층이다. 주간조선(Weekly Chosun)이 여론조사 전문기관인 한국 리서치에 의뢰해 2007년 8월 전국의 19-24세 500명을 대상으로 이들의 정치 사회의식을 측정하는 전화 여론조사를 실시하였다. 이 결과 이들 신세대의 보수화 경향이 두드러진 것을 보여주었다. 이들이 지지하는 정당으로는 한나라당(61.8%)으로 민주노동당(11.7%), 대통합민주신당(11.3%), 민주당(5.6%)을 압도하고 있다. 이들 신세대들은 이들 부모들이 지지하는 정당이 한나라당(56.6%)보다 더 높은 것으로 나타나고 있다. 이들 신세대들은 참여정부가 이끌고 있는 나라의 방향에 대하여 59.0%가 "우리나라가 올바른 방향으로 가고 있지 못하다"라는 불만을 표시하고 있다. 이들은 남북정상회담에 대하여는 86.6%가 잘된 일이라고 평가하고 있다. 이들은 합리적이고 실용적이지만 남북문제에 관하여는 민족족주의적 정서를 지니고 있다. 1924세대의 최대관심은 "취업과 자격증"으로 68.9%를 차지하고 있다.[49)]

4. 현실도피형: 뉴에이지 문화와 환생문화

(1) 뉴에이지 문화

1986년 '신과학운동 연구회'에서 『신과학운동』을 출판했다. 신과학운동회는 신비주의 종교운동으로서의 신비주의 종교운동으로서의 뉴에이지 운동의 개관이 아니라 "새 시대과학"으로서 '신(新)과학운동'을 소개하고 있다. 편집자는 카프라(F. Capra)의 저서 『물리학의 도』를 중심으로 하나의 새로운 세계관 운동으로서 현대물리학인 상대성이론, 양자론, 열역학 제2법칙 등을 소개하고 있다.

그러나 신과학운동이 현대물리학을 성과로 해서 제창하는 새로운 세계관이란 바로 뉴에이지(New Age) 운동이 주창하는 힌두교적 신비적인 범신론적 세계관이다. 최근 우리사회에 선풍적인 인기를 끌었던 명상서적들은 주로 뉴에이지 운동서적들이다. 크리슈나무르티(Krishnamurti)의 『자기로부터의 혁명』, 라즈니쉬(Rasjneesh)의 『죽음과 예술』과 『배곱』, 바바 하리 다스(Baba Hari Das)의 단편 『성자가 된 청소부』, 『예수의 잃어버린 세월』, 『인도에서의 예수의 생애』, 『성서 밖의 예수』 등이 있다.

크리슈나무르티는 『자기로부터의 혁명』에서 인간이 자신을 발견하지 못하는 것은 기존의 제도와 구조 속에 얽매어 있기 때문으로 보고 의식혁명을 통해서 자기 속의 신을 발견해야 한다고 주장한다. 라즈니쉬는 『죽음의 예술』에서 인간이 기존의 제도와 구조를 깨고 자신을 깨닫게 되면, 삶과 죽음을 뛰어넘어 우주와 하나가 되며 영원불멸하게 된다고 역설한다. 『배곱』에서 그는 "그대를 볼 때 나는 신을 본다. 신 또한 이 세상의 일부다"라는 범신론을 주장하고 있다. 바바 하리 다스는 『성자가 된 청소부』에서 인도 카스트 중에서 가장 낮은 노예계급 출신인 자반이란 청소부를 모델로 하여 기존사회의 구조와 사상이 인간성을 억압하여 인간의 참된 신적 본질을 가리우고 있다는 사실을 드러내면서 우주 속에 존재하는 신적 본질을 깨달아야 한다고 역설하고 있다.

뉴에이지 음악으로는 윈스턴(Wiston)의 피아노곡인 "12월(December)이 있다. 이 곡은 인간에 잠재된 영적 세계를 일깨우고 하는 의도를 지니고 있다. 영상매체로는 "사랑과 영혼", "아빠는 유령" 등이 있다. "사랑과 영혼"이란 영화는 우리사회 청년들 사이에 상당한 호응을 받았다. 이 영화는 죽은 애인의 영혼이 등장하는 뉴에이지성의 영화이지만 남자와 여자 사이의 사랑을 워낙 아름답게 묘사했기 때문에 청년들 사이에 많은 감동을 주었다.

"아빠는 유령" 이란 영화도 영혼의 실재와 초혼과 점성술을 등장시키고 있다.

(2) 환생문화의 실태

오늘날 우리 사회에 번지고 있는 전생(前生), 환생(還生)신드롬이 출판, 가요, TV 드라마 등 대중문화의 단골주제로 등장하고 있다. 현재(現在)의 삶을 뛰어넘어 전생과 환생을 다룬 책들이 쏟아져 나오고 있다.[50] 이러한 증후군이 "제3의 미신" 으로 사회- 신앙의 독버섯으로 크고 있으며 번지고 있으며 젊은이들을 미혹하고 있다. "환생신드롬" 이 청소년과 대학생은 물론 중년층까지 확산하고 있다.

정신출판사의 『나는 환생을 믿지 않았다』, 『전생요법』, 『티벳 사자의 서』, 『죽음 저편에서 보았다』, T출판사의 『나는 아흔 여덟 번 환생했다』, D출판사의 『사후생』, S출판사의 『영혼의 탐구』, 『삶 이전의 삶』 등이다. 미국에서 전생요법을 처음 주장한 브라이언 와이스가 지은 『나는 환생을 믿지 않았다』, 『전생요법』(정신세계사) 등은 환자에게 최면을 걸어 갖가지 육체적 정신적 질환의 원인이 된 전생의 사건을 떠올리는 방법으로 각종 질병을 치료할 수 있다는 것을 자신의 임상체험을 통해 보여주고 있다. 그리고 티베트의 고승(高僧) 파드마삼바바가 쓴 『티벳 사자(死者)의 서(書)』(정신세계사)는 전생에 관한 고전으로 꼽힌다.

이 책은 사후세계를 경험한 후 환생한 라마승들의 증언을 바탕으로 사후(死後)에 영혼이 겪는 여러 현상과 해탈에 이르는 방법을 제시하고 있다. 그리고 인간이 죽으면 사후세계를 49일 동안 경험하다 환생하는 내용을 적고 있다. 죽은 사람은 처음에는 빛을 본 후 기괴한 모습을 한 괴물에게 뇌를 찢기고 팔을 뽑히는 등 49일 동안 고통스런 경험을 하지만 마음에서 오는 환영(幻影)을 제거하면 환생하지 않고 참된 죽음에 이를 수 있다고 주장한다. 이 책은 현상의 세계와 마음의 관계를 모색한 불교심리학으로 읽힌다. 대니언 브링클리의 『죽음 저편에서 나는 보았다』(정신세계사)는 임사체험(臨死體驗), 즉 죽음의 문턱까지 갔다가 살아온 사람들의 이야기를 담았다.

미국의 심리학자 지나 서미나라와 신경정신과 의사인 브라이언와이스는 서양에서도 이 분야 최고의 권위자로 꼽힌다. 지나 서미나라가 지은 『윤회의 비밀』(방경각)과 『윤회의 진실』(정신세계사)은 심리학자의 시각에서 윤회론을 과학적으로 논증, 동양과 서양, 고대와 현대를 잇는 작업을 하고 있다.

소설가 양귀자씨가 펴낸 두 남녀가 1,000년 뒤인 오늘날 환생해 사랑을 나눈다는 줄거리를 가진 『천년의 사랑』이 국내 인기를 끌었다. 국내 정신과 의사가 쓴 『김영우와 함께 전생여행』(정신세계사) 초판 출간 이후 8월 말까지 8만 부나 팔렸다고 한다. 교보 · 신촌문고 등 대형서점에 따르면 이들 환생에 관련된 책들은 하루 10여 권씩 팔린다고 한다. 이 책은 자신의 임상경험을 바탕으로 최면기술 중 하나인 전생퇴행(前生退行)기법을 이용하여 병의 원인을 찾아 치료하는 전생퇴행요법을 소개하고 있다. 최면유도 테이프를 부록으로 독자들을 사로잡은 것은 정신의학을 공부한 저자가 과학의 눈으로 정신의 세계에 접근하고 있다는 점이다. 전생요법은 최근 한국 정신의학계에서도 의학논쟁을 불러일으켰다.

"8월의 신부"(SBS, 1996), "환생 NEXT"(MBC, 2005), "태양사신기"(MBC, 2007) 등은 전생과 환생을 주제로 한 드라마이다. "환생 NEXT"는 4번의 전생과 그 전생에서 인연을 맺었던 남녀 4명의 주인공들이 현생에서 다시 만나 인연을 맺어 가는 과정을 그려낸다. 역사 이전의 고대에 바탕을 둔 가상의 공간과 이후 고려, 조선, 일제 침탈기 등 우리 역사를 전생 무대로 삼되 역사적 인물이나 사건을 다루기보다 민초들의 삶과 사랑을 그리고 있다.

환생에 관한 이야기를 다룬 영화로는 사랑하는 사람을 찾아 시공을 넘나드는 연인의 이야기를 다룬 "은행나무 침대", 귀신과의 사랑을 다룬 "천녀유혼" 시리즈, 죽은 애인의 영혼과의 교통하는 여인의 이야기를 그린 "사랑과 영혼", 영원히 죽지 않는 초인들의 세계를 다룬 "하이랜더", 중국영화 "진용", 두 남녀가 4번의 환생을 거쳐 현생에서 다시 만나 사랑을 이루어가는 내용을 그린 "천년만에 프로포즈" 등이 있다. 전생과 연결된 현생의 사랑은 전생이 계속 윤회된다는 숙명론적 사고를 바탕으로 하고 있다.

전생(前生)문화는 좌절 속에 있는 현대인에게 하나의 치료법으로 등장하고 있다. 전생퇴행 치료법이란 "전생이 존재한다. 그리고 기억할 수 있다. 이유없는 질병과 정서장애는 대부분 전생에 원인이 있고 그 전생을 기억하면 치유된다" 라는 것이다. 이것은 과학적 사고와 결별하는 것이다. 오늘날 정신분석은 원인을 드러내지만, 원인을 안다고 그것이 치유로 연결되는 것은 아니다. 여기에 정신분석의 한계가 있다. 그리하여 정신분석은 오히려 목회상담학이 말하는 신적 치유(위로의 말씀과 영적 쇄신)를 요청하고 있다. 그러나 전생이 기억됨으로써 치유될 수 있다는 것은 오히려 숙명론을 받아들이는 것이며 그것이 건강한 생활을 유도할 수는 없다. 이러한 전생문화는 모든 문제의 원인이 자신의 노력이나 계획의 결핍이나 대인관계의 결여에 있는 것이 아니라 전생(前生)에 있다고 미룬다. 그럼으로써, 주체적 결단과 책임을 기다리는 현실을 도피하는 망상(妄想)적인 인간, 말하자면, 더 이상 인간적인 자기 개선이나 노력을 포기하고 숙명에 굴종해 버리는 비현실적인 미신적인 인간을 낳고 있는 것이다.

5. 복음적인 청년문화의 방향

(1) 현실비판적이고 참여적인 태도

건강한 사회일수록 청년들과 시민들을 중심한 비정부 단체가 주도하는 시민단체의 활동이 활발하다. 우리사회에서도 경실련, 환경연합 등 비정부 시민단체가 우리 사회의 경제분배의 정의를 위한 소외자의 목소리를 대변하는 것은 필요하며, 성장위주의 산업구조에서 약탈되고 파괴되는 환경에 대하여 성장구도의 정책에 대하여 비판적 목소리를 내는 것은 사회의 건강과, 건전한 발전을 위하여 필요한 일이다. 청년문화운동은 이러한 건강한 사회를 이루기 위하여 그 역동성을 발휘하는데 힘이 되는 것이다. 이것이 청년들의 사회참여의 건설적인 기능이다.

청년들은 아직도 경험이 적고 이상에 치우치기 때문에 그 현실참여가 극단에 흐를 수 있다. 그 대표적 사례가 운동권의 시각이다. 한국의 주사파 운동은 공산주의가 아닌 왕조체제의 세습 이데올로기에 열광되어 그 아까운 젊음을 불태우고 있다. 필자는 독일체제시 졸링겐(Solingen)에 위치한 마르크스-레닌 박물관에 가 본 일이 있다. 그러나 오늘날 유럽이나 미국의 젊은이들은 거의 방문하는 일이 없고 주로 한국 유학생들이 대부분의 방문객을 이룬다는 말을 들은 적이 있다. 오늘날 우리 청년들이 기성세대를 향하여 서양에서 사양산업(斜陽産業)을 수입한다고 비판하면서 우리 젊은이들은 이미 70년 동안의 역사과정 속에서 이데올로기 실험으로 무너진 마르크스 이데올로기에 열광하는지, 더군다나 무엇 때문에 왕조체제적으로 변형된 주체사상에 열광하는지 반문하면서 자기성찰을 했으면 한다.

여기에 대학운동권에서 중년농사꾼으로 변신한 한승오(47세)의 이야기는 젊은이들에게 양약이 될 수 있다. "후배들 중에는 '과거의 열정은 어디가고 왜 조용히 지내느냐' 고 묻는다. 그런데 세상을 바꾸겠다는 것이 도대체 용납될 수 있는 것이었을까. 지금 내게 '세상을 바꿀 수 있다고 생각하느냐' 라고 물으면, 자기 자신은 바꿀 수 있을지 모르겠지만 세상은 모른다는 게 내 답이다. 자기를 바꾸지 않는 이상, 세상을 바꾸겠다는 생각은 순서적으로도 맞을 수 없다. 그게 이념적으로 사회주의이든 아니든 혹은 다른 무엇이든 간에, 개혁이라는 것이 사람의 욕망들, 아주 세세한 감정들, 이런 것들까지 담아낼 수가 없거든. 지금 내 생각은 사람 개개인이 혹시 뒤틀린 욕망을 가지고 있다고 하더라도 그 자체는 존중돼야 한다는 거다."[51] 중년에 들어선 농사꾼으로서 그는 젊은 시절 운동권 시절을 되돌아보면서 인간이 자기 자신을 먼저 개혁하지 않고 사회를 개혁한다는 것은 순서가 맞지 않다는 결론에 도달한 것이다. 옛 소련이 역사에서 사라져 버리고, 중국의 교조주의적 사회주의가 역사 속으로 사라진 것은 개인의 창의성과 자기 개혁을 무시하고 관료주의적으로 그것을 밀고 나갔기 때문이다. 앞으로 북한의 김일성 김정일의 왕조주의적 사회주의도 세계적으로 밀려오는 자유와 인권와 개방의 물결에 직면하면서 역사의 무대에서 사라질 날이 멀지 않을 것이다.

(2) 대중문화에 대한 균형잡힌 태도

21세기는 대중들의 시대이다. 정보의 발전에 의하여 새로운 유행이 지구촌에 소개되는 데는 인터넷이라는 정보의 바다를 통하는 것이기 때문에 시간과 공간을 초월하고 있다. 시대의 유행에 민감하며 거기에 자신의 스타일을 실현시키는 것이 음반이나 각종 예술에 관심 있는 젊은이들에게 요청되는 일이다. 더욱이 대중문화 시대에 대중 음반 등의 매체는 복음의 메시지를 전달하는 가장 효과적인 수단이다. 복음성가인 "당신은 사랑받기 위해 태어난 사람" 이라는 곡과 가사는 일반인들도 즐거이 부르면서 거부감이 없어서 이들을 복음으로 이끄는 효과적인 매체가 될 수 있다. 복음은 반(反)세속이나 반(反)문화가 아니라는 사실을 알아야 할 것이다. 복음은 문화를 매체로 하여 우리들에게 전달되는 것이다. 복음의 대중문화의 준거(準據)는 나사렛 예수 안에서 하나님 아들의 성육신의 사건에 있는 것이다.

오늘날 젊은이들이 서구에서 들어온 자유분방한 성(性)해방 사상에 물들어서 성 해방을 여성해방과 연결시키고 결혼을 여성의 종속화로 간주하는 태도는 하나님이 창조하신 건전한 사회의 지본 질서를 부정하는 급진사상이라고 할 수 있다. 미국의 경우에도 1960년 이래 대학가에 들어온 성해방과 혁명의 사상이 파급되어 1980년대부터 세 쌍 중 한 쌍이 이혼하는 심각한 가정부정으로 나아가자 2000년대 접어들어 미국사회에서도 보수적 가치를 존중하는 계층에서 혼전 순결운동과 가정지키기 운동이 일어나고 있다.

성인 남성들의 순결운동도 '프로미스 키퍼스'(PK · 약속을 지키는 사람들)를 중심으로 서서히 일어나고 있다. PK는 남성을 가정의 중심으로 세우는 남성사역단체다. 1990년 미국에서 태동한 PK는 이혼율 50%에 소돔과 고모라 같이 부패한 미국의 성도덕을 개탄하며 순결서약운동을 일으켰다. 1997년 한국본부가 결성됐다. PK의 영향으로 한국에서는 2005년 온누리교회의 두란노 아버지학교가 개원 10주년 행사를 하면서 줄기차게 아버지들의 순결운동을 전개하고 있다. 전국적 규모의 아버지 순결서약운동과 경찰, 교도소를 대상으로 한 아버지학교는 물론 전국 각지와 세계 21개국 약 170개 지역 아버지학교에서 놀라운 성령의 치유와 회복의 역사가 일어나고 있다.

(3) 이웃을 배려하는 자기추구의 태도

젊은이들이 대학시절 그리고 젊은 시절 차분히 자기 자신의 전공분야를 정하고 그것을 위하여 노력하는 것은 우리 사회의 미래를 위하여 바람직한 일이다. IMF 외환위기의 후유증 그리고 2000년대 이후 구조조정으로 인해 직업적으로 안정적인 고시를 준비하는 것은 사람들이 많아지고 있다. 그러나 취업준비를 하면서도 이웃을 배려하고 자기 출세가 인생의 모두가 아니며 고시합격이나 출세가 이웃에 봉사하기 위한 하나의 수단이라는 성찰을 가져야 할 것이다. 그리고 여가(餘暇)에는 틈틈히 세계의 인간상이나 위인전이나 세계문학이나 역사기행을 읽으면서 세계상과 인생관을 폭넓게 형성하는 것이 필요하다.

신세대들은 오늘날 정보사회와 더불어 우리 사회가 먹고 사는 기본적 생존을 극복한 이후에 태어난 세대이다. 그래서 신세대들은 보리고개를 모르고 한국전쟁을 모르고 공산주의를 모르고 자라난 세대들이다. 이들이 가지고 있는 야행성 습성, 1시간 이상 긴 통화하기, 자정을 넘기는 술판, 일회성 삶과 유행을 쫓는 몰(沒)개성의 문화, 은어(隱語)와 반말로 통하는 대화, 음주와 흡연 문화 그리고 컴퓨터의 가상현실 등 저급한 즐거움의 향락 등은 이들의 독특한 현상이기 때문에 자기 형성의 과정에서 필연적으로 일어나는 문화현상이라고 할 수 있다. 그러나 신세대들은 이러한 자기를 성찰하면서도 이것이 지나치게 이기주의적으로 형성되어 기성세대나 사회에 부정적인 계층으로 작용하지 않기를 노력해야 한다. 여기에는 더불어 사는 사회요 남을 배려하고 남을 존중하는 문화를 형성해야 한다는 것이다. 오히려 신세대들이 환경오염에 대한 실태조사와 환경살리기 운동 등에 참여할 때 이들이 가진 순수함과 정의감 때문에 이웃사회에 기여하는 방향으로 크게 표출될 가능성을 지니고 있다.

(4) 구체적인 현실과 역사의 중요성

젊은이들이 뉴에이지 사상이나 환생 신드롬에 젖어가는 사회는 건전한 사회가 아니다. 뉴에이지 사상은 외견상으로는 인간이 신적 존재라는 인간의 긍지를 심어주는 것 같으나 그 내면에는 인간이 스스로 좋다고 생각하면 모든 일이든 할 수 있다고 함으로써 윤리와 도덕을 폐기하는 범신론 사상에 빠지게 된다. 환생 신드롬은 숙명에 빠져들게 하고 현실로부터 도피시키는 위험한 사상이다. 이 두 가지 사상은 젊은이들이 살고 있는 구체적인 현실과 역사로부터 퇴각시키는 망상에 빠져들게 한다.

1) 환생 신드롬의 근저: 범신론 사상

오늘날 우리사회에 유행하고 있는 환생 신드롬의 근저를 들여다보면 거기에는 귀신 및 영들과의 접촉을 시도하는 뉴에이지 사상이 있다. 뉴에이지 사상은 "모든 것은 신" 이라고 주장하는 범신론 사상이다. 그리고 "우리 인간도 신" 이라고 주장한다. 그래서 환생 신드롬에는 인간이 죽은 후 그 영혼이 귀신이 되었다가 다시 다른 인간 신체를 통하여 이 세상에 성육신하게 된다는 미신사상에 깔려 있다. 어느 뉴에이지 신봉자는 한 사람을 명상케 하여 전생과 미래를 여행시킨 뒤, 이 사람이 과거에는 전혀 다른 사람이었고 미래에는 천사가 되는 것을 보았다고 주장하는 자도 있다. 여기에는 인간이 영적으로 완전해지기 위해서 죽었다가 살아나는 과정을 오랫 동안 거쳐서 나중에 천사의 존재에 이르게 된다는 뉴에이지 천사론 사상이 깔려 있다.[52] 이러한 범신론 사상은 "유한한 것은 무한한 것을 파악할 수 없다" (finitum non capax infiniti)[53]는 성경적 개혁사상에 정면적으로 위배된다.

그리고 "주인된 네 자신을 사랑하라" 고 인간의 자기 사랑(self-love)과 자존감(self-esteem)을 주장하는 뉴에이지 운동의 인본주의 사상은 "오로지 하나님과 네 이웃을 사랑하라" 라는 성경의 신본주의적 사상과는 정면으로 배치된다. 뉴에이지 사상은 "자신 속에 있는 초자아를 만날 때 선과 악의 구분이 필요 없어진다. 어떤 간섭없이 자신의 마음에 따라 행할 수 있는 자유가 모든 사람에게 있다."고 주장한다. 이것은 바로 도덕과 윤리 폐기론이다. 도덕와 윤리가 폐기된 인간은 인간성이 부재한 양심이 화인맞은 자이다. 이것은 바로 마귀에 사로 잡힌 자들에게 있는 현상이다.

2) 복음적 영성

현대인들은 서구 물질문명에서 채우지 못한 정신적이고 영적인 공허를 아시아의 신비종교에서 메우고자 한다. 그리하여 요가운동과 선험적 명상, 뉴에이지 운동 등 혼합적 영성이 현대인의 정신세계를 지배하게 된다. 여기에 기독교는 현대인을 향하여 진정한 영적 공허를 채우는 길은 창조주 하나님과 그의 보내신 예수 그리스도를 발견하는 것이라고 제시해 주어야 한다.

영성이란 본질적으로 살아계신 하나님에 대한 신앙으로부터 나오는 삶의 방식이다. 나의 종교성이 아니라 성령이 주시는 중생의 영이야말로 개혁신학적 영성의 출발점이다. 영성이란 성령의 인도하심 가운데서 그리스도를 닮는 것(conformity to the image of Christ)이다.[54] 진정한 영성이란 신비주의나 세속주의의 영성이 아니라 성경적인 영성이다. 성경적 영성은 초인간성(a superhumanity)을 추구하는 것이 아니라 회복된 인간성(a restored humanity)을 추구하는 것이다. 진정한 영성이란 세속적 영성(secular spirituality)도 아니다. 세속적 영성은 세상으로의 침잠을 추구한다. 그리고 여기서는 인간의 본능적인 충동과 권력과 성공의 의지를 축하하는 자연주의적 신비주의(a naturalistic mysticism)가 지배한다. 여기서 기도란 세계를 통한 초월적 존재로 들어감(the penetration through the world to a transcendent being)이다. 이 길은 니체와 칼 융에 의하여 준비되고 슈바이처와 로빈슨 등에 의하여 지지되었다.[55]

진정한 기도란 거룩한 하나님 앞에 인격적인 기원이요 간구이다. 성경적인 영성(bilblical spirituality)이란 세상을 포함하면서 동시에 세상을 초월한다. 여기서 영적인 것은 세상으로부터 도피하지 않고 세상으로 들어간다. 동시에 세상의 목적을 영적인 것으로 고양시킨다. 성경적 영성은 세상에서 도피하지 않고 이 세상 속에서 자신과 이웃과 이 세상을 하나님 말씀을 따라 변혁시킨다. 이것이 세속적 초월(secular transcendence)이요 세속적 성화(secular sanctification)이다. 여기에는 성령의 충만히 부어주시는 역사가 필요하다. 성경적 영성은 말씀과 성령으로 이루어지는 중생, 새 사람에서 출발하여 경건(piety, pietas)이라는 성화의 과정을 수행하여 하나님의 형상을 온전히 회복하는 영화의 차원을 지향한다. 성경적 영성은 윤리적 행위를 추구하나 윤리주의(ethicalism)로 환원되지는 않는다. 성경적 영성은 하나님과의 신비적 교제를 추구하나 신비주의로 해소되지는 않는다.[56)]

기독교적 영성이란 자율적 자기실현이 아니라 하나님 앞에서의 자기 소격(Selbst-Aufgeschiedenheit, self-detachment), 자기 부인이요, 자기를 죽이요, 부인을 통한 자기 획득이다. 기독교 영성이란 영적 강함이 아니라 영적 약함이요, 확장이 아니라 나눔(sharing)이며, 소유가 아니라 포기이며, 교만이 아니라 겸허이며, 충족이 아니라 만족이다. 기독교 영성이란 세속적 승리가 아니라 세속적 실패요, 영광이 아니라 십자가이며, 이김이 아니라 지는 것이다. 이러한 약함, 실패, 지는 것, 포기를 통하여 하나님의 능력이 임하며, 새로운 형태의 강함, 충족과 승리와 이김과 영광이 주어진다.

*

오늘날 청년들이 문화의 근저는 영성에 근거하고 있다. 청년이 어떠한 영성에 지배받는가에 따라 문화적 취향과 행동은 나오는 것이다. 현실참여형, 대중형, 자기성취형, 현실도피형 등은 각자의 영성에 의하여 지배받는 자아의 사고와 취향이 나타난 것이라고 볼 수 있다. 잠언은 인간의 영성에 관하여 다음같이 말하고 있다. "모든 지킬 만한 것 중에 더욱 네 마음을 지키라 생명의 근원이 이에서 남이니라"(잠 4:23). 젊은이들에게는 문화적 행동 유형과 관련하여 현실 참여형이나 대중향락형이나 자기성취형은 복음적인 자기성찰 안에서 비판적으로 수용되어야 한다. 현실도피형은 전혀 젊은이들에게는 타당성을 상실한다. 현실도피형은 기독청년의 삶의 태도가 될 수 없다.

그리고 이기적인 자기추구형도 복음으로 거듭한 사람의 태도가 될 수 없다. 기독청년은 본회퍼가 말한 바 같이 "타자를 위한 존재"(being for others)가 되어야 한다. 대중적 향략형도 기독청년의 삶의 태도가 아니니다. 기독청년은 주어진 현세대의 문화에 대하여 비판적 태도를 가지고 문화의 감시자와 변혁자가 되어야 하기 때문이다. 현실참여는 기독자 실존의 사명이다. 기독청년은 우리 현실을 하나님 영광이 드러나는 처소로 만들어야 하기 때문이다. 복음적 신앙은 젊은이들로 하여금 하나님이 주장하는 역사적 현실과 삶의 변혁자가 되도록 부르고 있기 때문이다. 역사적 개혁신앙을 소유한 청년들은 주어진 현실에 영합하거나 주견없이 부동하는 자가 아니라 그리스도의 제자로서 역사적 현실에 변혁적 참여를 한다. 하나님 주권적인 신앙을 가지고, 기독교 세계관으로 무장하고, 정보사회의 선교사로서, 인권이 억압당하고 있는 북한을 향한 인권 옹호자로서 하나님이 이 세상의 주인이라는 사실을 알리기 위하여 현실에 참여한다.

주

chapter 1 21세기와 대중문화

1) 클라우스호네프, 『앤디 워홀』, 최성욱 옮김, 마로니에북스, 2006 http://www.warholfoundation.org/ "팝아트 거장 美 앤디 워홀: 미술 대중화 이끈 '상업 예술가'", 《동아일보》, 1996년 7월 22일 21면.
2) 이세훈 외, 『멀티미디어』, 정일출판사, 2005; 김진년, "멀티미디어란", 《교회와 신앙》, 1996년 6월호 pp. 102-106.
3) http://cafe.daum.net/19800805 "전 세계 66억 명 중 인터넷 활용 인구 약 11억"
4) "꿈의 통신망 'BcN 시대' 활짝", 《조선경제》, 2005년 7월 20일 D1면.
5) 상동.
6) "'시간이 남아도는' 디지털 시대 도래한다", BI: Befriedners International, Vol. 164, July 2005, p. 21.
7) "'시간이 남아도는' 디지털 시대 도래한다", BI: Befriedners International, Vol. 164, July 2005, pp. 20-21.
8) "감성시대의 도래", BI: Befrienders Internatinal, Vol. 165, August 2005, p. 18.
9) "현회장, 김정일 면담 후 자신감… 대북사업 전면에", 《조선일보》, 2005년 8월 9일 A3면.
10) "현대차 가(家) 맏딸, 주부서 사업가로 변신", 《조선일보》, 2005년 8월 6일 A16면.
11) "감성시대의 도래", BI: Befrienders Internatinal, Vol. 165, August 2005, p. 18.
12) "웰빙, 웹, 여성, 세계… W세대가 뜨고 있다", SI: Befrienders International, Vol. 164, July 2005, p. 18.
13) "한 박자 느리게 사는 삶 속에 행복이, 이제 '네오웰빙' 으로, 물질보다 마음을, 성

공보다 가족을 중시", 《조선일보》, 2005년 8월 19일 D1면.

14) 상동.

15) 상동.

16) "'토크쇼의 프리마돈나'로 불리는 오프라 윈프리, 그 이름의 파워", BI: Befrienders International, Vol. 166, September 2005, pp. 5-7.

17) "웰빙, 웹, 여성, 세계… W세대가 뜨고 있다", BI: Befrienders International, Vol. 164, July 2005, p. 19.

18) 상동.

19) 상동.

20) "한국, 아시아 대중문화의 리더로 부상", 2005년 6월 28일 서울: 연합뉴스, 《The Daily Focus》, 2005년 6월 29일 2면.

21) 상동.

22) "릭 워렌 목사, '인터넷은 복음전파의 중요한 도구' 강조", 《크리스천 투데이》, 2005년 5월 30일 B5면.

23) 추부길, "인터넷, 21세기의 페스트인가?" 《크리스천 투데이》, 2005년 5월 "서울대 김선우의 석사논문에 의하면 인터넷 사용자의 30.7%가 중독자, 분포도는 20대가 29.4%, 30대가 22.8%, 10대는 46.8%이다."

24) J. Baudrillard, *Agonie des Realen, Aus dem Franzoesischen uebersetzt von Lothar Kuryawa und Volker Schaefer*, Berlin 1978, S. 6; 한정선, "포스트모던 문화의 전향적 정위", 「전환기에 선 인류문화와 한국문화의 향방」, 한국철학자 96년 춘계학술발표대회 자료집, 한국철학회, 1996년 5월 4일.

25) J. Baudrillard, 『시뮬라시옹』(*Simulation*), 하태환 역, p. 12.

26) J. Baudrillard, *Kool Killer oder Der Aufstand der Zeichen, Aus dem Franzoesischen von Hans-Joachim Metzer*, Berlin 1978, S. 39. 한정선, 상게서, pp. 4-5.

27) "난, 말이 필요 없어, 종일 입다문 아이들, 디지털 풍속도 확산," 《조선일보》, 2005년 7월 30일 A9면.

28) 상동.

29) 김욱동, "포스트모더니즘과 포스트구조주의", 포스트모더니즘과 포스트구조주의, 현암사, 1994, p.41, pp. 50-51.

30) "버거킹 섹시광고, 방송금지 처분", 2007.05.30, http://cafe.daum.net/nzschools

31) Kevin J. Vanhoozer, "세계는 과연 무대로서 적합한가? 신학, 문화 그리고 해석학", D. A. Carson, & J.D. Woodbridge, (ed.), *God and Culture*, 1993, Eerdmans, 박희석 역, 『하나님과 문화』 크리스천다이제스트, 2000, p. 54.

32) Julian Hart, *A Christian Critique of American Culture*, (New York: Harper &

Row, 1967), p. 394.

33) Kevin J. Vanhoozer, 상게서, pp. 48-49.

34) John Caputo, *Radical Hermeneutics: Repetition, Deconstruction and the hermeneutic: Project* (Bloomington: Indiana University Press, 1987), p. 6.

35) "독 사회철학자 위르겐 하버마스 인터뷰", 《국민일보》, 1996년 5월 13일 22면.

36) 《The Korea Times》, Thursday, June 20, 1996.

37) "청소년 문화와 스타좇기", 주제 -서울 YWCA 세미나, 《기독교연합신문》, 1996년 6월 9일 20면.

38) "매주 목요일 교회는 공연장으로 변한다 - 창천교회 박춘하 목사 '문화쉼터' 운영 10년", 《조선일보》, 2005년 4월 8일 A23면.

39) "기독교 미디어, 더 이상 마이너리티 아니다", 《크리스천 투데이》, 2005년 6월 13일 24면.

40) 상동.

41) 조성호, "WACC의 활동과 커뮤니케이션 선교정책", 《기독교사상》, 1993년 5월호, p. 41.

42) http://www.wacc.org.uk/wacc/congress

43) 오창욱, "인터넷에 열린 선교의 길", 《신앙계》, 1996년 6월호, pp. 136-139.

44) "기독교 미디어, 더 이상 마이너리티 아니다", 《크리스천 투데이》, 2005년 6월 13일 24면.

45) 상동.

46) "미국 기독교, '블로그의 위력에 눈뜨다", 《크리스천 투데이》, 2005년 6월 13일 24면.

47) 상동.

48) "릭 워렌 목사, '인터넷은 복음전파의 중요한 도구' 강조", 《크리스천 투데이》, 2005년 5월 30일 B5면.

49) 상동.

50) 김영한, 『한국기독교문화신학』, 성광문화사, 1995년 2판, 2005, 불과 구름

chapter 2 현대 대중문화의 기독교적 조명

1) 노컷기획, CBS 문화부 정재훈 기자, floyd@cbs.co.kr, "긴급진단! 한국 공연 어디로 가는가?", 노컷뉴스, 2007.09.07 06:20

2) 상동.

3) 조규익, "지식인의 한탕주의, 그리고 금단의 열매", 2007월 4월 19일, 배규서옥

_Blog ver.

4) 강헌, 시평 "대중음악인들의 잇단 죽음과 표절사태를 보고", 《조선일보》, 1996년 1월 20일 23면.
5) "위기의 도매업(상), 인터넷 직거래, 할인점에 밀려 폐업 속출", 《조선경제》, 2005년 8월 29일 B2면.
6) "또 하나의 시장, 인터넷으로", 《조선경제》, 2005년 8월 30일 B3면.
7) "난 네가 과거에 한 일을 모두 알고 있다", 《조선경제》, 2005년 8월 29일 B3면.
8) " '막가는 방송' 책임지는 사람이 없다", 《조선일보》, 2005년 8월 2일 A3면.
9) Morten Hill, cited in R. Kirk, *The Mind Polluters*(New York: Thomas Nelson, 1985), p. 31.
10) Larry W. Poland, "그리스도와 문화: 그리스도인과 대중매체", in: D.A. Carson & John D. Woodbridge (ed.), *God and Culture*, Eerdmans, 1993, 박희석 역, 『하나님과 문화』, 크리스천 다이제스트, 2001, pp. 388-416.
11) http://cafe.daum.net/happy444; 《스포츠연예신문》, 2005.02.08 15:17; 이효리 신곡 표절 논란, 2006년 4월 3일(월), 딴지 여론동향포착센터.
12) "TV 90ch 광고 이어 간접 · 가상광고까지", 《조선일보》, 2005년 8월 2일 A3면.
13) Schlossberg, *Idols for Destruction*(Nashville: Thomas Nelson, 1983), p. 37.
14) Clifford Geertz, "Anti-Relativism", American Anthropologist 86.2 (1984):263-78.
15) C. S. Lewis, *The Screwtape Letters* (New York: Macmillian, 1960), pp. 113-114.
16) C. S. Lewis, "The Seeing Eye", in: Christian Reflections. ed., *Walter Hooper* (Grand Rapids: Eerdmans, 1967), pp. 168-169.
17) "품격있는 당신의 탁월한 선택! 뮤지컬 '명성황후', 2006년 또 하나의 감동", 《중앙일보》, 2006년 11월 1일, My Friday 줄리 tasto_mf@joins.com
18) "한국 '라그나로크'는 태국의 국민게임", 《조선일보》, 2005년 6월 22일 A3면.
19) 상동.
20) 상동.
21) 박혜윤 기자, " '깨끗할래요' … 美청소년 순결서약 10년새 10% 늘어", 2002.12.04 14:06, parkhyey@donga.com
22) http://cafe.daum.net/lapplcommon "밸런타인스는 '순결 서약일' 전국서 수백만 명 참여" 2006.02.15 02:29
23) 이상돈, "미국의 보수 승리와 미디어", 《조선일보》, 2005년 8월 2일 A27면.
24) 상동.
25) "왕꽃선녀님, 미신, 무속신앙으로 정서적 불안감 조성", 연예영화신문 2005.01.19

10:17

26) Larry W. Poland, "그리스도와 문화: 그리스도인과 대중매체", in: *God and Culture*, p. 413.

27) "10대의 우상은 역시 서태지와 아이들", 《주간 조선》, 1996년 1월 4-11일, pp. 74-74.

28) 상게서, p. 77.

29) 사설 "서태지 증후군", 《조선일보》, 1996년 2월 1일 3면.

30) 이로사 기자, "가수들이 뽑은 최고가수…조용필 · 인순이 · 서태지와 아이들," 2007.08.31 18:29 http://smile.khan.co.kr

31) 김영한, 『한국기독교문화신학』, 성광문화사, 1995.

32) "좋고 재미있는 영상" 조코재미, http://www.cemcem.com

33) " '꿈의 영상선교' 기독교 TV 개국 부푼 꿈", 《기독교연합신문》, 1995년 11월 26일 15면.

34) "95년 예수 사랑 큰잔치", 《기독교저널신문》, 1995년 10월 16일.

35) http://211.171.125.2/jhMall/arthall/history.html, 청계천 푸른 문화의 쉼터, 진흥아트홀.

36) 권장희, "문화소비자운동, 그 전략과 방향", 《두레사상》, 1995년 겨울호, pp. 221-222.

37) "건전한 사이버 문화 '한목소리' ", 《크리스천 투데이》, 2005년 7월 18일 19면.

38) 상동.

39) "한국화 '날 위하여' 기독교미술대전 대상 영예", 《기독교연합신문》, 1995년 10월 22일 16면.

40) "별을 노래하는 시인 김소엽", 《빛과 소금》, 1996년 1월호, p. 179.

41) "교회분열 등 과거 잘못 통렬히 회개, 대부흥 100주년 기념대회, 회개 통해 대부흥 다짐", 《기독교신문》, 2007년 7월 15일 1면.

42) " '미국사회에 예수 일깨우기' , JAMA 96 결산", 《국민일보》, 1996년 7월 13일 13면.

43) "왜 보수적인 교회들이 점점 강성해지는가", 《크리스천 투데이》, 2005년 5월 30일 B5면.

44) "주기도, 사도신경 새번역 확정", 서울교회 순례자, 2004년 12월, 26판.

45) 김중석, 한국찬송가, 3판, 한국찬송가 운동본부, 2002년, p. 150.

46) "CCM 음반을 통한 선교 본격화", 《크리스천 투데이》, 2005년 7월 18일 27면.

47) "CCM 새음반 소개", 《크리스천 투데이》, 2005년 7월 18일 27면.

chapter 3 문화상품과 기독교적 문화읽기

1) 브릿지 컨설턴트, "문화상품이 중요하게 다루어지는 이유와 우리나라의 성공사례는?" 2007.07.02, http://cafe.daum.net/msamkukchi
2) 김문환, 『문화경제론』, 서울대 출판부, 1998, p. 271.
3) 상게서, p. 246.
4) "존 나이스 박사의 21세기 메가 트렌드 전망", 《조선일보》, 2002년 5월 21일, 8면.
5) "2020 미래로 가자", "100억 달러 문화수출국 되자", 《조선일보》, 2002년 4월 6일 1면.
6) 브릿지 컨설턴트, "문화상품이 중요하게 다루어지는 이유와 우리나라의 성공사례는?" 2007.07.02, http://cafe.daum.net/msamkukchi
7) 박정훈, "심형래 모델", 《조선일보》, 2007년 8월 3일 A31면.
8) 상동.
9) "상품도 문화다… 21C전략"(중), 《한국경제신문》, 1999년 12월 9일.
10) "연말 일본에 '겨울연가' 신드롬 절정. NHK 재방영… DVD 판매 1위… 한국드라마 사이트 붐", 《조선일보》, 2003년 12월 29일, A9면(사회).
11) "욘사마의 힘", 《조선일보》, 2005년 9월 3일 A8면.
12) "패션으로 재확인한 중국의 한류 열풍, 한 · 중 수교 15주년 기념 앙드레 김 패션쇼 박솔미 · 조현재 등 연예인 · 미스코리아 10여 명 출연, 한과 그리움 담은 '일곱 겹 드레스' 특히 눈길 끌어", 우시(중국)=신동흔 기자 dhshin@chosun.com, 《조선일보》, 입력: 2007.07.12 23:59 / 수정 : 2007 07. 13 00:08
13) "한국의 문화산업 규모 15억 달러, 세계시장의 1%", 《조선일보》, 2007년 4월 6일 10면.
14) "2020 미래로 가자", "문화수출 원동력인 '감성인간' 길러내자", 《조선일보》, 2002년 4월 6일 10면.
15) "언어 장벽 넘어야 문화수출, 정부서 번역사업 지원해야", 2002년 4월 6일 10면.
16) 장윤수, 「문화를 통한 국가브랜드 가치 재고 전략」 연구보고서 발간, 2007. 09. 08 14:40, http://cafe.daum.net/jangyoon
17) 송병락, "국가브랜드를 많이 만들자", 2007.09.08(출처: 중앙일보 중앙시평), http://cafe.daum.net/jinjunewright
18) "상품도 문화다… 21C 전략"(하), "문화 마케팅, 체계화 절실", 《한국경제신문》, 1999년 12월 10일.
19) "기술(융, 연, 동)과 감성(감, 유)의 조화여부에 기업 성패 달려", 《조선일보》 2004년 신년특집, 미래트렌드, 2004년 1월 1일 B3면.

20) "잇고, 합치고, 움직이고, 느끼고 즐긴다, 새해 비즈니스 성공 5대 키워드", 《조선일보》 신년특집, 조선경제, 2004년 1월 1일 B1면.
21) "MP3 플레이어로 2년만에 세계석권", 《조선일보》 신년특집, 2004년 1월 1일 B4면.
22) "기술과 감성의 조화 여부에 기업성패 달려", 《조선일보》 신년특집, 2004년 1월 1일 B3면.
23) 상동.
24) 상동.
25) "온라인 새 소비권력 '스마트 몹'을 잡아라", 《조선일보》 신년특집, 2004년 1월 1일 B2면(미래 트렌드).
26) 상동.
27) "기술과 감성의 조화 여부에 기업성패 달려", 《조선일보》, 2004년 1월 1일 B3면(미래 트렌드).
28) 서병문(한국문화콘텐츠진흥원장), "방송·통신 융합시대, 콘텐츠가 생명", 《조선일보》& chosun.com, 입력: 2006.12.05 20:35 / 수정 : 2006.12.05 22:18.
29) "호기심-열린 마음으로 '고급문화 공포증' 없애자", 《조선일보》, 2002년 4월 13일 8면.
30) 상동.
31) 상동.
32) "감성시대의 도래", BI: Befrienders International, Vol. 165, August 2005, p. 19.
33) 아바타(Avatar)는 분신, 화신을 뜻하는 말로 사이버공간에서 사용자의 역할을 대신하는 애니매이션 캐릭터를 지칭한다. 아바타는 원래 "내려오다", "통과하다"라는 의미의 산스크리트어 "Ava"와 "아래 땅"이란 뜻인 "Terr"의 합성어이다. 고대 인도에서는 땅으로 내려온 신의 화신을 지칭하는 말이었으나 인터넷 시대가 열리면서 3차원이나 가상현실 게임 또는 채팅 등에서 자기 자신을 나타내는 아이콘을 의미한다. 아바타는 사이버상의 분신(分身)으로서 비서 역할까지 수행하고 있다. 아바타는 그동안 채팅, 커뮤니티사이트에서 아이디, 사진 대신에 사용됐지만 최근에는 주인의 일정관리, 놀이상대 역할까지 하고 있다. 월드컵 시즌을 맞아 국가대표 축구선수인 황선홍, 안정환, 홍명보 선수가 아바타로 등장하고 있다("내 컴퓨터 비서는 안정환 선수", 《조선일보》, 2002년 7월 2일 50면).
34) "인터넷 달구는 '아바타' 열기", 《조선일보》, 2002년 5월 2일 19면.
35) " '아바타' 이용자 1,000만 명 돌파", 《조선일보》, 2002년 5월 6일 53면.
36) "인공지능(AI) 개발", 맥킨지 매니저 윤송이 박사, 《조선일보》, 2002년 4월 25일 11면.
37) "서울대생이 본 '2020년 연애문화' ", 《조선일보》, 2002년 4월 13일 8면.
38) "아바타가 지배하는 사이버 스페이스", 《미래한국》, 2002년 8월 4일 10면.

39) "텔레비전의 영향과 미래, 텔레비전의 이데올로기", 《숭실대학신문》, 2002년 4월 29일 6면.

40) Arthur F. Homles, *Contours of A World View. Studies in a Christian World View*, Eerdmann, 1983, 이승구 역, 『기독교 세계관』, 제14장과 제15장.

41) 박정훈 경제부장, 《조선일보》&chosun.com,, '경제초점', "한국 1등이 세계 1등", 입력: 2007.01.18 22:59.

42) 짐 데이토, 《조선일보》 인터뷰, 2007년 1월 8일.

43) 박정훈 경제부장, 조선일보&chosun.com, '경제초점', "한국 1등이 세계 1등," 입력: 2007.01.18 22:59.

chapter 4 영화 "밀양"에 나타난 기독교 상(像)

1) Dietrich Bonhoeffer, *The Cost of Discipleship*, Nachfolge. 1937, 허역 옮김, 『나를 따르라』, 대한기독교서회.

2) 한국기독교사연구회편, 『한국기독교의 역사1』, pp. 271-272.

3) 로병션, "강화사경회경형", 《신학월보》, 제5권 2호, 1907, p. 82.

4) 박용규, 『평양대부흥운동』, (서울: 생명의 말씀사, 2000), pp. 334-335.

5) Jürgen Moltmann, Der gekreuzigte Gott, *Das Kreuz Christi als Grund und Kritik christlicher Theologie*, Munchen p. 103; 김영한, 『바르트에서 몰트만까지』, 2003, 대한기독교서회, p. 521하.

6) The Lausanne Covenant, 1974. 이 언약은 그리스도인의 사회적 책임(Christian social responsibility)을 강조하고 있다. 이 항목에서 "우리는 인간 사회 어디서나 정의와 화해를 구현하시고 인간을 모든 종류의 압박에서 해방시키려는 하나님의 권념에 참여하여야 한다. 사람은 하나님의 형상으로 창조되었기에 인종, 종교, 피부빛, 문화, 계급, 성 또는 연령의 구별없이 모든 사람이 타고난 존엄성을 지니고 있으며 따라서 사람은 서로 존경받고 섬김을 받아야 하며 누구나 착취당해서는 안된다.", "우리가 주장하는 구원은 우리의 개인적 그리고 사회적 책임을 총체적으로 수행하도록 우리를 변화시키는 것이어야 한다. 행함이 없는 믿음은 죽은 것이다." 라고 선언하고 있다.

chapter 5 사이버 문화와 기독교 문화전략

1) W. Gibson, *Newromancer*, (New York: Ace Books, 1984), p. 67. 깁슨이 말하

는 사이버 공간은 하나의 디스토피아적 소외감을 표명한 것이었다. 『뉴로맨서』의 배경은 절망적인 범죄가 판치는 지하세계를 무대로 하고 있다. 그것은 얼굴 없는 거대기업이 지배하는 곳이다. 이러한 지하세계 속에서 기술은 인간을 소외시키고 인간을 통제하고 있다. 여기서 사람들은 아름답고 기능적인 신체를 주문하여 수술하고 정신상태도 마약 디자이너로부터 제공받는다. 깁슨은 여기서 현대사회에서 나타나는 소외과정에 대해 비판적으로 표명하였다(Chris Cheher, "Colonizing Virtual Reality: Construction of the Discourse of Virtual Reality, 1984-1992"(1994), 홍성태 엮음, 사이버 공간과 사이버 문화(문화과학사, 1997), p. 267). 깁슨은 비판적 사이버공간 개념에도 불구하고 사이버공간에 대한 관념을 적극적으로 바꾸었다. 깁슨이 암시한 열 가지 상상들은 기술적으로 해결되어 상품화하였다.

2) M. Kreuger, *Artificial Reality*, Addison-Wesley, 1982.

3) 박수찬 기자, "인터넷으로 예배 보고, 불공 드리고… 온라인 종교활동 급증", soochan@chosun.com, 이석호 기자 yoytu@chosun.com 입력: 2007.05.28 01:08.

4) 이희국 LG전자 CTO 사장, '집단지성'의 시대를 맞으라, 《조선일보》, 입력: 2007.02.09 10:53.

5) Alvin Toffler and Heide Toffler, *Revolutionary Wealth*, 김중웅 옮김, 『부의 미래』, 청림출판사, 2006, pp. 223-264.

6) "게시글 · 블로그만 좋아도… '짭짤한 인터넷'", 《조선일보》, 2007년 6월 12일 B3면. 이경은 기자 diva@chosun.com 입력: 2007.06.11 22:47.

7) 상동.

8) 상동.

9) 1999년 8월 16일 《국민일보》 1면.

10) "온라인 게임, 가상세계서 진짜 같은 삶", 《조선일보》, 1999년 8월 18일 40면.

11) Jean Baudrillard, *Postmodernist Culture: An Introduction to Theories of the Contemporary* (Oxford: Basil Blackwell, 1989), p. 168.

12) David Tracy, *Plurality and Ambiguity: Hermeneutics, Religions, Hope* (San Francisco: Harper & Row, 1987).

13) Jean-Francois Lyotard, *The Postmodern Condition: A Report on Knowledge* (Manchester: Manchester Univeristy Press, 1984).

14) "세계는 지금 인터넷 중독과 전쟁 중", 2007.03.26 11:00 http://blog.daum.net/djennews

15) "사이버스토킹의 처벌 및 규제 법규", 2007.05.13 http://cafe.daum.net/yjbeen; "사이버 상의 예절(스토킹과 펌문화)", 2005.08.08 http://cafe.daum.net/

allllltogether

16) " '멀티미디어 예배' 이제는 시대적 요구입니다", 《기독교연합신문》, 2005년 7월 17일 16면.

17) 오해석, "인터넷 시대의 미래가상교회", 『사이버문화와 기독교문화전략』, p. 191.

18) "미국 기독교, '블로그' 의 위력에 눈뜨다", 《크리스천 투데이》, 2005년 6월 13일 24면.

19) 상동.

20) "미국 기독교, '블로그' 의 위력에 눈뜨다", 《크리스천 투데이》, 2005년 6월 13일, 24면.

21) 이윤승, "사이버 시대의 인터넷 선교", 『사이버문화와 기독교 문화전략』, 1999, 쿰란출판사, p. 151.

22) 김영한 외, "머리말", 『사이버 문화와 기독교 문화전략』, 쿰란출판사, 1999.

23) " '멀티미디어 예배' 이제는 시대적 요구입니다", 《기독교연합신문》, 2005년 7월 17일 16면.

24) T. M. Moore, *Redeeming Pop Culture*. A Kingdom Approach, P&R Publlishing Com. 2003, pp. 156-157.

chapter 6 가상공간에 대한 신학적 진단

1) "마이클 하임 교수가 말하는 디지털 시대의 문화", 《조선일보》, 2002년 4월 2일 8면.

2) 이기태(삼성전자 사장), "와이브로(WiBro)가 가져올 공유의 시대", 《조선일보》, 2006년 11월 13일 A34면.

3) 이어령, "21세기 정보사회의 마인드", 《기독교 사상》, 1996년 6월, p. 20.

4) 박수찬 기자, "인터넷으로 예배 보고, 불공 드리고… 온라인 종교활동 급증", soochan@chosun.com, 이석호 기자 yoytu@chosun.com 입력: 2007. 05. 28 01:08.

5) 상동.

6) Elvin Toffler, *Future Shock*, 이규행 역, 한국경제신문사, 1989, pp. 105-107.

7) "인공지능(AI)개발. 판단하고 감성 지닌 진짜 생물같은 디지털 생명체 만들 것", 《조선일보》, 2002년 4월 25일 11면.

8) Jacques Ellul, *The Technological Society* (New York, 1964), chap. II, passim.

9) Heidegger, *Technik und Kehre*, 기술과 전향, 서울 :서광사, p. 35.

10) 장경철, "미디어 활용을 위한 신학적 이해", in: 『21세기의 도전과 문화선교』, 대한예수교장로총회출판부 편, 한국장로교출판사, 2000. p. 51.

11) 상게서, pp. 55-56.
12) 삐에르 바벵, 『종교 커뮤니케이션의 새 시대』, 분도 출판사, 1993, pp. 59-64.
13) 정혁현, "그리스도인에게 영화의 의미는 무엇인가?", 대한 예수교장로회 총회 사회부편, 『21세기 도전과 문화선교』, 2000, 한국장로교출판사, p. 89.
14) W. 옹, 이기우, 임명진 역, 『구술문화와 문자문화』, 문예출판사, 1997, p. 206.
15) "디지털 목회 재가동 힘을 내자", 《기독신문》, 2005년 7월 20일 7면.
16) 상동.

chapter 7 환생 신드롬과 개혁신앙

1) "해리포터 시리즈", (토론토=연합뉴스) 박상철 통신원 입력: 2005.07.14 10:22.
2) 강진구, "조지 루카스 감독의 스타워즈 에피소드III", 《신앙세계》, 2005년 8월, pp. 118-122.
3) 박찬호, "무속적 사고가 한국사회를 병들게 하고 있다", 《신앙세계》, 1997년 1월호, pp. 58-61.
4) 김영민, "다음 대통령은? 역술인 · 무속인들 입을 열다", 《조선일보》 토일섹션, 2007년 7월 14-15일 B12면.
5) 박양식, "영매문화와 기독교적 안목 세우기", 『문화를 알면 사역이 보인다』, 기독교연합신문사, 2004, pp. 50-51.
6) "'요가 열풍' 을 돌아본다. 웰빙 옷 입고 기독교에 '영적 도전'", 《기독교 연합신문》, 2005년 8월 14일 15면.
7) 강진구, "조지 루카스 감독의 스타워즈 에피소드 III", 《신앙세계》, 2005년 8월호, p. 119.
8) 상동.
9) Brian L. Weiss, 『전생요법』, 김철호 역, 정신세계사, 1993, p. 48, 53.
10) 김영우, 『전생여행』, 정신세계사, 1996, pp. 257-258.
11) 설기문, 『최면과 전생퇴행』, 정신세계사, 1998, pp. 149-166.
12) "'요가 열풍' 을 돌아본다. 웰빙 옷 입고 기독교에 '영적 도전'", 《기독교 연합신문》, 2005년 8월 14일 15면.
13) "적응력 약한 신세대 현실감 잃을 수도", 《국민일보》, 1996년 10월 12일 5면.
14) 맹성렬, "UFO 신드롬", 『넥서스』, 1995, pp. 318-319.
15) (토론토=연합뉴스) 박상철 통신원 입력: 2005. 07. 14 10:22.
16) "가톨릭 성장과 개신교 침체 원인 및 대책 다룬 포럼", 입력: 2006.12.01 05:57, 《크리스천 투데이》, 류재광 기자 jgryoo@chtoday.co.kr.

17) 강진구, "조지 루카스 감독의 스타워즈 에피소드 III", in 《신앙세계》, 2005년 7월호 p. 120.

18) 상게서. p. 119.

19) Ilya Prigogine & Isabelle Stengers, *Order out of Chaos* (New York: Bantam Books, 1984, Ian Babour, *When Science Meets Relgion*, 2000, 이철우 옮김, 『과학이 종교를 만날 때』, 김영사, 2002, pp. 182-183.

20) O. Cullmann, *Unsterblichkeit der Seele oder Auferstehung der Toten*, Stuttgart 1962. 김영한, 『바르트에서 몰트만까지』, 제6장 볼프하르트 판넨베르그, 개정증보판, 대한기독교서회, 2003, p. 378.

21) 김영한, 21세기 문화신학시리즈 제2권 『21세기 문화변혁과 개혁신앙』, 제10장 "몸, 죽음, 생명과 개혁신앙", 2007, 예영커뮤니케이션, p. 238.

22) 이만홍, "환생-전생문화, "나는 이렇게 본다", 《국민일보》, 1996년 8월 31일, 14면.

23) 이원규, "한국인의 정서풍토", 《신앙세계》, 1997년 2월호, p. 41.

24) 이인열 특파원(뉴델리), "네팔 소녀 신(神), '쿠미라의 세계,' 살아 있는 여신, 숭상받다 버려지는 소녀", 《조선일보》 토일섹션, 2007년 7월 14-15일, B10면.

25) Meril F. Unger, 박근원 역, 『악마: 성서로 본 신비신앙』, 종로서적, 1979, pp. 42-59.

26) "'요가 열풍' 을 돌아본다. 웰빙 옷 입고 기독교에 '영적 도전'", 《기독교연합신문》, 2005년 8월 14일 15면.

27) 강진구, "조지 루카스 감독의 스타워즈 에피소드 III", in 《신앙세계》, 2005년 7월호, p. 121.

28) 상동.

29) "천사론 배후에 있는 뉴에지 악령", 인진한, 《목회와 신학》, 1997년 2월호, pp. 77-80.

30) 박양식, "영매문화와 기독교적 안목 세우기," in: 『문화를 알면 사역이 보인다』, 기독교연합신문사(UCN), 2004, p. 63.

chapter 8 생명에 대한 신학적 성찰

1) Albert Schweitzer, *Kultur und Ethik*(1923), München 1960, 261, 291ff.

2) Ibid., p. 296.

3) Ibid., p. 298.

4) Ibid., p. 300.

5) Ibid., p. 291.

6) Albert, Schweitzer, *Kulturphilosophie I: Verfall und Wiederaufbau der Kultur*. Bern, Paul Haupt, 1923. *Cultural Philosophy I: The Decay and the Restoration of Civilization*. Translated by C.T. Campion. London, A. & C. Black. 2nd ea., 1932. Philosophy of Civilisation, chapter 26.

7) Albert, Schweitzer, *Kulturphilosophie II: Kultur und Ethik*. Bern, Paul Haupt, 1923, 301, *Cultural Philosophy II: Civilization and Ethics*. Translated by John Naish. London, A. & C. Black, 1929.

8) Albert Schweitzer, *Kultur und Ethik*, p. 302.

9) Ibid., p. 303.

10) Ibid., p. 298.

11) Albert Schweitzer, *Kultur und Ethik*, p. 303.

12) Albert Schweitzer, *Die Weltanschanung der indischen Denker: Mystik und Ethik*. Munich, C.H. Beck, 1935. *Indian Thought and Its Development*. Translated by Mrs. C.E.B. Russell. London, Hodder & Stoughton, 1936.

13) Albert Schweitzer, *Aus meinem Leben und Denken*. Leipzig, Felix Meiner, 1931. *Out of My Life and Thought: An Autobiography*. Translated by C.T. Campion. New York, Henry Holt, 1933; 1949. epilogue.

14) http://en.wikipedia.org/wiki/Albert_Schweitzer, Albert Schweitzer, From Wikipedia, the free encyclopedia.

15) Christofer Frey, Peter Dabrock, Stephanie Knauf, *Repetitorium der Ethik*, 3. Aufl. Waltrop 1997, p. 243.

16) 김영한, 『바르트에서 몰트만까지』, 대한기독교서회, 2003, 수정증보판, pp. 320-324.

17) Hans Jonas, *Das Prinzip Leben*, Frankfurt a. M. Leibniz 1994, p. 18.

Hans Jonas, Materie, *Geist und Schöpfung*, Frankfurt a. M. 1988, pp. 21-25, 35-37.

18) Hans Jonas, Materie, *Geist und Schöpfung*, Frankfurt a. M. 1988, p. 11 그리고 22ff.

19) Hans Jonas, *Das Prinzip Leben*, pp. 98-108.

20) Hans Jonas, Materie, *Geist und Schöpfung*, Frankfurt a. M. 1988, p. 22.

21) 일리야 프리고진(Ilya Prigogine)은 평행상태와는 거리가 먼 역동적인 시스템에 관한 연구로 노벨상을 받았다. 그는 특정수준에서의 무질서가 보다 상위 수준에서의 질서를 낳는 무생물적 자기 조직화 시스템들을 분석했다. 그런 시스템에서는 새로운 법칙들이 새로운 형태의 복잡성을 띠는 구조들의 행동을 지배한다. 비선형적 불안정 상태로부터 다양한 분산적 결과들이 발생한다. 분자수준에서 일어나는

그런 자기 조직화 및 자기 유지 시스템들의 형성이야말로 생명출현의 첫 단계라고 본다. Ilya Prigogine & Isabelle Stengers, *Order out of Chaos* (New York: Bantam Books, 1984), Ian Babour, *When Science Meets Relgion*, 2000, 이철우 옮김, 『과학이 종교를 만날 때』, 김영사, 2002, pp. 182-183.

22) 한정선, 『생명에서 종교로』, 철학과 현실사, 서울: 2003, p. 159.

23) Hans Jonas, *Das Prinzip Leben*, Frankfurt a. M. Leibniz 1994, p. 163, 요나스 지음, 이진우 옮김, 『책임의 원칙: 기술시대의 생태학적 윤리』, 서광사, 1994, p. 114.

24) Hans Jonas, *Organismus und Freiheit*, Göttingen 1973, p. 23.

25) Ibid., p. 13.

26) Christofer Frey, *Konflicktfelder des Lebens*. p. 89.

27) Hans Jonas, *Organismus und Freiheit*, p. 11.

28) Ibid., p. 13.

29) Ibid., p. 23.

30) Ibid., p. 41.

31) Ibid., p. 81.

32) Ibid., p. 33.

33) Ibid., p. 37.

34) Ibid., p. 28, 37, 58, 115ff.

35) Ibid., p. 97.

36) Hans Jonas, *Der Gottesbegriff nach Auschwitz*, Frankfurt, 1987.

37) Hans Jonas, *Organismus und Freiheit*, p. 54.

38) Christofer Frey, *Konflicktfelder des Lebens*. p. 93.

39) Hans Jonas, *Organismus und Freiheit*, p. 297ff.

40) Ibid., p. 300.

41) Christofer Frey, *Konflicktfelder des Lebens*. p. 94.

42) Hans Jonas, *Technik, Medizin und Ethik*, Frankfurt, 1987, pp. 219-241.

43) Hans Jonas, *Das Perinzip Leben*, p. 207, 211ff.

44) Christofer Frey, *Konflicktfelder des Lebens*. p. 94.

45) Hans Jonas, *Organismus und Freiheit*, p. 120.

46) Ibid., p. 124.

47) Ibid., p. 326.

48) 한정선, 『생명에서 종교로』, 철학과 현실사, 2003, p. 152.

49) Hans Jonas, Maerie, *Geist und Schöpfung*, pp. 35-40.

50) J. Polkinghorne, "The Metaphysics of Divine Action", in: R. J. Russell, N.

Murphy, A. R. Peacocke (eds.), *Chaos and Complexity*. Scientific Perspectives on Divine Action, 1997, p. 151ff.

51) Hans Jonas, *Der Gottesbegriff nach Auschwitz*, Baden-Baden 1987, p. 46-48.

52) Christofer Frey, *Konflicktfelder des Lebens.*, p. 95.

53) Christofer Frey, Peter Dabrock, Stephanie Knauf, *Repetitorium der Ethik*, 3. Auflage, Waltrop 1993, p. 172.

54) Ibid., p. 195.

55) *Trutz Rendtorff*, Ethik, Bd. 1, Stuttgart, u. a. 1980. p. 64.

56) *Trutz Rendtorff*, Ethik, Bd. 1, 1990, p. 99.

57) Ibid., p. 37.

58) Ibid., p. 38.

59) Ibid., p. 49.

60) Ibid., p. 60.

61) Trutz Rendtorff, *Zum ethischen Sinn evangelischer Theologie*, in: ZEE 26(1982), pp. 19-28.

62) Christofer Frey, *Theologische Ethik*, Neukirchen-Vluyn 1990, p. 272.

63) Trutz Rendtorff, *Ethik*, Bd. 1, 1990, p. 43.

64) Ibid., p. 48.

65) Trutz Rendtorff, *Ethik*, Bd.1, 1980, p. 97.

66) Nag-Heoung Lim, *Ethische Relevanz neutestamentlicher Grundaussagen bei Werner Elert*, Helmut Thielicke und Trutz Rendtorff, Regensburg: S. Roderer Verlag, 1996, p. 130.

67) *Trutz Rendtorff*, Ethik, Bd. 1, 1990, p. 73.

68) *Trutz Rendtorff*, Ethik, Bd.1, 1980, p. 84.

69) Ibid., p. 31.

70) Trutz Rendtorff, *Ethik*, Bd. 1, 1990, p. 62.

71) Ibid., p. 63.

72) Ibid., p. 65.

73) Ibid., p. 67.

74) Ibid., p. 71.

75) Ibid., p. 72.

76) Trutz Rendtorff, *Ethik*, Bd. 1, 1990, p. 76.

77) Ibid., p. 76.

78) Ibid., p. 77.

79) Ibid., p. 76.

80) Ibid., p. 79.

81) Ibid., p. 86.

82) Ibid., p. 86.

83) Ibid., p. 87.

84) Ibid., p. 88.

85) Trutz Rendtorff, *Ethik*, Bd.1, Stuttgart, u. a. 1980., p. 32.

86) Christofer Frey, *Konflicktfelder des Lebens.* Theologische Studien zur Bioethik, p. 80.

87) Trutz Rendtorff, *Ethik*, Bd.1, p. 37

88) Christofer Frey, Peter Dabrock, Stephanie Knauf, *Repetitorium der Ethik*, 3. Auflage, Waltrop 1993, p. 260.

89) Trutz Rendtorff, *Ethik*, Bd.1, 1980, p. 53.

90) Trutz Rendtorff, *Ethik*, Bd.1, 1990, p. 93.

91) Ibid., p. 93f.

92) Ibid., p. 94.

93) Trutz Rendtorff, *Ethik*, Bd.1, 1990, p. 95.

94) Trutz Rendtorff, *Ethik*, Bd.1, 1980, p. 142.

95) Ibid., p. 35.

96) Christofer Frey, Peter Dabrock, Stephanie Knauf, *Repetitorium der Ethik*, p. 125.

97) Ibid., p. 193.

98) Christofer Frey, *Konflicktfelder des Lebens* p. 98.

99) Dietrich Bonhoeffer, *Ethik* (DBW 6), München 1992, p. 163.

100) Ibid., p. 164.

101) *Ethik*, 7 Aufl. München 1966, p. 128ff.

102) Ibid., p. 128.

103) Ibid., p. 132.

104) Ibid., p. 135f.

105) Ibid., p. 136.

106) Christofer Frey, *Die Ethik des Protestantismus von der Reformation bis zur Gegenwart*, Gütersloh 1989, p. 219.

107) *Ethik*, 7 Aufl. München 1966, p. 142.

108) Ibid., p. 144.

109) Ibid., p. 144.

110) Ibid., p. 147.

111) Christofer Frey, *Die Ethik des Protestantismus von der Reformation bis zur Gegenwart*, p. 220.

112) *Ethik* (DBW 6), München 1992, p. 165.

113) Ibid., p. 166.

114) *Ethik*, 7 Aufl. München 1966, p. 153.

115) Ibid., p. 155.

116) Christofer Frey, Peter Dabrock, Stephanie Knauf, *Repetitorium der Ethik*, 3. Aufl. Waltrop 1997, p. 206.

117) *Ethik* (DBW 6), München, 1992, p. 172.

118) Ibid.

119) Ibid., p. 173.

120) Ibid. p. 248.

121) Ibid., p. 249.

122) Ibid., p. 254.

123) Christofer Frey, *Konflicktfelder des Lebens*. Theologische Studien zur Bioethik, Göttingen: Vandenhoeck & Ruprecht 1998, p. 79.

124) Ibid., p. 100.

125) Bonhoeffer, *Widerstand und Ergebung*, hg. von E. Bethge, München 1951, p. 303.

126) Christofer Frey, Peter Dabrock, Stephanie Knauf, *Repetitorium der Ethik*, 3. Aufl. Waltrop 1997, p. 49, 259.

127) Bonhoeefer, *Ethik*, hg. 1992, pp. 256-299.

128) Helmut Thielicke, *Tod und Leben*. Studien zur christlichen Anthropologie, Tübingen: J. C. B. Mohr (Paul Siebeck), 1946, p. 186.

129) Ibid., p. 186.

130) Ibid., p. 187.

131) Ibid.

132) Ibid.

133) Ibid.

134) Ibid., p. 188.

135) Ibid.

136) Helmut Thielicke, *Leben mit dem Tod*, Tübingen: J. C. B. Mohr (Paul Siebeck), 1980, p. 260.

137) Ibid., p. 258.

138) Ibid., p. 259.

139) Ibid., p. 260.

140) Ibid.

141) Ibid., p. 261.

142) Ibid.

143) Ibid.

144) Ibid., p. 266.

145) Ibid., p. 267.

chapter 9 생태와 생명에 관한 개혁신학적 이해

1) C. F. von Weizäcker, *Die Geschichte der Natur*. Zwölf Vorlesungen, 9. Aufalge 1992, p. 113, 126.

2) W. Krötke, "Der christliche Glaube an die Schöpfung", in W. Krötke, Die Universalität des offenbarenden Gottes, 1985, p. 77.

3) E. Heisenberg, *Das politische Leben eines Unpolitischen*. Erinnerungen an Werner Heisenberg, 1980, p. 177.

4) J. Moltmann, *Gott in der Schöpfung*, München 1985, p. 18.

5) 자연(nature, Natur)이란 희랍어 퓌지스(physis)에서 유래하는데 퓌지스란 시간 안에 존재하는 모든 생성소멸하는 모든 것을 말한다. 희랍어 퓌지스는 라틴어 나투라(natura)로 번역되었다. 나투라는 생성과정만을 가리키는 나투란스(naturans)에서 유래하였다. 자연이란 개념은 성경적이고 개혁신학의 전통에 생소하다. 이러한 자연이란 창조자 없이 스스로 생성소멸하는 존재를 가리키기 때문이다. 성경적이고 종교개혁적인 전통은 자연이란 개념보다는 창조 내지 창조세계라는 말을 쓴다.

6) Gerhard Liedke, *Im Bauch des Fisches*, p. 96.

7) C. Westermann, *Genesis*, p. 800.

8) Gerhard von Rad, *Weisheit in Israel*, p. 368.

9) 이정배, "기독교 영성의 본질로서의 자연은총", 『공공성의 윤리와 평화』, 손규태 교수 정년퇴임 기념 논문집, 한국신학연구소, 2005, p. 370.

10) Jürgen Moltmann, "Schöpfung als offenes System", in: *Zukunft der Schöpfung*, München 1977, pp. 123-139.

11) J. Moltmann, *Gott in der Schöpfung*. ökologische Schöpfungslehre. Kaiser: München 1985, p. 67.

12) J. Moltmann, *Gott in der Schöpfung*, p. 68.

13) Lynn White, "On the Historical Roots of our Ecological Crisis"(1967), reprinted in *This Sacred Earth: Religion, Nature and Environment*, edited by R.Gottlieb, pp. 184-193.

14) H. H. Guthrie, *Theology as Thanksgiving. From Isral's Psalms to the Church's Eucharist*, New York, 1981.

Th. Runyon, "The World as the Original Sacrament", in: *Worship*, Vol.54, No. 6, Nov. 1980, 495ff.

15) J. Moltmann, *Gott in der Schöpfung*, p. 84.

16) Herbert A. Gornik (Hrsg.), *Damit die Erde wieder Gött gehört.* Plädoyer für einen neuen Umgang mit Mensch und Natur. Offenbach und Freiburg 1986, p. 54.

17) Günter Altner, "Mitgefühl mit allem geschaffenen". Ein neues Verhältnis zu Erde und Schöpfung. in: op.cit. p. 58.

18) D. W. D. Shaw, Pantheism, in: *A New Dictionary of Christian Theology*, ed. Alan Richardson & John Bowden, SCM Press, 1983, p. 423.

19) J. Moltmann, *Gott in der Schöpfung*, p. 115.

20) 신옥수, "몰트만 신학에 있어서의 만유재신론적 비전", 한국조직신학회 편, 『현대 신학의 동향』, 조직신학 논총, 제8집, p. 99이하.

21) J. Moltmann, *Gott in der Schöpfung*, p. 115.

22) 김균진, 『자연환경에 대한 기독교신학의 이해』, 연세대출판부, 2006, p. 207.

23) 김균진, 상게서, p. 209.

24) John Cobb, pantheism, in: Alan Richardson & John Bowden, *A New Dictionary of Christian Theology*, London: SCM Press, 7th impression. 2002, p. 423.

25) J. Polkinghorne, "The Metaphysics of Divine Action", in: R. J. Russell, N. Murphy, A. R. Peacokce (eds.), *Chaos and Complexity.* Scientific Perspective on Divine Action, 1997, p. 151ff.

26) 김균진, 상게서, pp. 310-311.

27) 김균진, 상게서, p. 310.

28) 김균진, 상게서, p. 171.

29) 전현식, "에코페미니즘 신학과 생태학적 영성", 한국조직신학회 편, 『조직신학 속의 영성』, 조직신학 논총 제7집, p. 330.

30) 김영선, "생명의 개념과 본질에 대한 신학적 고찰" 한국기독교학회 편, 『한국기독교 신학논총』, 제30집, p. 242; 김균진, 상게서, p. 385.

31) 김재진, "생명의 생태학적 환경과 생명 창조자" 한국기독교학회 편, 『한국기독교

신학논총』, 제30집, p. 298.

32) 김균진은 이 구절을 독일 복훔신학대의 링크의 해석 "새로운 창조의 약속"을 인용하여 종말론적 미래의 약속으로 해석한다(상게서, 229). 그러나 이 해석은 첫째 날부터 여섯째 날의 창조과정의 사실을 진지하게 고려하지 않는 해석이다. 김균진은 "추함과 죄악이 가득한 지금의 세계가 지향해야 할 방향과 당위성을 시사"하는 것으로 해석하나, 창세기 1장, 4, 10, 12, 18, 21, 25절은 "하나님의 보시기에 좋았더라"고 현재의 상황에 관하여 말하고 있다. 여기에는 죄악과 추함이 전혀 등장하고 있지 않다. 그리고 특히 창조 사역을 마치시고 말씀하시는 31절 "하나님이 그 지으신 모든 것을 보시니 보시기에 심히 좋았더라."에 "심히"라는 말이 들어가 현존 창조의 선함을 강조하고 있다.

33) W. Krötke, "Der christliche Glaube an die Schöpfung", in W. Krötke, *Die Universalität des offenbarenden Gottes*, 1985, p. 76.

34) W. Krötke, "Der christliche Glaube an die Schöpfung", p. 78.

35) Moltmann, 상게서, p. 305.

36) 수정란으로부터 원시선(原始線)이 나타나는 14일경까지는 전(前)배아(pre-embryo), 14일부터 뇌의 인식기능이 나타나기 시작하는 3개월 무렵까지는 배아(胚芽, embryo), 그 이후를 태아(胎兒, fotus)라고 부른다. 그러나 전 배아와 배아를 통칭하여 배아라고 부르기도 한다. 참조: 김상득, "윤리학적 관점에서 본 생명복제", 《신앙과 학문》, 1999 가을호, 기독교학문연구소, pp. 36-40, M. Mori, "On the Concept of Pre-embryo: The Basis for a New 'Copernican Revolution' in the *Current View about Human Reproduction*", J. Harris and S. Holm, ed., *The Future of Human Reproduction* (Oxford: Clarendon Press, 1998), p. 45.

37) United Kingdom, Department of Health and Social Security, "Report of the Committee of Inquiry into Human Fertilization and Embryology"; The Warnock Committee Report, T. L. Beauchamp & L. Walters, ed., *Contemporary Issus In Biöthics* (California: Wordsworth Publishing Company, 1989), p. 499.

38) M. Mori, "On the Concept of Pre-embryo. The Basis for a New 'Copernican Revolution' in the Current View about Human Reproduction", J. Harris and S. Holm, ed., The Future of Human Reproduction (Oxford: Clarendon Press, 1998), p. 45 ; John Harris, "In Vitro Fertilization: Ethical Issues", Philosophical Quarterly 33 (July 1983), p. 22ff.

39) 김영한, "생명공학과 기독교윤리", 《기독교철학》, 창간호, 한국기독교철학회, 2005, p. 12, pp. 13-45.

40) 김영한, "배아줄기 세포연구와 기독교생명윤리", 기독교교육정보, 기독교교육정

보학회, 2006년 4월, pp. 261-283.

chapter 10 생명공학에 대한 신학적 이해

1) "인간 배아 첫 복제", 《조선일보》, 2001년 11월 27일, 9면; "The First Human Clone", in: 《Scientific American》, January 2002.
2) "인간복제, 그 금지된 장난, (2)라엘리안(Raelians) 그들은 누구인가", 《국민일보》, 2001년 8월 28일 3면. 라엘(Claude Rael)은 인간은 "엘로힘"이라고 불리는 외계인으로부터 복제되었으며 이에 따라 인간도 복제되어야 한다는 논리를 펴는 프랑스 출신 종교집단 라엘리안의 교주이다. 그가 세계각국에 "국제 라엘리안 무브멘트" 지사를 세우는 이유는 "외계인들이 공식적으로 지구를 방문할 수 있는 대사관을 만드는 등 외계인이 요청한 것을 실현시키기 위한 것이다.", "하나님은 없다. 단지 2만 5,000년 앞선 문명을 지닌 외계인 과학자들이 DNA를 이용하여 유전자 조작을 통해 지구상의 생물들을 만들어 냈을 뿐이다.", "성경이란 자신이 만난 외계인들이 남긴 기록이다.", "외계인이 복제를 통해 인간을 제작했다.", "창조에 관한 서사시적인 대작의 흔적들이 모든 종교 기록에서 발견된다.", "창세기에서 '엘로힘' 이란 단어는 단수인 하나님으로 오역되어졌지만 그것은 복수형이며 '하늘에서 온 사람들' 을 의미한다.", "엘로힘이 우리 인류를 스스로 진보하도록 유도하면서도 붓다, 모세, 예수와 마호메트 등의 예언자들을 통해서 우리와 관계를 유지해 왔다." 등등 황당무계한 설명을 하고 있다. 한국에도 이 운동에 속한 자들이 1,500명이나 있다고 한다. 이들은 "복제로 영생을 얻는다"는 빗나간 믿음을 가지고 있다. 그리하여 라엘리안은 인간을 비롯한 지구상의 생명체가 초월적인 하나님의 창조물이 아니라 외계인의 과학적 창조의 산물이라는 반기독교적인 주장을 하는 사교적 집단이다. 이 집단은 인간 생명 탄생의 신성한 과정을 무시한 채 과학기술의 맹신과 남용을 통한 인간복제를 시도하고 그리하여 영생을 추구하려는 반기독교적이며 신성모독의 시도를 하고 있다.
3) "인간복제", "끝없는 유전자 조작… 과학의 축복인가 재앙인가", 《조선일보》, 2001년 8월 13일 9면.
4) "인류 파멸 자초하는 인간복제 전면 금지돼야 한다", 《신앙세계》, 2003년 2월호, pp. 53-56.
5) 길원평, "배아 복제, 인간실험조작 허용의 출발점", 《기독교연합신문》, 2005년 6월 12일, 5면; 이웅상, "배아줄기세포연구, 무엇이 문제인가", 《국민일보》, 2005년 6월 22일, 34면; 박충구, "과학주의 제어할 법 제도 개선이 필요하다", 《신앙세계》, 통권 444호, 2005년 7월호, p. 40.

6) James D. Watson, *The Double Helix*, 하두봉 역, 이중나선, 서울: 전파과학사, 2001.

7) 이상원, "인간과 유전공학: 유전자 치료와 인간복제", 『성경과 신학』, 한국복음주의 신학회 논문집 제 32권, 2002년 4월, 생명의 말씀사, pp. 292-298.

8) Jeremy Rifkin, *The Biotech Century*, p. 399.

9) 수정란으로부터 원시선(原始線)이 나타나는 14일경까지는 전(前)배아(pre-embryo), 14일부터 뇌의 인식기능이 나타나기 시작하는 3개월 무렵까지는 배아(胚芽, embryo), 그 이후를 태아(胎兒, foetus)라고 부른다. 그러나 전배아와 배아를 통칭하여 배아라고 부르기도 한다. 참조: 김상득, "윤리학적 관점에서 본 생명복제", 《신앙과 학문》, 1999 가을호, 기독교학문연구소, pp. 36-40, M. Mori, "On the Concept of Pre-embryo: The Basis for a New 'Copernican Revolution' in the Current View about Human Reproduction", J. Harris and S. Holm, ed., *The Future of Human Reproduction* (Oxford: Clarendon Press, 1998), p. 45.

10) "배아복제는 인간파괴의 시한폭탄", 《국민일보》, 2000년 4월 11일, 13면.

11) Michael J. Sandel, *The Ethics of Stem Cell Research*, Human Cloning and Genetic Engineering, September 6, 2005, 제9회 다산기념 철학강좌, 2005, 제2강연, 줄기세포연구, 인간복제 및 유전공학의 윤리, 한국철학회, 명경의료재단, 2005, 자료집, 5

12) United Kingdom, Department of Health and Social Security, "Report of the Committee of Inquiry into Human Fertilisation and Embryology" (The Warnock Committee Report, T. L. Beauchamp & L. Walters, ed., *Contemporary Issues In Bioethics* (California: Wardsworth Publishing Company, 1989), p. 499.

13) M. Mori, "On the Concept of Pre-embryo. The Basis for a New 'Copernican Revolution' in the Current View about Human Reproduction", J. Harris and S. Holm, ed., *The Future of Human Reproduction* (Oxford: Clarendon Press, 1998), p. 45

John Harris, "In Vitro Fertilization: Ethical Issues", Philosophical Quarterly 33 (July 1983), p. 22ff.

14) 조덕제, "인간배아에 관한 현행법률, 문제점과 대안", 《신앙세계》, 2005년 4월호, p. 28.

15) 이상원, 상게서, pp. 314, 319.

16) 강경선, "하나님의 창조질서와 생명과학의 영역", 《신앙세계》, 2005년 4월호, p. 31; 이상원, "성경에서 말하고 있는 생명윤리의 문제", 《신앙세계》, 2005년 4월호,

p. 27.

17) 조덕제, "인간배아에 관한 현행법률, 문제점과 대안", 상게서, p. 31.

18) L. R. Kass, "The Wisdom of Repugnance", L. R. Kass & J. Q. Wilson, *The Ethics of Human Cloning* (Washington, D. C. The AEI Press), p. 33, 38, 42.

19) "인간배아 첫 복제", 《조선일보》, 2001년 11월 27일 9면.

20) "복제 동물 유전자 기능 떨어져", 《조선일보》, 2001년 7월 7일 9면.

21) "인간복제", "끝없는 유전자 조작…. 과학의 축복인가 재앙인가", 《조선일보》, 2001년 8월 13일 9면.

22) Jeremy Rifkin, *The Biothech Century*, 1998, 바이오 테크 시대, 전영택, 전병기 역, 민음사, 1999, p. 13.

23) Michael J. Sandel, *The Ethics of Stem Cell Research*, Human Cloning and Genetic Engineering, September 6, 2005, 제9회 다산기념 철학강좌, 2005, 제2 강연, 줄기세포연구, 인간복제 및 유전공학의 윤리, 한국철학회, 명경의료재단, 2005, 자료집, 6.

24) Francis Fukuyama, *Our Posthuman Future.* Consequences of Technology Revolution, 1999, 송정화 역, 휴먼 퓨처, 부자의 유전자. 가난한 자의 유전자. 한국경제신문, 2003.

25) Michael J. Sandel, *The Ethics of Stem Cell Research*, Human Cloning and Genetic Engineering, September 6, 2005, 제9회 다산기념 철학강좌, 2005, 제2 강연, 줄기세포연구, 인간복제 및 유전공학의 윤리, 한국철학회, 명경의료재단, 2005, 자료집, p. 8, 12.

26) 상게서, p. 9, 13.

27) John Rawls, *A Theory of Justice*, Harvard University Press, Cambridge, Massachusctts, 1971.

28) Michael J. Sandel, 상게서, pp. 13-14, 21-22.

29) 상게서, p. 16.

30) "인간복제, 지뢰밭처럼 위험", 《조선일보》, 2001년 7월 7일 9면.

31) 김상득, "인간복제, 인간의 존엄성이 파괴되고 있다", 《신앙세계》, 2003년 2월호, pp. 48-49.

32) "첫 탄생 돌리양 조기노화로 단명. 창조질서 파괴 인간복제에 경종", 《국민일보》, 2003년 2월 17일 1면 그리고 "복제양 돌리 폐질환으로 안락사", 《조선일보》, 2003년 2월 17일 A16면.

33) "40세 사람을 복제하면 40세 복제아(兒) 태어난다", 《국민일보》, 2003년 2월 17일 26면 그리고 "복제 생명체 조로(早老)하나… 거센 논란", 《조선일보》, 2월 17일 A16면.

34) "불임부부 집착, 복제유혹 흔들", 《국민일보》, 2001년 8월 23일 3면.
35) Rick Warren, *The Purpose Driven Life*, Grand Rapids, MI: Zondervan, 2002; William H. Lazareth, ed., *Hope for Your Future*, Grand Rapids, MI: William B. Eerdmans, 2002.
36) 이상원, "성경에서 말하고 있는 생명윤리 문제", 《신앙세계》, 2005년 4월호, p. 25.
37) 박상은, "인간복제, 우리가 막아야 한다", 《신앙세계》, 2003년 2월호, p. 41.

chapter 11 배아줄기세포 연구와 생명윤리

1) 황우석, "생명복제 기술의 현황과 전망", in: 『생명과학과 인류의 미래』, 호남신학대학교 출판부, 한들출판사, 2001, pp. 129-132.
2) 김진열, 『인간복제. 희망인가 재앙인가』, 서울: 단국대 출판부, 2003, pp. 49-50.
3) 남병곤, "인간의 생명의 시작 언제부터인가", 《국민일보》, 2005년 6월 18일, 21면.
4) "황우석 교수, 개 복제도 세계 첫 성공," 조선일보, 2005년 8월 4일 1면.
5) "동물 복제 결정판… 인간의 친구가 '대리환자' 로", 《조선일보》, 2005년 8월 4일 A4, A5면.
6) 박충구, 생명복제, 생명윤리, 서울 :가치창조, 2001, p. 68.
7) Gene Outka, "The Ethics of Human Stem Cell Research", in: *God and the Embryo: Religious Voices on Stem Cell and Cloning*, ed. by Brent Waters and Ronald Cole-Turner (Washington D.C.: Georgetown University Press, 2003), p. 54.
8) 길원평, "배아 복제, 인간실험조작 허용의 출발점", 《기독교연합신문》, 2005년 6월 12일, 5면.
9) James C. Peterson, "is a Human Embryo a Human Being?" in: *God and the Embryo: Religious Voices on Stem Cell and Cloning*, ed. by Brent Waters and Ronald Cole-Turner (Washington D.C.: Georgetown University Press, 2003), p. 84.
10) 이웅상, "배아줄기세포연구, 무엇이 문제인가", 《국민일보》, 2005년 6월 22일 34면.
11) 서정선, "생명복제, 과연 인류에게 유익한가", 《교회연합신문》, 1999년 11월 14일 4면.
12) 이승구, 『인간복제 그 위험한 도전』, 서울: 예영커뮤니케이션, 2003, pp. 23-24.
13) 진교훈, "생명과학에 대한 윤리학적 성찰" in: 생명과학과 인류의 미래, 호남신학대학교 출판부, 한들출판사, 2001, p. 259.
14) 이웅상, "배아줄기세포연구, 무엇이 문제인가", 《국민일보》, 2005년 6월 22일 34면.

15) 홍순원, "되어 옴 안에 있는 인간: 과정윤리에서 본 인간 복제", 한국기독교신학논총 제35집, 2004, pp. 204-208.
16) 상게서, p. 211.
17) 장도곤, "배아줄기세포연구와 윤리적 대안" 성경과 신학, 제38권, 도서출판 영성, 2005, p. 330.
18) 박충구, "과학주의 제어할 법 제도 개선이 필요하다", 《신앙세계》, 통권 444호, 2005. 7월호, p. 40.
19) 김상득, 생명윤리의료학, 철학과 현실사, 2000, pp. 143-148.
20) 이웅상, "배아줄기세포연구, 무엇이 문제인가", 《국민일보》, 2005년 6월 22일 34면.
21) Michael J. Sandel, *The Ethics of Stem Cell Research*, Human Cloning and Genetic Engineering, September 6, 2005, 제9회 다산기념 철학강좌, 2005, 제2강연, 줄기세포연구, 인간 복제 및 유전공학의 윤리, 한국철학회, 명경의료재단, 2005, 자료집, 4. 샌들 자신은 배아의 도덕적 지위에 관하여 도덕적 지위 동등론에 찬성하지는 않는다. 샌들은 배아 연구가 반드시 배아공장, 난자와 접합체의 사용화 같은 위험들을 반드시 열어놓을 것이라는 미끄러운 경사길 논증(slippery slopes)에 찬성하지 않고 배아 복제를 금지하느니 "차라리 인간 생명의 시작이 지닌 신비에 합당한 도덕적 제한을 구체화한 법률의 통제를 받으면서 배아연구가 진행되도록 허용"(상게서, 5, 7)하자는 중도적 입장에 서 있다.
22) 이웅상, "배아줄기세포연구, 무엇이 문제인가", 《국민일보》, 2005년 6월 22일 34면.
23) 남병곤, "인간의 생명의 시작 언제부터인가", 《국민일보》, 2005년 6월 18일 21면.
24) "황우석 교수의 연구성과, 기독교는 어떻게 보아야 하나", 《크리스천 투데이》, 2005년 6월 13일 3면.
25) 길원평, "배아복제, 인간 실험조작 허용의 출발점", 《기독교연합신문》, 2005년 6월 12일 5면.
26) "미래 줄기세포 이식 치료법은? '가톨릭 방식' 이 생명윤리 문제 해결 나섰다", 《조선일보》, 2005년 10월 6일 A3면.
27) "줄기세포 연구, 이대로 좋은가, '성체에서 채취' 가 대안", 《기독신문》, 2005년 5월 25일 7면.
28) 김선영, "반가운 가톨릭의 성체줄기 연구 지원", 《조선일보》, 2005년 10월 8일 A31면.
29) 상동.
30) 문시영, "생명존중의 테크노로지를 기대한다", 《신앙세계》, 통권 444호 2005년 7월호, p. 35.
31) 김순권, "생명신학, 빗나간 인류를 살리는 길", 《신앙세계》, 통권 444호 2005년 7월호, p. 14.

32) N. Agar, "Liberal Eugenics", in: H. Kuhse and P. Singer, eds. *Bioethics* (Oxford: Blackwell, 1999); Allen Buchanan, Daniel W. Brock, Norman Daniels and Daniel Wikler, *From Chance to Choice: Genetics and Justice* (Cambridge: Cambridge University Press, 2000), and Ronald Dworkin, "Playing God: Genes, Clones, and Luck", in: *Dworkin, Sovereign Virture: The Theory and Practice of Equality* (Cambridge: Harvard University Press, 2000), pp. 427-452.

33) Michael J. Sandel, *The Ethics of Stem Cell Research*, Human Cloning and Genetic Engineering, September 6, 2005, 제9회 다산기념 철학강좌, 2005, 제2강연, 줄기세포연구, 인간 복제및 유전공학의 윤리, 한국철학회, 명경의료재단, 2005, 자료집, 4.

34) Jürgen Habermas, *The Future of Human Nature* (Cambridge, U. K.: Polity Press, 2003).

35) 양참삼, "배아줄기 세포 연구, 인간 존엄과 생명파괴행위," 《신앙세계》, 통권 444호 2005년 7월호, 30면.

36) 김상득, 『생명의료 윤리학』, 철학과 현실사, 2000, p. 123.

37) 양참삼, "배아줄기 세포 연구, 인간 존엄과 생명파괴행위", 《신앙세계》, 통권 444호 2005년 7월호, p. 33.

38) "미 하원, '줄기세포 연구 증진법안' 통과… 백악관 거부권 행사 시사", 《크리스천 투데이》, 2005년 5월 30일 B8면.

39) 박충구, "과학주의 제어할 법 제도 개선이 필요하다", 《신앙세계》, 통권 444호, 2005년 7월호, p. 38.

40) "생명윤리법, 이래서 허술, 생명보호 대인뒷전, 생명공학 육성치중", 《기독신문》, 2005년 5월 25일, 7면.

41) 박충구, "과학주의 제어할 법 제도 개선이 필요하다", 《신앙세계》, 통권 444호 2005년 7월호, p. 41. 유럽의회는 "유전공학에 관한 결의안"(1989), "유네스코의 인간존엄성선언"(1996), "유럽생명윤리협약"(1996), "인간 복제금지에 관한 유엔의 결의안"(2005) 등의 문서는 한결같이 생명경외와 존엄성의 윤리라는 정신 아래 현대생명공학의 오류를 막아내려는 노력이었다.

42) 진교훈, "생명과학에 대한 윤리학적 고찰", in: 『생명과학과 인류의 미래』, 호남신학대학교 출판사, 한들출판사, 2001, p. 259.

43) 박충구, "과학주의 제어할 법 제도 개선이 필요하다", 《신앙세계》, 통권 444호 2005년 7월호, p. 39.

44) 조주현, "인간배아 연구, 이대로 좋은가?", 2005년 8월 25일, 생명공학감시연대 창립기념토론회(프레스 센터) 자료집, 《크리스천 투데이》, 2005년 8월 29일 21면.

45) Michael J. Sandel, *The Ethics of Stem Cell Research*, Human Cloning and Genetic Engineering, September 6, 2005, 제9회 다산기념 철학강좌, 2005, 제2강연, 줄기세포연구, 인간 복제 및 유전공학의 윤리, 한국철학회, 명경의료재단, 2005, 자료집, 5.

46) 노영상, "생명존중, 가치판단의 기준이 되어야 한다", 《신앙세계》, 2005년 7월호, 16면.

47) 박종현, "생명과학과 기독교적 가치" 《신앙세계》, 통권 445호 2005년 8월호, pp. 102-105.

48) "미래 줄기세포 이식 치료법은? '가톨릭 방식' 이 생명윤리 문제 해결 나섰다", 《조선일보》, 2005년 10월 6일 A3면.

49) Nagel M.de. S. Cameron, "생명윤리: 기독교적 히포크라테스 정신의 황혼", in; D. A. Carson & John D. Woodbridge, *God and Culture*, Eerdmans, 1993, 박희석 역, 『하나님과 문화』, 크리스천 다이제스트, 2001, p. 508.

50) 히포크라테스 선서는 다음과 같다.

서약: 나는 의사 아폴로(Apollo), 아스클레피우스(Asclepius), 히게이아(Hygeia), 파나시아(Panaseia)와 모든 남신들과 여신들을 증인들로 하여, 내 능력과 판단에 따라 이 선서와 증서를 이행할 것을 맹세합니다.

스승에 대한 의무: 나는 이 기술을 가르쳐 주신 내 스승을 내 부모와 동등한 분으로 여기며, 그를 내 삶의 동반자로 삼아, 그가 궁핍할 때 내 것을 함께 나누고, 그 후손을 내 형제와 동등하게 생각하며, 만약 그들이 이 기술을 배우기를 원한다면, 그들에게 사례금이나 증서 없이 이 기술을 가르쳐 주고, 내 자녀들에게, 내 스승의 자녀들에게, 그리고 증서에 서명하고 의사의 법(Law)에 순종하기를 맹세한 제자들에게만 가르침과 구두교육(oral instruction)과 그의 모든 지식을 전수해 줄 것이며, 그 외 어떤 사람에게도 전수하지 않겠습니다.

환자에 대한 의무: 나는 내 능력과 판단에 따라 환자들을 돕기 위하여 치료법을 사용하고, 결코 그들을 해치거나, 그릇되게 하는 데 사용하지 않겠습니다. 나는 그 누가 독약을 달라고 요구하더라도 주지 않겠으며, 또한 그러한 계획을 결코 제안하지 않겠습니다. 마찬가지로, 나는 여자가 낙태를 할 수 있도록 하는 피임용 패서리(pessary)를 주지 않겠습니다. 그리고 순전하고 거룩하게 하는 내 생명과 의술을 보호할 것입니다. 나는 결석으로 고통받는 사람들에게 칼을 사용하지 않을 것이며, 그 분야의 숙련자에게 양보할 것입니다. 나는 어느 집으로 들어가든지, 모든 고의의 악행과 해로운 일을 하지 않을 것이며, 특히 여성이나 남성 또는 종이나 자유자와의 간통을 행하지 않겠습니다. 나는 치료하는 과정에서 보거나 또는 듣는 모든 것들이 결코 일반에게 알려지지 않도록 할 것이며, 나는 그러한 것들을 누설하지 않고, 거룩한 비밀로 간주할 것입니다.

제재(Sanction): 만약 내가 이 서약을 지키고 어기지 않으면, 나로 하여금 내 삶과 의술 안에서 그리고 항상 사람들 가운데서 명예를 누리게 하시고, 만약 내 스스로 범하고 어긴다면 그 반대되는 것들이 내게 임하게 하소서.

(W. H. S. Jones, *The Doctor's Oath*, Cambridge:Cambridge Univeristy Press, 1924)

51) Nagel M. de. S. Cameron, "생명윤리: 기독교적 히포크라테스 정신의 황혼", in; D. A. Carson & John D. Woodbridge, *God and Culture*, Eerdmans, 1993, 박희석 역, 『하나님과 문화』, 크리스천 다이제스트, 2001, p. 503.

chapter 12 복음과 청년문화

1) "기독학생운동 제3의 연합 형성해야", 《크리스천 투데이》, 2005년 8월 8일 11면.
2) "3명 중 1명 고위험 음주… 사회비용 낭비 14조", 2007.03.31 08:42, 서울=메디컬투데이/뉴시스, 한미영기자 hanmy@mdtoday.co.kr
3) "열린 쉼터 '제이시 하우스' 오픈", 《국민일보》, 1996년 1월 25일 12면.
4) "매주 목요일 교회는 공연장으로 변한다 - 창천교회 박춘하 목사 '문화쉼터' 운영 10년", 《조선일보》, 2005년 4월 8일 A23면.
5) 송영락, "전쟁에서 화해로, 다시 평화와 생명과 인간으로", 창천교회 '문화 쉼터' 공개강연, 《기독교연합신문》, 2007년 6월 17일 15면.
6) http://www.bundong.com/new_ear_1.html 번동제일교회 사이트; 강북열린문화센터, 문화선교컨퍼런스 CD. 2007 교회성장의 새로운 패러다임, 2007년 4월 16-17일.
7) "기독교 윤리실천 선언문", 2005.08.10 http://cafe.daum.net/jingiyun; 강연안, "문화소비자운동이 일어나야 한다", 《철학과 현실》, 1998년 여름호(통권 37호) pp. 143-148; 권장희, "문화소비자 운동, 그 전략과 방향", 《두레사상》 1995년 겨울호, pp. 212-224.
8) "청년대학생들은 어떤 교회를 찾는가", 담임목사 명성 따라 대형교회로 청년 몰려… 익명의 청년교인 '해결과제' 최소란(withhim) withhim@newsnjoy.co.kr 2005.12.03 11:06
9) 이성희, 『미래사회와 미래교회』, 대한기독교서회, 1996년, pp. 92-96.
10) Paul G. Hiebert, *Anthropological Reflections on Missiological Issues*, Grand Rapids: Baker Books, 1994; 김영동, 안영권 역, 『인류학적 접근을 통한 선교현장의 문화이해』, 조이선교회 출판부, pp. 298-300.
11) Jürgen Moltmann, *Politische Theologie*, 전경연 역, 『정치신학』, 1974, p. 68.

12) Jürgen Moltmann, 상게서, p. 87.
13) 김영한, "복음주의적 통일신학", in: 평화통일과 한국기독교, 1990, 풍만, pp. 29-31.
14) Paul G. Hiebert, *Anthropological Reflections on Missiological Issues*, 1994, Baker Books; 김영동, 안영권 역, 『인류학적 접근을 통한 선교현장의 문화이해』, 죠이선교회 출판부, 1997, pp. 192-193.
15) 상게서, p. 194.
16) 사설 "경제 규모 12등, 대외 원조는 OECD 꼴찌." 《조선일보》 chosun.com. 입력: 2007.02.25 22:47 / 수정: 2007.02.26 00:24.
17) 상동.
18) 황병구, "예배회복과 문화변혁을 위한 기독교노래운동의 과제", 《두레사상》, 1994년 가을 창간호, p. 333.
19) 이복량, 『영성으로 섬긴 국가, 공직자들에게 들려주는 나의 영성 체험 자서전』, 도서출판 정금, 2007, p. 51.
20) 상게서, p. 149.
21) 상게서, p. 147.
22) 상게서, p. 101.
23) 상게서, pp. 76-81.

chapter 13 한국사회 청년문화의 조명

1) "대학진학률 82%가 낳은 학력과잉의 그늘", 《조선일보》 사설, 2005년 11월 20일.
2) "여성지위 상승, 여성 대학진학율 05년 80%", 《국민일보》, 2007년 1월 25일.
3) 김학태, "염색머리 귀고리 치장에 투쟁대신 힙합구호 등장", 학생운동 변천사, 월간 《내외저널》, 2002년 1월, pp. 273-279.
4) "한총련, 기득권 지키기에 급급", 윤한울 연세대 총학생회장, "북한인권 문제에 침묵하는 것은 비겁한 일", 김세희 이화여대 총학생회장, 《미래한국》, 2005년 8월 27일, 10면.
5) "운동권 신화 '강철' 의 깨어진 신화", 《조선일보》 2005년 7월 15일, A29면; 우태영, 82들의 혁명놀음, 선, 2005, p. 238.
6) "한총련 장악한 주사NL 파란?", 《주간조선》, 1996년 8월 29일, p. 13.
7) "주사파가 장악… 폭력투쟁 선동", 《조선일보》, 1996년 8월 15일 3면.
8) "운동권 신화 '강철' 의 깨어진 신화", 《조선일보》, 2005년 7월 15일, A29면; 우태영, 82들의 혁명놀음, 선, 2005, p. 238.

9) 정철환 기자 (블로그: plomat.chosun.com), "00학번(2000~2006학번) 세대 대학을 바꾸다(下) 과격 행위엔 싸늘한 시선, "투쟁~투쟁 총학생회 싫다~싫어", 《조선일보》, 입력: 2006.07.04 / 사회 A9면.

10) 상동.

11) 상동.

12) 상동.

13) 최재혁 기자(블로그: jhchoi.chosun.com), 박수찬 기자(블로그: soochan.chosun.com) "운동권도 비운동권도 싫다 '서울대 총학선거 찬바람' 공동 선거본부 발족식 3개 선거본부는 불참 자연대 투표율은 20%", 《조선일보》 2006년 11월 17일 사회 A9면.

14) 상동.

15) 신효섭 논설위원(bomnal@chosun.com), 《조선일보》, 2006년 12월 4일 A34면.

16) "대학가 학생회 비(非)운동권 바람", 《조선일보》, 2003년 3월 1일 A6면.

17) "신운동권, 학생운동을 구출하라", 《한겨레21》, 2005년 10월 25일.

18) 유뉴스는 2005년 11월 학생회 선거를 앞둔 10월 29일, 세종대학교에서 "학생회는 (비)정치적이어야 하는가"라는 주제로 포럼을 열었다. ⓒ뉴스앤조이, 김동언 "172호 청년 학생운동의 새로운 흐름, '탈정치' 혹은 '뉴라이트'" 2005년 11월 17일 09:19.

19) 최재혁 기자(블로그: jhchoi.chosun.com), 박수찬 기자(블로그: soochan.chosun.com) "운동권도 비운동권도 싫다 '서울대 총학선거 찬바람' 공동 선거본부 발족식 3개 선거본부는 불참 자연대 투표율은 20%", 《조선일보》 2006년 11월 17일 사회 A9면.

20) 신효섭 논설위원(bomnal@chosun.com), 《조선일보》, 2006년 12월 4일 A34면.

21) "뜨는 P세대", 《국민일보》, 2003년 6월 9일, 27면, "이제는 P세대", 《조선일보》, 2003년 6월 9일 B1면.

22) 제일기획이 2003년 2월부터 3개월 동안 전국 5대도시 17-39세 남녀 1,600명을 대상으로 심층 인터뷰를 실시해 2003년 6월 8일 "P세대, 젊은 그들을 말한다"는 보고서를 발표하였다. 《국민일보》 및 《조선일보》 상동.

23) "이제는 P 세대", 《조선일보》, 2003년 6월 9일, B1면, "뜨는 P세대", 《국민일보》, 2003년 6월 9일 27면.

24) "취재파일" 학생운동史 '北인권'으로 새로 쓴다, 전국 대학생 '北인권전진대회' 개최…反김정일투쟁 나서, 양정아 기자 junga@dailynk.com, 입력: 2006.06.04 18:59.

25) 상동.

26) 상동.

27) 한경닷컴 뉴스팀 newsinfo@hankyung.com, 입력: 2007.07.22 19:12 / 수정: 2007.07.22 19:12
28) "성, 해방부터", 《동아일보》, 1996년 9월 22일 17면.
29) "개교 50년-서울대인 의식조사", 《조선일보》 1996년 10월 15일 46면.
30) 공종식 뉴욕 특파원, "아이비리그도 순결운동", kong@donga.com, 2007.07.30 07:53
31) 최영경 기자 ykchoi@kmib.co.kr, '순결운동 바람' 청소년 탈선 막는다, 2007.03.30 04:43
32) "대학가 '고시과열' 심각", 《조선일보》, 1996년 9월 10일 사회면.
33) 청년실업은 갈수록 심각해지고 있다. 통계청이 발표한 2006년 '7월 고용동향' 에 따르면 15-29세 청년층 실업자는 41만 6,000명으로 전년 동월 대비 1만 명이 늘었고 실업률도 8.3%로 0.4%포인트 상승했으며 이는 17개월 만에 최고라는 것이다.("대학생 취업준비, 빠를수록 좋아," 출처 : 월간 리크루트 2006.01.25 10:07) 2006년 조사에 의하면 4년제 대학에 재학 중인 대학생 3명 중 1명은 현재 공무원 시험이나 행정고시, 사법고시, 임용고시 등 각종 국가고시를 준비하고 있는 것으로 조사됐다. 대학생들의 공무원 시험 준비 열풍은 지방 소재 대학에서 더욱 뚜렷하게 나타났다. 온라인 취업전문업체 잡코리아와 대학생 지식포털 캠퍼스몬이 4년제 대학 재학생 1,158명을 대상으로 '대학생 공무원(고등고시 포함) 시험 준비 현황' 을 조사한 결과, 응답자의 32.4%(375명)가 "현재 공무원 시험을 준비하고 있다" 고 밝혔다.(구은회 기자, 대학생 32% "공무원 시험 준비 중", press79@labortoday.co.kr 2006.04.12 오후 5:31:27 입력 ⓒ매일노동뉴스)
34) http://cafe.daum.net/holybook 2005.03.21 20:58
35) http://tong.nate.com/thug419 2006.06.24 10:17
36) http://cafe.daum.net/sojinstudy "대학 공무원?고시 준비 재학생 지원 경쟁", 고시타임즈, 2006.03.28 11:04
37) "취업준비 열풍에 변해가는 대학가", 2007.01.11 (서울=뉴스와이어)
38) 구은회 기자, 대학생 32% "공무원 시험 준비 중" press79@labortoday.co.kr, 2006.04.12 오후 5:31:27, 입력 ⓒ매일노동뉴스.
39) 사설 "요즘 대학생들", 《조선일보》, 1996년 10월 9일 3면.
40) "그릇된 신세대 문화 우리가 바꿀게요", "더불어 사는 세상 만들기- YWCA 청소년 문화마당", 《기독교연합신문》, 1996년 10월 20일 13면.
41) 강원택, 배영 외 "신세대의 민족주의(하)", "그들에게 북(北)은 적(敵)도 우리도 아니었다" 광복60년, 《조선일보》, 2005년 8월 16일 A5면.
42) 이한우 기자, "좌파+민족주의 20년 동거 끝나", 《조선일보》, 2007년 9월 3일 1면.
43) 강원택, "조파 민족주의서 우파 탈민족주의로 이동", 《조선일보》, 2007년 9월 3일

A23면.

44) 상동.

45) "북한은 '적(敵)' 도 '우리' 도 아니라는 신세대", 《조선일보》, 2005년 8월 17일 A31면.

46) 강원택, 배영 외 "신세대의 민족주의(하)", "그들에게 북(北)은 적(敵)도 우리도 아니었다" 광복60년, 《조선일보》, 2005년 8월 16일 A5면.

47) 상동.

48) 정장열, "첫 투표 19-24세 유권자 전체 유권자의 10% 차지", 《주간조선》, 2007년 9월 3일 14-15면.

49) 상게서, p. 18.

50) " '前生엔… 還生할까' 호기심", 《조선일보》, 1996년 10월 4일 25면.

51) 최보식 기자 직격인터뷰, "대학운동권서 변신한 중년농사꾼 한승오, 세상을 바꾼다고? 자기자신을 바꿀 수 있을 지 모르지만…" 《조선일보》, 2007년 8월 25-26일 토일섹션 B3면.

52) "천사론 배후에 있는 뉴에이지 악령", 인진한, 《목회와 신학》, 1997년 2월호, pp. 77-80.

53) 김영한, 『바르트에서 몰트만까지』, 대한기독교서회, 2003, 개정증보판, p. 23, 40.

54) Donald F. Bloesch, *The Future of Evangelical Christianity*, (Garden City, New York: Doubleday & Company), 1983, p. 131.

55) Kenneth C. Russell, "Matthew Fox's Spiritual Trilogy", in: New Catholic World Vol. 225, No. 1348 (July-August 1982), pp. 189-192.

56) Donald F. Bloesch, *The Future of Evangelical Christianity*, p. 133.